北京师范大学史学探索丛书

陈其泰史学萃编

# 历史编纂与民族精神

◎陈其泰 著

华夏出版社

图书在版编目（CIP）数据

历史编纂与民族精神 / 陈其泰著. —— 北京：华夏出版社，2018.1
（陈其泰史学萃编）
ISBN 978-7-5080-9370-3

Ⅰ．①历… Ⅱ．①陈… Ⅲ．①中国历史－历史编纂学－研究②中华民族－民族精神－研究 Ⅳ．① K207 ② C955.2

中国版本图书馆 CIP 数据核字（2017）第 288426 号

**陈其泰史学萃编·历史编纂与民族精神**

| | |
|---|---|
| 著　　者 | 陈其泰 |
| 责任编辑 | 杜晓宇　董秀娟　王　敏 |
| 责任印制 | 汪　军　周　然 |
| | |
| 出版发行 | 华夏出版社 |
| 经　　销 | 新华书店 |
| 印　　装 | 三河市万龙印装有限公司 |
| 版　　次 | 2018 年 1 月北京第 1 版 |
| | 2018 年 4 月北京第 1 次印刷 |
| 开　　本 | 720×1030　1/16 开 |
| 印　　张 | 27.75 |
| 字　　数 | 382 千字 |
| 定　　价 | 76.00 元 |

**华夏出版社**　地址：北京市东直门外香河园北里 4 号　邮编：100028
网址：www.hxph.com.cn　电话：（010）64663331（转）
若发现本版图书有印装质量问题，请与我社营销中心联系调换。

　　陈其泰　广东丰顺人，1939年出生。1963年毕业于中山大学历史系。现为北京师范大学历史学院教授、博士生导师，山东大学兼职教授，全国哲学社会科学规划学科组成员，享受国务院政府特殊津贴专家。主要著作有：《陈其泰史学萃编》（九卷）、《中国史学史·近代卷》、《从文化视角研究史学》、《历史学新视野——展现民族文化非凡创造力》。主编《20世纪中国历史考证学研究》及《中国马克思主义史学的理论成就》，分获北京市第九届、第十一届哲学社会科学优秀成果二等奖、一等奖。发表论文、文章约三百篇。

就读于中山大学 / 1960 年

与白寿彝先生合影 / 1985 年

# 《北京师范大学史学探索丛书》
# 编辑委员会

**顾　问**　刘家和　瞿林东　郑师渠　晁福林
**主　任**　杨共乐
**副主任**　李　帆　易　宁
**委　员**（按姓氏笔画排序）
　　　　　宁　欣　刘林海　安　然　张　升
　　　　　张　皓　张　越　张荣强　张　建
　　　　　吴　琼　周文玖　罗新慧　郑　林
　　　　　庞冠群　侯树栋　姜海军　郭家宏
　　　　　耿向东　董立河

# 出版缘起

在北京师范大学的百余年发展历程中，历史学科始终占有重要地位。经过几代人的不懈努力，今天的北师大历史学院业已成为史学研究的重要基地，是国家"211"和"985"工程重点建设单位，首批博士学位一级学科授予权单位。拥有国家重点学科、博士后流动站、教育部人文社会科学重点研究基地等一系列学术平台，综合实力居全国高校历史学科前列，被列入国家一流大学、一流学科建设行列，正在向世界一流学科迈进。在教学方面，历史学院的课程改革、教材编纂、教书育人，都取得了显著的成绩，曾荣获国家教学改革成果一等奖。在科学研究方面，同样取得了令人瞩目的成就，在出版了由白寿彝教授任总主编、被学术界誉为"20世纪中国史学的压轴之作"的多卷本《中国通史》后，一批底蕴深厚、质量高超的学术论著相继问世，如十卷本《中国文化发展史》、二十卷本《中国古代社会与政治研究丛书》、三卷本《清代理学史》、五卷本《历史文化认同与统一多民族国家的发展》、二十三卷本《陈垣全集》以及《历史视野下的中华民族精神》、《上博简〈诗论〉研究》等巨著，这些著作皆声誉卓著，在学界产生较大影响，得到同行普遍好评。

上述著作外，历史学院的教师们潜心学术，以探索精神攻关，又陆续完成了众多具有原创性的成果，在历史学各分支学科的研究上连创佳绩，始终处在学科前沿。为了集中展示历史学院的这些探索性成果，我们组织了这套"北京师范大学史学探索丛书"，希冀在促进北师大历史学科更好发展的同时，为学术界和全社会贡献一批真正立得住的学术力作。这些作品或为专题著作，或为论文结集，但内在的探索精神始终如一。

当然，作为探索丛书，不成熟乃至疏漏之处在所难免，还望学界同仁不吝赐教。

北京师范大学历史学院<br>
北京师范大学史学理论与史学史研究中心<br>
北京师范大学史学探索丛书编辑委员会

# 自　序

　　我于1939年农历十月十九日出生在粤东韩江边的一个小镇。我的外祖父是清末秀才，曾担任本地一所小学的校长，母亲于20世纪30年代初在粤东著名的韩山师范学校就读，后来辍学出嫁到陈家，我舅舅是镇上中心小学的教师。我在少年时代经常随母亲到江对岸十几里地外的外祖父家，最有兴趣的一件事情，是读舅舅房间小楼上保存得很完整的《小朋友》《东方杂志》等书刊。我的父亲和叔叔也都上过中学，家里有一个小书橱，记得书架上摆有《辞源》，鲁迅、周作人、孙伏园的散文著作集，《三国演义》和中国地图、世界地图等书，因年龄小读不懂鲁迅的文章，而《三国演义》则很有吸引力，在家里曾经如饥似渴地读过。我母亲平日也常将她学习过的古诗和散文名篇给我背诵、讲解。因此，我从小就培养了阅读的兴趣，以后上初中、高中至大学，都喜欢在课余阅读文学作品和各种报章杂志，从中吸取知识和思想营养。

　　我的初中、高中阶段更有许多值得回忆的地方。1951年，我考入家乡的球山中学。在我就读的三年中，担任校长、教导主任的都是教育界的精英，又恰好学校从汕头、潮州聘来一批有学识、有新的观念和作风、热爱教育事业的青年教师，课程开设齐全，采用新的"五分制"，老师认真改进教学方法，重视课堂上师生互动，提高教学效果，体育课也上得新颖、活泼，活动多样，总之整个学校呈现出蓬勃向上的景象。1954年我考入丰顺中学读高中，学校设在县城，是县里的重点中学。这里不仅学校规模更大，环境更优美，更重要的是许多任课老师讲课都很精彩，每天引导我们在知识的海洋中畅游。县城离家乡山路一百里，我们这些来自球山中学的学生只有放寒假、暑假才回家，平时每个星期天上午都坐在教室里安静地做作业，或预习，下午则到操场锻炼身体，整理内务，生活过得很充实、愉快。在校也不是死读书，学校重视社会实践和参加生产，安排学生上山植树、挖水渠，参加附近乡村的生产劳动和抗旱，我虽然个子小，视力不好，但也能在烈日下蹬水车，蹬几个小时车水抗旱，干得劲头十足。从1951年上初中到1957年9月考入大学，这六年时间，正是新中国成立后国家蒸蒸日上、社会风气良好的时期，我在老师指导下专心地读书，广泛地吸收知识，并且接触了一些社会实践。这是一段极其珍贵的岁月，使我以系统、坚实的各学科知识和奋发向上的社会理想武装了头脑，这对于我的人生道路和学术历程是极其重要的。在许多年之后，我的《史学与民族精神》出版，有一位作者在书评中说，"阅读本书能强烈地感受到著者论述诸多史家史著和文化传统时所怀有的昂扬、饱满的热情"。我以为这话讲出了书中的一个特点，而它恰恰是我在中学时代这一关键时期形成的世界观、价值观奠定的。

在中学阶段，我的文科、理科成绩都属优良，喜欢钻研数学、物理问题，记得高一《物理学》课本后面有约三百六十道总复习题，有的题很有难度，我利用假期大部分都做完了。当时对历史课兴趣一般，对地理却很有兴味，家中那两本《中国地图》《世界地图》是彩色大开本，虽是解放前出版的，却印制精美，又采用了一些很直观的显示方法，如"世界十大河流"，按比例并排地宛延画出每条河流从发源地流到海洋的示意图,依照当时测量的长度顺序为:密西西比河,尼罗河,亚马逊河,长江,多瑙河,黄河……并在地图边整齐地标出公里数,使读者一目了然,印象深刻难忘。我常常双手捧着"读"地图,一遍遍阅读、记忆图中城市、铁路、地形、河流、山脉、海岸线、港口、湖泊、名胜、沙漠、国界、省界、洲界等等,读得津津有味,许多知识历久而不忘。到了高中二年级时,我面临着高考选择什么志愿的问题。记得是和同学散步时一起议论,问到我报考什么时,我脱口而出:"我当然报理工科。"立即有一位同学表示十分惊异,说:"你怎么不报文科?你如果报理工科,考上名牌大学不一定有把握,如果报文科,就准能考上。"同学的话引起我的一番思索,我倒并不同样认为考文科定能考上最好的学校,而是考虑到自己先天性近视,报考理工科有许多限制;那就报文科吧!就这样,也没有请教过老师或其他长辈,报考文科的事情便这样决定了。到高三临近填报高考志愿时,班主任何方老师找我谈话,他是优秀数学老师,表示为我未报考理工科感到遗憾,建议我在志愿表中加填哲学系,说如学哲学,数理知识能有用处。事后多年回想起来,虽然我后来走上学习历史学科的道路,未能直接用上数、理学科知识,但是,在老师教育下长期下功夫学习数学、物理、化学、生物学等学科知识,长期地训练逻辑思维与严谨、严肃的治学态度和方法,对于以后在历史学领域的发展,仍然是十分重要的。

1957年高考,我幸运地考上中山大学历史系。这一年正赶上大学招生的"低谷",因为上一年,全国"向科学进军",大学扩大招生,到这一年就赶上调整压缩,全国只招生10.7万人,录取率为40%。丰顺中学由于师生奋发努力,成绩良好,录取率超过60%,且有不少学生考上全国著名大学,我的母校因而一下子在粤东出了名。考上中山大学,当然是我学习的新起点。踏进美丽的康乐园,见到一座座古典式建筑的教学楼,藏书丰富的图书馆，宽敞的操场……这里一切都是那么新鲜！特别是，历史学系拥有一批全国著名的教授，陈寅恪、岑仲勉、刘节、梁方仲、戴裔煊、董家遵、金应熙，还有当时比较年轻的李锦全、蔡鸿生等先生，他们有的亲自为我们授课，有的虽未授课却能读到他们的著作或耳闻师生对其为人为学的讲述，让青年学子感受到他们的学术风范。我就在这样优越的环境中认真读书，吮吸着智慧的甘露。

在中大，对我影响最大的是著名史学家刘节教授。他于1928年毕业于清华大学国学研究院，师从梁启超、王国维、陈寅恪先生研习古代史。曾任国立北平图书馆金石部主任，自1946年起长期在中山大学任教授（1950至1954年兼任系主任）。他于1927年撰成的《洪范疏证》是学术界首次对《尚书·洪范》篇撰成年代进行系统、严密考证的名文，梁启超曾称赞文中提出的见解"皆经科学方法研究之结果，可谓空前一大发明"。其后撰著的《好大王碑考释》《管子中所见之宋钘一派学说》均受到学界的重视。新中国成立后，刘先生曾撰有《西周社会性质》等多篇文章，主张西周已进入封建社会，并论述由低级奴隶社会向封建制度的过渡、社会发展的不平衡性与一贯性等带规律性问题。他多年开设史料学和史学史课程，著有《中国史学史稿》，对于历代修史制度、史籍之宏富多样和著名史家的成就均有详实的论述，见解独到，尤其重视历史哲学的发展，是中国史学史学科重要代表作之一，著名史学家白寿彝先生称誉该书和金毓黻先生所著《中国史学史》"同为必传之作"。我在校即听了刘节先生开设的"历史文选"课程，对他渊博的学识和认真教学的态度深感敬佩。后来先生为研究生讲授《左传》，也让我去听讲。1963年初，全国第一次统一招考研究生，我即选择了刘先生的"中国史学史"为报考志愿。大约至5月初，正值等待录取消息的时刻，有一次恰好在路上遇到刘先生，那时他是校务委员会委员，高兴地对我说：你已被录取，校务委员会已经讨论批准，报教育部备案，你可准备下学期初开学要用的书籍。当时我们都绝未料到，一场批判刘节先生的风暴即将刮起，后来发生的一切就都完全事与愿违。虽然自毕业离校后我再无机会见到刘节先生，但我今日从事的专业，渊源则始自大学时代受业于先生，师恩难忘。

1963年7月由中山大学毕业，我被分配到河南省工作，一直担任高中语文教师，至1978年。虽然在基层工作与科研机构差别很大，但我认真从事，十五年下来，自觉在对中国优良文化传统的认识，对古今名著名篇的钻研阐释，对语言文字的精心推敲运用等项，都有颇为深刻的体会，实也为此后学术研究之一助。粉碎"四人帮"之后，我国历史进入新时期，1978年全国恢复统一招考研究生，我有幸考取了白寿彝教授指导的"中国史学史专业"研究生，真正实现了大学时代从事本专业的梦想。

这时，正值全国拨乱反正、解放思想的年代，举国上下意气昂扬、千帆竞发，彻底批判极左路线、砸烂思想枷锁，呼唤科学的春天、重视知识重视人才，成为不可阻挡的时代洪流。我深深庆幸自己赶上了这个伟大的时代，庆幸投到名师门下受业深造。白寿彝先生在多个学科领域均深有造诣，他又担任全国人大常委、中国史学会主席团成员、中国社会科学院历史民族宗教三个研究所学术委员等多项职务，而他的主要精力则放在学术工作上，尤其专注于主编多卷本《中国通史》和推动中国史学史学科建设。其时先生已届七旬，但他不知老之将至，相反地是迎来他学术上最辉煌的时期，许多重要著作，正是在他人生道路最后二十年中完成的。他热爱伟大祖国的历史文化，同时他坚持以与时俱进、不断发展的马克思主义来指导学术研究和各项工作。"在唯物史观指导下从事新的理论创造"这句掷地有声的话，精当地概括了白寿彝先生的学术宗旨。他真正做到了把认识和总结客观的历史、体现当今的时代要求、关心国家和民族的未来三者有机地统一起来。他几十年的著述，则是把坚持正确的理论方向、丰富详实可靠的史料、恰当优美、雅俗共赏的表现形式三者有机地统一起来。

白先生担任总主编、汇集国内众多学者共同完成的多卷本《中国通史》（共十二卷，二十二巨册，总字数约一千四百万），于1999年由上海人民出版社全部出版，被学术界誉为"20世纪中国史学压轴之作"。白先生又是中国史学史学科的重要奠基者和开拓者。他在这一领域辛勤耕耘达半个多世纪，出版有一系列重要著作，如：《史记新论》、《史学史教本初稿》（上册）、《历史教育与史学遗产》、《中国史学史论集》、《白寿彝史学论集》、《中国史学史》（第一册），并主编了《史学概论》、《中国史学史教本》、多卷本《中国史学史》等。他提出了许多精辟的论点和推进学科建设的构想，如，于50年代提出史学史研究要摆脱书目解题式格局，至80年代初进而提出要突破学术专史的局限，要总结史学如何反映了时代的特点和成功史书撰成之后又如何推动时代前进；论述研究史学史应区分精华与糟粕，传统史学是一笔宝贵遗产，应当根据时代的需要，大力继承和发扬；对于史著或一个时期的史学成就，应从历史思想、史料学、历史编纂学和历史文学四个方面来分析评价。又如，论述古代史家提出的问题可以作为今人观察历史与社会的思想资料；论述不应以凝固不变或互相孤立的观点看待古代几种主要史书体裁，而应看到其发展和互相联系，要从传统史学提出的改革历史编纂的主张获得启示，并设想以"新综合体"来撰写通史或断代史。事实证明，白先生提出的这些重要观点和命题，对于推进史学史研究均有指导性意义。先生领我走进学术殿堂，我研究生毕业后，即留在北京师范大学历史学院任教，前后跟随先生达二十一年，时时聆听教诲，使我受益终生。

我在研究生阶段除完成学位论文《论魏源的爱国主义史学著述》外，还撰写有《司马迁经济思想的进步性》《龚自珍的社会历史观》《史书体裁应有创新》《中国古代史学史分期问题》等论文。以后在教学与科研工作中，逐步确立了以先秦两汉史学、清代及近代学术史、20世纪中国史学等作为研究的重点。我念研究生时已三十九岁，深感时间珍贵，时不我待，因而认真读书、写作。先后出版的著作有十一种，主编的著作二种，另有合著三种。进入80年代以后，学术界出现前所未有的思想活跃局面，一方面是大胆破除旧的思想束缚，勇于探索和创新，另一方面，又出现不同观点的交锋和碰撞。我认为，置身于这样的环境实属难得，使我能够从多方面吸收思想营养，也启发我思考：在各种主张纷至沓来的时候，应当坚持正确观点，大力弘扬先辈们的优秀学术遗产，同时要防止和克服消极的倾向。只有这样，经过大家努力，才能不断创造学术发展的大好局面。在科研和教学工作中，我坚持两项基本指导思想。第一，史学史研究应当以发掘、阐释优良遗产为主；对于传统学术的精华，要根据时代需要加以改造和大力弘扬。第二，要充分占有材料，遵循"实事求是"的原则，严谨治学。既重视材料的发掘，又要重视理论的分析。"充分占有材料"应当包含三层意思：一是研究问题务必尽可能完备地搜集材料，通过发现新材料提出新见解；二是对材料要深入分析，去伪存真，去粗取精；三是尤应重视典型材料的价值，提供有力的论证依据。创新不是故意标新立异，不是为了取得轰动效应。尊重前人的成果，以之作为出发点，根据自己发掘的新材料，认真地进行广泛联系、上下贯通、客观辩证的分析，从而得出证据确凿、经得起时间考验的新见解，这才是学术创新的大道。

　　为了推进学术研究和中国史学史学科建设，我们应当着力探讨中国史学演进中带有关键性的问题，要努力总结和阐释那些显示出中国史学的民族特色，彰显民族文化伟大创造力，具有当代价值，具有中西融通学理意义的内容、思想、命题、方法，以展示传统史学和近现代史学的成就和独具魅力，促进中国学术向世界的传播。这是中国学人的时代责任。围绕这些问题，遵循这一思路，我鼓励自己深入探索，并力求作出新概括、新表述。举例来说，有以下八项。

（一）从文化视角研究史学

中国古代史学高度发达，但以往对史家、史著的研究，却容易局限于单科性的局部范围之内。因此，应当跳出这种局限，转换角度，"从文化视角研究史学"。即是说：认识历史学的发展与文化学和其他学科有多向性的联系，它跟一个时代的文化走向、社会思潮有紧密联系，不可分割。因此，研究者应当跳出单科性研究的局限，将"史学"与"文化"作互动考察。即：探究和评价一部优秀的史著，应当与它所产生的时代之社会生活、民族心理、文化思潮、价值观念等结合起来，从而更恰当地揭示出这部优秀史著的思想价值，捉住书中跳动的时代脉搏。同时，"史学"与"文化"互动考察，又能通过更加准确评价优秀史家、史著的成就，增加我们对中国优秀文化传统丰富蕴涵的了解，更加深刻地认识中华文化的向心力、凝聚力和伟大创造力，提高民族自信心。我所著《史学与中国文化传统》《史学与民族精神》《再建丰碑》《学术史沉思录》等书，对于《史记》《汉书》《史通》《文史通义》，以及《春秋》《左传》《日知录》，乾嘉考史三大家钱大昕、王鸣盛、赵翼及龚自珍、魏源、崔述等名著、名家，都力求提出新的看法，作出新的阐释。

（二）深入探索，揭示出史学演进的纵向联系和时代的特点

史学史作为一门专史，对它的研究应当将深度开掘与纵向考察二者相结合。前者是指对一部名著或一个时期的史学成就，应当从著述内容、编纂形式、同时代人的学术交往、史著与社会思潮的互动等项作深入的分析；后者是指应将史著置于史学长河的演进作纵向考察，探讨它对前代学术的承受、对后代的影响，它解决了史学演进中的什么问题而构成了新的学术高峰。还需注意对学术界曾经提出过的一些看法作出回应，或赞成、引申、或解疑、辩难，通过学术争鸣，以推进真知。如《史记》，之所以被赞誉为"史家之绝唱""传统史学之楷模"，这除了司马迁本人具

有雄奇的创造力以外，又决定于他对先秦各家学说精华的大力吸收，和对汉初多元文化格局的自觉继承。汉初思想家陆贾、贾谊、晁错等人吸收秦亡教训，谴责秦的文化专制政策，他们勇于提出自己的思想主张，同时重视吸收各家之长。如陆贾重视儒家"仁义"学说，又吸收道家、法家思想。司马谈《论六家要旨》总结各家学说，有肯定，也有批评，成为司马迁的重要学术渊源。汉初学术的多元化局面，是先秦百家争鸣的继响，是对秦朝文化专制政策的巨大超越，因而成为司马迁社会思想成长的肥沃土壤。当时，封建制度处于上升时期，具有蓬勃的活力，国家的空前统一，都为他的著述提供了极好的时代机遇，因而勇于提出"成一家之言"的目标，形成自由表达思想的高尚志趣。还有，以往有的哲学史教科书评价司马迁的思想倾向是"崇道抑儒"，实际上，我们结合司马迁生活的时代，却能从书中举出大量证据，证明他高度评价"六经"对于治理国家的作用，以"继《春秋》"自任，书中评价人物和历史事件的标准均大量地以孔子的论断作为依据，其《孔子世家》系对孔子在文化史上的崇高地位作了全面的论述。所以梁启超称他是西汉时代独一无二的大儒。当然司马迁又善于吸收各家学说之所长，有拥抱全民族文化的宽广胸怀，他对道家的智慧和哲理也重视采纳。

　　再如《汉书》，本来历史上长期《史》《汉》并举，但是在一段时间内，《汉书》的评价却处于低谷。其中一个重要原因，是一度盛行"对立面斗争"的思维定势的影响，要肯定《史记》的杰出成就，称它是"异端"思想的代表，就要拿《汉书》作为陪衬，贬低它是"正宗"思想的典型。这与史学发展的实际情形大相径庭，需要结合中国史学的纵向发展与班固所处的时代环境作深入分析，重新评价《汉书》的历史地位。《史记》著成之后，成就卓异，人们仰慕不已，此后一百余年间只能"续作"，写出若干零篇。这些续作者自褚少孙以下有十余人，所做的工作自觉不自觉地置于司马迁巨大成就的笼罩之下。他们并未意识到需要构建新的史学体系，而这个问题不解决，则"保存历史记载长期连续"的目的便会落空。试看，这些"续作"之大部分都湮灭无闻，就是明证。班固既继承了司马迁的纪传体结构，同时又认识到"大汉当可独立一史"，因而"断汉为史"。在内容上提供了时代所需要的历史教材，在构史体系上取得了重大突破，推动中国史学向前跨进一大步。以前，有的研究者对班固"宣汉"大加批评，认为是对封建皇朝唱赞歌。其实，与班固同时代的大思想家王充著《论衡》一书，内容有《宣汉》《恢国》《超奇》《齐世》等篇，都是记述和赞美汉朝比前代的进步。他并且尖锐地批评当时俗儒"好褒古而贬今"，因为他们生下来读的就是颂扬三代的书，"朝夕讲习，不见汉书，谓汉劣不若"，所以识古不识今。我们联系王充的大量论述，正可证明：班固是以其成功的史学实践回答了时代的需要。在历史编纂上，起自高祖，终于王莽，这一断代史格局正与以后历代皇朝周期性更迭相适应，所以被称为后世修史者"不祧之宗"，历两千年沿用不改。进而再深入探析《汉书》的内容，有大量史实证明，班固发扬了司马迁的实录精神，"不为汉讳"；在对汉初历史变局和藩国由猖獗到废灭等历史问题的阐述上，具有唯物主义的因素；有一定的人民性，尤其是对封建刑律的残酷作了深刻揭露；十志则在反映封建国家政治职能上提供了丰富的材料和很有价值的看法。简要言之，我们结合纵向和横向考察，可以雄辩地得出结论：《汉书》是一部适应时代需要的、继《史记》而起的巨著，在史学发展上无疑应占有崇高的地位。由于《汉书》的成功，自东汉至唐六百年间形成了一门发达的"汉书学"。

（三）对"经"与"史"作贯通考察，拓展史学史学科的研究领域

经史关系对史学研究有重要的意义。"六经"是中国文化的源头，是古代先民智慧的结晶。其中包含着关于自然、社会以及人类思维活动的现象和规律之深刻观察和概括，影响极其深远，

构成了中华民族的文化基因。"六经"在长期封建社会中处于独尊地位，成为政治指导思想和学术指导思想，因此，重视考察各个时代的经史关系，是深化史学史研究和拓展学术探索范围的关键之一。《春秋公羊传》即与史学的长期发展关系很大，它是儒家经典之一部，又是解释《春秋经》的三传之一，在西汉和晚清时期曾两度大盛于世，但因时过境迁，当代许多人都对它感到陌生。公羊学说既有深刻的政治智慧和精微的哲理，又包含有隐晦芜杂甚至怪异神秘的内容。研究这套学说，就特别需要思辨的智慧和剥离剔别的能力，才能于"荒诞丛中觅取最胜义"。公羊学说的源头，在于《春秋》之"义"，而《公羊传》对《春秋》大义的解释，便构成公羊学说具有活跃生机的内核。再经过汉代董仲舒和何休的大力推演，更成为有体系的学说，以专讲"微言大义"而在儒家经典中独具特色。我在以上分析的基础上，归纳、提炼出公羊学体系的三大特征：一是政治性。主张"大一统"，倡导适应时代需要而"改制"，"拨乱反正"，"为后王制法"，阐发经义以谴责暴君贼臣，关心民族关系。二是变易性。提出一套含义深刻的变易历史观，强调古今社会和制度都在变，变革是历史的普遍法则，时代越来越进步。三是解释性，或称可比附性。其优点是善于解释，在阐发经书"微言大义"的名义下，为容纳新思想提供合法的形式。但大胆解释又容易造成穿凿武断，随意比附，这又是明显的弊病。清中叶以后，研治春秋公羊学的学者甚众，有庄存与、孔广森，至晚清夏曾佑、皮锡瑞等十余家，写出风格多样的著作，经过深入探究、辨析，我们能够准确地把握住其演进脉络和本质特征。晚清公羊学说的展开，恰与清朝统治危机相激荡，又与新思想的传播相伴随、相呼应。它环环相扣，符合逻辑地有序展开，由庄存与揭起复兴序幕，至刘逢禄张大旗帜，至龚自珍、魏源改造发展，至达到极盛，成为近代维新派领袖康有为倡导变法维新的理论武器。戊戌前后，好学深思之士，都喜谈《公羊》。至20世纪初年，公羊学说在政治上的作用，随着变法失败而告终结，但在思想文化层面，它却成为中国学者接受西方进化论学说的思想基础，并且是五四前后兴起的"古史辨"派学术源头之一。这些足以证明，绅绎春秋学说，对于深化先秦、西汉史学的研究和清代、近代学术史的研究，确实裨益甚大。

（四）重视比较研究

比较研究的主要功能在于，它能够推进我们的认识能力，开阔我们的视野，使我们对研究对象的认识更加准确、更加深刻。事物的特点和意义是相比较而存在的，而且由于适当的比较而相得益彰。马克思研究资本主义的生产、交换、流通的特点，就不仅研究它们本身，还以之与前资本主义的生产方式相比较，与资本主义生产关系发展程度不高的国家作比较。比较不同时期的史学名著，就可以广泛地考察两者之间联系、继承、发展的各个侧面，更加清楚地认识其不同特点，以及各自在史学发展史上的地位，促使我们的认识更趋深化和更加正确。

如，《史通》和《文史通义》这两部名著被称为"古代史评双璧"，但是章学诚本人却曾经强调二者的相异，在其一封家书中说："自信发凡起例，多为后世开山，而人乃拟吾于刘知幾。不知刘言史法，吾言史意；刘言馆局纂修，吾议一家著述。截然两途，不相入也。"但我们通过认真的比较研究，却的确能够深刻地认识这两部名著的共同性：刘、章二人都重视总结史学演进的经验和教训，以理论的创新推进著史实践的发展；二人都具有强烈的批判意识，都有独到的哲学思想作指导，重"独断"之学，重"别识心裁"。通过比较研究而认识这两部书的共同性，对于史学史研究意义甚大，证明刘知幾和章学诚都重视历史体裁创新，凸显出中国史学有重视理论总结的优良传统，以之指导史学实践。这就更加彰显中国传统文化的独特魅力！通过比较研究，我们又能认识到两部著作的差异性，由此更深刻地把握唐代与清代史学面临的不同特点和刘、章二位著名史家不同的学术个性；刘知幾处在断代史正史纂修的高峰期，他承担的主要使命是总结以往、提出著述的范式，他提出的范畴、命题内涵丰富，且颇具体系性。章学诚则处于正史末流在编纂上陷于困境阶段，其主要任务是开出新路。他洞察当时史识、史学、史才都成为史例的奴隶之严重积弊，又发现晚出的纪事本末体因事命篇的优点正是救治之良方，因此主张大力改造纪传体，创立新的体裁，其论述具有深刻的哲理性和明显的超前性。

又如，魏源完成于鸦片战争时期的《海国图志》和黄遵宪于甲午战争前撰成的《日本国志》同为近代史学两部名著。《海国图志》第二次增订本为一百卷，全书包括论（《筹海篇》一至四）、图（各国沿革图）、志（《志东南洋海岸各国》《志大西洋欧罗巴各国》等）、表（《中国西洋纪年表》等）。《日本国志》全书共四十卷，分为十篇"志"（国统、邻交、地理、职官、食货等）。假如从表象看问题，《海国图志》介绍外国史地知识包括了亚、欧、美、非各大洲，而《日本国志》只专记日本一国，两书范围之广狭相去甚远，似乎不适于比较。其实，这是由于未能达到对两部史书深层认识的原故。我们试就两书的背景、观点、内容、影响作逐层比较，即可以认识：两部史书具有相同的主题，都不愧为近代向西方寻找真理的里程碑式的著作。这两部书的编纂内容和体裁的共同特点，是创造性地运用典志体以容纳具有时代意义的新鲜内容。作为谙熟史书体裁特性和感觉敏锐的学者，魏源和黄遵宪都采取改造了的典志体来撰写史著。他们充分地发挥了传统典志体所具有的两大长处。一是它适合于反映社会史的丰富内容。典志体可以包容各种典章制度、天文、地理、民族、经济、物产、军事、外交、学术文化等。每一部分既可反映社会史的一个侧面，同时又可储备各种知识。在近代，迫切需要了解外国的历史、地理、制度文化，典志体史书正适合囊括这些内容。二是具有灵活性。这种体裁没有固定的框框，可根据需要调整，可以灵活变通。通过比较，我们能够进一步认识近代史学发展的阶段特点。在近代史开端，反侵略的需要十分迫切；到了19世纪后期，则进而要求学习西方的制度文化。处在近代史开端时期的进步史家向往资本主义的民主制度，但认识比较肤浅；到19世纪后期，这种认识则要深刻得多。在历史编纂上，《海国图志》和《日本国志》有共同的特点，但后者的编撰技术更加成熟了。

（五）探讨传统史学向近代史学转变的途径，阐发其理论意义

"传统史学"一词，大体上是指鸦片战争以前在中国文化自身环境中演进的、原有的史学。至鸦片战争后，则进入近代史学时期；而"近代史学"的正式产生，应以20世纪初梁启超发表《新史学》，以及在此前后出版的新型学术史和通史著作，为其标志。"传统史学"与"近代史学"基本格局迥异，近代史学无论在历史观念、治史内容等方面都有极其鲜明的时代色彩。由此之故，对于"传统史学是如何向近代史学转变的？"这一问题，研究者的看法很有分歧。我国历史进入改革开放时期后，国门大开，西方思想大量涌入，使人感到格外新鲜。于是，有的人因对中国文化的自身价值认识不足，遂产生一种偏颇看法，认为传统史学与近代史学之间存在一个断裂层，近代史学从理论到方法都是由外国输入，在编纂上也是摒弃了传统史书形式而从外国移植的。我认为，这种"断层论""摒弃论"的看法，与历史事实极不相符。传统史学向近代史学演进的轨迹清晰可寻，而转变的动力，乃在于传统史学内部有近代因素的孕育。研究这一"转变的中介"，不但内涵十分丰富，而且具有重要的理论价值，进一步证明传统文化的精华在近代具有一定的应变力，具有向现代学术转变的内在基础。从清初顾、黄、王三大家，到乾嘉时期一批出色学者，再而继起的龚自珍、魏源等人，都为酝酿、推动这种转变做出了贡献。他们相继的努力汇集起来创辟了如下的转变途径：在历史观点上，批判专制，憧憬民主，以及对公羊学朴素进

化观的阐释；在历史编纂上，是章学诚提出的改革历史编纂的方向，和魏源、夏燮等史家所作的成功探索；在治史方法上，则是乾嘉史家严密考证的科学因素在新时代条件下的发展。近代史学就是发扬传统学术的精华与接受西方新学理二者结合的产物。近代著名史家，如梁启超、王国维、陈寅恪、陈垣等人，他们都勇于吸收西方新思想，同时又都深深地扎根于中国文化土壤之中，写出来的论著都是地道中国式的，所以才为学者和大众所欢迎。

（六）高度珍视20世纪中国史学的思想遗产

20世纪中国史家人才辈出、成果丰硕。由于中国文化悠久的优良传统的滋养，又适逢中西文化交流提供的相互对话、切磋和启示，加上大量考古文物和稀有文献重见天日，凭借这些难得的时代机遇，学者们精心耕耘，因而取得众多佳绩，蔚为大观，这里包含着对待祖国文化传统的正确态度，包含对外来学说吸收容纳的勇气和善于鉴别的眼光，是留给我们的极其珍贵的思想遗产。由于20世纪史家大量的创新性、系统性研究，使我们对于中国漫长历史认识的广度、深度和准确度，都大大推进了，使我们对中国统一多民族国家如何发展巩固，各个历史时期的特点，国家治乱盛衰的总结，各种制度的建立、沿革，民族关系的处理，历史人物评价，学术文化的发展、变迁等重要方面的认识，较之以往要丰富得多、正确得多。20世纪几代学人的贡献，诚然功不可没！我们绝不能因为中国近代社会积贫积弱，就妄自菲薄，而对先辈的遗产有丝毫的低估。20世纪中国史学遗产的丰厚，最集中的显示是形成了"三大干流"，并且它们互相吸收、互相影响和互相推动。第一，是新历史考证学派。它与乾嘉考证学派有继承关系，同时又接受西方近代史家重视审查史料、拓展史料、严密考证等观念的影响，代表性人物有王国维、陈寅恪、陈垣、胡适、顾颉刚、傅斯年等。第二，是马克思主义史学流派。其创始在五四时期，以后经过奠基、壮大，新中国成立后在全国范围确立其指导地位等阶段，代表性人物有李大钊、郭沫若、范文澜、翦伯赞、吕振羽、侯外庐等。第三，是新史学流派。以往，曾称前二者是"20世纪史学两大干流"，对于"新史学"则一般只关注它是20世纪初年由梁启超倡导、形成磅礴声势的重要学术思潮，而未明确认识它事实上已经形成为一个重要"学派"。我们经过深入探究即能把握到，这一学派不但有影响巨大的领军人物、重要的代表性著作，而且有共同遵奉的学术旨趣，有明显的学术传承关系。构成"新史学流派"基本的学术特点是：以进化史观为指导，主张探求历史的因果关系和规则性；不局限于研治政治史，而要研究、叙述人类社会生活的整体面貌；史家要关心国家民族命运，著史要激发国民的爱国热情；重视史学与其他学科的关系，扩大视野，扩大史料范围；重视历史编纂的创新，写出受大众欢迎的史著。不仅"新史学"倡导者梁启超本人，他如萧一山、吕思勉、张荫麟、周予同、周谷城等，尽管各有其学术个性，而上述诸项，又构成他们学术上的共性。不同学派并非互不相干、壁垒森严，而是互相吸收、互相影响。譬如，梁启超的史学方法影响了新考证学派学者，而马克思主义史家郭沫若、侯外庐等又很重视考证学派的成就。学派繁盛，各展风采，又互相取鉴，正是20世纪中国史学发达的确证。更加深入地考察"三大干流"的形成及其影响，无疑是推进20世纪史学研究的重要课题。

推进对20世纪史学的研究，还需要着力解决一些难点、重点问题。如，唯物史观和实证史学都是为了探究历史的真相，二者之间绝非互不关联，更不是互相对立。唯物史观也强调搜集史料，要求占有充分的材料；同样重视对材料的考辨，去伪存真，重视史料出处的环境，重视甄别、审查的工作，务求立论有坚实的史料依据；同样遵从孤证不能成立的原则，遇有力之反证即应放弃，训练严谨、科学的态度，反对主观臆断，所得的结论必须经受住事后的验证，发现原先认识有错误迅即改正，决不讳饰；同样要求尊重前人的成果，同时又反对盲从，学贵独创，要有所发现，不断前进，等等。诸如此类，因为都是做学问的基本方法和原则，所以唯物史观与实证史学都是相通的。新中国成立后，许多研究者通过自觉学习唯物史观，收获巨大，能够对复杂的历史现象和学术问题，透过现象，看到本质，以辩证的眼光作具体、细致的分析，互相联系，上下贯通，从而得出正确的结论，解决了长期困惑自己的问题，获得真理性的认识。这些事实证明唯物辩证法确是比传统思想和近代流行的诸多学说远为高明，唯物辩证法能给人以科学分析问题的理论武器。当时有一批四十岁上下的学者，如徐中舒、杨向奎、王仲荦、韩国磐、邓广铭、周一良、谭其骧、唐长孺等史学俊彦，他们原本熟悉传统经史文献典籍，在运用历史考证方法上很有造诣，其具有科学价值的观念和方法，本来就与唯物史观相通；而马列主义、唯物史观理论又比传统学术、近代学术具有更高的科学性，以之为指导，能帮助研究者更全面地把握研究对象的全局，更深入地揭示研究对象的本质。因此，这些学者得到科学世界观指导以后，极感眼前打开了一片新天地，学术研究达到更高的层次。这些年，有的人由于痛恨教条主义，而不恰当地将之与提倡唯物史观联系起来。关键在于，对教条主义盛行的原因应当作深入的具体分析。"十七年"中一度教条主义泛滥，其原因甚为复杂，除了研究者因经验不足，运用不当以外，主要的，是因当时政治上"左"的路线的影响、干预，以及其后"四人帮"别有用心的破坏。实际上，"十七年"中存在着两种对立的学风，与教条主义恶劣学风相对立的，是实事求是的优良学风。这是许多正直的马克思主义学者和像徐中舒、杨向奎、谭其骧、唐长孺等一批严谨治学的学者所坚持的，因此，"十七年"史学虽经历了严重曲折，但仍取得许多重大的成绩。令人欣喜的是，进入新时期以后，教条主义恶劣学风受到彻底清算，而实事求是、坚持唯物史观与时俱进的优良学风则更加显示出其蓬蓬勃勃的活力！

(七) 历史编纂学：新的学术增长点

传统史书体裁的丰富多样充分显示出中华文化的巨大创造力，每一种体裁都有成功之作，世代流传。这些名著是历史家呕心沥血著成的，其成功，包含着进步的史识，渊博的学识，高明的治史方法，合理、严密的编纂技巧，这些具有宝贵价值的内涵都承载在历史编纂的成果之中。以往一般认为，史书的体裁、体例，似乎只关乎技术性问题。其实决非如此。史书的组织形式与其内容、思想是辩证的统一，组织形式的运用，结构、体例的处理，体现出作者的史识、史才、史学，包含着多方面的思想价值和深刻的哲理。白寿彝先生在其所著《中国史学史》（第一册）中曾说："史书的编纂，是史学成果最便于集中体现的所在，也是传播史学知识的重要的途径。历史理论的运用，史料的掌握和处理，史实的组织和再现，都可以在这里见个高低。刘知幾所谓才、学、识，章学诚所谓史德，都可以在这里有所体现。"这对于我们有深刻的启发。我们应当对历史编纂学的内涵和特点重新给予恰当的定位：历史编纂学是一个时代史学发展水平的集中体现，也是衡量史家的史识、史学、史才、史德达到何种水平的有效尺度。史家再现历史的能力如何，其史著传播历史知识的效果如何，在这里都直接受到检验。历史编纂学既是史学史研究的内容之一，同时，它又是推进研究史学发展的新颖视角和重要方面。通过深入研究历史编纂学，就能提出一系列新的课题，拓展史学理论与史学史的研究广度与深度，因而是重要的新的学术增长点。近些年，历史编纂学领域的研究成果已日见增多，这是很好的现象，我们应当举起双手欢迎，并经过共同努力，尽快建立起"中国历史编纂学"这一分支学科。无论从主要史书体裁的发展，或不同历史阶段历史编纂的特点，或一些名著中对体裁体例的匠心运用等项，值得探讨的问题无疑都很多，而其中我们尤应深入地探讨"编纂思想"如何体现和运用，作为推进研究工作的关键环节；因为史书的框架设计、体例运用，都是为了反映客观历史进程的需要，而精心安排，或作调整、改造、创新。故此，应当特别重视从"编纂思想"这一角度来深入揭示史学名著成功的真谛。所谓"编纂思想"，可以初步提出主要包括以下数项：一是史家著史的立意，最著名者，如司马迁之"究天人之际，通古今之变，成一家之言"，司马光之"关国家盛衰，系生民休戚，善可为法，恶可为戒者"。二是史家对客观历史进程的理解，并在史著中努力加以凸显的。三是史家为了达到再现客观历史的复杂进程，如何精心地运用体裁形式和体例上的处理。四是史家的编纂思想如何与社会环境、时代条件息息相关。以此作为重要的切入点，再联系对风格各异的史学名著的独创性、时代性，不同时期历史编纂的特点，以及学者提出的观点主张等项深入考察，就一定能够不断获得有原创性价值的新成果。

（八）大力发掘和阐释传统学术精华的当代价值

传统文化典籍内容博大精深，承载着古代先民观察社会生活、总结历史进程所得到的睿思和经验。历史是过往的社会生活，当今时代是历史的发展。现代社会虽然比古代远为复杂和进步，但作为人类社会活动的一些最基本的内容和原理，古今是相通的，因此，古代经典中的精深哲理和先辈们的创造性成果，具有超越时空的意义，具有当代价值。我们应当大力发掘和阐释这些珍贵的原理、原则和精神，展示中华文化的独特魅力，并结合今天时代的需要进行改造和再创造，以大大增强民族文化创造活力。对于古代历史名著，同样应当努力发掘、总结其中具有珍贵价值的思想、观念和方法，作为我们发展新史学的借鉴。譬如，《史记》创立的体裁以"本纪"为纲，其余"表""书""世家""列传"与之配合，体例完善，故被后代学者称誉为"载笔之体，于斯备矣"，又称为著史之"极则"。《史记》的体裁一般称为"纪传体"，实际上其本质和优长，是五体配合的综合体裁。以后历代正史的纂修者只知因循，不求创造，只会刻板地沿用体例，而丧失运用别识心裁加以驾驭和灵活变通的能力，因而遭到章学诚的严厉批评，称之为如洪水泛滥，祸患无穷！章学诚由此提出改革历史编纂的方向："仍纪传之体，而参本末之法。"这就是：要创造性地发扬《史记》诸体配合、包罗宏富的体例特点，和根据记载客观历史变迁的需要，灵活变通、"体圆用神"的著史灵魂；同时，糅合纪事本末体的特点，以解决"类例易分而大势难贯"的严重缺陷。此后，梁启超、章太炎撰著中国通史的尝试和罗尔纲著《太平天国史》，都体现出朝着这一方向继续努力。至20世纪末白寿彝明确主张对传统纪传体实现创造性改造，用"新综合体"撰著多卷本《中国通史》，完成了既大力发扬传统史学精华，又具有鲜明时代特色的成功巨著。

我们既有历经数千年形成的中华文化优良传统，又有一百年来创造性运用马克思主义、引领社会前进的优良传统，这两者是保证中华民族处于当今国际激烈竞争中繁荣、发展的强大精神支柱。马克思主义中国化，正是中国共产党人创造性地将马恩著作中的基本原理，与中华民族的优良传统相结合而确立的正确方向。如何在实现现代化大业中，更加自觉地把这两个优良传统结合起来，是当前我们应该解决的具有重要理论意义和现实意义的课题。通过研讨，更加深刻地认识传统文化的精华与马克思主义中国化方向二者互相贯通，使我们在大力弘扬民族优良文化传统的同时，更加自觉地坚持马克思主义中国化的正确方向，与时俱进，发展21世纪的中国马克思主义理论。我在2008年主编《中国马克思主义史学的理论成就》一书时，专门写了一个题目：传统思想的精华何以通向唯物史观。我提出的基本观点是："中国传统思想中的精华，同样表达了历代人民大众的美好追求和理想，虽然未达到欧洲19世纪先进学说的高度，但其发展方向是相同的；这就成为'五四'以后先进的中国人接受唯物史观学说的思想基础和桥梁。""马克思主义的基本原理与传统思想的精华，与中国文化形成的价值观的内涵深深地相契合，无疑是马克思主义中国化的伟大事业在过去将近一个世纪中与时俱进地发展，一直保持旺盛的生命力的重要原因。"并从传统思想中有丰富的唯物主义思想资料；历代思想家有大量关于辩证、发展的观点的论述，光辉闪耀，前后相映；历代志士仁人反抗压迫、同情民众苦难的精神；先哲们向往的大同思想四个方面，作详细论证。文章发表后，得到学界同仁的肯定和鼓励。我愿继续对此探索，为学术研究和服务社会尽绵薄之力。

当前我们正处于社会主义学术文化发展的黄金期。发扬中华文化的优良传统和近现代优秀学者的精神；当前学术界持续高涨的创新意识；大力吸收外来文化并加以鉴别、选择的自觉态度：这三大要素，为学术的繁荣、发展提供了极佳条件。我深信，更加光辉灿烂的未来必将展现在我们面前！

2015年3月17日
于北京师范大学寓居

# 目 录

## 上 篇

构建中国历史编纂学学科体系的思考 …………………… 3
编纂思想：推进中国历史编纂学研究的关键环节 ………… 19
中国古代设馆修史功过得失略论 …………………………… 45
设馆修史与中华文化的传承 ………………………………… 71
设馆修史与历史资料的丰厚储存 …………………………… 83
历史编纂的理论自觉：《史通》《文史通义》比较研究略论 … 92
晚清典志体史学名著的时代特色 …………………………… 124
20世纪中国史家探索史学民族风格成就举要 ……………… 144
白寿彝先生与中国历史编纂学 ……………………………… 159
纂修大型《清史》宜采用新体 ……………………………… 177

## 下 篇

关于"民族精神"内涵的理论思考 ………………………… 201
民族文化认同与中华民族的发展 …………………………… 210

论民族精神的成因 ...... 222

论民族精神的功能 ...... 238

中华民族精神在汉代的发展 ...... 255

《史记》与中华民族凝聚力 ...... 271

对清代多民族统一局面的及时总结 ...... 285

民族危机刺激下近代历史文化认同面临的紧迫课题 ...... 297

晚清历史文化认同的新格局 ...... 310

辛亥革命的思想动员与中华民族凝聚力的增强 ...... 327

陈垣与抗战时期爱国主义史学 ...... 341

# 附　录

谈史学与中国文化传统 ...... 359

孙中山的公仆形象在历史上应大书特书 ...... 382

永记卢沟桥的炮声 ...... 386

河西考察记 ...... 392

2011年版后记 ...... 411

**跋语** ...... 413

上　篇

# 构建中国历史编纂学学科体系的思考

"历史编纂学"一词有广义和狭义之分。在英语中,与"史学史"和"历史编纂学"相对应的词语,都是 historiography,西方有一份英文杂志 *Historiography*,其内容即为研究史学发展史。故广义的"历史编纂学",即相当于史学史。狭义的"历史编纂学",则是指在史学史学科之内所包括的史学思想、历史编纂学、史料学、历史叙事学(或称"历史文学")等相并列的几个分支学科之一。本文所讨论的即为狭义的历史编纂学。早在 1961 年和 1981 年,白寿彝先生撰写《谈史学遗产》和《谈史书的编撰——史学遗产答客问之三》两文时,已经高瞻远瞩地提出了建设"中国历史编纂学史"这一分支学科的任务。构建这一学科体系既是当前史学理论与史学史学科发展的迫切需要,又是一项内容包括甚广、任务艰巨的学术工程,亟须史学界同仁共同努力。这里谨就其中几个理论问题提出初步的思考,以期收到抛砖引玉之效。

# 一、新的学术增长点：确立"历史编纂是史家才、学、识、德之重要载体"的研究视角

中国古代史学的发达举世无匹，无论是历史记载的长期连续，还是史书体裁的丰富多样，都放射出灿烂的异彩，令世人叹服。从史书体裁言，《四库全书总目》区分为十五类：正史、编年、纪事本末、别史、杂史、诏令奏议、传记、史钞、载记、时令、地理、职官、政书、目录、史评。梁启超《新史学》则将史书体裁区分为十种：正史、编年、纪事本末、政书、杂史、地志、传记、学史、史论、附庸。其中正史再分为官书、别史两类，如此共细分为二十三类。史书体裁的丰富多样充分显示出中华文化的巨大创造力，每一种体裁都有成功之作，成为民族文化的珍贵遗产，世代流传。这些名著是历史家呕心沥血著成的，其成功，包含着进步的史识，渊博的学识，高明的治史方法，合理、严密的编纂方法，这些具有宝贵价值的东西都承载在历史编纂的成果之中。以往一般认为，史书的体裁、体例，似乎只关涉技术性问题。其实绝非如此。史书的组织形式与其内容、思想是辩证的统一，组织形式的运用，结构、体例的处理，体现出作者的史识、史才、史学，包含着丰富的思想价值和深刻的哲理。白寿彝先生对史书的编纂形式与内容的关系有十分精辟的论述："史书的编纂，是史学成果最便于集中体现的所在，也是传播史学知识的重要的途径。历史理论的运用，史料的掌握和处理，史实的组织和再现，都可以在这里见个高低。刘知幾所谓才、学、识，章学诚所谓史德，都可以在这里有所体现。"[①] 这是白先生根据几十年对中国史学演进的总结，和对当代史学发展的分析，以及其本人长期治史的深刻体会而得出的认识，对于我们有极宝贵的启发。我们应当对历史编纂学的研究内容和价值重新给予恰当

---

① 白寿彝：《中国史学史》第一册，上海人民出版社，1986年版，第23页。

的定位：历史编纂学是一个时代史学发展水平的集中体现，也是衡量史家的史识、史学、史才、史德达到何种水平的有效尺度。史家再现历史的能力如何，其史著传播历史知识的效果如何，在这里都直接受到检验。历史编纂学既是史学史研究的内容之一，同时，它又是推进研究史学发展的新颖视角和重要方面。通过深入研究历史编纂学，就能提出一系列新的课题，拓展史学理论与史学史的研究广度与深度，成为重要的新的学术增长点。

先以《史记》为例证。尽管以往对这部名著已有众多的研究成果，但若以"历史编纂是史识、史学、史才、史德的载体"这一新视角作深入探讨，我们便可对司马迁的杰出成就得出一系列新的认识：司马迁创立的以人物为中心的纪传体体裁，与战国、秦汉以来人的作用的凸显二者有密切的关系。这一体裁的创立是中国文化人文主义优良传统的重要体现，也是历史观的进步取得的出色成果。司马迁所设"本纪""表""书""世家""列传"五种体裁各具其用，各自承担本身的任务，而又互相配合，构成一个时代的"全史"。纪传体的创立有鲜明的时代特点，设"本纪"以统理众事，又显示帝王独尊的地位，如刘知幾所说："盖纪者，纲纪庶品，网罗万物，考篇目之大者，其莫过于此乎？及司马迁之著《史记》也，又列天子行事，以本纪名篇。后世因之，守而勿失。""盖纪之为体，犹《春秋》之经，系日月以成岁时，书君上以显国统。"① 总之，列天子为"本纪"以显示至尊地位，以下设立"世家"以记诸侯行事，设立"列传"以记普通人物事迹，形成宝塔形结构。司马迁本人也明言这种体裁安排是为了显示以帝王为中心、众臣拱卫、等级分明的局面："二十八宿环北辰，三十辐共一毂，运行无穷，辅拂股肱之臣配焉，忠信行道，以奉主上，作三十世家。"② 故《史记》体裁的特点，又是封建等级制度在历史著作上的投影。

"世家"的体裁本来是为记诸侯而设，表示其"开国承家，

---

① 刘知幾：《史通》卷二《世家第二》，浦起龙通释本，上海古籍出版社，1978年版。

② 《史记》卷一百三十《太史公自序》，中华书局，1959年版。

世代相续"①。陈涉是揭竿而起的农民起义英雄，司马迁破例为之立"世家"，前人对此不理解，批评司马迁体例不当，如刘知幾即责备司马迁这样处理是"名实无准"，云："陈胜起自群盗，称王六月而死，子孙不嗣，社稷靡闻，无世可传，无家可宅，而以世家为称，岂当然乎？"② 其实，司马迁在论述《陈涉世家》的撰述义旨时，即表明他要歌颂陈涉发动起义开创秦汉之际历史新局面的精神，歌颂被压迫者反抗秦朝暴政的正义性："桀、纣失其道而汤、武作，周失其道而春秋作。秦失其政，而陈涉发迹，诸侯作难，风起云蒸，卒亡秦族。天下之端，自涉发难。作《陈涉世家》。"③ 设立"世家"本来是为了记载有功的诸侯，陈涉虽不是诸侯，但他开创历史新局面的功勋决不在诸侯之下，因此破例立为"世家"。著史要讲究体例，但不能因拘守体例而影响对内容的表达，因此，高明的史家在必要时应当突破体例的限制，这正是司马迁在运用体例和撰写历史上的卓越之处。

司马迁构建史书体裁上的创造性，是其实现"成一家之言"的著史目标的重要方面。司马迁立孔子为"世家"，即突出地反映出其"尊儒"的学术倾向。《孔子世家》中既详尽地记载孔子一生的活动，又表达对孔子的极度景仰，这正处处与《太史公自序》中"继《春秋》"自命的旨意相呼应。孔子并无王侯之位，"特一布衣"，生前栖栖遑遑到处奔走，司马迁却破例列为"世家"，给以殊荣，这等于尊奉孔子为学术文化宗师。唐人司马贞所言"以是圣人为教化之主"④，颇能窥见司马迁的意蕴。明人陈仁锡的评论尤为深刻："史迁可谓知圣人之道者矣，班氏谓其先黄老而后六经，非也。观其作《史记》，于孔子则立'世家'，于黄老则立'传'；至论孔子，则曰'可谓至圣'，论老氏，但曰'隐君子'。非知足以知圣人而能若是乎？"⑤ 在史料上，司马迁

---

① 刘知幾：《史通》卷二《世家第二》。
② 刘知幾：《史通》卷二《世家第二》。
③ 《史记》卷一百三十《太史公自序》。
④ 见《史记》卷四十七《孔子世家》"索隐"。
⑤ 陈仁锡：《陈评史记》卷四十七，见杨燕起等编《历代名家评史记》，北京师范大学出版社，1986年版，第491—492页。

广搜博采各种儒家典籍及其他学派著述中有关孔子的资料，备载孔子的行事，状写其言谈风貌，写得生动传神、血肉饱满。这种"采百花以酿醇蜜"的精神，不仅出于司马迁著史的严肃态度，从更深一层说，更取决于他对力求写成内容详实的孔子传记的殷殷之意。在篇末，司马迁深情地写了一篇赞语，集中表达对孔子的崇敬，称："《诗》有之：'高山仰止，景行行止。'虽不能至，然心向往之……天下君王至于贤者众矣，当时则荣，没则已焉。孔子布衣，传十余世，学者宗之。自天子王侯，中国言六艺者折中于夫子，可谓至圣矣！"这正与《太史公自序》中所揭示的《孔子世家》撰写义旨相呼应："周室既衰，诸侯恣行，仲尼悼礼废乐崩，追修经术，以达王道，匡乱世反之于正，见其文辞，为天下制仪法，垂六艺之统纪于后世。作《孔子世家》。"相比之下，老子则只列入庄周、韩非诸人的合传之中。总之，孔子的生平学说功业都被司马迁精心地写进《史记》这部信史之中，所以在确立孔子作为中国古代文化代表人物、古代社会的思想领袖的崇高历史地位上，司马迁的历史功绩是巨大的。

《史记》中设有《秦始皇本纪》，其前面又设有《秦本纪》，这本是司马迁的精心安排。可是以往有的评论家却不理解，批评司马迁"自乱其例"。如刘知幾根据"以天子为本纪，诸侯为世家"的标准，批评《周本纪》记文王以前和《秦本纪》设立不当："案姬自后稷至于西伯，嬴自伯翳至于庄襄，爵乃诸侯，而名隶本纪。若以西伯、庄襄以上，别作周、秦世家，持殷纣以对武王，拔秦始以承周赧，使帝王传授，昭然有别，岂不善乎？必以西伯以前，其事简约，别加一目，不足成篇，岂伯翳之至庄襄，其书先成一卷，而不共世家等列，辄与本纪同编，此尤可怪也！"① 《史记索隐》也有类似的指摘："秦虽嬴政之祖，本西戎附庸之君，岂以诸侯之邦，而与五帝三王同称'本纪'，斯必不

---

① 刘知幾：《史通》卷二《本纪第四》。

可。可降为《秦世家》。"① 蒋湘南也批评太史公以秦之先世僻在西戎者，亦称本纪而不称世家为"自乱其例"②。刘知幾、司马贞等拘于"本纪"只能用于天子表示至尊这一"史例"，要求削足适履，让内容去迁就形式。司马迁创立"本纪"，固然用以代表帝王为中心，而更重要的是，"本纪"在全书中起到史事总纲的作用，故称："王迹所兴，原始察终，见盛观衰，论考之行事，略推三代，录秦汉，上记轩辕，下至于兹，著十二本纪，既科条之矣。"③ 科条者，即整理记载历史事件之大纲目也。他在《太史公自序》中论《秦本纪》撰述义旨所言："维秦之先，伯翳佐禹；穆公思义，悼豪之旅；以人为殉，诗歌《黄鸟》；昭襄业帝。作《秦本纪》。"已经点明昭襄王时，秦之帝业已成，这是作《秦本纪》的原因所在，他们未加细察。故牛运震对刘知幾、司马贞的说法予以驳正："以《史记》之编次条理考之，则有不得不纪秦者……如欲降《秦本纪》为世家，则史家无世家在前、本纪在后之理，势必次《始皇本纪》于《周本纪》之后，则列《秦世家》于十二诸侯之中，将始皇开疆辟土席卷囊括之业，政不知从何处托基，其毋乃前后失序而本末不属乎！……至《史通》以姬嬴并论，惜徒为局外闲观而未察乎太史公编次之苦心也。"④ 让史例服从史实，或反过来要求史实适应于史例，二者的分歧实则在于能否透过表象看到历史发展的实质性内容，能否把握到历史发展的趋向。今天我们细心分析《秦本纪》在反映历史发展上所具有的重要作用，较前人的认识有所推进。一是要充分认识《秦本纪》实际上起到春秋和战国两个历史时期历史总纲的作用。二是要充

---

① 按，《索隐》此条为中华书局排印本所无。兹据《史记会注考证》卷五（文学古籍刊行社，1955年版）及牛运震《史记评注》卷一（空山堂嘉庆二十三年刻本）引录。

② 《七经楼文钞》卷三《读史记六国表书后》。按，蒋湘南《再书史记六国表后》中又论云："三代之运已终，一统之局非变，因生始皇，以雄才大略创之。而儒者犹以灭古为始皇罪也。世界变，成功大，非迂儒所能知也。"此则有见地的地方，不可埋没。

③ 《史记》卷一百三十《太史公自序》。

④ 牛运震：《史记评注》卷一《秦本纪》，空山堂乾隆辛亥刻本。

分认识《秦本纪》又一撰著特点，是以秦逐步奠定统一中国的雄厚基础为主线。这正预示着中国历史由各国并立向实现统一的方向发展的客观趋势。总之，在《秦始皇本纪》之前设置《秦本纪》，是司马迁基于认识历史进程复杂性和确切把握历史发展走向而独运匠心之安排，是根据表达实质性内容需要而对于手创体例的有意突破，绝非"自乱体例"。在十二本纪中，秦占了两篇，唯有这样做，才与秦在中国历史上的重要地位相称。分析这些问题，对于我们认识通史著作中如何体现"通古今之变"，对于认识《史记》全书是一个体现卓越史识和完善体例的有机统一体，以及了解历史思想与编纂体例之辩证关系，都是极有意义的。

以上所论各项，尽管是举例式的，尚非全面论述，但足以证明：从历史编纂的角度，的确可以提出一系列新鲜的研究课题，对于推进认识司马迁的卓越史识和修史才华有突出的意义，对于推进中国史学的优良传统及其文化意蕴的认识有突出的意义。《史记》是一部历来最受重视、研究成果最多的名著，如今从历史编纂学的视角研究尚有此明效大验，那么，对于其他以往研究得较少的领域则无疑能有更多的创获。从历史编纂学视角研究，确是值得高度重视的新的学术增长点。

## 二、再现历史：历史编纂创造性价值之集中体现

历史著作价值高下的最重要的标准是什么？这就是看它能否尽可能真实地再现历史。史家高明的史识，所掌握的丰富史料，高超的组织才能，这几方面重要的才能和条件，经过艰苦的综合性创造，其成果便是历史著作；读者要获得历史知识，从史家的才、学、识、德得到受益，也是依靠历史著作。因此，讲历史编纂是史识、史学、史才、史德的载体，其根本要求和最重要的标准便是尽可能真实地再现客观历史进程。史家选何种体裁来写史，或纪传体，或编年体，或纪事本末体等，即认为借此可以更恰当地再现历史。章学诚概括两大类史书有各不相同的特点，一

种是"圆而神",一种是"方以智",前者是指在体例上灵活变通而能更好地反映历史面貌,后者是指在体例上达到整齐完备而能容纳丰富的历史知识。同时,章学诚又提出最理想的境界是"方圆求备",即既有高明的史识、灵活运用的手法,又有整齐严密的体例;而对于"方以智"的史书,又提出同时应具有史识以贯串其中,这仍然是从恰当反映历史面貌上提出要求。

历代优秀史家著史,恰恰是为"再现真实的历史"而苦心追求。这里以班固《汉书》最为成功的篇章《刑法志》为例试作分析。《刑法志》为班固所新创,且在《汉书》十篇志的排序中,列于《律历》《礼乐》二篇之后,而居于《食货》《郊祀》等七篇之前,可见史家本人重视的程度。记载汉代刑法的进步,是班固为自己确定的著述任务,对此他出色地完成,做到了真实、深刻地再现历史,达到史学著作很高的境界。

班固是将汉代刑律置于刑法制度演进的长河中来考察的。《刑法志》上溯周、秦法制,记载周初建三典,行五刑,周道既衰,刑罚加重,至秦始皇,实行严刑峻法,造成"赭衣塞路,囹圄成市",导致秦众叛亲离而灭亡。汉初政治家惩于秦亡教训,认识到必须改弦更张,减轻刑罚,才能得到民众拥护。班固突出地记载汉朝刑法制度三次大的进步。一是汉初约法省刑,法律简明。二是汉文帝时,为政宽厚,刑罚大省,又因缇萦之请,除肉刑。三是汉宣帝慎于刑罚,亲自决狱。《刑法志》中所注重的这些记载,足以说明比起战国时申、商之行酷刑,秦始皇之实行严刑峻法来,汉代刑法确实有了很大的进步。班固真实而深刻地再现历史的本领更表现在,他揭示出汉初大省刑罚与封建社会历史进程中刑法制度严酷、狱吏专杀形成互相悖反的演变趋势,揭示出一再从皇帝诏令、大臣奏议中反映出来的减轻酷刑、删定律令的客观要求,与一些人主张过刑之谬论和竭力维持严酷旧制之间的直接矛盾。《刑法志》记载自高帝至成帝,曾先后六次下诏要求减重刑、公正审案。然而判案定罪的实际情况却大相径庭:"考自昭、宣、元、成、哀、平六世之间,断狱殊死,率岁千余口而一人","今郡国被刑而死者岁以万数,天下狱二千余所,其冤死者多少相覆"。班固的真实记载告诉人们：不仅要看到自高帝以来多次下诏减轻刑罚的规定，更要深入一层认识到各级典刑狱者在执法过程中重判专杀，致使监狱遍布国中、受冤而死者不计其数的悲惨现实！武帝时号称西汉盛世，但恰恰由于武帝连年大规模征伐，致使财政空虚，加重对民众的剥削，社会矛盾激化，犯罪案件大增，判刑严酷，法令繁苛，狱吏上下其手，造成无数冤案。班固据实直书，揭露狱吏种种恶劣行为，痛加批驳："律令凡三百五十九章，大辟四百九条，千八百八十二事，死罪决事比万三千四百七十二事。文书盈于几阁，典者不能遍睹。是以郡国承用者驳，或罪同而论异。奸吏因缘为市，所欲活则傅生议，所欲陷则予死比，议者咸冤伤之。"深刻地揭露掌管刑狱的官吏制造各种理由，互相比照，判重罪，多判罪，刑律越来越苛滥、严酷，奸吏弄法受财，拿法律作交易，制造大量冤狱，这是法律史上极其严重的教训。并在篇末呼吁："岂宜惟思所以清原正本之论，删定律令"，"诋欺文致微细之法，悉蠲除。如此，则刑可畏而禁易避，吏不专杀，法无二门，轻重当罪，民命得全，合刑罚之中"。这些议论深刻地表达出史家强烈要求删定律令、公正审案、解救民众痛苦的著述目的，作者高尚的史德也跃然纸上。

据此，我们可以得出班固在"再现真实的历史"上尤为用力的三项：一是从社会和制度发展演变的长河中进行考察，对重要的历史关节点和演进脉络，有深刻的认识和中肯的把握；二是敢于揭示历史进程中互相悖反的矛盾现象，阐发历史进程中深层次的东西；三是结合对史实的记载恰当地运用议论。每一部优秀的史著，其"再现真实的历史"的成功之处是灵活多样、各具所长的，但这里提出的三项对于不少史学佳构来说应带有普遍意义。应当举一反三，并推而广之，使我们对"再现真实的历史"这一历史编纂学的核心命题有更丰富、更深刻的认识，以推进这一学科体系的建构，也可为当今改进历史著作的编纂提供有益的借鉴。

## 三、动态考察：主要史书体裁之内容和体例均与时俱进

建构中国历史编纂学学科体系必须克服一种旧见，即认为主要史书体裁纪传体、编年体、纪事本末体等都是固定不变的。而应当根据史学发展的实际形成如下看法：各种主要史书体裁之内容和体例，均与时俱进，须以动态眼光，考察其演变，对其因时代发展而更新的特点作出恰当的概括。

首先说纪传体。司马迁所创立的是成熟的体裁，诸体兼备，互相配合，灵活运用。《史记》体裁之完善，一再受到历代史家之高度赞扬，他们结合自己的史学实践，讲出了深刻的体会。如刘知幾说："《史记》者，纪以包举大端，传以委曲细事，表以谱列年爵，志以总括遗漏，逮于天文、地理、国典、朝章，显隐必该，洪纤靡失。"① 近代梁启超说："（《史记》在体裁上）集其大成，兼综诸体而调和之，使互相补而各尽其用。"② 至班固著《汉书》，在总体上采用了《史记》的体裁，同时又表现出杰出的创造性。《史记》是通史，《汉书》则是"断汉为史"，实际上是创立了著史的新格局，影响至为深远。司马迁成就极高，吸引着后代众多学者对之效法，自褚少孙以下，至东汉初班固之父班彪，为《史记》续作者共有十余人，但却因只限于修修补补，故大多数篇章佚失，湮灭无闻。班固则认识到"大汉当可独立一史"，因而起自高祖，终于王莽，著成一部断代史巨著。这种新体裁恰恰符合中国封建社会演进久远行程中皇朝周期性更迭的特点，所以被长期沿用，被章学诚誉为后世修史者"不祧之宗"③。《汉书》在内容、结构和体例上也多有创造。班固根据时代的变化，

---

① 刘知幾：《史通》卷二《二体》。
② 梁启超：《中国历史研究法》，《饮冰室合集》专集之七十三，中华书局，1989年版，第16页。
③ 章学诚：《文史通义》内篇一《书教下》，《章氏遗书》本。

去掉专记王侯"开国成家，世代相续"的"世家"体裁。《汉书》的十志，在《史记》八书的基础上，将书志体完善起来。白寿彝先生说：司马迁开创了书志体并写出光辉篇章，却很不完整，相对完整的是《汉书》。十志包含了自然和社会的学问，包含了理论，也包含了技术。自古以来的典章、制度，都写进十志了，从而为法律史、经济史、水利工程史、历史地理学、学术史等五个分支学科，提供了开创性的著作。①《刑法》《地理》《五行》《艺文》四篇志，是班固的新创。他又将《刑法》《食货》两志放在"十志"中第三、第四篇的位置上，说明班固对直接关系民众生死和疾苦的刑法，与经济生活两大问题之重视，对以后杜佑著《通典》，将"食货"列为全书各门之首，有明显的影响。《汉书》的《百官公卿表》兼具表和志的作用。它由两部分相辅相成。前面是文字叙述，综述秦汉至王莽新朝，自中央至地方的官员设置、职掌、属员、俸禄、名称的因仍更改和权限的变动；后面用表格列出汉初至汉朝灭亡中央政权各部门每个长官任职的起讫，因而兼有"百官志"和"公卿大臣年表"的作用。《汉书》七十篇列传的编纂也很有创造性，其内容安排和设置顺序均极具匠心，做到了历史联系与逻辑联系二者的一致。各传记载的人物共有三百三十七人，其中有七篇类传（儒林、循吏、酷吏、货殖、游侠、佞幸、外戚）记载了九十八人，此外尚有二百三十九人。众多的人物，其身份、地位各不相同，又分散于二百余年时间内，有的彼此相隔很远。为了避免零散纷繁、无有头绪，班固采用专传与合传结合的方法，作了周密安排。专传，是因所记人物事迹多，或是载入篇幅较长的论议作品的，则单独设传，如《贾谊传》《董仲舒传》等。合传，是依据人物事迹联系密切，或是人物的身份、行为彼此近似的，即把他们合在一起。少则二三人，多则七八人。前者如《陈胜项籍传》《萧何曹参传》；后者如《严（助）朱（买臣）吾丘（寿王）主父（偃）徐（乐）严（安）终（军）王（褒）贾（捐之）传》《王（吉）贡（禹）两

---

① 《白寿彝史学论集》（下），北京师范大学出版社，1994年版，第903页。

龚（龚胜、龚舍）鲍（宣）传》等。多设合传，对于记载历史大有好处，一是避免头绪纷繁，做到眉目清楚；二是能够突出某一类型人物的行为和思想特征，以群体的形象出现，有利于反映社会情状。班固对这些专传、合传的安排有缜密细致的考虑，兼顾了时间的先后和人物的类型，体现了历史的线索与逻辑的线索相一致。兹以卷五十六至卷六十九各篇为例说明。董仲舒、司马相如、公孙弘、儿宽等人，都是以儒学或文学受到重用，以下张汤、杜周，是以刑法严酷著名，张骞、李广利的活动与匈奴、西域有关，主父偃、徐乐、严安等人则上书反对大事四夷，然后则公孙贺、刘屈氂等，是武帝后期至昭宣时代的过渡，再接着霍光、金日磾是昭帝的重臣，赵充国是宣帝的大将。这样安排，使读者既读到人物活动，又了解到历史的前后联系。《王莽传》的编纂，也是班固的出色创造，分上、中、下，篇幅很长，几达《汉书》全书的十四分之一。它既是记载王莽本人生平行事、性格特点的传记，又是"新朝"从其代汉而立到在农民起义怒潮中灭亡的大事总纲，同时又是记载新朝的制度和社会各方面情状的一部简史，故是综合传记、本纪、典志三者于一体的特殊篇章。因新朝篡汉而立，时间仅十四年（公元9—23年），只能结合西汉灭亡来记载，因其内容和编纂形式的统一，而在史学上有其独特的价值。

《三国志》以下，其记载内容的增减和体例的别创者亦可略举数端。《三国志》从记述三个地方政权并立的需要出发，创立了既有分又有合的特殊格局。《后汉书》的列传设有《党锢传》，其类传增加了《宦者》《文苑》《独行》《方术》《逸民》《列女》等篇目，其书志（即司马彪之《续汉志》）改地理为郡国，又增设《礼仪》《祭祀》《百官》《舆服》四篇志。《晋书》为了反映十六国分立局面，设立了"载记"三十卷，与帝纪、志、列传并列。《魏书》增设《官氏》《释老》二志。《新唐书》设《藩镇传》。《新五代史》设《义儿传》。《宋史》设《道学传》。《辽史》书志部分增设《营卫志》。以上所增设的篇目，都依据所记载的朝代历史的需要，反映了时代的特点。从《后汉书》至《旧唐书》均无表。《新唐书》设有《宰相》《方镇》《宗室世系》三表。《辽史》立表最多，有《世表》《皇子表》《公主表》《皇族表》《外戚表》《游幸表》《部族表》《属国表》等，学者对此多有称誉。如清代著名史家赵翼认为：由司马迁创立的史表，所载内容与本纪、列传相补充，"传之不胜传，而又不容尽没，则于表载之。作史体裁，莫大于是"。称赞《辽史》多设置史表之编纂方法，云："表多则传可省，此作史良法也。"① 清代修《明史》历时甚长，预修者对纂史体例多有讨论，因而编纂得法，根据时代特点，增设《阉党传》《土司传》《七卿表》，其《艺文志》专载明人著述，而前代书籍流传于世者不载，同样显示出编纂上的独创性。

编年体史书，从记载简略的《春秋经》，到内容丰富详实的《资治通鉴》，前后的发展则更为显著。《春秋经》只保留了事目。《左传》将它大大丰富，事件完整，有人物，有言论，还有评论。至荀悦撰《汉纪》，更有明显的进步。此书为编年体断代史的第一部，其材料采用《汉书》，而改用时间先后为线索编纂，突出地显示出年代前后清楚、记载简明的特点和优点。荀悦论述其编纂宗旨为："列其年月，比其时事。撮要举凡，存其大体，以副本书。"又谓："省约易习，无妨本书。"可以理解为，其撰著动机，是提供一个简要的西汉史读本。但因为视角变了，体裁结构变了，便创立了一种新形式。在编纂方法上，荀悦自觉地采用"通比其事""通连体要"的方法，除按年月日顺序，记述重大史事和重要人物外，又连带把有关的事件、人物、制度、少数民族情况等加以叙述。袁宏《后汉纪》是仿《汉纪》而作，但也有发展，"言行趣舍，各以类书"，常常在记述某人某事时，连带将同一类型的人和事写出好几个、好几件，从而进一步扩大了编年体史书的容量。因此有学者称：两《汉纪》"完备了编年体的规模"②，即肯定这两部书在《左传》的基础上又加以发展。

---

① 赵翼：《廿二史劄记》卷一"各史例目异同"条，王树民校证本，中华书局，1984年版。

② 尹达主编：《中国史学发展史》，中州古籍出版社，1985年版，第117页。

《通鉴》这部编年体巨著，则不仅记事件，而且记人物活动和言论、典章制度、少数民族等等，内容宏富，具有极高的史料价值。司马光叙事十分重视记载史事之始末，又广泛地吸收了纪传体史书写类传、合传、附传的经验，对重要历史人物，清楚地写出其出身、仕途、事迹、人品等，以求记载人物的完整性。如卷十二汉高祖十一年，写陆贾出使南粤，便追述南粤由来，从"初，秦二世时，南海尉任嚣病且死，召龙川令赵佗"，委以"行南海尉事"写起，完整地叙述了赵佗立国的始末。汉灵帝建宁二年（169）记党锢事件，用长达二千字的篇幅，接连写出李膺、范滂、郭泰等人的事迹。《通鉴》还十分重视记载制度的演变。胡三省高度评价《通鉴》记载典制之丰富，说："温公作《通鉴》，不特记治乱之迹而已，至于礼乐、历数、天文、地理，尤致其详，读者如饮河之鼠，各充其量而已。"① 如写杨炎理财，记载了唐代宦官如何从朝臣手中窃取财政大权，以后杨炎如何划定宫廷费用范围，收回宦官手中权力，恢复正常行政系统，免除君主私人对国家财政收入的干涉。写杨炎实行两税法，是如何从租、庸、调演变下来。以上都做到条理清晰，将按年记事与记载人物、记载典章恰当地配合起来。因此，《通鉴》是传统史学编年体史书发展的高峰，如果将《春秋经》与之同样看待，看不到它们之间成熟程度极大的不同，那显然是错误的。

纪事本末体也经过了长期的演进。南宋袁枢撰《通鉴纪事本末》四十二卷，是节取《通鉴》一书的原文加以改编的。同样属于根据原先史书的内容，设立事目、分类排比史实这种编纂方法的，还有明代陈邦瞻的《宋史纪事本末》《元史纪事本末》。明代学者对元初脱脱等修撰的《宋史》甚不满意，一是因其仓促成书，内容芜杂，体例上有许多缺点。二是因宋、辽、金三朝各修一史，不是以宋为正统，辽、金为僭伪，明代儒生尊奉程朱理学，视正名分、定褒贬为天经地义之事，故特别热心于改编宋史。万历年间，冯琦仿袁枢做法，对《宋史》改编，未成而卒。

---

① 《资治通鉴》卷二百一十二，唐玄宗开元十二年注，中华书局，1976年版。

后陈邦瞻增订成编，为《宋史纪事本末》一百零九卷。据《四库总目》考证，本书由冯琦所撰者约十分之三，为陈邦瞻所补者约十分之七。此书起于宋太祖继周，终于文天祥、谢枋得为宋殉国。绝大部分记宋代史事，又有记辽、金、元史事的二十目。陈氏撰修时，恪守袁枢体例，分条纪事，编纂颇有条理。《宋史》原书繁芜，不像《通鉴》有脉络可寻，陈氏以事区分，从错杂的史实中清理出各事端绪，使宋、辽、金三朝历史略具梗概，对初学者实是提供了很大的便利。但史料仍本《宋史》，未及作考证补订工作。陈邦瞻后又据《元史》改撰成《元史纪事本末》一书，二十七卷。到清初谷应泰撰《明史纪事本末》，则是"广稽博采，勒成一编"。全书共八十卷，将明代三百年历史，分成八十专题，每题一卷，自为起讫，颇有条贯，篇后并附论赞。始于元至正十二年（1352）朱元璋起兵，终于崇祯十七年（1644）李自成攻克北京。其成书的最大特点，在于不再是脱胎于某一种史书，而广集众家之长，且成书早于官修《明史》八十余年。以前，《通鉴纪事本末》被认为是学习《通鉴》的捷径，现在，谷应泰的书更有独立的史料价值。到了高士奇撰《左传纪事本末》，又有新的特点，他在分国别摘编《左传》本文以外，还增添了"补逸""考异""辨误""考证""发明"等项，用《公羊》《穀梁》二传、《国语》的材料与《左传》互证。这样，本末体不是单纯抄书，而是与学术研究联系在一起了，这正是后期纪事本末体史书的特色。至光绪年间李有棠撰《辽史纪事本末》和《金史纪事本末》，继承了这一传统，并有所发展。两书内容，俱本《辽史》《金史》，同时又兼采其他记载，撰成"考异"，分别占全书一半以上，内容相当广泛，因而具有学术研究的价值。这些恰恰是有清一代历史考证方法盛行在纪事本末体史书上的反映。

除上述三种主要史书体裁之外，典志体、学案体、地理书、史论等体裁也都在不同时代经历了明显的发展过程，也都需要作深入的总结。

中国历史编纂学源远流长，内涵丰富，我们应当站在21世纪的时代高度给以科学的总结，把建构这一学科体系的任务提到日程上来。需要研究的问题都极具科学价值，又极具吸引力，诸如：历史观的进步及其对历史编纂的指导意义，史家构建史学体系的气魄和能力，史料搜集、鉴别和组织的方法，内容与形式二者的辩证关系，如何实现历史著作结构上和表述上的艺术的美，史学与时代的关系等等。这项工作，既是总结前人成果和智慧的需要，也是推进今天史学发展的需要。当然，需要探讨的方面甚广，涉及深刻的哲理，涉及广泛的专业知识，必须集思广益，才能奏其大效。兹文所论三项，似为当前所尤应认真发掘和总结的。期望首先能对这三个理论问题基本形成共识：历史编纂是史家才、学、识、德的重要载体和传播正确历史知识的有效途径；历史编纂是"再现真实的历史"的综合创造过程；历史编纂的内容广度和著述格局都是与时俱进、不断发展的，必须作动态的考察，并以中国史学发展的丰富的史实加以论证、充实和阐释。在此基础上，再作更广泛、更深入的探讨，必能成效显著地推进"中国历史编纂学"学科体系的建立，并使之不断完善。

（原刊《南开学报》2008年第5期）

# 编纂思想：推进中国历史编纂学研究的关键环节

## 一、从编纂思想层面深入揭示史学名著成功的真谛

历史编纂的成就是我国文化遗产中极其多姿多彩的部分，历代优秀史家所创造的不同的体裁形式，各自代表了考察历史的不同视角，因而适合于历史学家再现客观历史进程的不同需要；在史学长河中产生的名著，其编纂成就各具时代的特点，史家与时俱进，根据新的时代需要而不断创新。从《尚书》《史记》开始，各个时代史学名著的出色成就即与史家编纂思想的独创性和合理性密不可分。以往对此却未能给以应有的重视，重要原因是存在有两种偏颇看法。一是认为传统史学只留给我们一堆史料，认为古代史书编纂形式都是"封建性"的东西。这显然是抹杀古代史学遗产宝贵思想价值的错误态度，完全抛弃了辩证分析的观点，只会脱离历史条件地苛求于古人。生活于古代社会条件的史学家，其思想观点自然要烙上时代的印记，既有精华，又有糟粕。

今天的新文化是历代学者、文化人不断继承前代的思想精华而逐步创造出来的，今天的新史学也是历代史家不断吸收前人的优秀成果而逐步创造、演变而来的。"取其精华，弃其糟粕"，是对待历史遗产唯一正确的态度。古代史学著作又往往是精华与糟粕并存，这就更加需要自觉地贯彻辩证分析的原则，细心地做区分和剥离的工作，继承和吸收对今天有用的东西，让古人的智慧在当代发扬光大。一是轻视史学史学科的思想价值，认为历史编纂只限于讲体裁、体例，只属于技术层面问题，卑之无甚高论。实则是，每一种新的史书体裁的创立，和历史编纂的每一项改进，都是历史思想取得新创获而实现的。在史学名著中，史家的每一项成功的处理，都是因他对客观历史进程有了新发现，而后他在史书结构或叙述范式上才着意采取了新的表述方法；都是编纂思想更加进步、合理严密而带来的成果；都是历史学家在哲理上获得新灵感的体现。在历史编纂领域内，探讨历史学家编纂思想的成就是关键的环节，研究其在体裁运用、体例处理上的具体做法，也必须结合其思想上和观点上的创获才能有恰当的理解和合理的解释。

因此合乎逻辑的结论是，我们应当把从编纂思想这一视角深入揭示史学名著成功的真谛，作为推进历史编纂学研究的重要课题。所谓"编纂思想"，可以初步提出主要包括以下数项：一是史家著史的立意，最著名者，如司马迁之"究天人之际，通古今之变，成一家之言"，司马光之"关国家盛衰，系生民休戚，善可为法，恶可为戒者"。二是史家对客观历史进程的理解，并在史著中努力加以凸显的，如司马迁理解中国历史是不断走向统一的进程，中原民族与周边民族联结一体，撰写历史应当勇于对当代社会问题表达自己的见解。三是史家为了再现客观历史的复杂进程，如何精心地运用体裁形式和体例上的处理。四是史家的编纂思想如何与社会环境、时代条件息息相关。白寿彝先生在《中国史学史》第一册中所言历史编纂"是史学成果最便于集中体现的所在"，"历史理论的运用，史料的掌握和处理，史实的组织和再现，都可以在这里见个高低"，即均须通过史家编纂思想的确定和运用而得以实现。

本文即尝试围绕"从历史编纂思想层面深入揭示史学名著成功的真谛"这一论题略申己说,期望引起同行的注意和展开讨论。在古代史学名著中,我们选取具有创始意义的《尚书》和两千年中被尊为史家楷模的《史记》来讨论。

## 二、《尚书》的创始意义

《尚书》一向被称为上古政治文献的汇集,实则从编纂思想考察,在这部古代史学源头之作中,已经蕴涵传统历史编纂学的诸多特质,并预示着未来的演进方向。

《尚书》《春秋》是儒家"六艺"的两部,自实行独尊儒术以后,一直被奉为儒家经典,但实际上,它们就是古代史学的源头,刘知幾《史通》卷首《六家》篇,将"尚书家"和"春秋家"列为六种类型史书之首,讲出了古代史学之源,这正是刘知幾的卓识。相传《尚书》经过孔子的删定,司马迁谓:"孔子之时,周室微而礼乐废,《诗》《书》缺。追迹三代之礼,序《书传》,上纪唐虞之际,下至秦缪,编次其事。"① 刘知幾则云:"至孔子观书于周室,得虞、夏、商、周四代之典,乃删其善者,定为《尚书》百篇。"所谓"得虞、夏、商、周四代之典",是说《尚书》的各篇来源于史官所记或者追记。这些典、谟、训、诰、誓、命之文,其文字虽然古朴质简,有许多甚至佶屈聱牙,但从其记载的规模、历史意识,以至记述方法各项,反映的就是古代史官的历史编纂思想,而且恰恰因为是以"原典"的形式体现出中国史学的若干根本特质,因而影响极为深远。概括而言,约有数端。

一是有极强烈的历史意识,重视中国古代文明前后几千年相承的发展。

---

① 《史记》卷四十七《孔子世家》。

《尚书》是以汇集古代政治文献形式出现的中国最早的历史著作，其内容和编排方法已经突出体现了尽可能地保存自上古以来华夏历史的发展的强烈意识，因而成为无比宝贵的中华民族历史的源头。《礼记·经解》言："疏通知远，《书》教也。"极其准确地道出《尚书》开创了中华民族历史记载长期连续性的传统这一重要的历史编纂思想，"疏通"言认识历史的发展变迁，"知远"言追溯远古，记载文明的承续。《今文尚书》二十八篇，所记载的历史绵远漫长。"虞书"两篇反映了传说时代尧舜时期的事迹，表明尧、舜活动的中心地相当于今山西西南部一带。其成书时代，经学者研究，可能在战国时期，或是在西周至秦汉间漫长时期逐步成书，但也是后人根据远古时代流传下来的素材追记的，因而保留着古代的"史影"，仍然具有可与考古发现互相参证的史料价值。《尧典》开头言"曰若稽古"，即表明是后人追记之作。这一篇记载尧的品德、政绩，以及当时的一些制度和社会状况。《皋陶谟》记载舜与大臣禹、伯夷、皋陶商讨部落联盟大事，当是后世史官追述当时谋划和讨论的对话写成的。"夏书"两篇，其中《禹贡》记载大禹治理九州的功绩，记述大禹治理山川，记五服制度，歌颂大禹功德。它是我国最早的地理著作，详细记载了山川的名称、方位、物产分布、土壤性质等。《禹贡》九州：冀、兖、青、徐、扬、荆、豫、梁、雍，首列夏文化中心区，而东至大海，西至甘、陕，南至湘、鄂，北至辽东半岛，包括了当时人们所知晓的全中国范围。《禹贡》最晚也应成书于战国晚期，而保留了夏代的宝贵史料。《甘誓》篇则记载夏部落与有扈氏部族间的战争。"商书"五篇中，《汤誓》记载商朝的建立；《盘庚》《高宗肜日》两篇记载商朝中兴；《西伯戡黎》《微子》记载商朝衰亡。《盘庚》篇最受史学界重视，记载商王盘庚在迁殷时三次谈话，完整记叙事情的过程，反映出迁都过程中的矛盾，是研究殷商史的宝贵史料。"周书"十九篇，在《尚书》中所占篇幅最多，所记载的时代上自西周初年，下至秦穆公，反映了许多重大事件。《牧誓》，载武王伐纣。《大诰》，记平定武庚及三监（管叔、蔡叔、霍叔）之乱。《君奭》《康诰》，记周公执政。《金縢》《洛诰》，记周公还政于成王。《顾命》，记成王之死和康王受命。

因此，《尚书》如著名古史专家金景芳所言，是"中国有史以来的第一部信史"。《尚书》各篇根据古代史官所掌握的史料，记载了自尧舜至秦穆公历朝历代的漫长历史，这在历史编纂上是意义重大和影响深远的，中国古代史学保持历史记载的长期连续性，反映民族文化认同不断发展，中华民族统一的规模不断扩大，这一优良传统是由《尚书》创始，这样的评价《尚书》完全当之无愧。从记载内容之广阔和丰富而言，《尚书》"涉及政治、宗教、哲学、思想、历法、典章、法律、语言文字、文学、地理、军事学等历史文化各个方面的珍贵文献资料，历来是研究中国古代历史文化的首选典籍之一，特别是近百年来考古学的发展，甲骨文、青铜铭文、帛文、书简及其他考古材料的问世，从多方面印证了《今文尚书》的价值"。因此堪称"是我国古代国家文明发展历史的见证"。①

二是《尚书》在历史观上明确总结出"以史为鉴"的思想，以生动的史实反映了自殷商至西周初年，由"迷信天命"到认识必须"以史为鉴"、以民心为鉴、得民心才能"得天命"的巨大变化，因而成为中国文化和史学"忧患意识"、"敬命保民"、谴责暴政、诛伐独夫民贼、重视民心向背这些具有极其重大意义的思想观念之根源。

《尚书》不仅记载了上述许多重大事件，视野开阔，而且通过一些重要篇章，反映了周初在历史意识上的重大进展，即在"天命观念"这一意识形态领域产生了重大改变。在殷代，统治者极端迷信上帝、天命，还把自己的意志通过一次次的占卜解释为上帝的意志，殷纣王实行暴政，酗酒淫乱，在众叛亲离的情况下，还迷信"我生不有命在天"（《西伯戡黎》）。殷朝的灭亡给人们深刻的教训，证明"天命"不可依靠，要靠政治措施得当，人心才能归附，"小邦周"才能打败"大邑商"。因此以周公为代

---

① 李民、王健：《尚书译注》，上海古籍出版社，2000年版，第29页。

表，极其重视殷商由强盛到灭亡的教训，总结出"敬天保民"的思想。这是中国古代历史观和政治观的重大进步。《周书》各篇中一再讲以殷朝灭亡为鉴戒，反映出周朝建立政权后，以周公为代表的政治人物怀着强烈的忧患意识。殷、周的力量对比本来是悬殊的，直至殷亡以后，在西周早期，周仍称殷为"大国殷""大邑商""大邦殷"（见《召诰》《多士》），而自称"小国""小邦周"（见《召诰》《康王之诰》）。可是结果却是殷的崩溃、周的兴起。"这种巨大而鲜明的变化甚至使作为胜利者的周人也感到震惊，因而激发了他们对历史进行反省的自觉。殷曾经强大过，可是现在崩溃了。在此之前，夏曾有过类似的过程。这时周又走到夏和殷早期的位置上，周人对此怎能无所反省呢？他们越是感到夏、殷两代历史变化的无情，也就越想用以史为鉴，以便认识自己所处的境地。"① 以周公为代表的周初政治家思考夏、商由盛而衰直至灭亡的深刻教训，警惕周重蹈覆辙，明确总结出"殷鉴"思想。这对中国史学几千年进程产生深远影响。《酒诰》曰："王（按，指当时摄居王位的周公旦）曰：封（即卫侯康叔），予不惟若兹多诰。古人有言曰：人无于水监，当于民监。今惟殷坠厥命，我其可不大监抚于时！"此篇是周公命康叔在殷商故地卫国宣布戒酒的诰词。《史记·卫康叔世家》："周公旦惧康叔齿少，……告以纣所以亡者以淫于酒，酒之失，妇人是用，故纣之乱自此始。……故谓之《康诰》《酒诰》《梓材》以命之。"诰词中，强调要总结由商初兴盛到商末酗酒亡国的历史教训，作为颁布严厉的禁酒令的依据。其中最关键的观点，就是周公阐释古训，人不仅要以水作镜子，更应当以民众的处境和情绪作为镜子，来对照自己的政策、作为的正确与错误，也即国家的治理要重视民心的向背。在《召诰》篇中，同样有极精辟的概括。此篇作于周公摄政七年还政成王之后，营建洛邑之时。史官记录了当时营建洛邑的情况和召公的诰词。其中说："我不可不监于有夏，亦不可不监于有殷。我不敢知曰，有夏服天命，惟有

---

① 刘家和：《古代中国与世界》，武汉出版社，1995年版，第257页。

历年。我不敢知曰，不其延，惟不敬厥德，乃早坠厥命。我不敢知曰，有殷受天命，惟有历年。我不敢知曰，不其延，惟不敬厥德，乃早坠厥命。今王嗣受厥命，我亦惟兹二国命。"郑重地告诫应当以夏代和殷代的兴亡为鉴戒，深刻地思考这两个国家为什么会丧失天命，总结它们的教训。此篇的总结，说明不仅周公，还有召公这样的周初政治家，都共同地从殷商灭亡、周朝兴起的历史大变局中，实现了历史观念、天命观念的深刻变革和巨大进步，原先夏、商迷信天命的观念，现已被"敬德保民"思想所取代，面对朝代的兴亡、鼎革，总结出"只有实行德政才能巩固周朝统治"这一深刻的教训。王国维在《殷周制度论》中十分强调这一变化，说："此篇乃召公之言，而史佚书之以诰天下，文、武、周公所以治天下之精义大法，胥在于此。"① 《康诰》篇同样总结出一条重要的历史法则："天畏棐忱；民情大可见。"（按：棐，非。忱，诚。）言上天降罚不是固定不变，民众的情绪就是重要的反映。《大诰》篇又言："迪知上帝命越天棐忱。"此乃强调周初有一批贤臣引导周王懂得上帝降赐天命不是固定不变的道理。

由上述《尚书》中精警的语言可知，周初政治家总结出：殷商自成汤至帝乙，是兴盛时期，帝乙开始走向衰落。衰亡的深刻教训，是不敬天命，不勤政事，不任用贤人，耽于逸乐，使民众陷于困苦境地。这样，上天就不再保佑商，天命转向实行德政的周文王、武王。并提出殷代夏命顺应了天意和民心，民众生活是否困苦，民心是反对还是拥护，就是天命的反映。肯定取代暴虐的统治者是合理的。这些都成为中国传统史学许多进步观点的源头，说明中国从《尚书》这部最早的史书起，便能从总结历史经验中得出深刻的智慧和思想。

三是在编纂方法上，《尚书》创立了以"记言"为主的史书形式，开启了后世"记言家"之先河；同时，《尚书》的一些篇章中又已有纪事本末体的创意，它意味着历史编纂方法还有"以

---

① 王国维：《观堂集林》（二）卷十，中华书局，1959年版，第476—477页。

事件为主要视角"的巨大发展空间，到了传统史学发展的后期，遂发展成为历史编纂学第三种主要体裁，并且极受重视，在近代显示出活跃的生命力。

《尚书》主要记载商、周时期君王对臣下或民众的号令、训诫，或统治阶层人物的谈话。刘知幾对其编纂体例特点有很恰当的概括："盖书之所主，本于号令，所以宣王道之正义，发话言于臣下，故其所载，皆典、谟、训、诰、誓、命之文。"① 孔颖达在《尚书正义》之《尧典》篇注中，曾依据《尚书》篇目，分为典、谟、贡、歌、誓、诰、训、命、征、范十种文体，面面俱到，而未能显示出特点。相比之下，还是刘知幾归纳的六种较有概括性。典，是记载被后世所尊奉为君王者的言论和事迹，如《尧典》《舜典》之类，记载尧、舜言论及治水、禅让等大事。谟，以记载君臣之间的谈话、策划、谋议大事为内容。如《皋陶谟》，记载大臣皋陶和夏禹在虞舜前对答，皋陶陈述施政计谋之书。训，是臣下对君王的劝教之辞，总结历史教训，劝导当今君王以史为鉴，改善统治。如《伊训》《高宗肜日》。诰，为君王对臣下的诰谕，如商书的《盘庚》，周书的《康诰》《酒诰》《召诰》《洛诰》等，多为商周最高统治者对臣民训告之辞，此为《尚书》之主要内容，且为当时史官所记载并作为历史档案郑重保留，史料价值很高。誓，是君王诸侯在征战、交战前夕率队誓师之辞，如《甘誓》《汤誓》《泰誓》《牧誓》等。命，是君王任命官员或赏赐诸侯时的册命之辞，如《毕命》《冏命》《文侯之命》《君陈》《君牙》等。

由此证明，《尚书》虽是文献汇集，但它有一定的体例。虽然尚未达到严密阶段，但重视编纂体例就由《尚书》发其端。其重视记言的特点在后代重要史著中明显得到继承。如《左传》《国语》，均多载贤士大夫的谠言高论，具有很高的历史认识价值和思想价值，《国语》尤为着重记载言论之作。以后《史记》《汉书》等书，都极重视采录贾谊、晁错、董仲舒、徐乐、赵充

---

① 刘知幾：《史通》卷一《六家》

国、谷永等人物论述历史、指陈利弊得失的言论，成为《史》《汉》历史编纂学的一大特色，鲁迅即称赞其中所采录贾、晁之文，"沾溉后人，其泽甚远"①。这些都反映了《尚书》创立"记言"的编纂方法对后代的影响。时至今日，编纂历史著作如何恰当地记载一代之大议论，以深刻地反映客观历史进程、时代特点，彰显前人的智慧，仍然是一个必须重视并加以解决的问题。

《尚书》主要是记言，但又有记事的成分。在编纂方法上，它具有纪事本末的创意，其"因事命篇"的特点，对后代历史编纂学有深远的影响。《尚书》中，《牧誓》《金縢》《洛诰》《顾命》等，都以一事各自独立为篇。《金縢》《顾命》更为典型，两篇均以记事为主，叙述完整，已具有记载历史事件的技巧。金縢即金匮，是用金属制成的藏书匮。篇中记载：武王病重，周公向三王（太王、王季、文王）祈祷，愿以身代。史官将记载周公祝辞的策书藏在金匮中；其后，管叔、蔡叔制造流言，说周公要自行称王，周公避居东都洛阳，二年中平定管、蔡之乱，成王开匮得其祝文，乃知周公的忠诚，感动而泣，遂迎周公归成周。这一篇完整地记载了事件的全过程。《顾命》篇从成王病重写起，接着是成王临终遗命，命召公等大臣辅佐年幼的康王。以后是成王卒，大臣举行奉康王登位的隆重肃穆仪式。这一篇，善于利用事件顺序和空间的方位，把经过和重要的细节写得很有条理。事件，是记载历史的要素之一，《尚书》的这些篇已显示出记事的方法。

中国史学演变到南宋，官修的纪传体史书陷于过分拘守成例的境地，缺乏创造活力，这时出现了新的纪事本末体裁。章学诚极重视这一新体裁，经他总结，认为纪事本末体的创造力和真精神，在《尚书》中已具备了，故给《尚书》的创意以很高的评价。《文史通义·书教下》精辟地指出："夫史为记事之书，事万变而不齐，史文屈曲而适如其事，则必因事命篇，不为常例所

---

① 鲁迅：《汉文学史纲要》，《鲁迅全集》第九卷，人民文学出版社，2005年版，第404页。

拘，而后能起讫自如，无一言之或遗而或溢也。此《尚书》之所以神明变化，不可方物。"又言："决断去取，体圆用神，斯真《尚书》之遗也。"

　　章氏针对纪传体陈陈相因、体例刻板停滞的弊病，主张吸收纪事本末体的优点，加以改革，这是他立论的主要依据。其主张直接为梁启超、章炳麟所继承，并影响了20世纪历史编纂发展的趋向。而究其源头，则应追溯到《尚书》中纪事本末之创意对他的启发。

## 三、《史记》楷模作用一：构建宏伟的著史体系

　　与先秦时期仍处于比较朴略、粗糙阶段的史著相比较，西汉司马迁撰成的《史记》所达到的完美、成熟程度，简直是史学史上的奇迹。然而，奇迹的出现却有极其现实而深刻的内在条件，这就是：在汉武帝时代，中国历史上实现了空前统一，民族间的融合加速进行，国家的经济文化显著发展，这样的时代特点赋予了司马迁伟大的创造力和出色的历史编纂思想。司马迁讲的三句话"究天人之际，通古今之变，成一家之言"①，是这位伟大史家所预定的著史目标，也是他所确定的编纂思想。"通古今之变"，是要以贯通的眼光探究漫长历史进程中的变化发展，阐述"古"与"今"的关系；"究天人之际"，是对当时人们极其关切的"天意"与"人事"之间存在什么关系，进行认真的考察；"成一家之言"，则包含两层意义，一是他要撰写出内容丰富、体系完备的历史著作，二是要对历史和现实社会问题勇于讲出自己的见解，要提出独立的思想体系。本文仅就"成一家之言"作具体的阐释，因为此项最为突出地表达出司马迁著史的宏大气魄，及其构建体系的成功。

　　司马迁是否自觉地要把《史记》构建成为一部规模宏大的史

---

　　① 《汉书》卷六十二《司马迁传》，中华书局，1962年版。

著呢？答案显然是肯定的。《太史公自序》中有一段集中的论述：

> 网罗天下放失旧闻，王迹所兴，原始察终，见盛观衰，论考之行事，略推三代，录秦汉，上记轩辕，下至于兹，著十二本纪，既科条之矣。并时异世，年差不明，作十表。礼乐损益，律历改易，兵权山川鬼神，天人之际，承敝通变，作八书。二十八宿环北辰，三十辐共一毂，运行无穷，辅拂股肱之臣配焉，忠信行道，以奉主上，作三十世家。扶义俶傥，不令己失时，立功名于天下，作七十列传。凡百三十篇，五十二万六千五百字，为《太史公书》。序略，以拾遗补艺，成一家之言，厥协六经异传，整齐百家杂语，藏之名山，副在京师，俟后世圣人君子。①

撰成一部"网罗天下放失旧闻"，"成一家之言，厥协六经异传"的宏篇巨制，这一心愿发自司马谈。而继任史官之职的司马迁，将其先父的宏大志向付诸实现，并且大大发展了。显示司马迁雄伟创造力的"本纪""表""书""世家""列传"五种体裁，它们在记载中国几千年历史上担负何种任务，司马迁给予了明确的定位。"王迹所兴，原始察终，见盛观衰，论考之行事，略推三代，录秦汉，上记轩辕，下至于兹，著十二本纪"，是明显交待"本纪"在全书中起到主干的作用，以年代为序，记述起自华夏文明始祖黄帝，下至当世的历史演进，探究其兴亡之由、盛衰变化；"既科条之矣"，即明言作为全书之大纲领，它兼有编年体和纪事本末体的特点。十篇"年表"，则是将错综复杂的史事，以简明的表谱形式加以整理记载，既有助于从纵向显示历史进程的时间关系，又有利于从横向显示同一时间不同史事之关联；将"十表"紧置于"十二本纪"之后，则寄托了以"表"作为辅助，显示历史演进主线的深刻用意，我们阅读了司马迁精心地为各篇表所写的序，对此就能够体会出来。"八书"的创立，是要记载礼、乐、律、历、天文、封禅、河渠、平准各项重要制度和

---

① 《史记》卷一百三十《太史公自序》。

社会情状。"世家"是记载公侯、辅佐帝王的股肱大臣和其他有杰出成就的人物,他们的活动和功业,对于国家状况和社会进程自然关系甚大;同时,又通过在史书结构上公侯勋贵如"二十八宿环北辰"般环绕天子,惟妙惟肖地显示出封建政治等级关系的特征。"列传"则记载社会各阶层代表人物,他们或是有高尚的气节,或是有卓越的才能,或是在性格上、技能上有特异之处,"扶义俶傥,不令己失时,立功名于天下",历史上多少可歌可泣的故事、叱咤风云的场面,就是由帝王、大臣和这些特出人物共同创造出来的。

《史记》的构史体系,既是对先秦史书形式的吸收、继承,又是在更高水平的历史编纂思想指导下实现的伟大创造。先秦史书中,如《尚书》的《金縢》《顾命》已有纪事本末体的创意;《诗经》的《生民》《公刘》是歌颂英雄传说的史诗,有纪传体的意味;《左传》在以编年形式记载历史上已有许多成功的经验;《世本》则记载王、侯、卿大夫的世系;战国时期的谱牒,成为"表"的来源;《尚书》的《禹贡》《洪范》及其他典籍中有关礼制的记载,又是创设书志体的依据。以往体裁形式的成果都是半成品和原材料,经过司马迁卓越的编纂思想为指导,将之熔于一炉和创造提高,成为用"本纪""表""书""世家""列传"互相配合、规模宏伟的崭新体裁,取众家之长,而自成一家。司马迁运用其精心的设计,在再现客观历史进程上获得极大的成功。书中既有清晰的历史演进脉络,又有复杂丰富的内容,既有各种典章制度、社会情状的记述,又有栩栩如生、首尾完整的人物活动;五种体裁各司其职,又相互配合,形成一个有机的整体和完善的结构,让读者对中华民族自远古以来的历史了然于胸,又能体味无穷。

司马迁在构史体系上的集大成的贡献,被历代"正史"编纂者视为著史的"极则"。且看诸多名家的精彩评论。刘知幾说:"《史记》者,纪以包举大端,传以委曲细事,表以谱列年爵,志以总括遗漏,逮于天文、地理、国典、朝章,显隐必该,洪纤靡失。"①"语其通博,信作者之渊海也。"② 郑樵言:"百代以下,史家不能易其法,学者不能舍其书。"③ 赵翼说:"司马迁参酌古今,发凡起例,创为全史。……一代君臣政事,贤否得失,总汇于一篇之中,自此例一定,历代作史者,遂不能出其范围,信史家之极则也。"④ 章学诚称,司马迁创立的纪传体,"范围千古,牢笼百家",又称其所创体例"体圆而用神"。⑤ 梁启超更以近代眼光,高度评价说:"纪传体的体裁,集各部在一起,记载平均,包罗万象。表以收复杂事项,志以述制度风俗,本纪以记大事,列传以传人物,伸缩自如,实在可供人们研究。"⑥ 司马迁在编纂思想上的高明立意和非凡智慧,确是他在二千年传统史学发展中被视为著史楷模的奥秘所在。

## 四、《史记》楷模作用二:突出记载历史人物的活动

高度重视记载历史人物的活动,是《史记》在构史体系上"成一家之言"的又一突出表现。

司马迁创立的体裁通常被称作"纪传体",这恰恰反映了人们对《史记》尤重历史人物活动的记载这一本质特征的概括。白寿彝先生对此评论说:"这虽不够全面,但《史记》是以历史人物的传记占最大的比重,而纪和传这两种形式的并用也是对后来史书的编写最有影响的体裁。"⑦ 以往刘知幾所言"纪以包举大端,传以委曲细事",是说按传统学者的认识,纪与传的关系有

---

① 刘知幾:《史通》卷二《二体》。
② 刘知幾:《史通》卷三《书志》。
③ 郑樵:《通志·总序》,中华书局,1987年版。
④ 赵翼:《廿二史劄记》卷一"各史例目异同"条。
⑤ 章学诚:《文史通义》内篇一"书教下"。
⑥ 梁启超:《中国历史研究法补编》,《饮冰室合集》专集之九十九,第157页。
⑦ 《白寿彝史学论集》(下),第874页。

如经学上经与传的关系；而我们今天则可以有新的理解："纪"写出历史进程的大纲，好比史书的骨架和脉络，"传"则表现复杂、细致的人物活动，构成史书饱满的血肉，两者结合，可以充分显示客观历史进程的丰富性和生动性。这应是纪传体在历史编纂上真价值之所在。

先秦史书的主要形式是编年体，代表作为《春秋》《左传》，以时间为线索记载先后发生的史事。至司马迁则焕发出新的智慧，创立了新的成熟体裁，记载了众多活跃于历史舞台的人物。从原先以时间先后为主要视角，到以人物活动为主要视角，这是历史编纂思想的一次升华，是战国、秦汉时期人的作用在历史变局中凸显出来这一深刻变化在历史家头脑反映的产物，换言之，司马迁的智慧是在时代推动下形成的。赵翼对于战国、秦汉时期人的活动的展现有过精到的论述，他指出：汉初诸臣出身高门者只有张良（韩相之子），而像萧何、曹参、周苛等，则仅为吏掾、卒史之类下级官吏。"其余陈平、王陵、陆贾、郦商、郦食其、夏侯婴等，皆白徒。樊哙则屠狗者，周勃则织薄曲吹箫给丧事者，灌婴则贩缯者，娄敬则挽车者，一时人才皆出其中，致身将相，此前所未有也。盖秦、汉间为天地一大变局。"这种由古代世侯世卿到布衣而登将相局面的巨大变化乃始于战国。其时，"游说则范雎、蔡泽、苏秦、张仪等，徒步而为相。征战则孙膑、白起、乐毅、廉颇、王翦等，白身而为将。此已开后世布衣将相之例"。至秦末天下大乱，"于是高祖以匹夫起事，角群雄而定一尊。其君既起自布衣，其臣亦多自亡命无赖之徒，立功以取将相，此气运为之也"。① 出身下层的贤能卓异之士登上历史舞台，创造了迥异于前代的历史新局面，必然要反映到历史学家的头脑之中。为了再现这种历史的新特点，就要求历史编纂思想的提升和编纂方法的创新。以往的编年体，以事系日，以日系月，以月系时，以时系年，能够清楚地叙述史事发生的先后。但它有两大缺陷无法解决，一是，复杂的历史事件和人物前后的活动往往历

---

① 赵翼：《廿二史劄记》卷二"汉初布衣将相之局"条。

经多年，势必造成一事隔越数卷，前后难稽，而致前因后果不明，历史演进的主线模糊；二是，无法将同类事件或人物活动恰当组织，使之在史书中有次序地展开，如战国时期的合纵连横、秦的崛起、秦末的群雄角逐、楚汉战争、汉初治国政策的施行、武帝时的推进国家统一、开拓疆土等等，难以在史书中作恰当的安排。在司马迁之前，其父司马谈已经特别关注到史书要将记载明主忠臣的活动作为重要撰述任务，《太史公自序》中郑重地记载了父亲临终的遗教："幽厉之后，王道缺，礼乐衰，孔子修旧起废，论《诗》《书》，作《春秋》，则学者至今则之。自获麟以来四百有余岁，而诸侯相兼，史记放绝。今汉兴，海内一统，明主贤君忠臣死义之士，余为太史而弗论载，废天下之史文，余甚惧焉，汝其念哉！"司马迁创立纪传体，正是对其先父遗愿的圆满实现，也是对历史编纂的重大推进。司马迁记载中华民族开化史上杰出人物活动所付出的巨大心血和所取得的辉煌成就，我们从"本纪""世家""列传"中记载人物事迹所占分量之重，即可见其大端。《秦始皇本纪》《项羽本纪》《高祖本纪》《孝文本纪》等篇，都兼具史事纲领和人物传记二者相结合的特点。《孔子世家》《陈涉世家》《萧相国世家》《曹丞相世家》《留侯世家》《陈丞相世家》《绛侯世家》等，均属运用典型的记载人物的手法。而七十列传更是在史学史上开创了专记人物活动的巨幅历史画卷，意义更为深远。仅司马迁为各篇"列传"精心撰写的"撰述义旨"，汇集在《太史公自序》中，起自"末世争利，维彼奔义；让国饿死，天下称之。作《伯夷列传第一》"，迄于"布衣匹夫之人，不害于政，不妨百姓，取与以时而息财富，智者有采焉。作《货殖列传第六十九》"，即俨然为我们提供了先秦以来各方面历史人物卓越建树和性格特征的全体造型图。

司马迁描写历史人物有很高明的手法，刻画生动逼真。《史记》中的信陵君、侯嬴、廉颇、蔺相如、荆轲、项羽、刘邦、韩信、樊哙、周亚夫、汲黯、李广等的形象，使人读之感到栩栩如生，难以忘怀，因而在文学上为传记文学开辟了天地，还有大量的戏剧和当代电影、电视剧作品以之取材。而从史学的角度看，最主要的还在于《史记》善于透过人物的言语、活动和遭遇，去表现当时的政治状况和社会特点，去说明、判断历史问题，去揭示历史事件成败和盛衰变化的深层原因。① 我们可以举出以下不同类型的人物略作评价。

商鞅和李斯是在秦国崛起和后来统一中国过程中起到重要作用的人物。司马迁对商鞅评价很高，称"鞅去卫适秦，能明其术，强霸孝公，后世尊其法"②。《商君列传》详细记述提出变法的原委，商鞅先后两次变法所实行的奖励耕战、废除贵族特权、移风易俗等内容，写商鞅在关键时刻以历史经验作有力论据，驳倒保守派人物甘龙、杜挚的阻挠，特别是写出商鞅变法所取得的显著效果："行之十年，秦民大悦，道不拾遗，山无盗贼，家给人足，民勇于公战，怯于私斗，乡邑大治。""后五年，秦人富强，天子致胙于孝公，诸侯毕贺。"一举而使秦成为西方强国，称雄于诸侯，逐步蚕食六国，走向兼并天下的道路。李斯则是秦始皇统一中国过程中的总参谋长，如《太史公自序》所言："遂得意于海内，斯为谋首。"前后三十年，从秦实现统一到诸侯反秦前后两大变局，他都处于政治漩涡的中心。司马迁以鲜明的倾向性和生动的史实，分别写出李斯在前后两个时期的功与过，实则借此以显示秦政权前后成败的关键，因此这篇《李斯列传》实应与《秦始皇本纪》并读，以收相互发明之效。司马迁鄙视李斯利欲熏心的性格，且道出这是他最后酿成悲剧的重要原因。而贯穿全传中心的，则是李斯的政治活动，以此反映他的时代。开始写李斯之所以告别其师荀卿决计入秦，即因为看清"六国皆弱，无可为建功者"，而秦"欲吞天下，称帝而治"之势已成，故决计入秦，欲佐秦以统一天下，交待这一背景为全篇奠定了基调。司马迁从大处落笔，肯定李斯的三项功绩：一是劝说秦王嬴政把握有利时机，下定兼并六国的决心，并献离间六国君臣、分别击溃之策。于是大得秦王信任，拜为客卿。二是谏阻逐客。警告如

---

① 参见《白寿彝史学论集》（下），第874—875页。
② 《史记》卷一百三十《太史公自序》。

果实行不问曲直、为客皆逐的法令，后果必是断送统一事业。此后二十年，秦始皇用李斯计谋，完成统一大业。三是秦皇朝建立后，李斯任丞相，反对实行分封制，在全国范围内推行郡县制。又统一法令制度，统一文字，以加强中央集权的统治。秦并六国后，时势已发生绝大变化，李斯却不以安民抚民为务，反而继续其暴力统治政策："禁《诗》、《书》、百家之语以愚黔首"；"治离宫别馆，周遍天下"；身为丞相竟追随赵高，合谋伪造遗诏，迫令太子扶苏自杀，立胡亥为二世皇帝。秦二世暴虐无道，李斯因贪恋权势，处处阿意求荣，上书引申、韩之说，主张对臣下督责重罚，排斥仁义之人，谏说之法，死节之行。遂使秦国"刑者相半于道，而死人成积于市，杀人者为忠臣"。李斯助纣为虐的结果，终遭赵高构害，具五刑，腰斩咸阳市。司马迁对《李斯列传》的结尾也作了精心安排，并不止于李斯受刑被斩，而一直写到李斯死后，赵高令二世自杀，孺子婴用计杀死赵高，沛公入关，子婴自系其颈迎降。何以在李斯传中要完整地写出秦由成功到败亡的结局呢？恰恰在这里反映了司马迁编纂思想卓越之处，他为此匠心独运，是要深刻地总结秦朝成败的教训，要明确揭示秦统一后治国政策应废除苛政，转向安民、抚民这一关键问题。

在秦汉之际历史变局中，首先点燃起反秦烈火的，是佣耕出身的英雄人物陈胜，他在大泽乡带领九百名被秦朝暴政逼得无有活路的戍卒，揭竿而起，于是全国各地纷纷响应，迅速形成声势浩大的反秦浪潮，终于推翻了貌似不可一世的强秦的统治。对于这场历史上空前的人民起义的壮举和陈胜首先发难的大无畏精神，司马迁满腔热忱地歌颂，从根本上来说，正是其编纂思想达到的非凡高度保证了这篇传记的成功。《太史公自序》将陈涉揭起反秦起义大旗与历史上备受颂扬的"汤、武革命"相比拟：

> 桀、纣失其道而汤、武作，周失其道而《春秋》作。秦失其政而陈涉发迹，诸侯作难，风起云蒸，卒亡秦族。天下之端，自涉发难。作《陈涉世家》第十八。

生活在两千年前的史家，却持有这样的热情歌颂人民起义的进步立场和编纂上的特识，实在难能可贵。而后代有的评论者，却拘守"世家"应专记诸侯和勋贵的事迹，批评司马迁破例立《陈涉世家》为不当，则恰恰反衬出批评者见识的浅陋。司马迁以他确定的编纂思想为指导，详细写了首倡起义的周密组织、发动群众充满戏剧性的场面和曲折过程，又生动地刻画了陈胜富有反抗精神的鲜明个性，对其因犯下过失、误杀昔日佣耕伙伴，致使"诸陈王故人皆自引去，由是无亲陈王者"，也如实直书。轰轰烈烈的历史功绩和生动真实的人物性格相交织、相映衬，诚为《史记》全书增色不少。司马迁又在篇末概括说："陈胜虽已死，其所置遣侯王将相竟亡秦，由涉首事也。"对这位反秦先驱者和农民起义英雄的历史功绩准确定位，也与《太史公自序》中称颂其与汤、武革命相比拟的撰述义旨作了有力的呼应。值得注意的是，司马迁高度评价陈涉的历史地位实际上被班固所继承，《汉书》因反映新的时代特点而取消"世家"的体例，但设置《陈胜项籍传》，作为全部汉代人物传记的首篇，这样安排，正表明将陈胜视为开创秦汉之际历史变局的第一人。

《史记》七十列传中有大量篇章记述汉代人物，司马迁为此付出巨大心血。西汉时代是中华民族的成长时期，好比青年是人生朝气蓬勃的年代一样，西汉正是一个创造力活跃的重要时期。中国中古时代的政治设施、典章文化的基本格局在这一时期形成，中国今日的辽阔版图，也是在西汉奠定的。西汉时期这种创造活力的特点和多样的成就，大量的就是依靠《史记》中列传的记载而流传后世。西汉的贤士名臣富有智慧，善于议论国家的政治得失，"常引大体慷慨"[①]，同时勇于开拓，敢于为国家利益冒险犯难，建立殊功。司马迁赞扬他们说："扶义俶傥，不令己失时，立功名于天下"，以这种编纂思想为指导写成的传记，千载之后读之，仍使人感到虎虎有生气。

这里仅简要论及晁错、张骞两人。晁错活动于文帝、景帝时期。汉文帝时，他官太子家令，号曰"智囊"。他极具政治远见，

---

① 《史记》卷一百一《袁盎晁错列传》。

深刻地认识到汉初诸侯王势力膨胀、尾大不掉,将酿成分裂割据的祸害,构成对中央朝廷的威胁。"数上书孝文时,言削诸侯事,及法令可更定者。"但因文帝下不了打击诸侯王势力的决心,故未从其议,但奇其材,迁为中大夫。至景帝时,晁错升任御史大夫要职,此时吴王濞及其他诸侯王更为跋扈,晁错乃上《削藩策》,明确主张"削之亦反,不削亦反。削之,其反亟,祸小;不削之,其反迟,祸大"。① 景帝三年(前154),用晁错计策,削减楚王等所属郡县。于是,吴、楚七国联合举兵反叛,并以"诛晁错以清君侧"为借口。此时,晁错正置身于汉朝廷与藩国尖锐斗争政治漩涡的中心。其父从颍川赶来,对他严责:"上初即位,公为政用事,侵削诸侯,别疏人骨肉,人口议多怨公者,何也?"冀望晁错在危急关头立即改变态度。晁错却毫不退缩,回答说:"固也。不如此,天子不尊,宗庙不安。"坚定不移地申明建议削藩正为国家谋求根本的利益。其父说:"刘氏安矣!而晁氏危矣!"因不忍见大祸及身,仰药自杀。司马迁刻画晁错面临杀身之祸也不肯后退,生动地表现出汉初进步思想家为推进国家统一而尽忠竭力的坚定意志。其时,吴、楚发兵情势危急,景帝因窦婴、袁盎进计,在东市杀了晁错。司马迁最后叙述,当汉军与吴楚作战过程中,校尉邓公(谒者仆射)从军中来,景帝向他询问:晁错已死,吴楚军是否罢兵?邓公回答说:"吴王为反数十年矣,发怒削地,以诛错为名,其意非在错也。且臣恐天下之士噤口,不敢复言也!"景帝问其故,邓公恳切陈明晁错为国家寻求长治久安的一片忠心和蒙受的极大冤枉,说:"夫晁错患诸侯强大不可制,故请削地以尊京师,万世之利也。计画始行,卒受大戮,内杜忠臣之口,外为诸侯报仇,臣窃为陛下不取也。"② 景帝至此也追悔莫及。《太史公自序》中论本篇的撰述义旨为:"敢犯颜色以达主义,不顾其身,为国家树长画。作《袁盎晁错列传》。"点明撰写本篇的指导思想,乃是表彰晁错为捍卫

---

① 《史记》卷一百六《吴王濞列传》。
② 《史记》卷一百一《袁盎晁错列传》。

国家根本利益而不避杀身之祸的崇高精神。①

张骞则是富于开拓精神、为国建立殊功的典型，他的事迹记载于《大宛列传》中。本篇撰著的指导思想有两项：一是表现张骞坚忍不拔、立功绝域的精神，赞扬由于张骞"凿空"成功，汉朝开始经营西域广大地区。二是记载西域各民族与中原民族联系的加强。武帝建元中，为了联合匈奴的仇敌大月氏共击匈奴，招募勇力之士通使。张骞以郎官应募，与堂邑父、胡奴甘父同出陇西。经匈奴被拘获十余年，后寻找机会逃出，因与其属亡向月氏。远道经大宛、康居，寻到大月氏，此时大月氏既臣大夏而居，殊无报复匈奴之心。其后张骞沿南山返回，欲从羌中归汉，又被匈奴捕获，适逢匈奴内乱，才得与胡妻及堂邑父一起逃脱，归来向武帝报告西域各国道路远近、政治状况、物产风俗，中原人士第一次获知西域广大地区的信息，汉朝与西域开始建立了联系。这是张骞置身绝域，两次被匈奴拘捕，前后历经十余年，历尽艰险而实现的。司马迁对张骞坚毅卓绝的精神和他创造的奇迹给予了高度评价："骞为人强力，宽大信人，蛮夷爱之。堂邑父，胡人，善射，穷急射禽兽给食。初，骞行时百余人，去十三岁，唯二人得还。"因功封博望侯。元狩四年（前119），张骞第二次出使，其使命是联合乌孙，招其返回河西居住，"断匈奴右臂"，并招其西大夏之属为外臣。"拜骞为中郎将，将三百人，马各二匹，牛羊以万数，赍金币帛直数千巨万"，并有多人持节担任副使。张骞在西域展开广泛的活动，分遣副使使大宛、康居、大月

---

① 晁错早年学申商刑名之术，"为人峭直刻深"，司马迁对此不予赞赏。《袁盎晁错列传》篇末论赞云："晁错为家令时，数言事不用；后擅权，多所变更。诸侯发难，不急匡救，欲报私雠（按，此指吴楚乱起时，晁错欲治"袁盎多受吴王金钱，专为蔽匿，言不反"之罪），反以亡躯。语曰'变古乱常，不死则亡'，岂错等谓邪！"但这种批评与传中记载的内容显然相矛盾，也与《太史公自序》中所言"不顾其身，为国家树长画"，以及《吴王濞列传》篇末论赞中云"晁错为国家远虑，祸及近身"两处观点相抵牾。班固著《汉书》继承了司马迁的正确认识，其《晁错传》全部采用《史记》记载的史实，又增加了晁错重要言论多篇，使内容更丰富。篇末赞语对晁错作了公正评价："晁错锐于为国家远虑，而不见身害"，"错虽不终，世哀其忠"，明确表彰他为国尽忠，后人世代承认，发挥了司马迁观点中的正确部分，而纠正了其自相矛盾之处。

氏、大夏、安息、身毒、于窴、扜罙及诸旁国。乌孙遣导译及使者数十人送骞还，张骞拜为大行，列于九卿。"乌孙使既见汉人众富厚，归报其国，其国乃益重汉。其后岁余，骞所遣使通大夏之属者皆颇与其人俱来，于是西北国始通于汉矣。"张骞在西域各国有极高的威信，其后出使者都称博望侯，"以为质于外国，外国由此信之"。① 张骞"凿空"成功，从此中原民族与西域各民族共同谱写了加强联系的篇章，《太史公自序》概括全篇撰述义旨，大力褒扬张骞的历史功绩："汉既通使大夏，而西极远蛮，引领内向，欲观中国。作《大宛列传》。"

## 五、《史记》楷模作用三：勇于提出对历史和社会问题的独到见解

《史记》"成一家之言"编纂思想的第三项突出表现，是不停留于单纯的记述史实，而是要写出史家对历史和社会问题的独到见解，通过史著来表达独立的思想体系。

司马迁要实现其"原始察终""见盛观衰"的目标，要探究不同历史时期变化发展的原因，总结其中的经验和教训，必然不能就事论事，而必须对事件或人物进行分析，作出褒贬和评价，以揭示出历史进程中本质性的问题。如《六国年表》对战国时期错综复杂的史事作了梳理，以秦的崛起和强盛作为这一历史时期的主线。为了帮助读者把握这一要领，司马迁精心撰写了《六国年表》序，其中心是驳斥西汉时期流行的庸俗见解，高度评价秦在结束战国分立到实现统一过程中的历史作用。开头即言，秦国的强盛和兼并六国代表了战国时期历史发展的主导方向。秦自文公攘夷狄、穆公修政，国势始强，与齐桓、晋文这些中原霸主相俦列。至战国时期，各国武力攻伐，"秦始小国僻远，诸夏宾之，比于戎翟，至献公之后常雄诸侯"。迄而兼并天下，"非必险固便

---

① 《史记》卷一百二十三《大宛列传》

形势利也，盖若天所助焉"。又总结自夏禹、商汤、周文王，至秦、汉兴起，都符合崛起于西北而最后获得成功的规律，寓意深刻地将秦与夏、商、周、汉这些对中国历史有重大贡献的朝代相并提。进而，司马迁对汉代流行的否定秦的历史贡献的偏颇观点提出中肯的批评："秦取天下多暴，然世异变，成功大。传曰'法后王'，何也？以其近己而俗变相类，议卑而易行也。学者牵于所闻，见秦在帝位日浅，不察其终始，因举而笑之，不敢道，此与以耳食无异。悲夫！"既谴责秦在这一过程中的暴虐行为，又明确肯定秦统一中国是符合形势发展的巨大成功。此外，在《魏世家》赞语中也称："天方令秦平海内。"司马迁的论断，充分体现出对历史发展大势的洞察力，给后代研究者以宝贵的启迪，堪称千古巨眼！

再如，《项羽本纪》实为楚汉之际复杂历史事件的纲领，同时完整地记载了项羽的活动，突出地刻画其性格特征。篇末赞语，则起到画龙点睛的作用，对项羽在反秦起义中的功绩及其号令诸侯、叱咤风云的气概作了高度的概括："（项羽）何兴之暴也！夫秦失其政，陈涉首难，豪杰蜂起，相与并争，不可胜数。然羽非有尺寸乘势，起陇亩之中，三年，遂将五诸侯灭秦，分裂天下，而封王侯，政由羽出，号为'霸王'，位虽不终，近古以来未尝有也。"继而笔锋一转，指出项羽最终失败的原因，是专恃暴力，不施仁义，不恤百姓，肆行杀戮，并批评其临死前将败亡归结于"天意"的荒谬："自矜功伐，奋其私智而不师古，谓霸王之业，欲以力征经营天下，五年卒亡其国，身死东城，尚不觉寤而不自责，过矣。乃引'天亡我，非用兵之罪也'，岂不谬哉！"《项羽本纪》篇中，记载了项羽的种种暴虐行为："尝攻襄城，襄城无遗类，皆坑之，诸所过无不残灭"；坑杀赵降卒二十万人，"屠咸阳，烧秦宫室，火三月不灭"；"坑田荣降卒，系虏其老弱妇女。徇齐至北海，多所残灭。齐人相聚而叛之"。篇末的议论，即是对篇中所载大量史实作了提升和概括，深刻揭示出倒行逆施、丧失民心才是项羽败亡的真正原因，绝不应归于"天意"，而是历史的必然！而在《高祖本纪》中，则具体记载刘邦在关中及各地,尽力招抚百姓,因此深得民心:与关中父老约法三章,"秦人大喜,争持牛羊酒食献飨军士"。他"又让不受,曰:'仓粟多,非乏,不欲费人。'"民众更喜欢了,唯恐刘邦不为王。此后刘邦被项羽封为汉王,要到南郑时,"楚与诸侯慕从者数万人"。《高祖本纪》赞语中指出,经过秦的苛政和秦末战乱之后,社会要求抚恤百姓、恢复生产、与民休息,汉高祖刘邦实行的政策恰恰符合这种客观需要,"故汉兴,承敝易变,使人不倦,得天统矣"。以上论述,都从民心向背和历史前进的必然性的高度,对秦汉之际纷纭复杂的史事加以总结,因而大大提高了《史记》相关篇章的思想价值。

需要注意的是,司马迁本人定名其书为《太史公书》(见《太史公自序》),而非后人所称《史记》。章学诚已经敏锐地道及这一点,指出:"《太史公书》百三十篇,自名一子。(原注:本名《太史公书》,不名《史记》也。)"[①] 他又说:"司马迁著百三十篇,自谓绍名(按,当作'明')世而继《春秋》,信哉,三代之后绝作矣!"[②] 章氏称赞司马迁勇于提出自己的学说,故能写出整个中古时代独一无二的杰作,此项对于理解《史记》全书至关重要。司马迁著史之时,在思想领域,汉武帝采纳董仲舒"罢黜百家"的主张,以"独尊儒术"为国策,实行文化专制。司马迁"自名一子",说明他的旨趣是继承先秦诸子的遗风,要结合对历史和社会问题的议论拿出自己的一套独立见解。司马迁学术见解的基本倾向是"尊儒",[③] 但他不把尊崇儒学与其他学说相对立,而是吸取各家之长,明确肯定百家学说的价值。譬如,在《伍子胥列传》中,他赞誉伍子胥具有高度的政治智慧,"隐忍而成功名",显然是吸收了道家"以柔克刚""以屈求伸"的观点。《叔孙通列传》中,称"(叔孙通)制礼进退,与时变

---

[①] 章学诚:《文史通义》内篇四《释通》。
[②] 章学诚:《文史通义》内篇三《匡谬》。
[③] 详见陈其泰《司马迁与孔子:两位文化巨人的学术关联》,《孔子研究》1991年第1期。

化，卒为汉家儒宗。'大直若诎，道固委蛇'，盖谓是乎？"① 这是以道家观点为依据肯定叔孙通适时应变的行事特点。黄老"无为"学说对汉初政治发挥指导作用，《吕太后本纪》《孝文本纪》《萧丞相世家》等篇均有明显的体现。对于儒家学说，司马迁真诚地尊尚，而同时，他又能超越儒家的局限。儒家不大重视生产等经济活动，孔子"罕言利"②，斥责愿意学稼的学生樊迟，孟子说："何必言利，亦有仁义而已矣。"③ 董仲舒将"利"与"仁义"相对立，称："正其谊而不谋其利，明其道而不计其功。"④ 司马迁的态度显然不同。《史记》创立了专记经济生活的专篇《平准书》和《货殖列传》，为古代史家开创了范例。司马迁肯定社会经济必有自己的规律，人们对物质生活的需要必然推动社会生产的发展，"人各任其能，竭其力，以得所欲"，"若水之趋下，日夜无休时，不召而自来，不求而民出之。岂非道之所符，而自然之验邪？"他肯定人们追求财富的合理性："富者，人之情性，所不学而俱欲者也"⑤，主张让工商业者自由发展。《太史公自序》论述《货殖列传》撰述义旨，明确指出为著名的大工商业者立传："布衣匹夫之人，不害于政，不妨百姓，取与以时而息财富，智者有采焉。"司马迁确实见识过人，从社会运动和经济生活发展中概括其本质和法则性，摆脱了儒家思想的局限，自由表达自己的观点。正因为如此，其卓越的经济思想不仅在中古时代光彩夺目，甚至到了20世纪80年代实行改革开放的初期也仍然给人以深刻的启迪。

根据上述，司马迁在汉武帝时代撰成不朽的巨著《史记》，国家处于强盛的时代形成的统一的局面、物质文化资源和提供的开阔视野，是其取得成功的客观条件；司马迁具有的非凡创造力，尤其是他为了再现中华民族绚丽多姿的历史而形成的编纂思

---

① 《史记》卷九十九《叔孙通列传》。
② 《论语·子罕》，《十三经注疏》本，中华书局，1980年版。
③ 《孟子·梁惠王上》，《十三经注疏》本。
④ 《汉书》卷五十六《董仲舒传》。
⑤ 《史记》卷一百二十九《货殖列传》。

想，则是其成功的主观条件。"成一家之言"，即为他的一项重要的编纂思想，这在《史记》全书中得到认真的贯彻和实施。为实现"成一家之言"，他继承了先秦历史编纂的成果并将之大大发展，创立了"本纪""表""书""世家""列传"五体结合的宏伟著史体系，包容广阔，有骨架有血肉，伸缩自如，类例分明，达到了立体式地反映复杂的历史进程，被誉为"全史"。为实现"成一家之言"，他从中国秦汉之际人的活动推进历史进程的突出作用，获得了深刻感悟，故而采取以人物为中心记载历史，写出了众多贤君能臣、豪杰之士以及各阶层代表人物艰苦卓绝的奋斗，可歌可泣的事迹，藉此以窥见人类历史如何向前运动，盛衰变化、成败强弱之由何在，记载了民族的智慧，并且让世代读者反复体味那些栩栩如生的场面。为实现"成一家之言"，他兼采各家之所长，而构建了独立的思想体系，他尊尚儒学，而又勇于超越；在诸多篇章中紧紧结合史实，灵活地发表充满睿智的评论，不满足于单纯的记述，创造了恰当的论史形式，大大提高了历史著作的思想价值。总之，从司马迁"成一家之言"的编纂思想及其如何成功实现这一方面深入探讨，大大有助于认识《史记》何以达到如此高度的丰富性、生动性、哲理性和著史体裁之完美性的统一，明白《史记》何以成为历代史家楷模之奥秘。惟其如此，《史记》的著史手法和体裁形式，历经两千年仍然有活跃的生命力。从乾嘉时代的章学诚，到 20 世纪几代史学家，都提出了或实践了学习《史记》构史体系的精髓，探求历史编纂的新途径。著名文学家茅盾也设想学习《史记》体裁来编纂新的文学史，他写《梦回琐记》说："我有一个简单的想法，按正史的体裁编一部中国文学史。……本纪中的人物和事件都是大纲而已，读者要知其详，要读列传和书志。"① 甚至还有美国的史学家也提出要仿照《史记》的体裁撰写一部美国史。《史记》体裁上的出色成就更为 20 世纪中国通史编纂的改革提供了丰富的思想营养。所有这些，无疑都为司马迁"成一家之言"编纂思想取得

---

① 茅盾：《梦回琐记》，《文艺报》1981 年第 1 期。

的成功和产生的深远影响提供了确证。

由于《史记》在中国史学史上占据着特殊的地位，因此我们作了重点讨论。《史记》以下，历代产生了众多的史学名著，其中尤为重要者有：《汉书》《通典》《资治通鉴》《通志》《通鉴纪事本末》《文献通考》《明儒学案》等，它们的成功，也都与史家以高明的编纂思想为指导密不可分。到晚清，时代条件发生了剧烈变动，历史编纂学也经由传统向近代的嬗变。这一时期历史编纂有一个突出的现象：创始于《史记》的典志体受到关注，并加以改造，作为撰著时代所迫切需要的史学著作的新形式，并且先后出现了《海国图志》《瀛寰志略》《日本国志》等名著，产生了很大影响。

从中国最早的历史典籍《尚书》至晚清《日本国志》诸作，我们可清楚看到，史学名著无一不是史学家惨淡经营纂修而成的。他们绝不是作简单的资料的汇辑，或史实的连缀，而是要写出史学家对客观历史进程的理解，对治乱盛衰经验教训的总结，对历史人物的活动及其作用的分析、评价，写出史学家所要强调、所要凸显的最有意义的东西何在，写出史学家对历史演进趋势的预见，写出史学家对壮美的场景或沉重的代价所唤起的感情或思考。凡此各项，都是历史学家根据其确定的编纂思想来记述议论、组织安排的。有的是史家已经明白地作出概括、提炼，有的是蕴涵于书中而需要我们加以绅绎阐释，抓住历史编纂思想作为切入点进行剖析，就能大有助于由表层的认识达到实质性的认识。我们坚持这样做，就有可能进一步读出书中丰富的思想和深刻的哲理，读出史家的精心运思和周密组织，读出史家深沉寄托之处及其与时代脉搏的息息相关。抓住编纂思想这一关键环节深入探讨，就能大大深化我们对客观历史进程和史学演进的认识，成效显著地推进中国历史编纂学的研究，并不断增强其思想价值和学术价值。

（原刊《河北学刊》2010年第5期，作者对内容作了补充）

# 中国古代设馆修史功过得失略论

中国史官设置很早，相传夏朝、商朝即有史官，周初的史佚，春秋时期的董狐、南史，更是闻名史册的人物。现存的《竹书纪年》，据学者研究，是战国后期魏国史官撰成的编年体史书。封建朝廷诏令史官修史，则发轫于东汉初撰修《东观汉纪》。此后，设馆修史制度逐步形成和确立，成为古代之朝政大事，二十四史中自《晋书》《周书》《隋书》以后，绝大多数都是朝廷设局监修，而储存历史资料极其丰富的《明实录》和清代各朝实录，也都是史馆撰修的成果。故私撰（如《左传》《史记》《通鉴》等）和官修，是中国史学发展之两大支流，共同汇成浩淼的史学长河。但以往很长时间内，我们对官修史书的研究是很不够的。国家启动纂修大型《清史》这一现实的大型文化工程，也启发、促使我们对历代设馆修史的功过得失作认真、系统的探析、总结。我的初步认识，首先应着重从三个方面作总结、阐释：（一）古代设馆修史制度对于保证历史记载连续不断，促进中华文明保持其强大的传承力、生命力、影响力具有重大的意义；（二）设馆修史制度又保证了各个历史时期，哪怕是战乱频仍、朝代更迭迅速的特殊年代，也能及时记载史事，储存了丰厚的历史文献的成果；（三）古代设馆修史所完成的各个朝代的"正史"，大多具有"一代全史"的价值，其负责主纂的学者有统筹全局、综理推动刊定之功，预修的史官除完成其承担的篇章外，在商讨体例、各献专长和坚持直笔等项也都作出贡献。当然，封建时代的设局监修也有多种教训和缺陷。本书因限于篇幅，仅就其最末一项，也是对当前纂修大型《清史》最有直接借鉴作用的几个问题略陈己见，以就教于学术界。

# 一、主修者综理总揽之功

历代"设局修史"均属史臣集体修撰成书，然史书之撰成，必有主修或起主要作用的史学家。以受诏"监修"的大臣言，也不尽是"署名而已"（如北齐监修《魏书》之平原王高隆之，后晋时署名监修《旧唐书》的刘昫），也有在实际上能起到重要作用者。一部有价值史书的产生都需要经历复杂的过程，负责主修或总纂的史家必定在制订体例、确定范围、广搜史料、裁定有争议的关键问题、亲自撰稿、审定书稿等方面发挥其主导和决定的作用。历代官修正史，因是在封建政权"监修"下产生的，其内容、体例、书法或议论必然存在种种缺陷和弊病，以往的论著总是指摘其舛误者多，而对其书之艰难修成，特别是主修者综理总揽之功探讨分析不够。此不惟未能体现"实事求是"的原则，亦不利于从以往的史学实践中总结出有益的编纂经验。本节为论述的方便，将设馆修史综理主持者的成功做法归纳为四项，并举要论列。

（一）确定有关全局的记载内容和篇章设置，撰写序、论或总论，畅论历史治乱兴衰教训，提高史书的认识价值和思想价值

令狐德棻是唐初大规模修史的发起者。武德四年（621）他任起居舍人时，向高祖建议撰修梁、陈、北齐、北周、隋五代史，为高祖采纳，于武德五年（622）诏令修史，当时即任命令狐德棻修《周史》。但因建国伊始，条件并未具备，历数年未见

成效而罢。贞观三年（629），太宗复敕修五代史，"乃令德棻与秘书郎岑文本修周史"，"德棻又奏引殿中侍御史崔仁师佐修周史。德棻仍总知类会梁、陈、齐、隋诸史。武德已来创修撰之源，自德棻始也"。① 故令狐德棻既主修《周书》，同时又在五代史总监修房玄龄、魏徵之下，负统理协调之职。这使他对修史更有全局眼光，并以此指导如何确定《周书》记载的内容。赵翼《陔馀丛考》对此有重要的评论：

> 《周书》叙事繁简得宜，文笔亦极简劲，本令狐德棻所撰也。德棻在当时修史十八人中最为先进，各史体例皆其所定，兼又总裁诸史，而《周书》乃其一手所成。……同修者虽有数人，而始终其事者德棻也。李延寿南、北二史，亦先就正于德棻，然后敢表上。则可知德棻宿学，为时所宗矣。今试取《北史》核对，当后周时，区宇瓜分，列国鼎沸，北则有东魏、高齐，南则有梁、陈，迁革废兴，岁更月异，《周书》本纪一一书之，使阅者一览了然。《北史》虽亦兼记邻国之事，然有书有不书者。②

《周书》中作为政治、军事、民族、外交大事总纲的"本纪"，能兼顾南北朝对峙、东西魏（其后是北齐、北周）分立的复杂纷繁局面，将这一时期中"迁革废兴"的形势清楚表达出来，无疑正是令狐德棻作为《周书》主编和全部五代史协调统理者的精心安排。在此之前，魏收《魏书》修于北齐，只叙述北魏、东魏，而不及西魏（收以东魏为正统，西魏为僭伪）。令狐德棻则在《周书·文帝纪》中详细记述了西魏的军国大事，故《周书》的记载范围实则包括了西魏、北周。"这样，《周书》所述西魏史事乃成为后人了解西魏一朝历史的第一手材料了。"③

令狐德棻又于贞观二十年（646）主修《晋书》。据《唐会要》载，由房玄龄、褚遂良、许敬宗监修，来济、陆元仕、李淳

---

① 《旧唐书》卷七十三《令狐德棻传》，中华书局，1975年版。
② 赵翼：《陔馀丛考》卷七"周书"条，中华书局，1963年版。
③ 瞿林东：《唐代史学论稿》，北京师范大学出版社，1989年版，第165页。

风、李义府等"分功撰录",令狐德棻、敬播、李安朝、李怀俨"详其条例,量加考正"。①《新唐书·令狐德棻传》云:"当时同修一十八人,并推德棻为首,其体制多取决焉。"《晋书》于贞观二十三年(649)撰成,共计一百三十卷(包括帝纪十卷,志二十卷,列传七十卷,载记三十卷)。修《晋书》成,德棻因有功擢秘书少监。另有记载说:"凡起例皆(敬)播独创焉。"② 若此,则可理解为《晋书》由敬播初拟体例,令狐德棻负责裁定。关于《晋书》的评价,《旧唐书·房玄龄传》有云:"以臧荣绪《晋书》为主,参考诸家,甚为详洽。然史官多是文咏之士,好采诡缪碎事以广异闻;又所评论,竟为绮艳,不求笃实,由是颇为学者所讥。"这段评论本来称其瑕瑜并见,而且首先肯定其"甚为详洽"。可是后来却瑜为瑕掩,论者一提《晋书》,无不以"诡缪琐碎,好聚异说"目之,而罕及其成功之处。这种看法有失公允。实际上《晋书》仍是官修正史中较为成功的一部。我们可举出最明显的几项:(1)设三十"载记"记述十六国历史极有创造性。东晋与十六国政权并立,错综复杂,如何处理,成为修《晋书》的难题。史书中设"载记",原见于班固等撰《东观汉纪》,以之记载平林、新市、公孙述史事。《晋书》创造性地运用来记载各少数民族政权的历史,叙事极有章法,被称为"简而不漏,详而不芜"。以今天的观点看,这三十篇载记详细记述了十六国时期各少数民族的活动以及民族间经过斗争达到融合的史实,尤为可贵。(2)十篇志中设置了《食货志》,记述内容突破了起于西晋立国的限制,上承《汉书·食货志》,从东汉和三国时期写起,显示出史家重视历史发展的连续性的史识,且在一定程度上填补了《续汉志》中缺《食货志》和《三国志》无志的缺陷。(3)《晋书》又多载有用之文,如《刘宝传》载《崇让论》,《裴頠传》载《贵有论》,《李重传》载论九品之害,《陆机传》载《辨亡论》,《傅玄传》载兴学校、务农功疏,《江统传》

---

① 王溥:《唐会要》卷六十三《史馆·修前代史》,中华书局,1955年版。
② 王溥:《唐会要》卷六十三《史馆·修前代史》。

载《徙戎论》等，都是一代重要论议，再现两晋时期政治、社会、民族、学术等方面的特点，极有助于探究历史的丰富性和复杂性。（4）《晋书》在历史叙事上也颇有特色，如赵翼所论："当时史官，如令狐德棻等，皆老于文学，其纪传叙事，皆爽洁老劲，迥非《魏》《宋》二书可比。"① 所有这些，都说明令狐德棻作为《晋书》主编对全书篇目、内容、体例"取决"的正确和统观全局的非凡史识，及其对修改、润色、定稿所起的重要作用。

《隋书》的修成，当时即号称良史。《旧唐书》载："秘书监魏徵修隋史，与尚书左仆射房玄龄总监诸代史。"② 又云："初，有诏遣令狐德棻、岑文本撰《周史》，孔颖达、许敬宗撰《隋史》，姚思廉撰《梁》《陈史》，李百药撰《齐史》，徵受诏总加撰定，多所损益，务存简正。《隋史》序论，皆徵所作，《梁》《陈》《齐》各为总论，时称良史。史成，加左光禄大夫，进封郑国公，赐物二千段。"③ 故魏徵是《隋书》的主编，又是唐初修五代史的总撰。他所起到的重要作用，突出体现在他为《隋书》撰写的多篇史论之中。唐朝是在隋朝灭亡的废墟上建立的，唐初高祖武德五年（622）第一次下诏修五代史，即强调称修史的目的在于"考论得失，究尽变通，所以裁成义类，惩恶劝善，多识前古，贻鉴将来"④，首先就是要总结隋朝灭亡的教训。当贞观三年（629）魏徵主修《隋书》之时，离隋朝灭亡只有十一年，隋朝从强盛局面到众叛亲离、土崩瓦解、迅速覆亡的历史场景仍历历在目。故贞观君臣动色相戒，随时以隋亡的教训儆己戒人，警惕不要重蹈隋朝灭国的覆辙。魏徵主修《隋书》，对史论的重视达到前所未有的程度，在作为全书总纲的《高祖纪》《炀帝纪》两篇，都撰写了长篇史论，深刻地从治国方针、帝王性格、君臣关系等项分析隋朝短祚灭亡的原因。《高祖纪》的后论说：高祖

---

① 赵翼：《廿二史劄记》卷七"晋书"条。
② 《旧唐书》卷七十三《令狐德棻传》。
③ 《旧唐书》卷七十一《魏徵传》。
④ 《旧唐书》卷七十三《令狐德棻传》。

（文帝）初年，实行"薄赋敛，轻刑罚，内修制度，外抚戎夷"的政策，使二十年间天下无事，区宇晏如。"但素无术学，不能尽下，无宽仁之度，有刻薄之资，暨乎暮年，此风逾扇。又雅好符瑞，暗于大道，建彼维城，权侔京室，皆同帝制，靡所适从。听哲妇之言，惑邪臣之说，溺宠废嫡，托付失所。灭父子之道，开昆弟之隙，纵其寻斧，翦伐本枝。坟土未干，子孙继踵屠戮，松槚才列，天下已非隋有。"①《炀帝纪》后论中，更以犀利有力的笔触，剖析隋炀帝贪狠残忍、剥削无度、穷兵黩武、连年征战的个人性格和内外政策，致使一个强盛的皇朝在十四年中顷刻覆亡的历史教训："负其富强之资，思逞无厌之欲，狭殷、周之制度，尚秦、汉之规摹。恃才矜己，傲狠明德，内怀险躁，外示凝简，盛冠服以饰其奸，除谏官以掩其过。淫荒无度，法令滋章，教绝四维，刑参五虐，锄诛骨肉，屠剿忠良，受赏者莫见其功，为戮者不知其罪。骄怒之兵屡动，土木之功不息，频出朔方，三驾辽左，旌旗万里，征税百端，猾吏侵渔，人不堪命。乃急令暴条以扰之，严刑峻法以临之，甲兵威武以董之，自是海内骚然，无聊生矣。"②由魏徵亲自撰写的史论，极具时代意义地显示出贞观年间太宗君臣反思历史的特点，丰富了中华民族的历史智慧，大大提高了《隋书》的思想价值，使之成为官修史书中很有特色的上乘之作。

（二）苦心经营擘画，从搜集史料做起，克服巨大困难，以葳其事

五代后梁龙德年间，史馆便酝酿要效法唐初撰修前朝史的成法，开始了修唐史的运作。但首先即遇到史料缺乏的困难，因唐朝史料经过安史之乱和唐末大乱而造成大量焚毁散失。自唐高祖至代宗尚有纪传体的国史记载，德宗朝亦存实录，武宗以后六代，仅武宗朝尚存实录一卷，余皆无之。故如何竭力搜集唐后期

---

① 《隋书》卷二《高祖纪下》，中华书局，1973年版。
② 《隋书》卷四《炀帝纪下》。

六朝的史料，便成为撰修唐史的先决条件。龙德元年（921），史馆奏请令天下有记得会昌以后公私事迹者，抄录送官，皆须直书，不用辞藻，凡内外臣僚奉行公事，关涉制置沿革有可采者，一并送官。后唐长兴年间，史馆又奏，宣宗以下四朝未有实录，请下两浙、荆湖等处，购募野史，及朝报、日历、百司簿籍，一律上进。若民间收得，或隐士撰成野史，亦命各列姓名以赏。明宗从之。又闻得成都有本朝实录，即命官员前往寻访，最后只得九朝实录。

历后梁、后唐均因史料缺乏未能撰修唐史的难题，至后晋赖宰相赵莹擘画运作，才推动了问题的解决。后晋天福五年（940），诏令赵莹监修唐史，史臣张昭远、贾纬、赵熙、郑受益、李为光共同修撰。赵莹在组织人力、分工发挥同修者的作用，尤其是搜集史料上苦心经营。赵翼对此论之颇详："莹以唐代故事残缺，署能者居职，纂补实录及正史。贾纬丁忧归，莹又奏以刑部员外郎吕琦、侍御史尹拙同修。莹又奏请据史馆所缺唐书、实录，下敕购求。况唐咸通中，宰臣韦保衡与（薛）[蒋]伸、皇甫（焕）[燠]撰武宗、宣宗实录，[又光化初，宰臣裴贽撰僖宗、懿宗两朝实录。]皆因多事，并未流传。今保衡、裴贽现有子孙居职，或其门生故吏亦有纪述者，请下三京诸道，凡有此数朝实录，令其进纳，量除官赏之。会昌至天祐，垂六十年，李德裕平上党，有《武宗伐叛》之书，康承训定徐方，有《武宁本末》之传。凡此之类，令中外臣僚有撰述者，不论年月多少，并许进纳。从之。"① 故《旧唐书》的撰成，相较于北宋初又征集到唐代大量史料之时，所面临的困难要大得多。而赵莹为监修，总揽全局，推动、组织此项修史工程终于完成，功劳极大。如赵翼云："此事赵莹为监修，综理独周密，故莹本传谓，《唐书》二百卷，莹首有力焉。"② 诚为笃论。

---

① 赵翼：《廿二史劄记》卷十六"旧唐书源委"条。（引文中错两字，缺十七字，据王树民《廿二史劄记校证》改。）并参《旧五代史》《晋书·高祖纪》及《赵莹传》。

② 赵翼：《廿二史劄记》卷十六"旧唐书源委"条。

（三）针对迁延多年、影响全局的关键问题作出果断的决定

北宋初君臣对《旧唐书》的修成不满意，认为它在史料上、体例上、叙述史事上都有许多毛病，乃有重修唐史之举。宋仁宗庆历四年（1044），枢密使贾昌朝建议重修《唐书》，于是诏令建立书局，由翰林学士宋祁、翰林学士王尧臣、天章阁侍讲曾公亮、大理寺丞范镇并为编修官。宋祁于史职颇为尽力，在局六年，多所撰述。以后即连续出任亳州、郑州等地官职，近十年中皆以史草自随。其他预修者都进展不大。宋祁也因史事迁延而苦恼，于皇祐四年（1052）上疏要求朝廷派宰相监修《唐书》，以统制全局，裁定褒贬，商榷订正，保证修史工作的有效进行，疏云："臣先奉诏修定《唐书》。是时贾昌朝罢执政，丁度以参知政事嗣总其任。度比罢免，而书局不解。今度不幸薨谢，臣又远守边郡，本局止有删修官王畴以下四员，至今编纂迟延，纪、志俱未有草卷。诚恐书无统制，诸儒议论不一，淹引岁时，欲望朝廷许依前例，以宰相监修。窃以一王大典，垂法千古，今功且垂成，而其间褒贬是非，出史臣等，须藉当国大臣商榷订正，为斯文之重，庶书成行远，无愧前人。"①

仁宗乃于至和元年（1054）诏翰林学士欧阳修主持撰修工作。欧阳修首先作了明确分工，由宋祁专门撰写列传，他自己则带领史局中吕夏卿、范镇、宋敏求、刘羲叟、梅尧臣等人撰修纪、志、表，并负责全局工作。因分工恰当、职责明确，史局工作为之改观，修史工作效率大大提高。其时主撰欧阳修在都城开封，宋祁在外地，两地修史，为了沟通信息，商定重要体例，欧阳修曾专派精于义例的吕夏卿到郑州与宋祁"商较同异"②。如何商较和解决，我们现仍能从《新唐书》相关的纪、志和传中找到一些线索。武后既立纪又有传，二者并非重复，而是各有分工，各有侧重。又如："《旧书》有祖孝孙、傅仁均、一行传，《新

---

① 宋祁：《宋景文集》卷二十九《乞宰相监修唐书疏》，中华书局，1991年版。
② 宋祁：《宋景文集》卷二十八《让转左丞札子》。

书》祖孝孙事具《礼乐志》中，傅仁均事具《历志》中，一行事具《历志》及《天文》中，不另立传。《旧书》不为施敬本、卢履冰、王仲丘、康子元立传，事具《礼仪志》中。《新书》增立施敬本等四人传，皆取《旧志》之文而成，《礼乐志》因而从略。"①

《新唐书》中志的部分多达五十卷，内容很有特色，在欧阳修主持下，对此做了卓有成效的工作。修史以志书为难度最大，此乃历代史家的共识，为了使《新唐书》志的部分内容丰富而详确，欧阳修曾于至和二年（1055）奏请派编修官整理官府所藏唐及五代奏牍案簿，奏疏云："自汉而下，惟唐享国最久，其间典章制度，本朝多所参用，所修《唐书》新制（一作志）最宜详备。然自武宗以下并无实录，以传记别说，考正虚实，尚虑阙略。闻西京内中省寺、留司御史台及銮和诸库，有唐朝至五代已来奏牍案簿尚存，欲差编修官吕夏卿诣彼检讨。"② 朝廷准其所请。后来吕夏卿所撰《唐书直笔》恰好论述了《新唐书》志的部分因资料精确而价值高于《旧唐书》："《唐书》著于五代幅裂之际，成篇迫遽，殊未详悉，故有诏纂辑十余年矣。今广内藏书之盛，传记可以质据者；得大衍、景福之历，而律历志可完矣；得职该《六典》之书，而百官志可完矣；得开元曲台礼、《郊祀录》，而礼乐志可完矣。"欧阳修又对志的篇目设置和内容安排作了很好的裁定。根据时代特点，《新唐书》创设了一些新志，即《旧唐书》所无的《仪卫志》《选举志》和《兵志》。《兵志》记述唐代府兵制的废置得失，《选举志》记述唐代科举取士、官吏铨选制度。再就内容的特色言，"《食货志》较旧志增加了一倍有余，更多地保存了唐代社会经济的史料。《地理志》详述了唐朝地理沿革、州县等第，记载了军府设置、物产分布、水利兴废等状况，补充了不少旧志所没有的资料。《历志》的篇幅增加最多，几乎超过旧志的三倍。它记载了唐代八次改历的历法，特别可贵

---

① 陈光崇：《欧阳修的史学》，《中国史学史论丛》，辽宁人民出版社，1984年版，第159—160页。

② 李焘：《续资治通鉴长编》卷一百八十一，中华书局，1985年版。

的是保存了在历法史上占有重要地位的《大衍历》的历义（历法理论）。《艺文志》比旧志增加了很多书目，特别是开元以后的著作补充不少，唐人文集就增多了五百余家"。① 欧阳修还编制了一些新的表谱，如《宰相表》《方镇表》《宗室世系表》《宰相世系表》。其中，《宰相表》反映了唐代宰执名号、员额的多变，《方镇表》反映了唐代特有的"方镇之患"，《宰相世系表》反映了诸臣"务以门族相高"的士族制度的余风。这些新制的表，与欧氏在其所撰《新五代史》中所设《十国世家年谱》在纪传体史书编纂上有共同的意义，即"恢复了马、班以来长期为史家所忽而不为的史表"，"自此以后，宋、辽、金、元、明、清诸史，无不编制史表，可见欧史影响之深"②。在宋祁原先在局撰史的基础上，经欧阳修受命主撰之后七年的努力，至仁宗嘉祐五年（1060）全书完成进呈，共二百二十五卷（其中宋祁撰修的列传部分一百五十卷），得到朝廷的嘉奖。

元修宋、辽、金三史也曾经历长期迁延的过程，其后，负责都总裁的宰相脱脱起了重大的推动作用，终于促使修史工作得以有效进行，成为历史上的佳话。

辽、金、宋三朝本各有本朝实录或国史。辽史在辽时已有耶律俨本，在金时又有陈大任本，这是辽史旧本。金主九代大都撰有实录，金亡时，累朝实录被降元将领张柔载归北去，后交元朝史馆。加上金末文人元好问所撰《中州集》《壬辰杂编》，及刘祁所撰《归潜志》也提供了有价值的史料。宋亡后，历朝国史、实录计二千余册，由元臣董文炳悉解运到元都，贮国史院，此为宋史旧本。这些半成品或史料，即是元修三史的凭藉。元世祖中统二年（1261），翰林学士承旨王鹗奏请修辽、金二史，诏左丞相耶律铸、平章政事王天统监修。及宋亡，又命史臣通修三史。至元末至正年间，迁延达六十年，修史终未有效进行。其主要原因为"义例"未定。关于义例的争论主要有两种意见：一种主张仿

---

① 陈光崇：《欧阳修的史学》，《中国史学史论丛》，第139—140页。
② 同上，《中国史学史论丛》，第138页。

《晋书》例，以辽、金作为"载记"，附于宋史；另一种主张仿《南史》《北史》例，以北宋为"宋史"，南宋为"南史"，辽、金为"北史"。为此而争议不决。直到至正三年（1343），元顺帝诏令丞相脱脱为都总裁，决定：辽、金、宋三史"各与正统，各系其年号"，各修一史，至此才最终结束长期停顿的局面。都总裁以下，又设铁机塔识、太平、欧阳玄、揭傒斯等为总裁官。遴选史臣分撰三史：惠山海牙、王沂、陈绎曾等撰修《辽史》；沙剌班、王理、伯颜、费著、赵时敏、商企翁等撰修《金史》；斡玉伦徒、泰不华、杜秉彝、王思诚、张谨、贾鲁、余阙、危素等撰修《宋史》。① 至正四年三月至至正五年十月，三史先后告成。计《辽史》一百一十六卷，《金史》一百三十五卷，《宋史》四百九十六卷。宋、辽、金三史卷帙浩巨，成书甚速，虽各自存在错漏，但三史各自记载了各朝历史的基本面貌，修成一代典册，其中《宋史》内容丰富，《金史》则一向被称为叙事详核、条例严密、文字简洁，于三史中为最佳。此项大型文化工程实与都总裁官脱脱的努力分不开，脱脱以其识断解决了"义例"的关键问题，促使三史迅速修成，堪称是蒙古族建立的元朝对中国文化所作的一大贡献。

（四）主撰者对成于众手的史稿精心修改、审定，使之成为内容、体例、文字上互相协调的一代典册

《明史》的实际撰修工作始于清康熙十八年（1679），至雍正十三年（1735）定稿，历时五十余年。前后参加修撰的学者约有百人，中间诏令任监修、总裁者几次更换。历经时间如此长久，预修的史臣如此众多，最后能成一部三百三十二卷的巨著，被称道取材丰富、文字简洁、体例比较严密，在历代官修正史中占据较高的地位，实有赖于先后负责主撰者万斯同、王鸿绪之力，而以万斯同贡献尤大。

---

① 参见中华书局标点本《宋史》《辽史》《金史》出版说明，赵翼《廿二史劄记》卷二十七"辽史""金史"条。

清顺治初和康熙初两次设馆修明史，但均因条件不具备而未有实际成效。康熙十八年（1679），命内阁学士徐元文为监修，翰林院掌院学士叶方蔼、右庶子张玉书为总裁。征博学鸿儒彭孙遹、朱彝尊、汤斌、潘耒、尤侗、吴任臣等五十八人入翰林，与卢琦等十六人为纂修，开始大规模修史。前此两次开馆未见成效的重要原因是史料不足。针对此，叶方蔼力请刻期购书。他上疏称：令督抚责成各省学臣，或遣官专行采访，凡载有故明事迹，及郡县地志，或明代大臣名臣名儒文集传志，皆修史所必需，务令加意搜罗，以期必得。具体办法，可按卷帙论值，或登记借用，俟纂修完毕归还，或雇人就家誊抄。朱彝尊亦言于总裁，以聚书为史馆急务。当时，黄宗羲、顾炎武身系一代掌故，名望崇高，朝廷多方延请而不至。宗羲派其子百家、门生万斯同及万言参加史局。万斯同精于史学，熟悉明实录及各种记载，抱元遗山之志，欲以修史报答故国。康熙十八年，斯同应徐、叶之征入京修史，宗羲以《大事记》《三史钞》授之，并作诗多首送行，其中有云："四方声价归明水，一代贤奸托布衣。"深沉地嘱咐他在修史中负起裁定一代贤奸、正确评价明朝历史的重任。斯同请以布衣参史事，不受朝廷俸禄，馆于徐元文家，出于众手的史稿均由他审定。全祖望生动地记述其隐然起到主修的作用："时史局中征士，许以七品俸称翰林院纂修官，学士（徐元文）欲援其例以授之。先生请以布衣参史局，不署衔，不受俸，总裁许之。诸纂修官以稿至，皆送先生覆审，先生阅毕，谓侍者曰：'取某书某卷某页，有某事当补入；取某书某卷某页，某事当参校。'侍者如言而至，无爽者。"[①] 徐元文即通过万斯同这位明史权威起到总领史局的作用。黄百家《万季野墓志铭》云，监修徐元文在史局论事，尝曰："'万先生之言如此！'朝士曰：'万先生何人？'答曰：'季野。'又问：'季野何人？'元文怫然他顿，曰：'恶！焉有为荐绅而可不识万季野者也！'"可见徐元文对其倚重之至。

---

① 全祖望：《万贞文（斯同）先生传》，见黄云眉编选《鲒埼亭文集选注》，齐鲁书社，1982年版，第297页。

徐元文罢职后，继任总裁者又延斯同主其家，专委一如元文，正如黄云眉先生所指出："惟斯同以一生所学，鞠躬其事，历二十余年，不居纂修之名，隐操总裁之柄。"① 总之，在《明史》撰修的前期，万斯同实际起到主修的作用，直至其去世，前后历二十三年。由他初步删改定稿的《明史稿》四百一十六卷，虽然尚比较粗糙，但从其囊括的内容和基本的格局说，它无疑已经为《明史》的最后纂成作出了决定性的贡献。

王鸿绪在《明史》纂修前期即参预史馆工作（先为纂修官，后为总裁），后期复任总裁后，以十余年岁月多次对史稿校核修订，故他对《明史》修成的贡献仅次于万斯同。黄爱平《王鸿绪与〈明史〉纂修》一文，主要根据王氏康熙五十三年（1714）《进呈明史列传稿疏》及雍正元年（1723）《进呈明史全稿疏》，旁参与王氏先后同在史馆任职的学者的记载，以及其他文集、笔记的有关资料，对此详加考辨论证，足资参考。鉴于万斯同初步删定之《明史稿》尚存在"缺而不全，涣而不一"的缺陷，王鸿绪于康熙三十三年（1694）重任《明史》总裁后，与同为总裁的陈廷敬、张玉书等商定，将初稿本纪、列传、志表分开，分别审定，各专其职。王氏所负责为数量最大的列传部分，他仍延请万斯同馆于家，直至万氏去世，并聘钱名世一同参订。康熙四十八年（1709），王鸿绪因参与诸皇子争夺储位之事，受斥解任回籍，他将全部列传稿携回再作修订。康熙五十三年，将删改完毕的列传稿奏上，康熙下令交明史馆收贮。又因陈廷敬、张玉书先后去世，王鸿绪又对初稿之本纪，及部分志、表作删改，最后汇编成《明史稿》三百一十卷，于雍正元年进呈，同年，卒于京邸。王鸿绪不仅先后对列传史稿进行了详慎的考核和修订，且对志、表部分，他也能承袭初稿的长处，并作了有价值的创新。如《历志》附以插图，立《七卿年表》，独立于《大臣年表》之外（王氏对一些志、表的删改也有不恰当之处）。当时人如同在明史馆

---

① 黄云眉：《明史编纂考略》，见黄云眉《史学杂稿订存》，齐鲁书社，1980年版，第125页。

任纂修官的汪由敦等都曾对王鸿绪的修改稿加以褒扬。故以往曾颇为流行的王鸿绪"窜改""攘窃"的说法是不能成立的。通过考辨，可以得出如下看法："王鸿绪自康熙十八年以后，一直参与《明史》的编纂工作，前后凡四十余年。特别是在史馆后期，于史事阑珊、同馆凋零的情况下，以一人之力，老耄之年，独自担任明史全稿的修订工作，终于汇成一部较为详实可信的史稿，为流传于后世的《明史》最后成书奠定了良好的基础。"王鸿绪在《明史》纂修中的贡献，"确为仅次于万斯同之后的第二人"[①]。雍正元年（1723）张廷玉任总裁后，即以王鸿绪《明史稿》为蓝本加以增删，于雍正十三年（1735）定稿，终成一部包括本纪二十四卷，志七十五卷，表十三卷，列传二百二十卷，总计三百三十二卷的一代史册。

## 二、商讨体例，发挥专长，坚持直笔

自隋以后，历代都需要依靠集体的力量，修撰成一代全史，这是史学发展的客观趋势。西汉大史学家司马迁继承其父司马谈的遗愿，能以独人之力撰成《史记》，这除了凭藉他非凡的天资、雄奇的创造力外，也与上古史料数量较为有限、社会状况也还较为简单直接相关。后代则大不相同，社会愈加复杂，人物、事件更为纷纭，史料异常繁富。因此，自唐初修成《北周书》《隋书》以后，历代正史绝大多数必由史馆集体修撰而成，只有五代史，先在宋太祖开宝年间设局撰修，后至宋仁宗时欧阳修对之不满意而私修成《新五代史》，故前后有新、旧两部。设局纂修，主撰者的统率作用无疑关系全局的成败，而预修集体的共同努力同样是极其重要的。各位史臣除分工搜集史料、撰写所任的篇章外，还在商议、制定体例，发挥专家之学、撰成典志（或表谱）之

---

① 黄爱平：《王鸿绪与〈明史〉纂修——王鸿绪"窜改"、"攘窃"说质疑》，《史学史研究》1984年第1期。

作，以及抵制曲笔粉饰、力求写出信史等方面各效其能，发挥重要作用。

刘知幾说："夫史之有例，犹国之有法。国无法，则上下靡定；史无例，则是非莫准。"① 这是对撰史经验的总结。优秀的史书无不做到义例恰当、精严、整齐，全书才能成为结构严密的整体。集体撰史如何通过各抒己见、集思广益，制定好体例，尤至关重要，务求反映不同时期历史的变化，而且使所有预修者有规矩可循。

南朝齐建元二年（480），诏檀超与江淹掌史职。檀超首先重视制定史例。据《南齐书·檀超传》载，超将所拟体例奏上，大旨为：开元纪号，不取宋年，封爵各详本传，不设年表，立十志，仿班固立《律历》《礼乐》《天文》《五行》《郊祀》《刑法》《艺文》，仿蔡邕、司马彪立《朝会》《舆服》，仿徐爰立《州郡》，仿范晔立《百官》，日蚀旧载《五行》，应改入《天文志》，帝女应立传，以备甥舅之重，并立《处士》《列女》传。诏内外详议。王俭详加论议，以为：应立《食货》，省《朝会》，因食货乃国家之本务，朝会则前史不书，乃蔡邕一家之意，日月蚀应仍载入《五行》，帝女若有高德异行，当载《列女传》，若止于常慧不立传。齐高帝诏令裁定，日月蚀仍载《天文》，其余如俭议。这就是萧齐时所议定的修国史义例。对此，赵翼评价："今案萧子显《齐书》，……其体例与超、淹及俭所议皆小有不同，盖本超、淹之旧而小变之。"② 唐太宗贞观二十年（646）诏修《晋书》，诏令中任命房玄龄、褚遂良和许敬宗三人"掌其事"。来济、陆元仕等十四人"分功撰录"外，又特命令狐德棻、敬播、李安朝、李怀俨"详其条例，量加考正"③。欧阳修、宋祁主修《新唐书》，在制定义例上得吕夏卿襄助甚大。吕著有《唐书直笔》，发挥义例，谨严精核，其论议深见于欧、宋撰成之作。

《明史》纂修过程中，馆臣反复商讨、制定"义例"更是一

---

① 刘知幾：《史通》卷四《序例第十》。
② 赵翼：《廿二史劄记》卷九"齐书旧本"条。
③ 王溥：《唐会要》卷六十三《史馆上·修前代史》。

件大事。康熙十八年（1679）重开明史馆后，朱彝尊首先上书言体例应本乎时宜，不墨守旧史成法，请先确定以为修史定式。其论云："明三百年事有创见者：建文之逊国革除，长陵之靖难，裕陵之夺门，宜何以书？跻兴献王于庙，存之则为无统，去之则没其实，宜何以书？志河渠者，前史第载通塞利害而已，明则必兼漕运言之，而又有江防海防御倭之术，宜何以书？志刑法者，前史第陈律令格式而已，明则必兼厂卫诏狱廷杖晰之，宜何以书？若夫志地理，则安南之郡县，朵颜之三卫，曾入图版，旋复弃之；又藩封之建置，卫所之参错，宜何以书？至于土司之承袭，顺者有勤王之举，反侧者兴征讨之师，入之地志则不能详其事，入之官制则不能著其人，宜何以书？凡此皆体例之当先定者也。又魏、定、黔、成、英、临淮诸国，衍圣一公，咸与明相终始，则世家不可不立；惟是张道陵之后，腼颜受世禄，奉朝请，于义何居！然竟置不录，难乎免于阙漏，宜何以书？此亦体例之宜审量者也。盖作史者，必先定其例，发其凡，而后一代之事，可无纰谬。"① 后诏令徐乾学与陈廷敬、张玉书、汤斌、王鸿绪同为总裁官，乾学与徐元文先商榷议就修史条议，得六十一条。王鸿绪继之成《史例议》，汤斌亦有《修史凡例议》。此三者成为修史条例的主要依据。馆臣中，朱彝尊先后上总裁书多次，毛奇龄有《奉史馆总裁札子》，黄宗羲有《答万贞一论明史历志书》，王源有《与徐立斋学士论王威书》《与友人论韩林儿书》等，均以极认真的态度提出有关史例的建议，不乏真知灼见。当时激烈争论之焦点，在是否依《宋史》设立道学传（或理学传）。徐氏兄弟《条议》中论应设《理学传》的四条理由，大意为：（一）明朝讲学者最多，成、弘以后，指归各别，今宜如《宋史》例，以程朱为一派，另立《理学传》，如薛敬轩、曹月川、吴康斋、罗整庵等。（二）白沙、阳明、甘泉宗旨不同，其后王、湛弟子，又各立门户，要皆未合于程朱者，宜如《宋史》象山、慈湖例入《儒林传》。（三）浙东学派，最多流弊，王龙溪及泰州王心斋辈，

---

① 朱彝尊：《曝书亭集》卷三十二《史馆上总裁第一书》，《四部备要》本。

皆不必立传,附见于江西诸儒之后可也。(四)立《理学传》目的,在显示学术宗旨,宜归一是,学程朱为切实平正,不生流弊。除徐氏兄弟外,彭孙遹亦有另立《道学传》之奏。馆臣中看法分歧不能统一,因此立传之事长久搁置。此后,黄宗羲移书史馆,"驳诘徐议,并斥《宋史》立《道学传》为元人之陋,《明史》不当仍其例"①。其书先将徐氏兄弟所论四项逐条驳辨,更强调"儒学"之名可包括众多学者,不能再以"道学"标榜其高出于他人,云:"统天地人曰儒,以鲁国而止儒一人,儒之名目,原自不轻。儒者成德之名,犹之曰贤曰圣也,道学者以道为学,未成乎名也,犹之曰志于道,志道可以为名乎?顾重而反轻,称名而背义,此元人之陋也。"②恰值朱彝尊亦持此议,其《史馆上总裁第五书》论云:"元修宋史,始以儒林道学析而为两:言经术者,入之儒林,言性理者,别之为道学;又以同乎洛闽者,进之道学,异者置之儒林。其意若以经术为粗,而性理为密,朱子为正学,而杨陆为歧途,默寓轩轾进退予夺之权,比于春秋之义。然六经者,治世之大法,致君尧舜之术,不外是焉,学者从而修明之,传心之要,会极之理,范围曲成之道,未尝不备,故儒林足以包道学,道学不可以统儒林。"③总裁汤斌得黄宗羲之书及朱彝尊之建议后,主意乃定,于是以黄氏书信示众人,删去"道学"之目。④

撰修志、表,乃纂史中甚为艰巨的工作。尤其是修志,要为一朝之各种典章制度及社会各方面的情状,作全面、概括而又具体详明、源委毕见的论述,是尤为困难的工作。故南朝史家江淹有言:"修史之难,无出于志。"这也是历代正史中有的缺修书志的重要原因。故书志要修得好,就必须依靠专家之学,遴选出精于某一学问的学者分工执笔,集合众长方能告成。

唐贞观年间诏修的《五代史志》历来负有盛名,就因为预修

---

① 黄云眉:《史学杂稿订存》,第131页。
② 黄宗羲:《南雷文定》卷八《移史馆论不宜立理学传书》,《四部备要》本。
③ 朱彝尊:《曝书亭集》卷三十二《史馆上总裁第五书》。
④ 参见全祖望《梨洲先生神道碑文》,见黄云眉编选《鲒埼亭文集选注》。

的于志宁、李淳风、韦安仁、李延寿都是具有专长的学者,其中于志宁通地理,李淳风精于天文、历法,一人独修《天文》《律历》《五行》三志。宋高似孙所撰《史略》有中肯的评价:"《隋志》(按即《五代史志》,因合于《隋书》刊行,故名)所以该五代南北两朝,纷然淆乱,岂易贯穿?而读其书,则了然如在目。良由当时区处各当其才。"《新唐书》一向获得好评,除欧阳修、宋祁二人分别主撰本纪、列传外,又"得诸名手佽助,宜其称良史也"。其中范镇、王畴都在史馆预修历十余年之久。吕夏卿熟于唐事,又通谱学。梅尧臣撰《方镇》《百官表》。刘羲叟是著名的天文、历法专家,负责专撰《律历》《天文》《五行志》。《新唐书》有"良史"之称,正是这些专家共同努力的结果。明初修撰的《元史》诸志,也是依赖于元代郭守敬这些专家所提供的学问基础,如赵翼所说:"其《天文》《五行》诸志,则有郭守敬所创简仪、仰仪诸说;《职官》《兵》《刑》诸志,又有虞集等所修《经世大典》;《水利》《河渠》诸志,则有郭守敬成法及欧阳玄《河防记》以为据依,故一朝制度,亦颇详赡。"① 《明史》的志、表,则遴选了当时一批专门学者撰修,如潘耒撰《食货志》,尤侗撰《艺文志》,徐乾学撰《地理志》,姜宸英撰《刑法志》,王源撰《兵志》。《天文志》先由吴任臣撰后黄百家又继任之。《历志》则萃集了吴任臣、黄百家、汤斌、梅文鼎四人之心力。据梅文鼎《勿庵历算书目历志赘言提要》云:"康熙己未,愚山侍讲奉命纂修明史,寄书相讯,欲余为历志属稿,因作历志赘言寄之。大意言明用大统,实即授时,宜于《元史》阙载之事详之,以补其未备。又回回历承用三百年,法宜备书。又郑世子历学,已经进呈,亦宜详述。他如袁黄之《历法新书》,唐顺之周述学之《会通回历》,以庚午元历之例例之,皆得附录。其西洋历方今现行。然崇祯朝徐李(指徐光启、李天经)诸公测验改宪之功,不可没也,亦宜备载缘起。盖历志大纲,略尽于此。一二年后,担簦入都,承史局诸公以历志见商,始见汤潜庵先生所

---

① 赵翼:《廿二史劄记》卷二十九"元史"条。

裁定吴志伊之稿，大意多与鼎同，然不知其曾见余所寄愚山赘言与否？"①潘耒为修《食货志》，抄辑了资料六十余本。姜宸英所撰《刑法志》，甚得当时学者王士禛的推服，称此《志》"极言明三百年诏狱廷杖立枷东西厂卫缇骑之害，其文痛切淋漓，不减司马子长"②。

　　唐初设馆修史制度确立之后，修撰工作中的确存在着直书与曲笔的斗争。历代朝廷诏修史书，既有重视历史记载连续性，增强中华文明的传承力，促进各民族的历史文化认同的功绩，又有封建官府加强对史学控制的明显意图。隋文帝开皇十三年（593）下诏："人间有撰集国史、臧否人物者，皆令禁绝。"③唐以后，史馆中的总纂、刊修官、纂修官，都是皇帝下诏任命，而且修当代史、修前代史，都由宰相或其他大臣监修。这种监修制度，当然是为了保证纂修工作要体现朝廷的意志和评判标准。当权者总是要凭借其权力控制史事，甚至有因修史触犯当权者意旨，著史者被治罪，史籍遭禁毁，如，"南宋高宗时，秦桧主和，有私史之禁，李焘尝以作史得罪，桧死，禁始弛，宁宗嘉泰二年，韩侂胄执政，复有私史之禁，凡事干国体，悉令毁弃"④。但是，中国史学又有发扬直笔精神的传统。先秦史官董狐、南史秉笔直书，不怕权臣威吓，不惜以身殉职的风格传扬千古，司马迁著史不隐恶、不虚美的"实录"精神流传百代。后世正直史官乃以善恶必书、务求实录为己任，勇于抵制、抨击曲笔讳饰、虚誉隐恶的行径。《唐会要》所载贞观中史臣回答太宗善恶必书乃史臣之本职的话就颇为典型："（贞观）十六年四月二十八日，太宗谓谏议大夫褚遂良曰：'卿知起居记录何事？大抵人君得观之否？'对曰：'今之起居，古之左、右史。以记人君言行。善恶必书，庶几人主不为非法。不闻帝王躬自观史。'太宗曰：'朕有不善，卿必记之耶？'遂良曰：'守道不如守官，臣职当载笔，君举必书。'黄

---

①　见黄云眉《史学杂稿订存》，第140—141页。
②　王士禛：《古夫于亭杂录》，转见黄云眉《史学杂稿订存》，第140页。
③　《隋书》卷二《高祖纪下》。
④　金毓黻：《中国史学史》，河北教育出版社，2000年版，第134—135页。

门侍郎刘洎曰：'设令遂良不记，天下之人皆记之矣。'"① 唐代之《高祖实录》《太宗实录》，本为敬播所修，颇详直，后许敬宗擅作修改，高宗时发现后，又令史臣刊正。武后时，刘知幾、吴兢修《则天皇后实录》。刘知幾不惧武三思的压力，敢于坚持直笔。吴兢书张易之诬魏元忠有不顺之言，引张说为证。张说先已许张易之，赖宋璟力阻，始对武后谓元忠无此语。后张说见《实录》已将事情经过悉书，于己不利，乃嘱吴兢改之，兢反诘曰，如此何名实录？故赵翼甚重视此事，明确肯定"刘、吴二人修实录尚存直笔"②。韩愈所修《顺宗实录》能据实记载，但事涉宦官干政擅权，故招致非议。文宗诏史臣路随刊正。据《旧唐书·路随传》载，随奏云：周居巢、王彦威、李固言诸臣皆谓不宜修改。而宰臣李宗闵、牛僧儒谓史官李汉、蒋係皆愈之婿，不可参撰。臣独以为不然，愈所书本非己出，自元和至今无异词，但请示其甚谬者，付下刊定可耳。乃诏摘出贞元、永贞年间数事改正，馀不复改。《宪宗实录》在唐武宗会昌年间曾重修。据《旧唐书·李汉传》载，时李德裕当政，于李汉所修实录书其父李吉甫之事不加掩饰，德裕大不满，乃借口李汉是李宗闵党予以贬逐，重修实录。及宣宗即位，又诏《宪宗实录》乃不刊之书，李德裕擅作窜改，夺他人之美事，为私门增光，乃诏崔龟从等重加刊正，成《宪宗实录》之定本。北宋欧阳修任翰林学士兼史馆修撰时，于嘉祐四年（1059）上奏，切陈当朝日历时政记所载"简略遗漏，百不存一，至于事关大体者，皆没而不书"。他直言其主要原因，即由于皇帝亲阅日历的现行做法造成史官不敢据实直书，"自古人君，皆不自阅史，今撰述既成，必录本进呈，则事有讳避，史官虽欲书而又不敢书也"。同时他建议对懒惰失职或记载讹误的史官实行处罚，"乞每至岁终，命监修宰相亲至史院，点检修撰官纪录事迹，内有不勤其事隳官失职者，奏行责罚"。③南宋孝宗隆兴元年（1163），起居郎胡诠也上奏要求诏准"记注

---

① 王溥：《唐会要》卷六十三《史馆杂录上》。
② 赵翼：《廿二史劄记》卷十六"唐实录国史凡两次散失"条。
③ 《欧阳修全集》卷十二《论史馆日历状》，中国书店，1991年版。

不必进呈，庶人主有不观史之美"①。他不怕招来谤议，大胆陈言，希冀有效地实行史官独立记载不受干预的制度，以保证史官确实能履行"君举必书，善恶必录"的职责。

## 三、教训和缺陷

在封建时代，设馆修史的重要意图之一是为加强朝廷对史学的控制，不论对当朝史或前代史，都要由官方裁定褒贬史事、臧否人物的标准，皇帝诏命的监修、总裁、刊修官执行的就是朝廷的意旨，史臣如何思考、如何撰写，都绝对不能逾越。故封建时代官修史书是同史家的独立见解，如司马迁所追求的"成一家之言"，范晔所揭示的"激浊扬清"，刘知幾所提倡的"独得之学"直接相对立的，史学家的进步史识和自由思想必然受到严重的桎梏。封建社会的时代局限和史官的阶级局限，也必然造成历史记载存在大量的夸饰、隐讳和失实。历代官修正史的体裁形式，其总体格局也是代代相因、缺乏创造，如章学诚所激烈批评的，"纪传行之千有余年，学者相承，殆如夏葛冬裘，渴饮饥食，无更易矣。然无别识心裁，可以传世行远之具，而斤斤如守科举之程式，不敢稍变；如治胥吏之簿书，繁不可删"②。纂修前代史是艰巨、复杂、细致的文化工程，事件、人物、制度、社会情状等等千头万绪，史料繁富纷纭，加上众人分工、分头撰写，这一切都要求在统制、协调上有周密的措施，做大量有效的工作，然而在封建时代是远远不能达到的。故古代设馆修史必定存在许多缺陷和弊病，兹择举若干事实并略加申论。

一是权臣监修，庸才而寡识，却对撰修工作乱加干预，或组织调配无方，专横跋扈，令史臣无所适从。当刘知幾在史馆任职时，武三思之辈炙手可热，对负责修撰实录、国史的史臣横加干

---

① 《宋史》卷三百七十四《胡诠传》，中华书局，1975年版。
② 章学诚：《文史通义》内篇一《书教下》。

预。同时朝廷中不同政治势力集团之间的权力争斗，以及官僚门阀世家之间以国史记载作为光耀门庭、显示社会地位的手段，也都严重影响史官之秉笔直书。为此，刘知幾愤然辞去史职，并对史馆存在的弊端加以抨击："恩幸贵臣，凡庸贱品，饱食安步，坐啸画诺……故凡所引进，皆非其才，或以势利见升，或以干祈取擢。"①"近代史局，皆通籍禁门，深居九重，欲人不见。寻其义者，盖由杜彼颜面，防诸请谒故也。然今馆中作者，多士如林，皆愿长喙，无闻齰舌。傥有五始初成，一字加贬，言未绝口而朝野具知，笔未栖毫而搢绅咸诵。""夫《尚书》之教也，以疏通知远为主；《春秋》之义也，以惩恶劝善为先。《史记》则退处士而进奸雄，《汉书》则抑忠臣而饰主阙。斯并曩时得失之列，良史是非之准，作者言之详矣。顷史官注记，多取禀监修，杨令公则云'必须直词'，宗尚书则云'宜多隐恶'，十羊九牧，其令难行；一国三公，适从何在。""窃以史置监修，虽古无式，寻其名号，可得而言。夫言监者，盖总领之义耳。如创纪编年，则年有断限；草传叙事，则事有丰约。或可略而不略，或应书而不书，此刊削之务也。属词比事，劳逸宜均，挥铅奋墨，勤惰须等。某袠某篇，付之此职；某传某志，归之彼官。此铨配之理也。斯并宜明立科条，审定区域，傥人思自勉，则书可立成。今监之者既不指授，修之者又无遵奉，用使争学苟且，务相推避，坐变炎凉，徒延岁月。"② 韩愈任史职时，正是宦官专擅朝政、为祸极深之时，面对邪恶之徒播弄是非、造谣生事，他也承受巨大的压力，故云："且传闻不同，善恶随人所见，甚者附党，憎爱不同，巧造言语，凿空构立善恶事迹，于今何所承受取信，而可草草作传记令传后世乎？"③

二是成于众手，缺乏有效的检核协调机制，造成歧误、重复，或体例不相统一。《旧唐书》对唐初至唐代宗时期的历史事

---

① 刘知幾：《史通》卷十《辨职第三十五》。
② 刘知幾：《史通》卷二十《忤时第十三》。
③ 韩愈：《答刘秀才论史书》，《韩昌黎全集》外集卷二，中华书局，1991年版。

件叙述比较完整，而对唐后期的记载却大不如前。"穆宗以后的本纪内容繁琐冗杂；《历志》《经籍志》叙述仅至玄宗时代；列传中对唐代末期人物缺漏较多"①，还存在一人两传等现象。如杨朝晟在列传之七十二和九十四有两传，王求礼在列传之五十一和一百三十七也有两传。像这种因纂修组织工作粗疏低效而造成内容、体例上诸多舛误，《宋史》《元史》同样明显。《宋史》在史料剪裁、史实考订、全书体例结构等项有许多缺陷，被称为繁芜杂乱。而元初修《宋史》系以宋人纂修的国史为依据，宋代国史对北宋记载特详，南宋中叶以后罕所记载，《宋史》修撰者据以成书，未再下功夫采撷史料，故显得前详后略，头重脚轻，甚不协调。书中还有许多自相矛盾之处，如一人两传，无传而说有传，一事数见，有目无文，纪与传、传与传、表与传、传文与传论之间互相抵牾等。顾炎武曾指出，《元史》列传中第八卷之速不台即第九卷之雪不台，十八卷之完者都即二十卷之完者拔都，三十卷之石抹也先即三十九卷之石抹阿辛，皆是一人两传，可见修史之草率从事。赵翼《廿二史劄记》中对此也多有指摘，《宋史》中李熙靖既见于列传之一百一十六，又见于二百一十二。②这些都是因组织不严密、缺乏认真核查把关所致。列传编排上的缺陷还可追溯到更早，魏晋至唐初门阀制度盛行，以一门数代皆任高官要职相炫耀，故魏收《魏书》、李延寿《南史》《北史》均采用以子孙附其父祖的立传方法，此也属体例之失当，史书成为门阀世族的家谱，致使"一传中有数十百年事，阅一传即须检数朝之史，……其实转滋瞀惑"③。

三是回护不实，徇情曲笔。《周书》的列传有不少地方明显地夸耀门阀贵显、虚饰祖宗功绩。《周书》的主撰令狐德棻之祖令狐整是北周的大将军，宇文政权骨干人物之一。尤其是，唐朝帝室和唐初大臣，也大多为西魏、北周骨干人物的嫡派子孙。因有这种政治背景，《周书》在编纂上就要竭力歌颂宇文政权的骨

---

① 中华书局标点本《旧唐书》"出版说明"，第11页。
② 赵翼：《廿二史劄记》卷二十四"史家一人两传"条。
③ 赵翼：《廿二史劄记》卷三十一"明史"条。

干人物，即关右旧族、八柱国、十二大将军，且要大力赞叹"今之称门阀者，咸推八柱国家"。凡是唐朝的达官贵戚，《周书》便设法为其在周代的祖先立传，并不惜歪曲事实加以颂扬。如，"杜杲并无多少值得记载的事迹，但他却是唐朝宰相杜如晦的曾伯祖，杜家是关中头等门阀，唐朝谚语说'城南韦、杜，去天尺五'，《周书》没有杜家的传，不是'缺陷'吗？因此特为杜杲立专传，但由于事迹实在不多，只得把他出使陈朝的一些无谓的应对之辞塞进传中，以充篇幅。萧詧是梁朝的宗室，为了争夺帝位，不惜勾结西魏军队进攻梁朝的疆土，导致江陵十余万人民沦为奴婢的惨祸，自己卑躬屈节，充当西魏军监护下的傀儡皇帝。而书中竟给他作出'盖有英雄之志，霸王之略'这样与本人立身行事截然相反的评语。其所以如此，正是因为这个萧詧是唐朝另一个宰相萧瑀的祖父。"① 刘知幾在《史通·曲笔》篇中，早已严词贬斥这种爱憎由己、徇情曲笔的行为："自梁、陈已降，隋、周而往，诸史皆贞观年中群公所撰，近古易悉，情伪可求。至如朝廷贵臣，必父祖有传，考其行事，皆子孙所为，而访彼流俗，询诸故老，事有不同，言多爽实。"②

薛居正《旧五代史》也因照抄实录而对人物多有虚美隐恶，不可尽信，清代王鸣盛对此有切中要害的批评："实录中必多虚美，而各实录亦多系五代之人所修，粉饰附会必多，今薛史以（朱）温为舜司徒虎之后，令人失笑，又言生时庐舍有赤气，熟寐化为赤蛇，居然以刘季等话头作装缀，他所载衹祥图谶颇繁，非得之实录者乎！"又说："盖五代诸实录皆无识者所为，不但为尊者讳，即臣子亦多讳饰。"③ 如石敬瑭是向契丹称"儿皇帝"的民族败类，《旧五代史·晋高祖本纪》却加给了他"旰食宵衣，礼贤从谏"，"能保其社稷"的美名。桑维翰是首先提倡投靠契丹军事贵族集团的，《旧五代史·桑维翰传》却为他开脱，说"和

---

① 中华书局标点本《周书》"出版说明"，第4页。
② 刘知幾：《史通》卷七《曲笔第二十五》。
③ 王鸣盛：《十七史商榷》卷九十三"欧史喜采小说薛史多本实录"条，中国书店，1987年版。

戎之策，固非误计"，赞美桑维翰是"效忠"后晋的"社稷臣"。故学者指出这类虚假失实的记载和评语，"完全违反了历史事实"，"是《旧五代史》的重大缺陷"。①

元修《宋史》，度宗以前各朝多本宋朝所遗留之国史，国史每每依据各家事状碑铭一类记载编缀成篇，这些家传、表志的特点是有善者则尽量夸饰，有恶者必设法隐讳，据此以修国史，其是非实有不能据信处。"元人修史又不暇参互考证，而悉仍其旧，毋怪乎是非失当也。"如《李纲传》中靖康围城之役，李纲本与姚平仲共谋劫营之事，遂遭失败。但据传中所述致败之责任全在姚平仲，李纲并无责任。"此事本载纲所著《靖康传信录》，史馆即据以立传也。"②契丹首领阿保机之兴起，据欧阳修《新五代史》记载，原先契丹各部族实行八部迭相更代，轮流掌权的制度，独阿保机凭其势力强盛不肯遵行，自号为王，并以计诱杀八部大人，此事又载于《新唐书》，两处所载相合，当是阿保机实情，但《辽史》中却对此隐而不载。"盖耶律俨修实录时，为其先世隐讳，陈大任修史亦遂因之，不复勘对《唐书》及欧《史》也。"③赵翼又指出《元史》中诸多记载不实处："《元史》亦多回护处，非明初修史诸人为之著其善而讳其恶也，盖元时所纂功臣等传本已如此，而修史者遂抄录成篇耳。如《阿里海牙传》，历叙其戡定湖广之功，而占降民为私户及征占城失利等事，则概不叙入。"④

四是匆促成书，将原国史的特定称谓或格式照录下来，造成明显的疵病，或者将所据史料任意割裂、颠倒位置，致使叙述史实不相连贯，乃至记载失误。《旧唐书》成书时间短促，不少地方系大抵抄撮唐代史料成书，书中所用"今上""我"等字眼，都是沿袭唐代国史或实录的旧文。"今上"指唐代史官撰述时的当代皇帝，"我"指唐朝。论赞中常出现"臣"字，也是唐代史

---

① 中华书局点校本《旧五代史》"出版说明"，第10页。
② 赵翼：《廿二史劄记》卷二十三"宋史各传回护处"条。
③ 赵翼：《廿二史劄记》卷二十七"辽史二"条。
④ 赵翼：《廿二史劄记》卷二十九"元史回护处"条。

官对本朝的称谓。元初修《宋史》，多依国史原本稍加排次，而未细加考订，故有任意割裂之病。赵翼对此也举出了很典型的例证。如宋朝国史《牛皋传》本附在《岳飞传》后，故有一段总叙岳飞的功绩。《宋史》既将《牛皋传》独立，却未将这段总叙移至《岳飞传》之后，致使此处失于累赘不合章法，彼处又失于缺漏。"此徒为以意割裂，而未及订正之失也。"① 再者，《宋史》之《袁彦传》《张保续传》均载刘仁赡降，此为薛居正旧史之误。但欧阳修《新五代史》已辨明刘仁赡不降，实为别将以仁赡病笃诈为其书以降者，所以特列仁赡于《死节传》。"今《宋史》袁彦等传尚云然，岂元人修史时，并欧史亦不检对耶?"② 《元史》也因编纂时间极为短促而造成内容、体例上的许多谬误。如编纂者误把不同皇帝的后妃领取岁赐的名单，统统当作同一皇帝的后妃处理，"以致在《后妃表》中将儿媳、曾孙媳、玄孙媳妇当成平列的妻妾"③。至于译名不相统一、年代史实乖误之处更多，因此《元史》一直为后人所诟病。相比之下，清代用了六十年时间修成《明史》，对体例的商讨、安排比较周密，史料的剪裁较为恰当，文字的修订也较充分，故质量远高于《宋》《元》诸史。

（原刊《河北学刊》2003年第5期）

---

① 赵翼：《廿二史劄记》卷二十三"宋史多国史旧本"条。
② 赵翼：《廿二史劄记》卷二十四"宋史各传错谬处"条。
③ 中华书局点校本《元史》"出版说明"，第4页。

# 设馆修史与中华文化的传承

## 一、中国史学发展的两大途径

中华民族是历史意识发达的民族。相传夏代、殷代已有史官。西周以后,见于典籍记载的著名史官便代不乏人。如宗周有史官史佚、周任、史伯、内史过等,春秋时期,晋有史臣董狐,齐有太史南史,《周礼·春官·序官》载有太史、小史、内史、外史、御史之职。古代的著名经典《尚书》是最早的官方历史文献的汇集。春秋时期有"百国春秋",见于《墨子·非命中》篇。为孟子所称道的晋之《乘》,楚之《梼杌》,鲁之《春秋》,即是各国史书中之尤为著名者。再其后,《竹书纪年》是战国后期魏国史官撰成的编年体史书,记载自夏代至战国时期史事。《世本》则是记载从黄帝到战国末期事迹的史书,据学者研究,当是春秋、战国时期的史官根据前代史官的记录,相继编纂而成。由于至春秋、战国时期,史官记载更加及时和周详,故又出现了利用这些史料而撰成的私人著述,孔子《春秋》,即为依据鲁国史《春秋》而修成的中国第一部私修史著,战国时期产生的《左传》

《国语》相传都是鲁国史官左丘明所著,也是依据春秋时期各国史官的记载而撰成的私人著述之名作。

先秦时期史官的设置和私人撰史的产生已经预示了此后中国史学将沿着两大途径发展:一是史官制度将更加发展和逐步完善,官修史书将产生更具规模的著作;二是才识过人之士将依靠官方史料为主,再加搜集其他史料,撰成体现本人历史见解之作。两者如车之两轮,鸟之双翼,相辅相成,共同汇成中国古代史学浑浩流转、波澜壮阔的长河。西汉的司马迁撰成《史记》,成为私人著史的一座丰碑,为后代学者所景仰赞叹。然则《史记》的伟大成功又与史官制度有着不可分割的密切联系,司马迁是以父子两代世任史官的家学传统为基础,以武帝时期皇家金匮石室所典藏的历史文献为凭藉而著成的。司马迁既然把中华民族自开辟以来的历史如此卓越地作了系统的整理和生动清晰的叙述,这就为后代史官如何效法他,实现我们民族的历史代代相承地记载下来、流传下去,树立了学习的榜样,提供了思想的动力。

## 二、设馆修史的肇始

这种双流并进的趋势至东汉初年便已出现,既有继承司马迁优良传统的私修史书的名作,而史官的作用又更加得到重视,成为古代设馆修史制度的发轫。东汉明帝、章帝年间,班固在其父班彪《史记后传》的基础上,撰成《汉书》一百卷,成为近两千年间历代"正史"的范本。班固著史,又直接导致他其后参预东汉官修本朝史。起先班固曾因修史致祸,被人诬告私自改作国史下狱,然明帝得见其已成之稿而"奇其书",召至洛阳,任兰台令史(兰台是东汉皇家藏书、校书之所),诏其续成所著《汉书》。明帝又令班固"与前睢阳令陈宗、长陵令尹敏、司隶从事孟异共成《世祖本纪》","并撰功臣及新市、平林、公孙述事,作列传、载记二十八篇"。① 这是东汉官修当朝史《东观汉纪》的第一次撰修。自章帝章和（87—88）以后，皇家藏书校书之所由兰台迁至东观，修史处所也随之迁移，故称为《东观汉纪》，班固、陈宗等人所修的是记载光武帝一朝史事，其体裁包括"本纪""列传""载记"。此后《东观汉纪》又有三次修撰：安帝、顺帝时，"诏史官谒者仆射刘珍及谏议大夫李尤杂作记、表、名臣、节士、儒林、外戚诸传，起自建武，迄乎永初。……复命侍中伏无忌与谏议大夫黄景作诸王、王子、功臣、恩泽侯表，南单于、西羌传，地理志"；桓帝时，复令太中大夫边韶、大军营司马崔寔等撰"《孝穆、崇二皇》及《顺烈皇后传》"，《百官表》，及蔡伦等传；灵帝时，"光禄大夫马日磾、议郎蔡邕、杨彪、卢植著作东观，接续纪传之可成者，而邕别作《朝会》《车服》二志。后坐事徙朔方，上书求还，续成十志"。②

东汉自明帝至桓帝多次撰修《东观汉纪》，无疑是古代设馆修史制度的肇始。"东观"实有类于后代的史馆。班固、刘珍、蔡邕等（见于史书者先后共二十七人）即为史官，当时只称"著作东观"，尚未如后代授以"著作郎"之职。《东观汉纪》共撰成一百四十三卷，虽因出于不同时期的众人之手，又未经统一整理、编定，故有"记述烦杂"之讥，但其价值在于："拥有大量的原始材料和私人难以掌握的各种资料，其后在三国、两晋、南朝时期，私人撰著东汉史书者多达十家以上，其资料来源多取之于此书。"③

## 三、"史馆"在北朝出现及修史成就

自东汉朝在东观修当朝史，至"史馆"正式出现，中间经历

---

① 《后汉书》卷四十《班固传》，中华书局，1965年版。
② 刘知幾：《史通》卷十二《古今正史》。
③ 杨翼骧、叶振华：《唐末以前官修史书要录》（上），《史学史研究》1990年第4期。

了三国、两晋、南北朝长达三百余年积累经验、逐步形成的过程。曹魏太和中，始在中书省置著作郎，为专职史官。晋元康初改隶秘书省，除设著作郎一人外，还有佐著作郎八人，宋、齐以后改称著作佐郎。佐郎负责博采史料，正郎负责撰修记载。曹魏、西晋的华峤、陈寿、陆机、束晳，东晋的王隐、虞预、干宝、孙盛，宋、梁的徐爰、沈约、裴子野，都是担任史官的优秀人才。宋、梁、陈又置修史学士。这一时期的官修史书一直为朝廷所注重。如曹魏黄初、太和中命尚书卫觊、缪袭草创纪传体魏史，后又命尚书韦诞、侍中应璩、秘书监王沈等续修，其后由王沈独自完成《魏书》四十四卷。孙吴少帝命韦曜、薛莹等人撰吴史，最后成《吴书》五十五卷。西晋时，陆机撰三祖纪，束晳撰十志。东晋王隐受诏撰晋史。这一时期私人撰史风气甚盛，以陈寿《三国志》、范晔《后汉书》、沈约《宋书》、萧子显《南齐书》为最著，其他关于后汉史、晋史的著述，无论纪传、编年二体均有多种。十六国虽是少数民族建立的割据政权，但受中原文化的影响，也多有设置史官记载史事。如前赵刘聪嘉平初，公师彧以太中大夫领左国史，撰其国君臣纪传。成汉又与西凉都委任门下官属记本朝史事。南凉主乌孤在建立政权后，以其参军郭韶为国纪祭酒，使撰录本朝史事。其他还有前赵置著作官和苞，后燕置著作官董统。

史馆的设置，是在北齐魏收受诏撰修《魏书》之时，至此出现了史臣奉职于其间专事撰述的机构。史馆设置的深刻背景，是自北魏建国以来一百多年间重视修史的长久的传统。

北魏是鲜卑拓跋部建立的朝代，当其祖先居幽都之北时，以游牧为主，未有文字，采用原始的刻木记事的方法。北魏道武帝接受汉文化的影响，建国初年即重视历史记载，设置了史官。以后随着拓跋族仰慕汉化的加深，修史一直成为北魏君臣关注的事业。先是道武帝诏尚书郎邓渊撰《代记》十余卷。以后太武帝诏集文人崔浩、游雅、高允、程骏、李彪、崔光等撰修国史。"又特命崔浩总监史任，务从实录"，游雅等"世修其业"。崔浩后因参与谋议军国大事有功，先加侍中、特进，旋加司徒，并领秘书监,总任史务,续成前史。崔氏为北方士族之首,崔浩因主张辨别姓族门第、发展士族势力等而触怒了太武帝,太平真君十一年(450)以修史暴露"国恶"的罪名被诛,但其所撰国史并未禁毁。崔浩所修为编年体,以后李彪分作纪、表、志,下迄孝明,事甚委悉;王晖业又撰成《辨宗室录》三十卷。① 宣武帝时,命邢峦追撰孝文起居注,书至太和十四年(490);又命崔鸿、王遵业补续。这些都说明元魏深深接受了华夏文化重视历史记载的优良传统,同时也为以后魏收撰成一代大典的《魏书》准备了大量有用的史料。

魏收在北魏节闵帝时,为太学博士,典起居注,参与修魏朝国史。入东魏后,以文才著名,但仕途坎坷,乃求修国史。经崔暹推荐,高澄命收为正常侍领兼中书侍郎,修国史,后加兼著作郎。北齐代东魏立国,魏收受齐文宣帝(高洋)信任,参掌机密,任秘书监兼著作郎。不久除中书令,奉诏修魏史。

北齐代东魏伊始,文宣帝即下诏在全国范围征集史料,要求"在位王公文武大小,降及民庶,爰至僧徒,或亲奉音旨,或承传旁说,凡可载之文籍,悉条封上"②。切望撰成史著,传之万古。天保二年(551),诏收撰修《魏书》,房延祐、辛元植、刁柔、裴昂之、高孝幹等参与修撰。天保四年(553),收除魏尹,然文宣帝"优以禄力,专在史阁,不知郡事。初,帝令群臣各言尔志,收曰:'臣愿得直笔东观,早成《魏书》。'"③ 故文宣帝令收专其任,又诏平原王高隆之为总监。魏收克尽史官职守,"辨定名称,随条甄举;又搜采亡遗,缀续后事,备一代史籍。表而上闻之,勒成一代大典"④。合纪、传共一百一十卷,于天保五年(554)奉上。嗣又续修十志,其中《官氏志》《释老志》为收新创。史称:高隆之任总监"署名而已"。参预修撰诸人亦殊少贡献,"房延祐、辛元植、睦仲让虽夙涉朝位,并非史才;

---

① 《北齐书》卷三十七《魏收传》,中华书局,1972年版。
② 《北史》卷七《齐本纪中》。
③ 《北齐书》卷三十七《魏收传》。
④ 《北史》卷五十六《魏收传》,中华书局,1974年版。

刁柔、裴昂之以儒业见知,全不堪编辑;高孝幹以左道求进"。魏收则在撰史四年之内专力以赴,博访百家谱状,搜采遗佚,包举一代始终,颇为详悉。不惟"其史三十五例,二十五序,九十四论,前后二表一启,皆独出于收",且《魏书》全书也实赖魏收独力完成。故此书虽成书于史馆,但历代仍视为魏收私撰之作。魏收撰成后,时论颇言收著史记载不公,"文宣诏收于尚书省与诸家子孙共加论讨,前后投诉,百有余人,云遗其家世职位,或云其家不见记录,或云妄有非毁"。① 故曾号为"秽史"。然据学者研究,以当时诸家子弟卢斐、王松年讼收之言,"对照《魏书》的记载,稽核其情,皆属无理"。再拿《魏书》纪传与《北史》相校,"则《北史》事实论赞大抵全取《魏书》,惟略有删削,极少改易增添"。"乃《北史》删《魏书》者十之一,袭《魏书》者十之九,于以知魏收之书详略得当,近于实录。……有魏一代修国史者类有学识,能直笔,收书大半本于国史,故事实论断多能持平近是。后人忽于收书所本,漫以为全书出收手,故妄加疑惑,吹求不已也。"② 证诸多项事实,"秽史"之说实属不公之论。

魏收在北齐史馆修史期间,如《魏书·自序》所云:"受诏撰魏史,除魏尹,故优以禄力,专在史阁,不知郡事。"史阁即史馆,有《初学记》卷三冬第四所载《北齐邢子才酬魏收冬夜直史馆诗》可证。这标志着古代设馆修史之初步形成。《魏书》虽被视为魏收私人所撰,但已在设馆修史方面为后代开了先河。因为事情很明显:《魏书》是奉诏修撰,他是在北魏历任史官撰成的国史资料基础上进行的;朝廷又命显贵大臣"监修"③;史书成

---

① 《北史》卷五十六《魏收传》。
② 周一良:《魏收之史学》,《魏晋南北朝史论集》,北京大学出版社,1997年版,第287、289页。
③ 晋康时曾命大臣监修,但尚非常设,见《史通·辨职》云:"案《晋起居注》载康帝诏,盛称著述任重,理藉亲贤,遂以武陵王领秘书监。"北齐一代先后"监国史"的大臣,则有平原王高隆之,太子少傅魏收,鸿胪卿崔劼,尚书左仆射赵彦深,光禄卿胡阳休之,尚书左仆射祖珽等。参见牛润珍《汉至唐初史官制度的演变》,河北教育出版社,1999年版,第180页。

于史馆，纪、传、志兼备，被称为"一代大典"；史馆人员有著作郎、著作佐郎、修史臣、校书郎等（魏收即为北齐史馆的第一任著作郎）。总之，北齐设馆修史制度是由华夏民族重视历史记载的长期传统发展而来的，而更加意味深长的是，这一制度的初步形成又因鲜卑族政权实行汉化政策直接导致而来，所以它又是北朝时代汉族与鲜卑族共同的文化认同结出的珍贵果实。

当北魏时，始于秘书置著作局，正郎二人，佐郎四人。节闵帝普泰（531—532）以后，别置修史局，置员六人。西魏史官柳虬曾向魏文帝上疏，主张史官发扬董狐、南史直笔无畏的精神，记当朝事实均显言其状，然后付史馆保存，使是非明著，达到彰善瘅恶、收到惩戒之效的目的。其疏云："古者人君立史官，非但记事而已，盖所以示监戒也。动则左史书之，言则右史书之，彰善瘅恶，以树风声。故南史抗节，表崔杼之罪；董狐书法，明赵盾之愆。是知直笔于朝，其来久矣。而汉魏以还，密为记注，徒闻后世，无益当时，非所谓将顺其美，匡救其恶者。且著述之人密书其事，纵能直笔，人莫知之，何止物生异议，亦自异端互起。……伏惟陛下则天稽古，劳心庶政，开诽谤之路，纳忠党之言。诸史官记事者，请皆当朝显言其状，然后付之史阁，庶令是非明著，得失无隐，使闻善者日修，有过者知惧。"① 朝廷采而施行。

南朝齐高帝时，诏檀超与江淹掌史职，修当朝史。所撰成的国史篇章，成为其后萧子显撰修《南齐书》的基础。姚察始撰、姚思廉续成的《梁书》（察在南朝梁末时任著作佐郎，在陈任秘书监领著作郎，入隋为秘书丞，三朝均领史职，撰修《梁书》《陈书》未成，后由其子思廉续成），其所本乃梁朝所修之国史。如赵翼所言："各列传必先叙其官，而后载其事实，末又载饰终之诏，此国史体例也。有美必书，有恶必为之讳。……可见国史本讳而不书，察遂仍其事也。"② 可知梁时所修国史为其后《梁书》的撰成提供了重要的史实基础，但国史多所讳饰的缺陷也被

---

① 《周书》卷三十八《柳虬传》。
② 赵翼：《廿二史劄记》卷九"梁书悉据国史立传"条。

《梁书》所承受。

## 四、唐初史馆制度的确立及其对中华文明的意义

　　设馆修史制度的确立是在唐朝初年。这一在中华文明史上具有重大意义的事件在唐初出现绝非偶然。它与国家结束了长期的分裂，实现了比汉朝规模更大的统一，创建了更加强盛恢宏的朝代相适应，显示出融合了南北民族之后中华文化具有更加雄伟的创造力。特别是从保证历史记载的长期连续的传统言，从北齐天保以来经历二百六十多年进一步积累了丰富的著史成果和修撰经验，唐初政治家和史学家共同认识到必须实现一桩宏大的文化事业，为刚刚过去的五个朝代（南朝的梁、陈，北朝的齐、周，隋）正式修成完整的史册，此项迫切需要直接推动了设馆修史制度的确立。

　　高祖武德五年（622），秘书丞令狐德棻奏请修梁、陈、齐、周、隋各朝史。曰："窃见近代已来，多无正史，梁、陈及齐犹有文籍，至周、隋遭大业离乱，多有遗阙。当今耳目犹接，尚有可凭；如更十数年后，恐事迹湮没。陛下既受禅于隋，复承周氏历数，国家二祖功业，并在周时，如文史不存，何以贻鉴今古？如臣愚见，并请修之。"高祖然其言，下诏曰："司典序言，史官记事，考论得失，究尽变通，所以裁成义类，惩恶劝善，多识前古，贻鉴将来。伏羲以降，周、秦斯及，两汉传绪，三国受命，迄于晋、宋，载籍备焉。自有魏南徙，乘机抚运，周隋禅代，历世相仍，梁氏称邦，跨据淮海，齐迁龟鼎，陈建皇宗，莫不自命正朔，绵历岁祀，各殊徽号，删定礼仪。至于发迹开基，受终告代，嘉谋善政，名臣奇士，立言著绩，无乏于时。然而简牍未编，纪传咸阙，炎凉已积，谣俗迁讹，余烈遗风，倏焉将坠。朕握图驭宇，长世字人，方立典谟，永垂宪则。顾彼湮落，用深轸悼，有怀撰次，实资良直。"令萧瑀等修魏史，陈叔达、令狐德棻等修周史，封德彝等修隋史，崔

善为等修梁史,裴矩等修齐史,姚思廉等修陈史。要求"务加详核,博采旧闻,义在不刊,书法无隐"。① 但此次决定却因迁延数年未见成效而罢。至太宗贞观三年(629),修史工作重新启动。为了表示对修史工作的重视,太宗决定"移史馆于禁中"②,在门下省北,"宰相监修,自是著作局始罢史职"。③ 此举的主要目的是修梁、陈等五代史。太宗"乃令德棻与秘书郎岑文本修周史,中书舍人李百药修齐史,著作郎姚思廉修梁、陈史,秘书监魏徵修隋史,与尚书左仆射房玄龄总监诸代史"④。众议因魏史既有魏收之书,已为详备,遂不复修。同年朝廷还规定了《诸司应送史馆事例》,要求各行政部门务必将重要事项及时向史馆勘报。

贞观初设馆修史成效极其卓著。由于授任的人才均一时之选,简派得人,积累的前期成果和史料丰富,又有房玄龄与魏徵"总监诸史",令狐德棻负责"总知类会",帮助房、魏二人负责协调工作,所以保证了各史修撰工作的顺利进展。

《隋书》由魏徵主修,参加修撰的还有颜师古、孔颖达、许敬宗等人。贞观十年(636)撰成,共有帝纪五卷,列传五十卷。同年完成的还有《周书》《北齐书》《梁书》《陈书》。《周书》由秘书丞令狐德棻、秘书郎岑文本主修,侍御史崔仁师佐修,其史料来源,包括西魏史官柳虬所修国史(北周史官续修)和隋代秘书监牛弘所撰周史帝纪,以及唐初征集的家状一类资料。成书计帝纪八卷,列传四十二卷。《北齐书》经李德林、李百药父子两代完成,德林在北齐时就参加国史的编写,成纪传二十七卷,隋开皇中又奉诏续撰扩充为三十八卷。贞观元年(627),太宗命百药据其父旧稿续撰,至贞观十年完成,共五十卷。《梁书》《陈

---

① 《旧唐书》卷七十三《令狐德棻传》。
② 《史通》卷十一《史官建置》云:"暨皇家之建国也,乃别置史馆,通籍禁门。西京则与鸾渚为邻,东都则与凤池相接。馆宇华丽,酒馔丰厚,得厕其流者,实一时之美事。"此也可见对修史的重视。当然移史馆于禁中,也有加强朝廷对修史工作控制的作用。
③ 《旧唐书》卷七十三《令狐德棻传》。
④ 《旧唐书》卷七十三《令狐德棻传》。

书》是由姚察、姚思廉父子相继撰成。姚察在陈朝任秘书监领著作郎，参与梁史的编纂。入隋为秘书丞，受命编纂梁、陈两朝史，未成而卒。姚思廉在贞观初任著作郎，奉诏续成梁、陈二史，乃据其父旧稿，兼采谢昊、傅縡、顾野王诸家之书，撰成《梁书》五十六卷，《陈书》三十六卷。

贞观十五年（641），鉴于已撰成的梁、陈、北齐、周、隋五代史都阙志书，太宗因诏命左仆射于志宁、太史令李淳风、著作郎韦安仁、符玺郎李延寿、著作郎敬播等撰修五代史志。高宗时诏令狐德棻监修。高宗显庆元年（656）修成十志，计三十卷（时梁、陈等书已单独流行，而志的内容详于隋，略于其他四朝，且隋居五代之末，故十志合在《隋书》之内）。太宗又于贞观二十年（646）颁布诏令修撰《晋书》，诏书云："彰善瘅恶，激一代之清芬；褒吉惩凶，备百王之令典。"批评原有十八家晋史"虽存记注，而才非良史，事亏实录"①，故需重修，由房玄龄、褚遂良、许敬宗掌其事，来济、陆元仕、李淳风、李延寿等十一人分工撰录。由于撰修阵容强大，组织得当，仅用了两年多时间，便于贞观二十二年（648）撰成，包括两晋及十六国的全史，计十纪、二十志、七十列传、三十载记，共一百三十卷。

这样，从贞观三年（629）"别置史馆"起，经过主修、监修和各位史臣的共同努力，唐初历二十余年时间的大规模修史工程取得了极其丰硕的成果，共撰成前朝史六部，总卷数达四百零七卷，记载了自西晋至隋末长达三百五十三年而且范围广阔的历史。加上李延寿在其父李大师旧稿的基础上奉诏修成的《南史》《北史》，在唐初修撰完成的"正史"共有八部，占了"二十四史"的三分之一。"设馆修史"制度在唐初的确立，是与成效如此卓著、成就如此巨大的修史工作相联系的，因而意义更为巨大。"设馆修史"制度确立的主要标志是：（一）政府高度重视，

---

① 《修晋书诏》，见宋敏求编《唐大诏令集》卷八十一，中华书局，2008年版。

设立专门的历史编纂的机构，把纂修前朝史作为新立皇朝必须完成的一项大事，诏令史官在史馆中集体纂修。唐高祖、太宗都视修史为"览前王之得失，为在身之龟镜"①的大事，选用素有名望、熟习史学的得力人才集体撰修，给史官以尊荣的地位。太宗每与近臣谈论前代史事或修史工作，《唐会要》卷六三所载唐太宗与褚遂良著名的问答，即表明负责记居注的史官褚遂良忠实执行"君举必书"的职守，并直面无私维护"帝王不能观史官所记"的规矩，而唐太宗也能接受臣下规谏约束自己遵守规定。太宗还亲自为《晋书》之《宣帝纪》《武帝纪》《陆机传》《王羲之传》四篇撰写了史论。（二）宰相、大臣监修。历贞观至高宗显德年间，诏修各史及五代史志均为重臣监修，遂成定制。（三）规定了各部门和地区定期向史馆报送史料的制度，保证了及时储存史料，及时撰修实录和国史，自唐以后，历代相沿不改。

　　以上唐代确立的修史制度，政府对纂史工作的高度重视和完成八部"正史"的巨大成绩，大大加强了我国历史记载长期连续的传统，对后代产生了深远影响。以后历代鼎革之际，继起的皇朝都十分重视修纂前朝史，将之作为朝政大事，务必开设史馆，招致人才，集体纂修，克底于成。五代时，修成了《旧唐书》，宋初不仅修成《旧五代史》，又诏令修成《新唐书》，明初修成了《元史》。入主中原的少数民族政权同样高度重视纂成前朝的历史，这是中国各民族历史文化认同的意义重大的成果，成为各民族走向统一的纽带和强大的凝聚力，强调指出这一点是十分必要的。金灭辽后，曾两次纂修《辽史》，第一次在熙宗朝，由耶律固和萧永祺先后执笔，第二次在章宗朝，由移剌履、党怀英等十三人纂修，后由陈大任最后完成，但因义例未定，最终未经金朝批准刊行。元世祖灭金后，即于中统二年（1261）始议修辽、金二史；宋亡，又议修辽、金、宋三史，但迁延未就。元顺帝时，命丞相脱脱等修三史，自至正三年（1343）三月开史馆，至正五年（1345）十月告成。成书如此

---

① 王钦若等编：《册府元龟》卷五百五十四，中华书局，1960年版。

迅速，是三史皆有旧本作基础。《明史》的纂修，在清世祖入关的第二年（顺治二年，1645）即第一次设史馆议修，但因诸事草创，未见成效。康熙十八年（1679）再次开馆纂修，以徐元文为总裁官。康熙末及雍正年间王鸿绪、张廷玉先后继任总裁官，至雍正十三年（1735）定稿，乾隆四年（1739）刊行，前后历时共九十余年，终于修撰成这部"二十四史"后殿之作。

（原刊《清史研究》2003年第1期）

# 设馆修史与历史资料的丰厚储存

唐初设馆修史成为定制之后,修前代史和修国史作为朝政大事受到政府以至整个社会的普遍承认,确立了一套制度,加上政府为史馆提供了人才和物质的保证,因而在纂修前朝史上保证了记载的连续不断,而且在纂修本朝史方面准备了丰富史料,撰成了种类多样、数量丰硕的成果。

刘知幾在《史通·史官建置》篇中论云:

> 夫为史之道,其流有二。何者?书事记言,出自当时之简;勒成删定,归于后来之笔。然则当时草创者,资乎博闻实录,若董狐、南史是也;后来经始者,贵乎俊识通才,若班固、陈寿是也。必论其事业,前后不同。然相须而成,其归一揆。

承此两流发展,历代设置史馆除担负修撰前朝史的重要任务外,另一项重要任务,是纂修当朝史,此包括起居注、实录、国史等。

## 一、唐代起居注之定法和诸司报送史馆制度

唐代记注有定法。据《唐会要》载，史臣撰修起居注是根据"君举必书"的原则，由起居郎、起居舍人及时记载皇帝言行、军国要事，定时送交史馆，在此基础上，再修成实录和国史。《旧唐书》明载唐代据起居注、时政记以修撰国史之制度："史官掌修国史，不虚美，不隐恶，直书其事。凡天地之祥，山川封域之分，昭穆继代之序，礼乐师旅之事，诛赏废兴之政，皆本于起居注、时政记，以为实录，然后立编年之体，为褒贬焉。既终藏之于府。"①

唐代还规定政府各部门及地方必须及时将政治、军事、外交、典礼各项重要事件，及天象灾害、吏治人才等项社会情况报送史馆的制度：

> 诸司应送史馆事例：祥瑞，天文祥异，蕃国朝贡，蕃夷入寇及来降，变改音律及新造曲调，州县废置及孝义旌表，法令变改，断狱新议，有年及饥并水旱虫霜风雹及地震，流水泛滥，诸色封建，京诸司长官及刺史都督都护、行军大总管、副总管除授，刺史县令善政异迹，硕学异能，高人逸士，义夫节妇，京诸司长官薨卒，刺史都督都护及行军副大总管已下薨，公主百官定谥，诸王来朝。已上事并依本条所由，有即勘报史馆，修入国史。如史官访知事由堪入史者，虽不与前件色同，亦任直牒索。承牒之处，即依状勘，并限一月内报。②

其目的即在保证国史之史料来源广泛、及时、详确。唐代这些制度，后唐时也作为成法遵行，并且规定得更加详细：

> 后唐同光二年四月，史馆奏本朝旧例，中书并起居院诸

---

① 《旧唐书》卷四十三《职官志二》。
② 王溥：《唐会要》卷六十三《史馆上·诸司应送史馆事例》。

司及诸道州府合录事件报馆如右：时政记，中书门下录送。起居注，左右起居郎录送。两省转对入阁待制刑曹法官文武两班上封章者，各录一本送馆。天文祥变占候征验，司天台逐月录报，并每月供送历日一本，瑞祥礼节，逐季录报，并诸道合画图申送。蕃客朝贡使至，鸿胪寺勘风俗衣服，贡献物色，道里远近，并具本国王名录报。四夷人役来降，表状中书录报。露布兵部录报，军还日，并主将姓名，具攻陷虏杀级数，并所因由录报。变改音律及新造曲调，太常寺具录所因并乐词牒报。法令变革、断狱新议、赦书德音，刑部逐季具有无牒报。详断刑狱，昭雪冤滥，大理寺逐季牒报。州县废置，及孝子顺孙义夫节妇，有旌表门闾者，户部录报。有水旱蝗虫雷风霜雹，户部录报。①

后唐史馆所奏称的"本朝旧例"，即指唐朝之成法，后唐据以实行。综合上述各项记载，证明唐代记载史料的制度甚为详密，皇帝的言动都由随仗出入的史官当即记载，作为日后修国史之依据。"今观《贞观政要》所载太宗与诸臣之言论，委曲详尽，此史官常在左右能举其职之征也。"②

## 二、唐代对撰修实录、国史的重视和五代修史制度所经受的考验

自唐初以后，每一皇帝卒后，继嗣之君必敕史臣撰修实录。今据《旧唐书》《新唐书》诸纪、传、志，可考见唐时修实录国史者，皆当代名手。其中有：《高祖实录》二十卷、《太宗实录》二十卷，均敬播撰，房玄龄监修；《高宗实录》三十卷，许敬宗、令狐德棻等撰；《高宗实录》（复修）三十卷，刘知幾、吴兢等撰；《武后实录》二十卷，魏元忠、武三思、柳冲、徐坚等撰，

---

① 王溥：《五代会要》卷十八《诸司送史馆事例》，中华书局，1998年版。
② 金毓黻：《中国史学史》，第116页。

刘知幾、吴兢删正；《中宗实录》三十卷，吴兢撰；《睿宗实录》五卷，吴兢撰；《顺宗实录》五卷，韩愈撰。据两唐书《经籍志》、《宋史·艺文志》所载录，唐代所修自高祖至武宗历朝《实录》共有二十四种，总计达七百九十七卷，① 堪称数量浩巨。

唐朝国史自吴兢起，曾修过四次。第一次，吴兢在武则天长安年间至中宗景龙年间所修。据《旧唐书·吴兢传》载，其时由武三思、张易之等监修，事多不实。兢不得志，乃私撰《唐书》《唐春秋》，未就，后出为荆州司马，以史草自随。会萧嵩领国史，奉遣史官就兢取其书，共六十余篇。第二次，开元、天宝年间韦述所修，共一百一十三卷。据《韦述传》，述所修尚有史例一卷，萧颖士多加揄扬，称其为谯周、陈寿之流。第三次，肃宗命柳芳与韦述缀辑吴兢所撰次国史，述卒后，由芳续成，起自高祖，迄于乾元，共一百三十篇。据《柳芳传》，芳所叙天宝后事，去取不伦，史官颇有疵议。第四次，宣宗时诏崔龟从等分年撰《续唐历》三十卷，补修柳芳所作之后，至于元和史事。② 但因唐代经过安史之乱和唐末大乱，国史、实录俱大量焚毁散失。

五代时期，设馆修史制度受到了极严峻的考验。五代战乱频繁，后梁、后唐、后晋、后汉、后周五个朝代总共才历五十三年，政权更迭如走马灯一般，最长的后梁政权历十六年，最短的后汉才历四年。但史馆制度却在乱世中保持其搜求史料、撰修实录和撰修前朝史的工作，这突出地表明封建国家对设馆修史的重视，认为它具有超越政权更迭的意义，同时也是中华文明具有顽强的传承力，虽遭劫难仍能经受考验的有力见证。

唐末播迁，载籍散失，据《五代会要》云，自高祖至代宗尚有纪传，德宗亦存实录，武宗以后六代，惟武宗有实录一卷，余皆无之。在前代史事如此阙略的情况下，五代史馆发挥了征集史料的极不寻常的作用。综合《旧五代史》各篇纪及《五代会要》，

---

① 参见赵翼《廿二史劄记》卷十六"唐实录国史凡两次散失"条，及刘节先生《中国史学史稿》"九、隋唐五代史学概观"之"甲、史官及注记制度"，中州书画社，1982年版。

② 参见赵翼《廿二史劄记》卷十六"唐实录国史凡两次散失"条。

并参以有关的传可知：后梁龙德元年（921），史馆请令天下，有记得会昌以后公私事迹者，抄录送官，皆须直书，不用词藻。凡内外臣僚奏行公事，关涉制置沿革有可采者，并送官。后唐长兴中，史馆又奏，宣宗以下四朝未有实录，请下两浙、荆湖等处，购募野史，及朝报、日历、内外制词、百司簿籍，均令上送。若民间收得，或隐士撰成野史，亦命各列姓名请赏。明宗敕从。又闻成都有先朝实录，即命郎中唐传美往访，所得有九朝实录携归。故赵翼对五代史馆搜求前朝史料的努力大加赞许："《唐书》因载籍散佚，历梁、唐数十年，未溃于成，直至晋始成书，则纂修诸臣搜剔补缀之功，不可泯也。"①

五代武夫当政，但史馆记注制度、报送史料及撰修实录制度却得到保持，且五代每位皇帝都修有实录，证明自唐初确立的史馆制度至此乱离的时代仍能保持其运转机制。自唐文宗每召大臣论事，必命起居郎、起居舍人执笔立于殿阶螭头之下，以纪政事。后唐明宗，因史馆赵熙等奏，亦命以诏书及处分公事，令端明殿学士韩昭允录送史馆。史馆所需史料有制度作保证，撰修工作仍然得到重视，故虽然这一时期政权更迭频仍，但五代各朝俱有实录。如：后梁贞明中，诏李琪、张衮等修《太祖实录》共成三十卷。嗣又以事多漏略，又诏敬翔补辑，别成三十卷。后唐明宗天成四年（929），诏卢质、何瓒等纂修武皇以上及庄宗实录。瓒荐张昭有史才，请以昭为修撰，并其所撰送史馆。昭乃以武皇以上三祖不践帝位，另修《纪年录》二十卷，《庄宗实录》三十卷。据《五代会要》《旧五代史》纪及有关的传综核，五代共修成实录计十八部之多，总卷数为二百六十五卷。诚如赵翼所言："五代诸帝本各有实录，薛居正即本之以成书，故一年之内即能告成。今案其纪载，不惟可见其采取实录之迹，而各朝实录之书法亦并可概见焉。"② 证明五代史馆在战乱年代修成的各朝实录，为北宋初提供了众多的半成品和高级品资料，从而保证了《旧五

---

① 赵翼：《廿二史劄记》卷十六"旧唐书源委"条。
② 赵翼：《廿二史劄记》卷二十一"薛史全采各朝实录"条。

代史》之迅速修成。加上后晋高祖天福六年（941）诏令户部侍郎张昭远（即张昭）等撰修，宰相赵莹监修之《旧唐书》（原题《唐书》，至北宋因欧阳修、宋祁撰成《新唐书》而改称），至后晋出帝开运二年（945）撰成，历时四年余，共成本纪二十卷，志三十卷，列传一百五十卷，共计二百卷。综观当代史撰修与前朝史撰修两方面，五代史馆前后虽仅历五十三年，又处于战乱迭起的年代，却有如此众多的成果，实在应当引起我们的重视。

## 三、宋以后设馆修史制度更加发展，撰成实录、国史更为浩巨

有宋一代史馆制度更加发展，并且记载、撰成数量浩巨的史料。

从宋初起，史馆即形成了修撰日历—实录—正史的制度。历太宗、真宗、仁宗、英宗、神宗、哲宗、钦宗、高宗各朝，分别命大臣李昉、钱若水、吕端、吕夷简、夏竦、韩琦、吕公著、吕大防、范冲等，先后修成先朝皇帝实录。据《宋史·艺文志》载录，计有《太祖实录》五十卷，《太宗实录》八十卷，《真宗实录》一百五十卷，《仁宗实录》二百卷，《英宗实录》三十卷，《神宗实录》三百卷，《哲宗实录》一百五十卷，《徽宗实录》二百卷，《钦宗实录》四十卷，《高宗实录》五百卷，《孝宗实录》五百卷，《光宗实录》一百卷，《宁宗实录》四百九十九册，《理宗实录》一百九十册。合计十四朝实录，二千九百八十九卷（册）。同时，又成太祖、太宗、仁宗、英宗等朝国史。高宗至光宗时，各史官更分别修成多种体裁的官书，有魏杞等所上神、哲、徽三朝正史，陈俊卿、虞允文等上神、哲、徽、钦四朝会要，赵雄等上神、哲、徽、钦四朝史志，王淮等上神、哲、徽、钦四朝列传。

历南宋各朝，也同样重视实行这种修史制度。仅理宗一朝，就修成孝宗、光宗、宁宗三朝实录，其后又有李心传所修高、

孝、光、宁四朝国史,史嵩之所上中兴四朝国史,谢方叔所上中兴四朝志传,皆在理宗朝成书。两宋还有许多日历、时政记和士大夫不可胜计的有关史事的记载。① 总之,由于两宋史馆制度的健全、发展,保留了各朝实录、国史连续不断的记载,加上其他史料汗牛充栋,所有这些,为元初修宋史准备了极详备的史事(当然其中不可避免地存在是非善恶回护讳饰的问题)。此如赵翼所论,元初宋史成书迅速,卷帙浩繁,即因"大概只就宋旧本稍为排次"②。宋亡后,元臣董文炳在临安主持接收之事,言:"国可灭,史不可没"③,遂以宋史馆各种记注、实录、国史悉数送归于元都,贮国史院。此可谓元臣中有识之人,视保持历史记载的连续具有超越于一朝一姓兴亡之意义。

契丹族建立的辽,女真族建立的金,蒙古族建立的元,都认为自己是中原皇朝确立的设馆修史制度的当然继承者。契丹族原先缺乏历史记载,故对其祖奇首可汗事迹,仅记其生于都庵山,徙于潢河之滨而已,甚为荒渺模糊。因受中原文化影响,以后历朝已设监修国史之官,如刘慎行、邢抱朴、萧韩家奴等。辽圣宗统和年间,已修圣宗以前的实录。兴宗时,始命置局编修。耶律谷欲、耶律庶成及萧韩家奴任编纂,成诸帝实录二十卷。道宗大安元年(1085),史臣进太祖以下七帝实录,对国史记载已稍具规模。至天祚帝乾统三年(1103),又诏耶律俨纂太祖以下诸帝实录,共成七十卷。此又标志着至天祚帝时辽修撰本朝史更有进展,故赵翼评论云:"辽史传赞谓其具一代治乱之迹,亦云勤矣。当辽之世,国史惟此本号为完书,金熙宗尝于宫中阅《辽史》,即此本也。"④ 金时,曾两次诏修辽史。第一次为熙宗皇统年间,令耶律固、移剌子敬等续修,而成于萧永祺之手,共七十五卷。第二次在章宗时,命移剌履提控刊修辽史,党怀英等任刊修、编

---

① 参见赵翼《廿二史劄记》卷二十三"宋史事最详"条,及刘节先生《中国史学史稿》"十一、两宋史学概观"之"甲、史官制度"。
② 赵翼:《廿二史劄记》卷二十三"宋史多国史原本"条。
③ 《元史》卷一百五十六《董文炳传》。
④ 赵翼:《廿二史劄记》卷二十七"辽史"条。

修之职，又搜求民间史料，责令家藏有辽时碑志及文集者，悉送上官。最后诏陈大任继成。"至元修辽史时，耶律俨及陈大任二本俱在，《后妃传》序云，俨、大任《辽史·后妃传》，大同小异，酌取以著于篇。而《历象闰考》中并注明俨本某年有闰，大任本某年无闰，尤可见其纂修时悉本俨、大任二书也。"①故《辽史》的修成，自太宗会同四年（941）至元朝至正四年（1344），共经辽、金、元三朝四次下诏修撰，前后历四百零三年而成。所称"陈大任本"，先后有九人预修，加他本人共计十人。总之，《辽史》是积累辽太宗以来历朝设馆修史的成果乃撰成，前后经营既久，故虽有简漏的缺点，但也有突出的优点，尤其列表最称得法。

　　女真族接受中原史官文化的经历也有类于辽。女真原无文字，对祖宗事迹并无记录。金太宗天会六年（1128），令完颜勖及耶律迪延掌国史，勖等将自金始祖以下十帝，综为三卷。其特点是如实记事，如赵翼谓："凡部族既曰某部，又曰某水、某乡、某村，以识别之。至与契丹往来及征战之事，中多诈谋诡计，悉无所隐，故所纪咸得其实云。今按《世纪》，初臣辽而事之，继叛辽而灭之，一切以诈力从事，皆直书不讳。及《石显》……等传地名、部名、村名，悉了如指掌，应即勖等所修之载在实录者。"②此后，金史官又撰有《太祖实录》《睿宗实录》。元朝修成之《金史》号称叙事详核，文笔简洁，优于《宋》《元》二史，金朝史臣提供的《实录》记载详确有据，令后之修史者有所凭藉，实是其至关重要的原因。

　　元、明、清三代也极重视实录的撰修。明初所修成的《元史》虽有诸多舛漏，颇受讥议，但学者仍视之为"首尾完具"的"一代全史"。明初馆臣修成此书，实依靠元历朝所修实录。元世祖至元元年（1264），翰林学士王鹗奏请置史馆修《太祖实录》，附修辽、金二史。至元二年，敕选儒士编修国史。至元五年，以

---

① 赵翼：《廿二史劄记》卷二十七"辽史"条。
② 赵翼：《廿二史劄记》卷二十七"金史"条。

和礼霍孙等充翰林待制，兼起居注，以记政事。灭宋后，诏作《平金录》《平宋录》，及诸国臣服传，命耶律铸监修。成宗即位，诏完泽监修《世祖实录》。至大德七年（1303），国史院进太祖、太宗、定宗、睿宗、宪宗五朝实录。赵翼对元代历朝实录颇予肯定，说："《元史》大概亦尚完整，则以旧时纂修实录者多有熟于掌故之人。"如著名文人姚燧、袁桷、欧阳玄等，分别参预《世祖实录》《泰定实录》《文宗实录》的修撰。欧阳玄且是元顺帝时纂修三史、制定体例和执笔撰写论赞、表、奏的人物。"明初修史诸臣即抄撮成书，故诸列传尚多老笔而无酿词。"① 明清两代尤将修撰历朝实录视为重要政事（清制，每帝卒后，设实录馆，负责纂修，事毕撤销，与常设机构国史馆有别），修成的实录卷帙浩巨，分别达二千九百二十五卷和一千二百二十册。

（原刊《社会科学战线》2003 年第 5 期）

---

① 赵翼：《廿二史劄记》卷二十九"元史"条。

# 历史编纂的理论自觉：
## 《史通》《文史通义》比较研究略论

《史通》和《文史通义》是前后媲美的古代史学评论名著，是高度发达的中国古代史学在理论思维上的结晶，对于推进中国历史编纂学的发展意义重大。中华民族具有发达的历史意识，中国有世代相续、绵延数千年的历史记载，在世界上独一无二。重视历史记载，是人类智慧达到一定高度的产物，是人类意识的一种飞跃，因为人类已认识到总结自身活动、为未来发展提供有益经验之必要。黑格尔曾特别称赞"中国人具有最准确的国史"，他说："因为'历史'这样东西需要理智——就是在一种独立的客观的眼光下去观察一个对象，并且了解它和其他对象间合理的联系的这一种能力。所以只有那些民族，它们已经达到相当的发展程度，并且能够从这一点出发，个人已经了解他们自己是为本身而存在的，就是有自我意识的时候，那种民族才有'历史'和一般散文。"[①] 这段话讲得很深刻，一个民族，只有它的智能达到对民族本身的发展能够作一番探讨时，才有"历史"，这时，不但个人获得了是为本身而存在（而不是为"神灵""教义"存

---

① 黑格尔：《历史哲学》，王造时译，上海书店，2006年版，第149页。

在）的自我意识，而且，就这个民族全体来说，也才具有认识自己的存在和发展的由来这样一种"自我意识"。故此，我们可以说，从没有历史记载到有了可靠的记载出现，是人类认识的一次飞跃。从有历史文献发展到有了以明确的历史观点（即"史义"）作指导的史著产生，是第二次飞跃。而到了有如《史通》和《文史通义》这样的总结史学发展的著作产生，则是第三次飞跃。无疑地，这两部名著的产生，标志着中国历史编纂学达到理论自觉的阶段。对之进行比较研究，是中国历史编纂学领域探索的重要课题。

## 一、《史通》《文史通义》著述背景和学术旨趣之异同

刘知幾（661—721，唐高宗显庆六年至唐玄宗开元九年），字子玄，徐州彭城人。他主要活动在武则天、中宗时代，至玄宗前期。《史通》完成于中宗景龙四年（710）。全书二十卷，内篇十卷，三十六篇，始于《六家》《二体》，终于《辨职》《自叙》。外篇十卷，十三篇，始于《史官建置》《古今正史》，终篇是《忤时》。知幾长期任职史馆，参预修史，自谓"三为史臣，再入东观"。长安二年（702），任著作佐郎，兼修国史。转左史，次年奉令与李峤、朱敬则、徐坚、吴兢等修撰唐史，成《唐书》八十卷。中宗神龙元年（705），任著作郎、太子中允、率更令兼修国史。神龙二年（706），与徐坚、吴兢等修成《则天实录》。景龙二年（708），专掌修史，迁秘书少监。前后任史职三十年，胸中长期积累许多郁闷，对于权臣监修国史制度的种种弊病观察深刻，满怀愤慨。《自叙》篇言："虽任当其职，而吾道不行；见用于时，而美志不遂，郁怏孤愤，无以寄怀。必寝而不言，嘿而无述，又恐没世之后，谁知予者。故退而私撰《史通》，以见其志。"

章学诚（1738—1801，清乾隆三年至嘉庆六年），字实斋，

浙江会稽人。四十岁（乾隆四十三年，1778）中进士。自以为迂拘，不会在官场应酬，不敢入仕，而任国子监典籍。后去职，历任正定、保定、归德三书院讲席。五十三岁入湖北总督毕沅幕府，主修《湖北通志》，又曾主修《和州志》《亳州志》《永清县志》。《文史通义》一书系章氏从三十五岁始撰，至他逝世时尚未完稿。此书有两种版本。一为章学诚遗书本，系章氏临终前嘱萧山王宗炎代为编定，后由刘承幹嘉业堂依王氏编目补订刊行，称"章氏遗书本"，分内篇六卷，外篇三卷。另一种为学诚次子华绂在开封刊行之本，称"大梁本"，内篇五卷，外篇三卷。二者比较，内篇除排列次序及分类不同外，前一版本多出六篇（即《礼教》《所见》《博杂》《同居》《感赋》《杂说》），内容大体无多不同。惟外篇差异较大，前者为"驳议序跋书说"，后者为方志之文。从认识章氏学术思想言，"章氏遗书本"为优，"大梁本"当然可作补充。故读此书，首先应区别两种版本，以前者为主要依据，再参考后者。

《史通》《文史通义》均为史学评论著作，一部撰成于传统史学中期，一部则撰成于后期。史学发展的背景不同，故两书各自的针对性不同，论述的重点和旨趣当然有别。

### （一）史学发展趋势和史书体裁演变的不同特点

刘知幾所处时代，史学总体上是向前发展的趋势。由于《史》《汉》两部名著的楷模作用，以及朝廷设置史馆修史制度的逐渐成熟，在魏晋南北朝至唐初，产生了一大批纪传体史书和编年体史书。《隋书·经籍志》对史部著作详加著录，并因其数量众多和地位提高，列为四部门类中第二部。以南北朝时期的后汉史著作为例：纪传体后汉史，共有吴谢承、晋薛莹、晋司马彪等十家；编年体后汉史，共有晋袁宏、晋张璠等四家。再以这一时期所修晋史而言，纪传体有晋王隐、晋虞预等十一家；编年体也有晋陆机、晋干宝等十一家。其他纪传体史书，三国史有韦昭等七家；南北朝史有宋徐爰等十七家。其他编年体史书，三国史有晋孙盛等二家；南北朝史有宋裴子野等六家。合计魏晋南北朝时期，共撰有纪传体断代史多达四十五家，编年体断代史多达二十三家。

唐初于贞观三年（629）设立史馆，经过二十余年时间大规模修史，共撰成前朝史六部，计四百零七卷。加上李延寿奉诏撰成的《南史》八十卷、《北史》一百卷，总共完成八部"正史"，卷数总计达五百八十七卷之巨。因此，刘知幾所面临的，便是两晋南北朝至唐初约六百余年间史学的繁盛和纪传、编年二体的备受重视。而这众多的史著，其内容、史识高下不同，体裁体例运用及史料采集剪裁有优有绌，参差不齐，凡此种种，何者足以取法，何者应当纠误，至此亟需作总结、评价和提出范式的工作。《隋志》将史部列为四部书的第二部，可以说是从典籍著录上做了带有总结性质的工作，《史通》则是从史学评论角度，进行一番总结。这是中华民族历史意识发达的进一步升华，在文化史上具有首创意义，在世界史上也是遥遥领先的。

章学诚则处于传统史学的后期。他面临史学演进的新问题。首先是纪传体正史体裁一直沿用，自《旧唐书》《新唐书》《旧五代史》《新五代史》以来，直至清代雍正十三年（1735）修成《明史》，先后共修成纪传体正史九部。其中，有的撰修者态度较认真，撰修时间较充分，故获得较高评价，如《新唐书》《明史》。但也有很受讥议的，尤其是辽、金、宋、元诸史，仓促成书，舛误甚多。元朝修辽、金、宋三史，早有动议，元世祖中统二年（1261），即因王鹗奏请，议修《辽》《金》二史，及世祖至元十六年（1279）灭宋，又令史臣通修《宋》《辽》《金》三史，但修史工作停顿，迟迟不能成书。直至顺帝至正三年（1343）三月，右丞相脱脱奏请设局，重修三史。但修史时间极其迫促，《辽史》一年时间成书，《金史》一年八个月成书，《宋史》卷帙多达四百九十六卷，也仅用二年八个月成书。《元史》纂修系在明初洪武年间，两次开局，总共用三百三十一天，修成二百一十卷，平均用约一天半修成一卷。时间如此迫促，兼之史臣不谙体例，故书中误载甚多，在历代正史中最受讥议。与章学诚同时代的考证学者钱大昕、赵翼等人，都从史实记载歧误、体例不当等项指摘上述诸史的弊病，那么从史学评论角度对此作分析，也是十分必要的了。

章学诚所面对的还有历史编纂学上的一个新问题：南宋以后，纪事本末体史书接踵出现。继袁枢撰成《通鉴纪事本末》，依据《通鉴》原书的内容，变编年体为纪事本末体，取得了成功之后，南宋即有章冲《春秋左氏传事类始末》、杨仲良《南宋通鉴长编纪事本末》（此书据李焘《续资治通鉴长编》改编而成）。明有陈邦瞻撰成《宋史纪事本末》《元史纪事本末》二书。清初有马骕《左传事纬》，高士奇《左传纪事本末》。尤其是有谷应泰著成《明史纪事本末》，成书在官修《明史》之前，不依靠抄辑正史，而是独立搜集史料而著成，价值更高。对这一新的史学现象如何看待，对其特点如何评价，如何预见其对历史编纂未来发展之影响，都需要给以回答。

（二）对当时严重阻碍史学发展的突出问题，各自进行大力针砭

刘知幾"三为史臣，再入东观"，他是提倡"独得之学"，精于史学，对如何修史很有见解的史学家，在奉诏预修国史，以及中宗朝奉敕撰修《则天实录》过程中，他极想贯彻自己的修史主张。"凡所著述，尝欲行其旧议。而当时同作诸士及监修贵臣，每与其凿枘相违，龃龉难入。故其所载削，皆与俗浮沉。虽自谓依违苟从，然犹大为史官所嫉。"[1] 所以，如何在设馆修史制度上，能保证撰成"信史"；如何纠正贵臣乱加干预、修史者无可适从的现状；如何尊重修史者的职责，写出符合历史真实的记载，就成为事关重大的问题。刘知幾最可贵之处，是不放弃原则，勇于铮铮陈言。知幾因有史才，被任命为史官，但因"介直自守，累岁不迁"[2]。他致书萧至忠，批评监修制度种种弊病，要求辞去史职。"至忠得书大惭，无以酬答，又惜其才，不许解史

---

[1] 刘知幾：《史通》卷十《自叙第三十六》。
[2] 《新唐书》卷一百三十二《刘子玄传》。

任。而宗楚客等则对之嫉仇。"① 后萧、宗等获罪伏诛，知幾乃获免于难。

刘知幾不仅责任心极强，自己期望极高，而且才华出众。《新唐书》本传云："子玄善持论，辩据明锐，视诸儒皆出其下，朝有论著辄豫。"预修《武后实录》，有所改正，而武三思等不听。"自以为见用于时而志不遂，乃著《史通》内外四十九篇，讥评今古。"不仅发挥修史主张，而且是自己几十年深刻思考政治、社会问题的结晶，提出独特见解，表达各种批评意见，"而此书多讥往哲，喜述前非。获罪于时，固其宜矣"。因此《自叙》篇讲得十分沉痛，结尾言，此书能否像扬雄《太玄》一样在后世遇到张衡这样的知音，无法知晓，"此予所以抚卷涟洏，泪尽而继之以血也"。

章氏则生活在朴学盛行的时代。"朴学"即质朴之学，与义理之学相对举。专门从事考证，只重视搜集史料、文字训诂。梁启超言："家家许、郑，人人贾、马。"只重视严密的考证方法，故梁言："清代学派之运动，乃'研究法的运动'，非'主义的运动'。"② 视考证学为学问的最高境界，甚至是学问之全部，故梁又言："吾乃知时代思潮之为物，当运动热度最高时，可以举全社会各部分之人人，悉参加于此运动；其在中国，则晚明之心学，盛清之考证，皆其例也。"③ 又言：如有探求义理者，则拱手而相谢。表面谦虚实则排拒、轻视。章学诚对此风靡于世的考证之学，有独特的看法。他对二千年学术的演变、利弊、得失，有精辟的见解。他本人不善考据，对此并不加掩饰；他承认考证学的价值与贡献，但他同时看到醉心考证将会造成的严重弊病：沉溺于烦琐问题的考证，而忘记学术的大体，放弃了理论思考，迷失"学术经世"的方向。所以他主张"别识心裁"，倡导"辨章学术，考镜源流"。自三十五岁起，著《文史通义》，直至去世，大力针砭考据学末流的严重弊病，以"挽救风气"为己任。在致

---

① 刘知幾：《史通》卷二十《忤时第十三》。
② 梁启超：《清代学术概论》，《饮冰室合集》专集之三十四，第31页。
③ 梁启超：《清代学术概论》，《饮冰室合集》专集之三十四，第48页。

钱大昕信中,他讲自己所受到的世俗之士反对的压力,比刑狱的威胁还厉害。又说:"韩退之《报张司业书》谓:'释、老之学,王公贵人方且崇奉,吾岂敢昌言排之?'乃知《原道》诸篇,当日未尝昭揭众目。……惟……著书为后世计,而今人著书欲以表襮于时。此愚见之所不识也。若夫天壤之大,岂绝知音?针芥之投,宁无暗合?则固探怀而出,何所秘焉?"① 他被目为"怪物""异类",但毫不气馁。此信表白其"逆时趋而持风气"的坚定志向,并热望得到钱的支持。然而可惜的是,章学诚的热情恳切的信似乎并未得到钱氏的回音,我们从钱的文集中并未见到复信。

但他相信后世一定能够认识《文史通义》思想深刻、旨在救世的价值:"百年之后,有能许《通义》文辞与老杜歌诗同其沉郁。"② 表示出高度的自信,其感情恰同刘知幾一样深沉。《文史通义》同为心血的结晶,其命名为《文史通义》,即表明论述的范围超出史学,不但要考察历史编纂学的演变,而且要从哲理高度探索客观历史的规律性,要贯通研究整个学术的变迁,以及剖析当今学术风气的利病得失。

(三) 同样包括哲理层面的深刻思考,而论述重点有不同

"历史学家都是哲学家。"史学评论家,如刘、章,更是哲学家无疑。刘、章对哲学的探讨就是对经学的评论。在封建时代,经学是政治指导思想和学术指导思想,对经学有无独创性见解,决定其史学理论能否超越前人,有所创新;况且,经典中之《尚书》《春秋》,还有《左传》《公羊传》,就是史书。故《史通》《文史通义》中有关经学的命题和论述,关系十分重要。

唐代经学是义疏之学,用朝廷敕修的注疏来统一对经典的理解。贞观十六年(642)编成《五经正义》,高宗永徽四年(653)颁行。此有统一儒家内部对经典理解、结束宗派纷争的意

---

① 章学诚:《上钱辛楣宫詹书》,《章学诚遗书》卷二十九,文物出版社,1985年版。
② 章学诚:《又与朱少白》,见章学诚著、仓修良编《文史通义新编》,上海古籍出版社,1993年版,第645页。

义，又造成刻板理解，科举考试必须拘守传注解释，不能有自己的解释，更不能怀疑和提出异说，这是对思想界的严重束缚，也不利于在撰史中依独断之见写出信史。故刘知幾勇敢地提出怀疑，写了《疑古》《惑经》篇，不受经注的束缚，表现了勇于追求真理的可贵精神。

清代，经过批判理学空谈误国之后，顾炎武等提倡"实学"，一要经世致用，一要回归到儒家经典的理解。故全祖望在《亭林先生神道表》中概括顾氏的学术宗旨谓："古今安得别有所谓理学者？经学即理也。自有舍经学以言理学者，而邪说以起。"他揭起"经学即理学"的旗帜，要求回归到儒家经典去寻找对"道"的理解。乾嘉时期因考证学盛行，理论思维有所欠缺。乾嘉时期有两个重要的哲学家，一是戴震，一是章学诚。章学诚写了《易教》《书教》《原道》等名篇，作了深刻探讨，较之顾炎武，及同时代的戴震，向前推进了一大步。梁启超见识极敏锐，评价章学诚"实为乾嘉后思想解放之源泉"。又称《文史通义》中的卓越见识"不可悉数，实为晚清学者开拓心胸，非直史家之杰而已"。①

冯友兰所著《中国哲学史新编》对章氏未专门论述，应是一个缺陷。侯外庐所著《中国思想通史》第五卷，对章学诚哲学思想作了论述，有些见解颇为深刻。不过，章氏精辟的观点可以发掘和再认识的地方还有甚多。

## 二、《史通》理论创新的几个问题

### （一）对历史编纂发展的出色总结

"总结性"一词，在有的学术文章中有时用得甚为宽泛。如有的文章称清代学术具有"总结性"的特点。是否这些学者都自

---

① 梁启超：《清代学术概论》，《饮冰室合集》专集之三十四，第50页。

我意识到进行总结？看来未必。刘知幾则是充分自觉地进行理论上的反思总结。在众人随波逐流之中，他自标"独断"之学，欲成"一家之言"，"立言垂后"，①坚持独立思考，提出具有理论意义的创见。《自叙》篇画龙点睛，讲自己的理论追求："若《史通》之为书也，盖伤当时载笔之士，其义不纯。思欲辨其指归，殚其体统。"著《史通》，是要总结史学的根本问题。义，指修史的宗旨和编纂的要求。而本书的目的，即要辨析在史学长河中哪些符合修史宗旨，哪些做法却违背了，从而全面、系统地评判编纂体例、方法的得失。又言，《史通》的内容，以史为主，还涉及包括社会、学术以至哲学根本问题："夫其书虽以史为主，而馀波所及，上穷王道，下掞人伦，总括万殊，包吞千有。"又明确说："其为义也，有与夺焉，有褒贬焉，有鉴诫焉，有讽刺焉。其为贯穿者深矣，其为网罗者密矣，其所商略者远矣，其所发明者多矣。盖谈经者恶闻服、杜之嗤，论史者憎言班、马之失。……犹冀知音君子，时有观焉。尼父有云：'罪我者《春秋》，知我者《春秋》。'抑斯之谓也。"要严肃、郑重地拿起批判的尺度，评价一切，别人称我多讥往哲，而我要上拟《春秋》，为后世立法。

刘知幾的理论总结，做到把握全局，突出关键问题，且又内容丰富，方面很广，层层深入，批评切中要害，能作辩证分析，具有说服力和感召力。中国史学发达，至南北朝唐代形成高峰，在大量史著基础上，又产生了史学评论的著作，上升到理论来总结，这是一个飞跃。我们应以此自豪。

《史通》开卷是《六家》《二体》（按，此二篇不应分列两卷）。浦起龙在《史通通释》书前《史通通释举要》中言："《史通》开章提出四个字立柱棒，曰'六家'，曰'二体'。此四字刘氏创发之，千古史局不能越。自来评家认此四字者绝少，此四字管全书。""六家中，二体更是主脑。"所论甚有见地，对我们很有启发。《六家》是将有史以来的史书体裁，概括为六种类型，

---

① 刘知幾：《史通》卷十《辨职第三十五》。

分别论述其内容性质和体裁特征,以及在后代的衍变,在史学发展史上所具有的价值。刘氏言:"古往今来,质文递变,诸史之作,不恒厥体。榷而为论,其流有六:一曰《尚书》家,二曰《春秋》家,三曰《左传》家,四曰《国语》家,五曰《史记》家,六曰《汉书》家。"即记言体,记事体,编年体,国别体,通史纪传体,断代史纪传体。总括了有史以来所有主要史书体裁,如浦起龙言:"史体尽此六家","欲溢为七而无欠,欲减为五则不全,是《史通》总挈之纲领也"。刘知幾的论述,既把握全局,又能突出关键问题。如论《尚书》家:"盖《书》之所主,本于号令,所以宣王道之正义,发话言于臣下,故其所载,皆典、谟、训、诰、誓、命之文。"概括其特点是记言,汇集的是商周的重要政治文献,又区分《尚书》主要有典、谟、训、诰等六种体式,实较有的评注家对《尚书》过于细碎的分类法更为恰当。刘氏批评以后有仿作者,称《汉尚书》《隋书》等,都违背了《尚书》所记为"君臣相对,词旨可称"的根本要求,而陷于"剪截今文,摸拟古法","画虎不成,反类犬也。故其书受嗤当代,良有以焉"。他评论《史记》,"鸠集国史,采访家人,上起黄帝,下穷汉武,纪传以统君臣,书表以谱年爵,合百三十卷",取得了成功。但后来有两部书,只从形式上模仿,一是梁武帝《通史》六百二十卷,一为北魏宗室元晖《科录》二百七十卷,徒具形式,而内容却全抄原有记载,故"使览之者事罕异闻,而语饶重出","芜累尤深,遂使学者宁习本书,怠窥新录。……可谓劳而无功,述者所宜深诫也"。论《汉书》家,称:"寻其创造,皆准子长。……自东汉以后,作者相仍。""如《汉书》者,究西都之首末,穷刘氏之废兴,包举一代,撰成一书,言皆精练,事甚该密,故学者寻讨,易为其功。自尔迄今,无改斯道。"

《二体》篇论纪传体、编年体各自的优势和存在的欠缺。论编年体:"系日月而为次,列时岁以相续,中国外夷,同年共世,莫不备载其事,形于目前。理尽一言,语无重出。此其所以为长也。至于贤士贞女,高才俊德,事当冲要者,必盱衡而备言;迹在沉冥者,不枉道而详说。……故论其细也,则纤芥无遗;语其粗也,则丘山是弃。此其所以为短也。"论纪传体同样至为精彩:"纪以包举大端,传以委曲细事,表以谱列年爵,志以总括遗漏,逮于天文、地理、国典、朝章,显隐必该,洪纤靡失。此其所以为长也。若乃同为一事,分在数篇,断续相离,前后屡出,于《高纪》则云语在《项传》,于《项传》则云事具《高纪》。又编次同类,不求年月,后生而擢居首帙,先辈而抑归末章,遂使汉之贾谊将楚屈原同列,鲁之曹沫与燕荆轲并编。此其所以为短也。"总之,刘知幾在《二体》篇中所总结的,都做到所表彰者恰是其精华之处,批评又切中要害,因而大大提高人们在总体上对中国史学两种最主要体裁之优点和缺点的认识,并且对如何自觉地发扬其长处而避免其短处有重要的指导意义。浦起龙称"乃是著述家深识利害之言",这是因为刘氏有三为史臣、再入东观的著史实践体会,又从理论高度深入思考,故书中许多分析、论断,都具有经典性意义。

(二)其理论总结涵盖面广,提出了多方面有价值的命题,论述层层深入

《六家》《二体》两篇论体裁。然后论体例,《本纪》《世家》《列传》《表历》《书志》《论赞》《序例》等篇,均以专题论纪传体史书的体例。又其后,《断限》《编次》《称谓》等篇,是提炼出重要的命题,来论述编纂方法。此外,还有论述叙事方法,史料搜集、鉴别,历史文学的要求和技巧等项,是多层次、多角度探讨,具有重要的创新价值。浦起龙不愧是清代学者中深谙《史通》成就的好学深思者,他在《史通通释·序》中,对刘知幾处于唐代的时代条件下,对历史编纂所作的总结范式的工作和理论的创造精神,有一段极为扼要而中肯的概括:"至唐千年,人为体例,论罕适归,而史之失呶。彭城刘子玄知幾氏作,奋笔为书,原原委委。俾涉学家分朦参观,得所为通行之宗,改废之部,馆撰、山传之殊制,记今、修往之殊时,与夫合分、全偏、连断之宜,良秽、简芜、核直、夸浮之辨,觑若画井疆,陈绵

蓰，岂非一大快欤！矧夫衡史匹经，比肩马、郑，而非虫篆雕刻之纤纤者欤！顾其书矜体慎名，斥饰崇质，迹创而孤，其设防或褊以苛。甚者佹辞蔑古以召闹，臆评兴而衷质蔽，莫能直也。"浦氏这段论述，有几点尤其值得注意：（1）中肯地指出史学一门演变到唐初，著作繁多，体例庞杂，议论歧异，非经过一番理论上的整理总结不能前进。《史通》之著，正适应此一时代需要。（2）认为刘知幾面对此局面，发愤著述，"原原委委"，作了系统的总结：廓清了官修、私撰之间的不同；记今与述往两种史书的要求有何差别；合与分、全与偏、连贯与断限何者适宜；质量高低，文字简要与芜杂，内容核直与浮夸如何辨别。让习史者区分不同的性质、范围，比照衡量，而明白何者是历代成功经验，应当遵行，何者是应革除的弊病。一书在手，而著史的范围界限，体例法则清晰呈现，这对后人是多大的贡献！故刘氏论史的功劳，绝非雕虫小技者可比。（3）指出《史通》论史例、史法部伍严格，标准甚严，"斥饰崇质"，突出地具有批判精神和创造精神，而长期不被人了解。刘氏有时立论过于苛严，措辞激烈，对此应予以同情的了解，不应夸大其短处，这样才能理解其书的真价值。浦起龙对刘氏总结历史编纂理论的贡献评价精到，着眼于《史通》所作阐发的命题、范式的时代意义，且具有辩证的眼光，对于我们认识《史通》在理论上的体系性、批判性和创造性，很有启发意义。

当然，刘氏的阐释不可能完美无缺，譬如在《本纪》篇中，他批评《史记》不应立《秦本纪》，后又有《秦始皇本纪》，项羽也不应立本纪，又在《世家》等中批评陈涉不应立为世家，这些都反映作者过分拘守于"例"。著史当然必须有严整合理的体例，但又应当根据反映客观历史的需要作灵活变通，司马迁的杰出之处，恰恰在此也得到体现。

《史通·探赜》篇特别值得注意。此篇举出前人指摘《左传》《汉纪》《史记》《三国志》《汉晋春秋》《十六国春秋》的言论，一一予以分析，指出持论者乃"或出自胸臆"，"或妄加向背"，告诫后学不可沿袭这些谬误。其中有一段对孙盛评论的评论：

孙盛称《左氏春秋》书吴、楚则略，荀悦《汉纪》述匈奴则简，盖所以贱夷狄而贵诸夏也。案春秋之时，诸国错峙，关梁不通，史官所书，罕能周悉。异乎炎汉之世，四海一家，马迁乘传，求自古遗文，而州郡上计，皆先集太史，若斯之备也。况彼吴、楚者，僻居南裔，地隔江山，去彼鲁邦，尤为迂阔，丘明所录，安能备诸？且必以蛮夷而固略也，若驹支预于晋会，长狄埋于鲁门，葛卢之辨牛鸣，郯子之知鸟职，斯皆边隅小国，人品最微，犹复收其琐事，见于方册。安有主盟上国，势迫宗周，争长诸华，威陵强晋，而可遗之者哉？又荀氏著书，抄撮班史，其取事也，中外一概，夷夏皆均，非是独简胡乡，而偏详汉室。盛既疑丘明之摈吴、楚，遂诬仲豫之抑匈奴，可谓强奏庸音，持为足曲者也。

刘氏的批评，堪称取证确当，说理严密，辩驳有力。他指出，虽然春秋时期因列国分立、交通阻隔的限制，史官无法如统一时代那样全面掌握各地史料，但《左传》却明明做到对"夷狄"的活动多有记载，对于楚国北上中原、晋楚争霸等史事所述更详，孙盛竟称其"贱夷狄而贵诸夏"，可见所言毫无根据。而《汉纪》依据《汉书》所载，所秉承的恰恰是极其可贵的"中外一概，夷夏皆均"的客观态度和宽阔胸怀，足证孙盛之论纯属臆测。另一段对于葛洪称司马迁将伯夷居列传之首，是为了抒发其"善而无报"的感慨的说法，刘氏的批评同样切中要害，指出《史记》作为一部通史，稽考春秋以前人物有事迹可载者，唯有伯夷、叔齐二人，这正是按时间先后决定编纂次序的正确方法，岂可以表达个人激愤之情作穿凿的解释。《探赜》篇这两段评论之所以有重要价值，就在于成功地体现了在历史编纂学理论中如何运用实事求是，力戒主观臆断，根据记载客观历史的需要考察历史编纂方法的得失，重视史学演变的纵向联系，和对问题作辩证分析等原则进行分析、评价；而这类卓有见识的例证在《史通》各篇中所在多有，这就为中国史学批评奠定了坚实的基础，并指示了正确的方向。

《史通》中有的篇章，骤看是讲很局部的问题，似乎不能引起别人注意，其实仔细分析，是很有理论价值的。如《核才》篇论文才与史才不同。对史才的要求是：刊勒一家，弥纶一代（按，指一代大事，社会情状），使其始末圆备，表里无咎（按，指人物、事件和其他重要内容不互相歧异矛盾）。本篇具有针对性，因自南朝至唐代文尚俪体，造成世重文藻，词宗丽淫，这种浮华不实的文风必须扭转，刘知幾的言论反映了时代要求。故浦起龙评曰："然其言已为退之、习之辈前导也。"

（三）倡导直笔精神，批评史馆监修制度的严重弊病

《直书》《曲笔》是脍炙人口的篇章。刘知幾义正词严，论述史家要伸张正义、秉笔直书，使贼臣逆子、淫君乱主，恶名被于千载。主张为了直书其事，"宁为兰摧玉折，不作瓦砾长存"，冒险犯难，在所不惜。严厉斥责歪曲史实、文过饰非的做法，是"用舍由乎臆说，威福行乎笔端，斯乃作者之丑行，人伦所同疾也"。《直书》《曲笔》两篇，一正一反，提倡什么，反对什么，态度鲜明。什么是直笔？《杂说》篇中作了扼要的解释："夫所谓直笔者，不掩恶，不虚美，书之有益于褒贬，不书无损于劝诫。"凡是有关褒贬劝诫的史事，不管事主是谁，都应该据实直书。范文澜对此作了高度评价，说："《史通》以直笔为评价古今史家的标准，凡是符合这个标准的，热烈表彰；不符合这个标准的，严厉批评，褒贬极为鲜明。这样，大大发扬了直笔的传统，对后世产生深远的影响。"① 刘知幾提倡直笔精神贯穿于全书包括外篇《史官建置》《古今正史》中，是《史通》的中心思想之一。

朝廷委任权臣监修国史，至唐初成为定制，酿成种种弊端，成为阻碍史学发展的严重问题。刘知幾在史馆前后二十余年，深有切身体会，故列举其弊病，指陈其危害，十分有力，是《史通》战斗性的重要体现。《忤时》总结监修制度"五不可"。其

---

① 范文澜：《中国通史简编》（修订本）第三编第二册，人民出版社，1965年版，第737页。

中有监修者多，处处掣肘、限制，"顷史官注记，多取禀监修，杨令公则云'必须直词'，宗尚书则云'宜多隐恶'。十羊九牧，其令难行；一国三公，适从何在？"又批评委于众手，互相推诿："每欲记一事，载一言，皆阁笔相视，含毫不断。故头白可期，而汗青无日。"《辨职》《自叙》篇中也有事实确凿、言词激烈的批评，云："大抵监史为难，斯乃尤之尤者。若使直若南史，才若马迁，精憨不懈若扬子云，谙识故事若应仲远，兼斯具美，督彼群才，使夫载言记事，藉为模楷，搦管操觚，归其仪的，斯则可矣。但今之从政则不然，凡居斯职者，必恩幸贵臣，凡庸贱品，饱食安步，坐啸画诺，若斯而已矣。夫人既不知善之为善，则亦不知恶之为恶。故凡所引进，皆非其才，或以势利见升，或以干祈取擢。……言之可为大噱，可为长叹也。"①

刘知幾的批评，都是确有所指，是为了达到史馆修史不受权势者所左右，修成的国史不受歪曲，务存实录。可以说，他所论都是针对存在的弊病而发。而从史学发展的长河看，我们对于史馆监修，除看到其弊病外，又应看到积累当代史资料和为前朝修史的重要作用和巨大贡献。

（四）提出对儒家经典不应盲从

刘知幾主张对儒家经典应独立思考，勇于怀疑。其论述主要集中于《疑古》《惑经》两篇，当时是惊世骇俗之论，具有超前性。放在唐代墨守经师注疏的环境中，刘知幾却勇于独立思考，进步意义更明显。

《疑古》篇直言，圣人所修儒家经典，并未做到完全符合直笔的标准，"是以美者因其美而美之，虽有其恶，不加毁也；恶者因其恶而恶之，虽有其美，不加誉也"。美者不见其恶，恶者不见其美；见其一面，掩盖其另一面，缺乏客观、公正的态度。刘知幾批评《春秋》："外为贤者，内为本国，事靡洪纤，动皆隐讳。斯乃周公之格言。然何必《春秋》，在于《六经》，亦皆如

---

① 刘知幾：《史通》卷十《辨职第三十五》。

此。故观夫子之刊书也,夏桀让汤,武王斩纣,其事甚著,而芟夷不存。观夫子之定礼也,隐、闵非命,恶、视不终,而奋笔昌言,云'鲁无篡弑'。……斯验世(浦起龙注:郭本作'世',别本作'圣')人之饰智矜愚,爱憎由己者多矣。"又如《尚书·虞书》美化尧时德义盛行,天下大治,"克明俊德",但《论语》讲"舜举皋繇,不仁者远",说明当时不仁甚多,证明《虞书》是铺张善治之词,不可据信。这类例子很多。又《惑经》篇提出《春秋》有"十二未谕""五虚美"。如云:"观夫子修《春秋》也,多为贤者讳。狄实灭卫,因桓耻而不书;河阳召王,成文美而称狩。斯则情兼向背,志怀彼我。苟书法其如是也,岂不使为人君者,靡惮宪章,虽玷白圭,无惭良史也乎?"又言:"盖君子以博闻多识为工,良史以实录直书为贵。而《春秋》记它国之事,必凭来者之辞;而来者所言,多非其实。或兵败而不以败告,君弑而不以弑称,……皆承其所说而书,遂使真伪莫分,是非相乱。"

刘知幾"疑古""惑经",不是否定儒家经典,而是发扬孔子"多闻阙疑""毋意,毋必,毋固,毋我"的朴素理性精神。他在《载文》篇中颂扬《春秋》"别是非,申黜陟"。又在《叙事》篇中赞美孔子所编《尚书》、所修《春秋》的典范作用:"昔圣人之述作也,上自《尧典》,下终获麟,是为属词比事之言,疏通知远之旨。子夏曰:'《书》之论事也,昭昭然若日月之代明。'扬雄有云:'说事者莫辨乎《书》,说理者莫辨乎《春秋》。'然则意指深奥,诂训成义,微显阐幽,婉而成章,虽殊途异辙,亦各有差焉。谅以师范亿载,规模万古,为述者之冠冕,实后来之龟镜。"便为明证。

(五)"史家三长"论

《旧唐书》本传载有刘知幾回答监修国史郑惟忠所言:"史才须有三长,世无其人,故史才少也。三长:谓才也,学也,识也。夫有学而无才,亦犹有良田百顷,黄金满籝,而使愚者营生,终不能致于货殖者矣。如有才而无学,亦犹思兼匠石,巧若公输，而家无楩柟斧斤，终不果成其宫室者矣。犹须好是正直，善恶必书，使骄主贼臣，所以知惧，此则为虎傅翼，善无可加，所向无敌者矣。"《史通》各篇中对史家必须具才、学、识三长的理论有深刻的阐发。

刘氏最重"史识"，他主张历史进化的观点，认为："世异则事异，事异则备异。必以先王之道持今世之人，此韩子所以著《五蠹》之篇，称宋人有守株之说也。"① 又认为今不一定不如古，古也可以不如今，并举出汉代贾谊之史论，晁错、李固之对策，刘向、谷永之上疏，蜀汉诸葛亮之《出师表》等，"此皆言成轨则，为世龟镜，求诸历代，往往而有。苟书之竹帛，持以不刊，则其文可与三代同风，其事可与五经齐列。古犹今也，何远近之有哉？"② 他严厉批评治学只限于"治章句，通训释"③。他主张读书应有"兼善"的眼光和态度，贵在提出独到见解，反对做"藏书之箱箧"，故说："夫自古学者，谈称多矣。精于《公羊》者，尤憎《左氏》；习于太史者，偏嫉孟坚。夫能以彼所长而攻此所短，持此之是而述彼之非，兼善者鲜矣。又观世之学者，或耽玩一经，或专精一史。读《春秋》者，则不知宗周既陨，而人有六雄；论《史》《汉》者，则不悟刘氏云亡，而地分三国。……假有学穷千载，书总五车，见良直而不觉其善，逢抵牾而不知其失，葛洪所谓藏书之箱箧，五经之主人。而夫子有云：虽多亦安用焉？其斯之谓也。"④ 对于史学的社会功能尤作了精辟的论述："用使后之学者，坐披囊箧，而神交万古，不出户庭，而穷览千载，见贤而思齐，见不贤而内自省。若乃《春秋》成而逆子惧，南史至而贼臣书，其记事载言也则如彼，其劝善惩恶也又如此。由斯而言，则史之为用，其利甚博，乃生人之急务，为国家之要道。有国有家者，其可缺之哉！"⑤

---

① 刘知幾：《史通》卷八《摸拟第二十八》。
② 刘知幾：《史通》卷五《载文第十六》。
③ 参见白寿彝《刘知幾的史学》，《中国史学史论集》（二），上海人民出版社，1980年版，第109页。
④ 刘知幾：《史通》卷十八《杂说下第九》。
⑤ 刘知幾：《史通》卷十一《史官建置第一》。

刘知幾论"史学",应包括三项意思,一是史家必须具有渊博的学识,二是要掌握丰富的史料,三是对史料要善于鉴别、采择。他强调必须广搜博采丰富的史料,才有可能修撰成有价值的史著:"盖珍裘以众腋成温,广厦以群材合构。自古探穴藏山之士,怀铅握椠之客,何尝不征求异说,采摭群言,然后能成一家,传诸不朽!观夫丘明受经立传,广包诸国,盖当时有《周志》《晋乘》《郑书》《楚杌》等篇,遂乃聚而编之,混成一录。向使专凭鲁策,独询孔氏,何以能殚见洽闻,若斯之博也?"① 同时他又十分重视对史料必须严格研核,鉴别真伪:"盖精五经者,讨群儒之别义;练三史者,征诸子之异闻;加以探赜索隐,然后辨其纰缪。如向之诸史所载则不然,何者?其叙事也,唯记一途,直论一理,而矛盾自显,表里相乖。非复抵牾,直成狂惑者尔!寻兹失所起,良由作者情多忽略,识惟愚滞。或采彼流言,不加铨择;或传诸缪说,即从编次。用使真伪混淆,是非参错。……夫书彼竹帛,事非容易,凡为国史,可不慎诸?"② 刘氏对以杂史、笔记采入史著持审慎态度,对于《晋书》好采异说曾有严格的批评,称其"务多为美,聚博为功",是将前代史家干宝、王隐等人所弃之"粪除""秕糠"都收罗了,因而"见嗤于君子"。而同时,他在《杂述》中以专篇论述杂说笔记具有"自成一家","能与正史参行"的价值,详细地将之区分为偏记、小录、逸事、琐言、郡书、家史、别传、杂记、地理书、都邑簿十类,共举出四十种著作,详细讨论它们的性质和价值上的得失,说:"大抵偏记小录之书,皆记即日当时之事,求诸国史,最为实录。然皆言多鄙朴,事罕圆备,终不能成其不刊,永播来叶,徒为后生作者削稿之资焉。"最后,发挥孔子"多闻,择其善者而从之"的遗训,归结到"学者博闻,盖在择之而已"。③ 刘氏的论述,打破正史独尊的观点,对各种杂史的价值和缺陷在理论上予以总结,成为古代史料学的重要文献。

---

① 刘知幾:《史通》卷五《采撰第十五》。
② 刘知幾:《史通》卷二十《暗惑第十二》。
③ 刘知幾:《史通》卷十《杂述第三十四》。

刘氏论"史才",主要应包括两个方面。一是,强调文字表述对于著史的重要性,"史之为务,必借于文",而历史叙事的要求,在于"尚简","叙事之工者,以简要为主"①。二是辨"文才"与"史才"的不同,在《叙事》《核才》等篇中,力诫"虚加练饰,轻事雕彩","撰彼口语,同诸笔文,斯皆以元瑜(阮瑀)、孔璋(陈琳)之才,而处丘明、子长之任"。

总之,刘知幾的"史家三长"论,是古代史学理论的光辉成果,对于后世学者产生极其深远的影响,直至今日仍然有重要的启迪意义。

《史通》陈义甚高,确定了远大的目标,深刻地反映出刘知幾本人才气横溢,又怀抱强烈的使命感、责任感。他极希望在中国史学以往成就的基础上,一代又一代写出成功的史著,出现一批又一批才、学、识兼具的良史,形成体例严密、方法精良的修史范式,特别是保证撰成真实的历史,反对曲笔讳饰,标准定得高,批评的尺度把握得严,真是用心良苦!在《叙事》篇中,论述"夫国史之美者,以叙事为工,而叙事之工者,以简要为主","文约而事丰,此述作之尤美者",又提出"尚简""用晦"的界说,其精神、原则、要求无疑都是正确的,但举例太严。如称《汉书·张苍传》中"年老,口中无齿"句,"夫此六文成句,而三字妄加",应省去"年"及"口中",实在未见必要。然则,对其高尚的出发点和严格的尺度,应有同情和了解。因为他是针对魏晋以降史书芜蔓太甚的现实,所以某些议论有些矫枉过正,因为不过正,不能矫枉。浦起龙说:"论古考言,贵设身处地。"又说:"子玄是书,尽意洗伐,特顾令著作之庭,净无尘点耳。"可谓知言。

对于《史通》史学批评的局限性,我们也应有恰当的说明。除上文已提及者外,又如书中指责《公羊》《穀梁》二传"记言载事,失彼菁华;寻源讨本,取诸胸臆。夫自我作故,无所准绳,故理甚迂僻,言多鄙野,比诸《左氏》,不可同年","公、

---

① 刘知幾:《史通》卷六《叙事第二十二》。

穀作传，重述经文，无所发明，依违而已"。① 又极诋魏收，称其"性憎胜己，喜念旧恶"，"迁怒所至，毁及高曾"，"由是世薄其书，号为'秽史'"。② 而未能细考《公羊》《穀梁》《魏书》三书之价值，所言失于片面、偏激。《汉书五行志错误》《五行志杂驳》两篇，对《汉书·五行志》的批评，既有中肯之见，但也有指责不当之处。③

## 三、《文史通义》："史义"指导下历史编纂理论的建树

（一）《文史通义》探讨的范围和著述的宗旨

上文的分析说明，《史通》理论阐发的重点是在综核群史，辨析体裁体例，提出历史编纂的范式。与此不同，《文史通义》论述的范围既包括历史编纂理论的探讨，同时又有更广泛的范围，包括探讨古代学术的源流演变和当今学术趋向隐藏的严重弊病，并且考论儒家经典的真价值，从哲理的高度予以阐释。《文史通义》的命名，先标"文史"，突出地表明书中探讨的范围要包括"文史著作之林"，即整个学术领域，突破经、史、子、集的畛域；并且亮明旗帜，归结到"义"，即以思想、观点、哲理作为贯穿全书的重点；其方法则是古今上下贯通，并将文史的不同门类打通研究，强调与只作狭窄范围研究者不同的治学之"通识"。这样的学术取向，在乾嘉学者中确是独树一帜。处在考证学盛行之时，章学诚不像一些朴学大家一样声誉显著，他擅长"校雠心法"，但清朝开四库馆，他并没有资格入选纂修之职，一生被排拒于上层社会之外，生活困顿窘迫，遑遑升斗，终日奔走，这样的处境却有利于他对盛行学风背后隐藏的严重弊病作冷静的观察，有利于他体察社会情状，坚定其"学术经世"的意

---

① 刘知幾：《史通》卷十四《申左第五》。
② 刘知幾：《史通》卷十二《古今正史第二》。
③ 参见陈其泰《〈汉书·五行志〉平议》，《人文杂志》1993年第1期。

识。章学诚打通文史界限，重视"义理"，进行哲理的探索，提出历史编纂改革的方向，乃是自觉地救治乾嘉考证学风之弊。

因此，打开《文史通义》全书目录，首先列在"内篇一""内篇二"的，便是《易教》（上中下）、《书教》（上中下）、《诗教》（上下）、《经解》（上中下），和《原道》（上中下）、《原学》（上中下）、《博约》（上中下）、《言公》（上中下）等篇，这正证明对儒家经典价值的阐释和哲理的探索，在章氏学术中占着极重要的地位。与乾嘉考证学者局限于注疏式治经根本不同，章学诚是从六经的产生与国家治理的关系，儒家的"道"与社会变迁的关系来探讨儒家经典的。即是说，章氏是从历史发展的角度来阐释"经"，他开创了"以史治经"的新路径。而且，他对历史编纂的理论总结，也是结合对"经"的探讨，在《书教》上中下三篇中作集中的论述。他的学术在当时"争治训诂音声"的风尚之下，不被理解，被诧为"怪物""异类"。为此，他曾多次披露心迹，申明自己的学术宗旨。

《上晓徵学士书》和《上朱中堂世叔书》两篇书信，就是章氏揭示《文史通义》著述宗旨的重要文献。前一篇云："学诚自幼读书无他长，惟于古今著述渊源、文章流别殚心者，盖有日矣。……故比者校雠其书，申明微旨，又取古今载籍，自六艺以降讫于近代作者之林，为之商榷利病，讨论得失，拟为《文史通义》一书。分内外杂篇，成一家言。"① 这封信是写给钱大昕的，钱氏在乾嘉学者中有很高的地位，章学诚很敬重他，希望获得知音，信中力图陈明，《文史通义》一书的著述宗旨是殚心于"古今著述渊源、文章流别"，"为之商榷利病，讨论得失"，他所确定的目标，是要分析古今学术的渊源，评判著作之林的利病，从哲理高度探讨自六艺以来迄于当代学术指导思想的演变。惟其超越史部范围而联系到整个学术，所以他能得到更深层的认识，同时对于历史编纂也能创辟新径。后一篇是致朱珪（朱筠之弟，官至云贵总督）的信，中云："近刻数篇呈海，题似说经，而文实

---

① 章学诚著，仓修良编：《文史通义新编》，第522—523页。

论史，议者颇讥小子攻史而强说经，以为有意争衡，此不足辩也。……《通义》所争，但求古人大体，初不知有经史门户之见也。"① 别人以当时流行的对经书作训诂考据的方法来衡量他，不了解其学术，反而讥讽责难，说他"攻史而强说经"。而章学诚卓越之处，是决除经史门户之见的藩篱，他是以儒家经典为记载和总结古代社会情状的记录，以历史主义的眼光考察，从中总结出客观历史演进的道理，以及总结历史编纂发展的新认识。这些正是探求学术中最重要的、具有真理性价值的东西，故说"但求古人大体"。章学诚突破经史界限、探求深刻义理的学术风格，是当时的考据学者所不能梦见的，具有超前性，他是"以史治经"这一具有近代意义的新的学术观念的先导者。

（二）以"史义"为指导，纵贯分析二千年史学的演变

从"史义"，即"别识心裁"的角度，考察二千年史学的演变，是章学诚在历史编纂学上的重要贡献。他的主要着眼点，是分析当前历史编纂存在什么问题。为了能恰当地评价章氏观点的价值，我们有必要以当时考证学者有关历史编纂的论述作为参照。

当考证学盛行的时代，学者们的主要价值取向，是广搜证据，考辨歧异，改正前人错谬之处。如梁启超所说，前人有错处，便有学问可做；若未发现前人有错字或误说，便无学问可做。《四库全书总目》中的"史部提要"是集中反映考证学者看法的代表性论著。我们举出其中若干典型例证作分析，即可明白考证学者的着眼点与章学诚是如何大不相同。"史部提要"总叙即云："史之为道，撰述欲其简，考证则欲其详。……苟无事迹，虽圣人不能作《春秋》。苟不知事迹，虽以圣人读《春秋》，不知所以褒贬。"认为贯穿于整个作史和读史过程，都必须以考证史实为主旨。又强调"此作史之资考证也"，"此读史之资考证也"，离开考证史实，即既不能作史，也不能读史，故考证显然是第一

---

① 章学诚：《上朱中堂世叔书》，《章学诚遗书》卷二十八。

位的工作。

　　《史记》《汉书》和《资治通鉴》，在史部中有特别重要的地位，那么，四库馆臣所作的提要又向读者介绍哪些内容呢？《史记》提要中，先称："汉司马迁撰。褚少孙补。迁事迹具《汉书》本传。"然后即转到褚少孙，因为记载有不同，一称他为"元、成博士"，一称"宣帝博士"，需作考辨。又论所谓《史记》有"十篇阙"的说法，此为《汉书》所说，而张晏称"十篇亡"。还有刘知幾驳张晏，而称"十篇未成"。于是引出证据：《日者》《龟策》二传，有"太史公曰"，又有"褚先生曰"，证明"未成"的说法为正确。再列出《司马相如列传》《贾谊列传》有后人追加的字句，"至其全书则迁原本"。考证《后汉书·杨经传》所谓曾删去十余万言，故《史记》非本书，此说毫无根据，以及曾出现的一些所谓"真本""凡例"等，均为假托、讹伪之作。最后又论及几种版本的差别。全篇《史记》提要所讲，都是关于阙、补、文字窜易、是否完本、版本区别之类，至于《史记》创立通史的意义、体裁运用之成功、体例之完善、表达之生动、史识之高明、发愤著史的精神等重要内容，均无一语道及。（附之其后的《史记正义》提要较《史记》提要长二倍多，均讲版本之异同，更可见提要轻重主次之失衡。）再看《汉书》提要。首言"汉班固撰。其妹班昭续成之。始末具《后汉书》本传。是书历代宝传，咸无异论"。然后立即考辨梁朝出现的一个"真本"，多出数十事，证明其"语皆谬妄"。此项文字即占了全篇提要一半有余。又考辨班固"受金"和"窃据父书"之谤。最后讲颜师古注，有小错，但"其疏通证明，究不愧班固功臣之目"。至于班书断代为史的贡献、内容之详赡、著史风格、实录精神、典志的发展和完备等，一概不提。而《资治通鉴》的提要，则先述光著书十九年而成，"精力尽于此书"。采正史之外，杂史多达三百二十二种，残稿尚余两屋。助手刘攽、刘恕、范祖禹又皆硕学通儒，非空谈性命之流。然后作总体评价："故其书网罗宏富，体大思精，为前古之所未有。而名物训诂浩博奥衍，亦非浅学所能通。"突出其内容丰富、渊博，为考证提供了丰富的知识，而不讲其"专详关生民盛衰,系国家休戚,善可为法,恶可为戒者"的著述宗旨。然后以超过一倍的文字,详论胡三省注包罗丰富,笺注考据功力深厚,"《通鉴》文繁义博,贯穿最难。三省所释,于象纬推测,地形建置,制度沿革诸大端,极为赅备",又能辨正《通鉴》偶有错误者。以此对比批评尹起莘《纲目发明》,"附和回护,如谐臣媚子所为者,心术之公私,学术之真伪,尤相去九牛毛也"。对于凭主观臆断、曲意附和,违反"实事求是"原则者,严加挞伐。

以上三部名著的提要,在"史部提要"中应是很有代表性的,足以证明考证学家的学术取向,确实在于考据记载史实的歧误,强调史料的详赡,和评判是否违背"言必有真凭实据"的原则,而对著述的宗旨、史识之高下和史学的源流衍变并不注重,朴学家们理论思维有所欠缺的倾向,由此可以窥见。(史部提要中有的条目也能反映出撰写者的见识,如沈约《宋书》提要中,肯定其《州郡志》"推原溯本","详其沿革之由",批评晁公武《郡斋读书志》讥其"失于断限"为误。《后汉纪》提要中肯定袁宏经营八年,又补充所见张璠书中的史实,故搜集材料甚详。又论其成就比荀悦《汉纪》更为难得。"其体例虽仿荀悦书,而悦书因班固旧文,剪裁联络。此书则抉择去取,自出鉴裁,抑又难于悦矣。"可惜这类有独到见解的内容不易找到。)

与上述考证学家的论述相比照,章学诚的见解确实别树一帜。他以"史义"为指导,纵观二千年来历史编纂的演变,分析了从编年体到纪传体的嬗变,分析了由于史识、史才高下不同,历代正史的成就高下悬殊,其中有可为后世楷模者,有因内容芜滥而成为反面典型者,总结出意义极其深刻的经验教训。

在中国史学史上,孔子最早重视"史义",将之贯穿在《春秋》的撰修之中。但从理论上对"史义"着重进行阐述,章学诚实为第一人。他特别重视从"史义",即从观点、内容着眼,总结史学发展的利弊得失。因而把对史学发展的总结检讨推进到新的阶段,达到了更加深层的认识。《文史通义》的写作目的,就是为挽救史义被淹没的严重积弊而作。对此,他说得很明确:

"获麟而后，迁、固极著作之能，向、歆尽条别之理，史家所谓规矩方圆而至也。魏、晋、六朝，时得时失，至唐而史学绝矣。其后如刘知幾、曾巩、郑樵皆良史才，生史学废绝之后能推古人大体，非六朝、唐、宋诸儒所能测议。余子则有似于史而非史，有似于学而非学尔。然郑樵有史识而未有史学，曾巩具史学而不具史法，刘知幾得史法而不得史意。此予《文史通义》所为作也。"①史义被淹没，便是"史学废绝"。因此他大声疾呼：由于长期因循保守的风气盛行，史家的别识心裁和创造力被窒息，造成了史学的灾难。史学要存在、要发展，必须恢复并发挥"史义"的指导作用。把"史义""史识"作为决定史学存亡兴衰的关键问题来论述，这是传统史学后期理论探索的显著特点，比起《史通》来是重大的发展。

章学诚以纵贯的眼光分析了几千年史学的演变。他认为，史学是发展进化的。由《尚书》变为《春秋》的编年体，由编年体到纪传体，都是史学的重大进步："《尚书》一变而为左氏之《春秋》，《尚书》无成法而左氏有定例"；"左氏一变而为史迁之纪传，左氏依年月，而迁书分类例"。纪传体本是三代以后之良法，司马迁发凡起例，具有卓见绝识，纪表书传互相配合，足以"范围千古，牢笼百家"，具有很大的包容量。又因为司马迁对体例的运用能够灵活变通，不愧为撰述的典范。加上《汉书》《后汉书》《三国志》，都是"各有心裁家学"的上乘之作。降而《晋书》《隋书》《新唐书》等，"固不出于一手，人并效其能"。所以能够修成有价值的史书。后来的修史者墨守成规，不知根据需要变通，结果史才、史识、史学都反过来成为史例的奴隶，"斤斤如守科举之程式，不敢稍变；如治胥吏之簿书，繁不可删"。"纪传体之最敝者，如宋元之史，人杂体猥，不可究诘，或一事而数见，或一人而两传，人至千名，卷盈数百"，"溃败决裂，不可救挽，实为史学之河、淮、洪泽，逆河入海之会，于此而不为回狂障隳之功，则滔滔者何所底止！"以上论述集中见于《文史

---

① 章学诚：《和州志·志隅自叙》，见《章学诚遗书》卷十六。

通义》之《书教下》《史学别录例议》《答邵二云论修宋史书》等篇。这些论述，相当中肯地总结了中国史学演变的主要趋势。尤其是，章学诚指出由于后代修史窒息了史家的别识心裁，造成祸患无穷，更是击中了传统史学后期严重积弊的要害所在。

　　章学诚认为，要挽救后代修史这样严重的弊病，就必须明确和贯彻史义对史事、史文的指导、统帅作用。正像迷路的人，为了找到正确方向，必须回到原来的出发点一样，章学诚要求返璞归真，回到对史学创始时期加以分析。如他所说："经为解晦，当求无解之初；史为例拘，当求无例之始。"① 书中反复地以孔子修《春秋》为例，论证"义"对于史书的决定作用。在《答客问上》篇中，他以"史之大原本乎《春秋》，《春秋》之义昭乎笔削"为重要命题，分析"史义"的作用，不仅用来剪裁材料、删削文字，更重要的是"推明大道，通古今之变而成一家之言"，这样才能撰成一部有观点、有特色的史书。总之，强调"史义"即史家的观点、见识对于历史编纂具有统帅和灵魂的意义，这是章学诚在理论上的重要建树。

（三）提出历史编纂改革的方向

　　既然正史编纂的末流已到了"溃败决裂"，酿成灾难的局面，章学诚是倡导"学术经世"，主张开创新局的学者，所以他要在剖析病根、洞悉积弊的基础上，探求历史编纂的新路。

　　首先，章学诚不但看到正史末流表明的史家创造才能反而成为史例奴隶的严重病态，而且独具见识地分析纪传体本身存在的问题、矛盾。对于历代相沿的纪传体应当如何认识，与章学诚同一时代的考史三大家著作中也都有涉及历代正史编纂的问题。钱大昕、王鸣盛论及正史的若干篇目在体例运用上的得失，赵翼书中涉及更多，对于历代正史编纂过程论述甚详，并对相关的正史（如《旧唐书》与《新唐书》），用比较的手法评论它们体例运用之优绌。赵翼尤盛赞司马迁"参酌古今，发凡起例，创为全

---

① 章学诚：《文史通义》内篇一《书教下》。

史。……自此例一定，历代作史者遂不能出其范围，信史家之极则也"。这是很重要的看法。不过，既然是"极则"，那么在总体格局上也就应当继续沿用，不应变动，只须在具体篇目上作些调整，"随时增损改换"①。章学诚的着眼点同他们很不相同，他看准了问题的要害所在。一方面，他重视《史记》的伟大创造力，称其体裁"范围千古，牢笼百家"，是三代以后著史之良法。另一方面，他又中肯指出纪传体的重大缺陷是"类例易求而大势难贯"。② 这正抓住了关键之处。纂修史书是否成功，要特别重视能否反映出一代历史大势，这是章学诚总结历史演变而得出的真知灼见，也是具有近代意义的新认识。司马迁所写"本纪"，既记载了一代军政大事，显示出历史大势，又写出帝王本人的性格、行事，如《秦始皇本纪》《项羽本纪》《高祖本纪》等都堪称达到这种要求，此固然得力于其过人的史识、才能，同时也与古代的历史情势还不像后世那样复杂有关。而到了正史的末流，历史事件和趋势本来复杂，修史者难以驾驭，官修制度更严重限制史家表达独到见识，所以"本纪"部分便失去如《史记》中的纲领作用，成为如"胥吏之簿书"，只是刻板地罗列一些皇帝诏令、官吏任免、出兵打仗之类，根本无法显示一代历史之大势，使读者不得要领。如此观者茫然、人杂体猥、繁不可删的局面，已到了非革除不可的地步。

其次，能否找到救治的良策呢？章氏目光如炬，他发现并大力彰显纪事本末体在历史编纂中的独特作用。纪事本末体虽然至明清甚为流行，以至形成了用它撰成的史书上自春秋下至明代自相连续的记载，但理论上的认识却大大落后于这种实际，史家何以热心于选择这种体裁，用它来写史优胜之处何在，对于历史编纂的全局有何作用，均未得到回答。章学诚则是第一个对这些重要问题作出深刻阐述的史家。他说："按本末之为体也，因事命篇，不为常格，非深知古今大体，天下经纶，不能网罗隐括，无

---

① 赵翼：《廿二史劄记》卷一"各史例目异同"条。
② 章学诚：《文史通义》外篇一《史学别录例议》

遗无滥。文省于纪传,事豁于编年,决断去取,体圆用神,斯真《尚书》之遗也。在袁氏初无其意,且其学亦未足与此,书亦不尽合于所称。故历代著录诸家,次其书于杂史。自属纂录之家,便观览耳。但即其成法,沉思冥索,加以神明变化,则古史之原,隐然可见。书有作者甚浅,而观者甚深,此类是也。故曰:神奇化臭腐,而臭腐复化为神奇,本一理耳。"章氏如此高度评价这种新体裁的优点,其出发点在于反映客观历史需要,在于救治历史编纂出现的严重弊病,故又言:"夫史为记事之书,事万变而不齐,史文屈曲而适如其事,则必因事命篇,不为常例所拘,而后能起讫自如,无一言之或遗而或溢也。此《尚书》之所以神明变化,不可方物。"①

因此,他提出改革历史编纂的方向,总的主张是:"仍纪传之体而参本末之法"。② 并且提出过两种设想:一种是设立包含多种内容、具有多种功能的"传",可用来记人,用来记事,用来代替书志;一种是采用"别录",在全书前面标出一个时代最主要的事件,在每一事件之下将有关的篇注明。其主张,详见《书教》篇和《史学别录例议》。这是章学诚很大胆的设想,实是综合了他一生辨析体例的真知灼见。他将表面上似乎不相干的两大体裁打通了,让它们互相补充,既保留了纪传体范围广阔,兼备几种体裁,包容量大,可以反映社会各方面情状的优点;又发挥了纪事本末体线索清楚,起讫自如,记载方法随着历史事件的变化而伸缩变化的优点,用来补救后期正史体例庞杂、历史大势难以贯通的弊病,因此是在史学发展上打开了一条新路。章学诚的见解,很符合近代史家探索的需要:既要求史书反映历史的主线清楚,又使它能囊括丰富的内容。20世纪初年章炳麟曾计划撰写《中国通史》,当时他已确立了资产阶级革命立场,撰写通史的目的,一是为了用进化论解释历史,二是为了振厉士气,鼓舞斗志。他苦于找不到可以表达这种进化论观点的通史体例,最后在

---

① 均见章学诚《文史通义》内篇一《书教下》。
② 《章学诚遗书》卷九《与邵二云论修宋史书》。

章学诚的论述中得到很大的启发,认为其改革史书编纂的办法,是"大势所趋,不得不尔也"①。还有与章炳麟同时尝试撰著《中国通史》的梁启超,和此后撰著《太平天国史》的罗尔纲先生,以及20世纪末发凡起例,主编完成《中国通史》浩大工程的白寿彝先生,这些著名史学家前后所做的理论探索和著述实践,恰恰证明章学诚提出的主张,正预示着中国历史编纂学内在逻辑发展之方向。

(四)区分古今著述为"撰述""记注"两大类

古今著作浩如烟海,章学诚却独创性地直截了当区分为"撰述"与"记注"两大类,也即区分为两个不同的层次。他说:"撰述欲其圆而神,记注欲其方以智","记注欲往事之不忘,撰述欲来者之兴起,故记注藏往似智,而撰述知来拟神也"。②"撰述"居于较高层次,它体现了高明的史识,抉择去取,灵活变通,对历史作出阐释,帮助人们预见未来。"记注"则居于较低层次,它的任务是汇集丰富的历史知识,有一定的体例,兼备各方面的记载。章学诚这种崭新的独创的分类法,突出地说明历史学家的见识高低决定了史书不同的价值。同样体现这一指导思想,他在别的地方具体的提法略有不同。在《报黄大俞先生》一文中,他又用"著述"与"比类"对两大类加以概括,指出二者相辅相成,"本自相用而不相妨害","盖著述譬之韩信用兵,而比类譬之萧何转饷,二者固缺一而不可"。③ 其标准,同样以是否体现了"史义""史识"来衡量。章学诚认为史部著作中能称得上"史学"者是不多的,而更有意义和更加需要的正是"史学"。所以他曾一再强调区分"史学"与"史考""史选""史纂"之间的不同:"整辑排比,谓之史纂;参互搜讨,谓之史考,皆非

---

① 章炳麟:《訄书·哀清史附中国通史略例》,《章太炎全集》(三),上海人民出版社,1984年版,第329页。
② 章学诚:《文史通义》内篇一《书教下》。
③ 见《章学诚遗书》卷九。

史学。"① 只有贯串了"史义""史识"作为指导，才能称为"史学"，否则，只能属于较低的层次。章学诚反复申述这一点，正是对忽视"史义"的"积学之士"和"能文之士"的严肃批评。因此其主张既有深刻的理论价值，又有突出的现实意义。

（五）哲学探索的创造性思维，决定章学诚历史编纂理论创新达到的高度

历史编纂不是单纯的技术问题，其如何选择、如何运用，决定于历史学家对历史进程的看法和他找到的最能恰当地加以反映的方法，取决于其历史观和哲学观。"哲学是普照的光。"章学诚在哲学上有杰出的思想，因此在历史编纂理论上达到当时所能达到的高度。义理探索为考证学者所不屑为，章氏别创门径；对史学演进作纵贯分析，究其利病，提出救弊办法，也皆为他们所不屑为，章氏为此殚精竭虑，力求超越。考证学者不去探讨"道"，《原道》篇的价值，在当时几乎无人理解，实则其中的观点，是章氏创造力、洞察力的根源。《原道》篇论证了一系列在哲学上具有根本性意义的观点：（1）"道"不是圣人头脑中天生的，而是由客观时势的发展总结出来。"道者，非圣人智力之所能为，皆其事势自然，渐形渐著，不得以而出之。"（2）"道"是推动万事万物形成的客观法则，而不是万事万物的具体形式。反映客观趋势，即事物法则性的"道"，好比是车轮永远转动、向前发展，而具体的制度、事物，则好比车轮留下来的一段一段轨迹。"一阴一阳，往复循环者，犹车轮也；圣人创制，一似暑葛寒裘，犹轨之辙也。"（3）圣人不是"道"的化身，圣人只是对当时理势有正确的认识，历代儒者却因为错误地把圣人以及六经当作"道"的化身，所以忘记了总结理势新变化的责任。"夫道备于六经，义蕴之匿于前者，章句训诂足以发明之。事变之出于后者，六经不能言，固贵约六经之旨，而随时撰述以究大道也。"学者所担负的责任，就是根据理势的新变化，总结出适合当前社会生

---

① 章学诚：《文史通义》内篇五《浙东学术》。

活和国家治理的新的"道"。"必有所需而后从而给之,有所郁而后从而宣之,有所弊而后从而救之。"① 章氏这些见解在当时讲出来,无疑是石破天惊之伟论,也是预示着时代觉醒行将到来的初露的曙光!大梁本《原道》篇中对一些关键字句作了删改,原因即怕因章氏的观点招来俗士的非议②。章氏对历史哲学探索的精髓是,"道"即治国办法、规律性的认识是社会实践的产物,要根据不同情况,发现社会有新的需要,便应创设新的制度、办法;发现原有的制度、办法有不适用的地方,就应加以改良;发现旧的制度、办法积弊严重,就应大胆革除。正是这种以实践观点为指导、力主大胆变革和创新的哲学思维,形成章氏前述在历史编纂理论上远远高出于同时代人的卓识!

关于《史通》《文史通义》的比较,章学诚本人生前即讲过一段著名的话:

> 自信发凡起例,多为后世开山,而人乃拟吾于刘知幾。不知刘言史法,吾言史意;刘议馆局纂修,吾议一家著述。截然两途,不相入也。③

章氏的"夫子自道",确是讲到了关键之处。我们今天研究这一课题,除了重视他本人的见解外,还应当扩大视野,大大推进对其与刘知幾学术思想异同的认识。刘、章二人所面临的局面和关注的重点确不相同。刘知幾处在史书编纂尤其是纪传体正史纂修的高峰时期,他承担的主要使命是总结以往,即对于众多的纂修成果,他的任务是进行总结和提出编纂的范式,分析、厘清体裁、体例的特点,评价编纂方法的得失;他所提出的范畴、命题内涵丰富,部伍严整,其论述颇具体系性的特点。章学诚处于正史末流在编纂上陷于困境阶段,其刻板罗列如胥吏之簿书,其冗

---

① 均据《文史通义》内篇二《原道》。
② 参见陈其泰《论章学诚对历史哲学的探索》,《中国史研究》2009年第4期。又,大梁本《原道》篇中将"故言圣人体道可也,言圣人与道同体不可也"句删去,参见叶瑛《文史通义校注》,中华书局,1985年版,第127页注二五。
③ 《章学诚遗书》卷九《家书二》。

繁芜杂不可究诘,他承担的主要任务是开出新路,即大声疾呼正史编纂陷入严重积弊,史识、史学、史才都成为史例的奴隶,史家的别识心裁被窒息,反映客观历史、再现演进大势的要求根本无法实现;而救治这种积弊的办法,就是重视并吸收后出的纪事本末体因事命篇、恰当叙述史事的因果始终、起讫自如、灵活变化的优点,主张对纪传体大力加以改造,"化腐朽为神奇",创立新的体裁。章氏揭示出传统史学后期历史编纂的内在逻辑发展方向,其论述具有深刻的哲理性和明显的超前性。

  刘、章二人都是通过总结史学演变的经验教训,上升到理论层面加以阐发,证明中国史学具有重视理论创新以推进著史实践的优良传统;二人都有强烈的批判意识,都有哲学思想作指导,重"独断"之学,重"别识心裁",成一家之言;刘知幾提出史家三长,章学诚予以继承,而又更加突出"史义"(即刘知幾的"史识")的指导作用,贯穿到自己的全部著述中,又在刘知幾"犹须好是正直,善恶必书"观点的基础上,提出重视"史德",要"尽其天而不益以人"①,使史家自身修养的理论更完善:这些是两位古代杰出史学理论家的相同或相通之处,而并非"截然两途",互不相关。

(原刊《人文杂志》2010 年第 3 期)

---

①  章学诚:《文史通义》内篇三《史德》。

# 晚清典志体史学名著的时代特色

中国史学素称发达，历代产生了众多的史学名著，先秦有《尚书》《春秋》《左传》，至西汉以下，尤为重要者有：《史记》《汉书》《史通》《通典》《资治通鉴》《通志》《通鉴纪事本末》《文献通考》《明儒学案》《文史通义》等。它们的成功，都与史家以高明的编纂思想为指导密不可分。到晚清，时代条件发生了剧烈变动，历史编纂学也经由传统向近代的嬗变。这一时期历史编纂有一个突出的现象：典志体的改造受到关注，成为撰著时代所迫切需要的史学著作的新形式，并且先后出现了几部名著，产生了很大影响。

典志体的源头在《史记》。司马迁创立"八书"：《礼书》《乐书》《律书》《历书》《天官书》《封禅书》《河渠书》《平准书》。班固《汉书》在此基础上大大推进，撰成"十志"：《律历志》《礼乐志》《刑法志》《食货志》《郊祀志》《天文志》《五行志》《地理志》《沟洫志》《艺文志》。唐代杜佑在此基础上撰成典志体专书《通典》，共设八典：《食货典》《选举典》《职官典》《礼典》《乐典》《兵刑典》《州郡典》《边防典》。以后南宋郑樵所撰《通志·二十略》、宋元之际马端临所撰《文献通考》，都是继承杜佑的传统并有自己新创造的名著。从创始的"八书""十志",到典志体巨著《通典》《通志》《文献通考》,典志体史书有两大特点:一是内容主要是记载典章制度和各方面的社会情状。典章制度包含甚广,而社会情状更丰富多样,包括民族、经济、物产、军事、外交、学术文化、产业、民俗、工艺等;每一部分既可反映制度史、社会史的一个方面,同时又可储备各种知识。到了晚清时期,迫切需要了解外国的历史、地理、政治状况、制度文化等,典志体史书正适合囊括这些内容,在历史编纂上显示出巨大的优越性。二是篇目的设立极具灵活性,没有固定的框框,可以根据需要作适当增减、补充、细化,极利于反映不同时代的特点,反映出史家的新知识和创造性。晚清,新的时代需要推动历史编纂的发展,像魏源、徐继畬、黄遵宪这些见识卓越的史家均重视对典志体进行改造,这一现象绝非偶然,而是有着深刻的内在必然性。因为社会条件的急剧变化提出了两大主题:呼唤御侮图强、挽救国家危亡,和改变闭目塞听的状态,倡导了解外国、学习外国。改造了的典志体正能符合这些迫切需要。

## 一、《海国图志》:"创榛辟莽,前驱先路"

《海国图志》的撰著者魏源,是最早敏锐感受到时代需要的爱国史家,他对历史编纂应当担负时代的责任、勇于改革作了极为明确的概括:"地气天时变,则史例亦随世而变。"① 魏源之所以能站到常人所不及的时代高度,成为开创晚清历史编纂学新局面的人物,实有多项深刻原因。在哲学上,他继承并大力发展了《易经》的变易观和《春秋公羊传》的"三世进化说",成为嘉道时期今文公羊学派的健将,倡导"变古愈尽,便民愈甚"②,并在鸦片战争前筹划或参与了漕运、盐法、水利等领域的改革,成

---

① 魏源:《海国图志》卷五《叙东南洋》。
② 魏源:《默觚下·治篇五》,《魏源集》,中华书局,1976年版,第48页。

效卓著，是晚清变法维新运动的重要先驱人物。在社会实践上，当英国殖民者对中国发动野蛮的武装侵略的紧急关头，他和林则徐等站在一起，是坚决的抵抗派，他到过定海前线，曾亲自审问过英国战俘安突德。由于清朝统治集团昏聩无能和对外国暗昧无知而造成了战争失败，魏源对此有深刻的体会，由此痛切感受到了解外国、学习外国的迫切需要。林则徐因受诬获罪谪遣时，在江苏京口与从扬州赶来的魏源相见，两人彻夜长谈，林则徐将原先在广东组织属官编译的外国史地资料《四洲志》交给魏源，嘱他在此基础上撰成新作。在历史编纂上，魏源在此前完成了《皇朝经世文编》和《圣武记》两书的编纂，他对清朝统治由盛转衰和社会的深重危机有深刻的认识，强烈地主张学术经世致用，主张史家应当关心国家民族的命运和前途，撰写为时代所迫切需要的著作。《海国图志》的撰成，是魏源史学实践的跃进，也是开创晚清典志体史书新局面的成功之作。

《海国图志》五十卷本撰成于道光二十二年（1842），不久增补为六十卷，至咸丰二年（1852）再次增订至一百卷。魏源的编纂思想极其准确而鲜明地体现于全书《叙》中：

> 《海国图志》六十卷，何所据？一据前两广总督林尚书所译西夷之《四洲志》，再据历代史志及明以来岛志，及近日夷图、夷语，钩稽贯串，创榛辟莽，前驱先路。大都东南洋、西南洋增于原书者十之八，大、小西洋、北洋、外大西洋增于原书者十之六。又图以经之，表以纬之，博参群议以发挥之。何以异于昔人海图之书？曰：彼皆以中土人谭西洋，此则以西洋人谭西洋也。是书何以作？曰：为以夷攻夷而作，为以夷款夷而作，为师夷长技以制夷而作。

掌握了魏源上述指导全书的编纂思想，我们通过分析就能充分地揭示出《海国图志》创造性地改造传统典志体的三项突出特点，及其被赞誉为近代爱国主义先驱名著的原因。

第一，为了提供当时国人所迫切需要的大量知识，本书以"志"为主，同时又有"论""图""表"，形成四体配合的综合性体裁。"志"的部分,记载各国的地理位置、历史沿革、政治制度、军事实力、物产人口,以及社会风俗、宗教信仰、行政区划等,当然是全书的主体。按照从东南洋,至西南洋、大西洋、外大洋的顺序,依次记载亚洲、非洲、欧洲各国,最后是弥利坚国。值得注意的是,魏源叙述各国史地是以反侵略思想为主线贯穿始终的。《东南洋叙》《西南洋叙》等几篇都说:"志南洋,所以志西洋也。""志西南洋,所以志西洋也。""志北洋,所以志西洋也。"为什么都强调志西洋?"志西洋,正所以志英吉利也。"①点明介绍各国都间接服务于对付英国这一当时主要的敌人。如说英国控制了新加坡是"欲扼此东西洋要津,独擅中华之利,而制诸国之咽喉"。说印度为英国提供财力、兵力,在英国侵华活动中占据重要地位,"又与我属国缅甸、廓尔喀邻近,世仇。故英夷之逼中国,与中国之筹制英夷,其枢纽皆在东印度"。② 同时重视缅甸、安南抗击印军的经验,认为:"观于缅栅之足拒夷兵,而知我之所以守,观于安南札船之足慑夷艇,则知我之所以攻。"③ 魏源还总结英国侵略成性的特点:"凡商舶所至之国,视其守御不严者,辄以兵压其境,破其城,或降服为属藩,或夺踞为分国。"④ 冠于全书之首的《筹海篇》四卷,更是魏源呕心沥血对鸦片战争经验教训的总结,是全书的总纲。针对战后投降派人物以为"和议告成",即可与侵略者相安无事的论调,魏源明确指出,签约以后侵略的危险依然存在:"既款以后,夷瞰我虚实,藐我废弛,其所以严武备、绝狡启者,尤当倍急于未款之时。"必须严加防守,防止侵略者再次打来。第二次鸦片战争证明他对时局的估计是准确的。魏源用了鸦片战争中许多史实证明:英国侵略者是可以打败的。中国在自己领土上抵御敌人,是以主待客,以逸待劳,以众待寡,从根本上掌握有主动权。他总结了以防守为主中心的一套抗击侵略的方法,如扼守内河,然后

---

① 魏源:《海国图志》卷三十七《大西洋欧罗巴洲各国总叙》。
② 魏源:《海国图志》卷十九《西南洋五印度国志》。
③ 魏源:《海国图志》卷十《东南洋五·缅甸》。
④ 魏源:《海国图志》卷五十三《大西洋·英吉利国广述下》。

"乘风潮，选水勇，或驾火舟，首尾以攻之"，"出奇设伏，多方误敌"等。魏源强调熟悉夷情是当务之急，严厉地抨击统治集团昏暗无知："以通市二百年之国，竟莫知其方向，莫悉其离合"，"苟有议翻夷书，刺夷事者，则必曰多事；及一旦有事，则或询英夷国都与俄罗斯国相去远近"。故将了解夷情提到首要地位："欲制外夷者，必先悉夷情始；欲悉夷情者，必先立译馆，翻夷书始。"魏源本人对此篇特别重视，其《海国图志·后叙》说："夫悉其形势，则知其控驭，必有于《筹海》之篇，小用小效，大用大效，以震叠中国之声灵者焉，斯则夙夜所厚幸也！"

第二，为了提供当时国人所急需的、有用的外国史地知识，魏源贯彻了"以西洋人谭西洋"为主的编纂原则，在当时中西接触刚刚开始、信息资料搜求困难的情况下，不仅为此付出了极大的艰辛，尤为重要的是显示出其"创榛辟莽，前驱先路"的远见卓识。书中采辑的西人著作计二十余种，除部分是早期来华传教士的著作外，其余均为鸦片战争前后来华西人的最新著作。以《平安通书》为例，该书从1850年到1853年每年出版一册，而完成于1852年的《海国图志》百卷本就有十二处选辑了其刚刚出版的部分内容。魏源所采辑的一些西人出版的书刊，有的是1842年以前在东南亚马六甲等地出版，有的则是《南京条约》签订后在通商口岸出版。这些书刊当时在中国都少有人知，很难找到。了解到这些背景，我们对魏源贯彻的"以西洋人谭西洋"编纂思想的宏大气魄和艰辛努力，不由得更为钦佩。书中还有三十多件奏折和一些由他亲自搜集的资料，并专卷绘制世界各国地图七十多幅，各种船炮器物图八十余幅，《中西历法异同表》《各国教门表》等。魏源还呕心沥血纂辑介绍大量有关科学技术的知识。从五十卷本到六十卷本，增辑了有关仿造和使用西洋轮船、大炮、弹药和西式炮台等中外资料二十余件，并附以地图多样。至一百卷本纂成时，介绍西方科学技术的篇幅达到十九卷，占全书卷数近五分之一。通过这些努力，魏源尽其所能地发挥了典志体史书容量广阔、篇目设置灵活多样的特点，也尽其所能地发挥了本书的时代特色，因而使《海国图志》当之无愧地成为当时东方世界最详备的各国史地参考文献。

第三，魏源"师夷长技以制夷"这一出色的编纂思想，在书中得到成功的贯彻，因而使《海国图志》的价值远远超出学术范围，而成为近代中国人向西方学习的起点，不但在国内影响达几十年，而且远传日本，间接酿成明治维新之活剧。大量介绍西方之科学技术知识，就是为实现"师夷长技"的目标而苦心安排的。而更有意义的是，魏源在书中介绍了西方民主制度，并表达了由衷的向往，向处于封建专制淫威下的国人展示了一个新的天地。魏源敏锐地观察到当时与中国的专制制度形成巨大反差的美国民主制度的进步性，予以衷心赞美："二十七部酋分东西二路，而公举一大酋总摄之，匪惟不世及，且不四载即受代，一变古今官家之局，而人心翕然，可不谓公乎！议事听讼，选官举贤，皆自下始，众可可之，众否否之，众好好之，众恶恶之，三占从二，舍独徇同，即在下预议之人亦先由公举，可不谓周乎！"① 赞扬美国民主制度"公"而且"周"，公开地表示它比中国的"官家之局"进步和合理。并认为实行民主制度使美国迅速富强："数百年来，育奈士迭遽成富强之国，足见国家之勃起，全由部民之勤奋。故虽不立国王，仅设总领，而国政操之舆论，所言必施行，有害必上闻，事简政速，令行禁止，与贤辟所治无异。此又变封建郡县官家之局，而自成世界者。"② 在介绍欧洲国家英国、瑞士时，也对议会制度及其运作明显地表示赞许。而《海国图志·后叙》中，魏源对西方民主制度向往之情更溢于言表："《地理备考》之《欧罗巴总纪》上下二篇尤为雄伟，直可扩万古之心胸。至墨利加北洲之以部落代君长，其章程可垂奕世而无弊。"

在技术层面，魏源"师夷长技"关注的重点是为抗击侵略最为急需的军事技术，一为战舰，二为火器，三为养兵练兵之法。他斥责那种借口"奇技淫巧"而盲目排外的错误态度，认为"有

---

① 魏源：《海国图志》卷五十九《外大西洋墨利加洲总叙》。
② 魏源：《海国图志》卷六十《外大西洋·弥利坚国（即育奈士迭国）总记中》。

用之物，即奇技而非淫巧"。并已提出发展民用工业的主张，"凡有益民用者，皆可于此造之"，如千里镜、火轮机、自转碓、千金秤等；并允许私人设厂制造，"沿海商民，有自愿仿设厂局，以造船械，或自用，或出售者，听之"。《海国图志》附录中除介绍船舰兵器外，还有蒸汽机、火车、织布机、运河、港口设施以及钞票、银行、汇兑、保险等知识。可见，其中一些主张客观上可能有利于在中国发展资本主义。

魏源确立的"钩稽贯串，创榛辟莽，前驱先路"和"师夷长技以制夷"的编纂思想，在《海国图志》书中得到成功的体现，为当时亟待了解世界史地知识的国人勾勒出一幅相对清晰、丰富而完整的世界图画，开拓出近代中国寻求救国救民真理的正确道路，因而在近代史上产生了深远的影响。在19世纪后期，《海国图志》被刊刻达七次之多。湖南学政田梓材说，魏源著书的目的是"欲使天下豪杰之徒，闻其言而深有感者，以孜孜讲求当世之务"，书成之后风行海内，开一代风气，使"嘉庆、道光以来学者多讲时文试帖、声音训诂之学"的局面得以扭转，因而赞扬魏源的精神和成就将长留天地，"千万世不能泯灭者也！"① 康有为在19世纪70年代末，仍将《海国图志》和《瀛寰志略》作为学习西方知识的基本著作。到20世纪20年代，《海国图志》仍被梁启超评价为："其论实支配百年来之人心，直至今日犹未脱离净尽，则其在历史上关系，不得谓细也。"② 《海国图志》传入日本，成为"幕末"日本人了解列强实力的必备文献，私塾也以此作为教材，而后间接酿成明治维新之活剧，故日本学者大谷敏夫说："在幕末时，《海国图志》起了决定日本前进道路的指南针的作用。"③

---

① 田梓材：《读魏默深先生〈海国图志〉》，载《沅湘通艺录》卷五，中华书局，1985年版。
② 梁启超：《中国近三百年学术史》，《饮冰室合集》专集之七十五，第323页。
③ 大谷敏夫：《〈海国图志〉对"幕末"日本的影响》，《福建论坛》1985年第6期。

## 二、《瀛寰志略》：同为"国人谈海外知识之嚆矢"

《瀛寰志略》是鸦片战争时期产生的介绍外国史地知识的又一名著。全书十卷，撰著于1844—1848年，与魏源《海国图志》成书时间大致相同。两书同是以改造了的典志体记载为当时国人所迫切需要的外国史地知识，同是御侮图强爱国主义思潮在史学领域结出的硕果，因而产生了巨大影响，同样被誉为"国人谈海外知识之嚆矢"，故为晚清历史编纂学演进极有意义的事件。徐继畬于鸦片战争期间在闽粤沿海任职，因此较多接触外国事务。1842年任两广盐运使、广东布政使，次年迁福建布政使。1846年升任福建巡抚，旋兼署闽浙总督。他先后结识美国传教士雅裨理、英国领事李太廓及美国人乔治·史密斯夫妇，从他们那里借到世界地图和其他资料，仔细询问有关知识。他与魏源一样怀着"创榛辟莽，前驱先路"的深切爱国感情和崇高志向，为撰成时代所需要的著作倾注巨大心血，云："荟萃采择，得片纸亦存录勿弃，每晤泰西人，辄披册子考证之，于域外诸国地形时势，稍稍得其涯略，乃依图立说，采诸书之可信者，衍之为篇，久之积成卷帙。每得一书，或有新闻，辄窜改增补，稿凡数十易。"五年时间，"未尝一日辍也"。① 王韬推崇本书说："中丞（徐继畬）莅官闽峤，膺方面之寄，蒿目时艰，无所措手……中丞内感于时变，外切于边防，隐愤抑郁，而有是书，故言之不觉其深切著明也。"② 阐发这部名著蕴涵着深刻的爱国御侮的撰著宗旨。

王韬又恰当地评论两书不同的特点："此二书者，各有所长，中丞以简胜，司马（魏源）以博胜。"③ 徐继畬以十卷篇幅，为读者提供了比较明晰而系统的外国史地和世界近代趋势的知识。他并不是简单地将材料汇辑，而是经过自己的综合，加以必要的

---

① 徐继畬：《瀛寰志略·自序》，上海书店出版社，2001年版。
② 王韬：《弢园文录外编》卷九《瀛寰志略跋》，中华书局，1959年版。
③ 王韬：《弢园文录外编》卷九《瀛寰志略跋》。

考证，然后熔炼成篇，因而使传统的典志体史著绽放出时代的光彩。徐氏能达到如此出色的成就，实在难得。如本书开卷《地球》篇，针对嘉庆以前中国士人所持中国居大地中央，四周是海，五大洲之说虚幻无据的非科学臆说，作出回答："地形如球"，"地球从东西直剖之，北极在上，南极在下，赤道横绕地球之中，日驭之所正照也"，"地球从中间横剖之，北极、南极在中"。他又告诉人们，西方人说的五大洲确定存在："大地之土，环北冰海而生，披离下垂如肺叶……泰西人分为四土：曰亚细亚，曰欧罗巴，曰阿非利加，此三土相连，在地球之东半，别一土曰亚墨利加，在地球之西半。""四大土之外岛屿甚多，最大者澳大利亚，余则亚细亚之南洋诸岛、亚墨利加之海湾群岛。""土之外皆海也……曰大洋海，曰大西洋海，曰印度海，曰北冰海，曰南冰海。"还详述亚细亚大陆之广袤；欧罗巴国家之众多，犬牙交错，"其人性情精密，工于制器，长于用舟。四海之内，无所不到，越七万里而通于中国"；南北美洲大陆的晚近发现；南冰海的探险；……所有这些，在当时都是令人耳目一新的科学知识。徐氏在书中一再论述西方文明在当时居于先进地位，说欧罗巴人"善于运思，长于利器，金木之工，精巧不可思议"。① 徐氏对于资本主义列强对外殖民掠夺、侵略扩张的本性也有认识，概括英国的特性为："盖四海之内，其帆樯无所不到，凡有土有人之处，无不睥睨相度，思朘削其精华。"② 对于西方的民主制度，书中多处以赞赏的态度予以介绍，尤其褒扬美国："不设王侯之号，不循世及之规，公器付之公论"，乃是"创古今未有之局"③，所以华盛顿是西方世界第一伟人！这样的议论出自道光年间一位官居巡抚的清朝大员之口，其时代意义和远见卓识是何等可贵！

---

① 徐继畬：《瀛寰志略》卷四《欧罗巴》。
② 徐继畬：《瀛寰志略》卷七《英吉利国》。
③ 徐继畬：《瀛寰志略》卷九《北亚墨利加米利坚合众国》。

## 三、《日本国志》："凡牵涉西法，尤加详备，期适用也"

到 19 世纪 70 至 80 年代，晚清典志体这株史学奇葩，又因新的时代条件的催发而放射出异彩。这一时期，一方面，随着中外文化交流的潮流向前推进，一批外交官员被派出国，还有的民间人士出外旅游或游历。以前魏源、徐继畬著书，或凭搜集外国人的论著，或藉反复地向外国传教士、官员咨访、请教。现在却有中土人士走出了国门，如王韬应邀到欧洲游学，黄遵宪任职驻日使馆，不仅对日本社会亲闻历见，而且经多年努力搜集到大量宝贵的第一手资料，由此而撰成的著作当然具有新的面貌、新的价值。再一方面，至 19 世纪 70 至 80 年代，中国社会近代化进程已达到新的阶段，在沿海地区新的生产方式已经明显增长，民族资本开始形成，推动中国发展资本主义的内部力量继续蓄积，将要形成可观的势头，维新变法思潮正在酝酿。黄遵宪的《日本国志》即在这种新的历史条件下撰成，以其内容和形式的出色成就将晚清典志体史书推向新境，因而被早期维新思想家和外交家薛福成誉为："此奇作也，数百年来鲜有为之者。"①

黄遵宪青年时代就富有革新、批判精神和关心"时务"的远见卓识。他撰著《日本国志》历时八九年，艰苦备尝，充分体现了其强烈的著史使命感。1877 年底，他以参赞身份随首任驻日公使何如璋赴日本。到达之初，正值明治十一二年明治维新改从西法处于高潮之际，提倡民权之说大盛。黄遵宪初闻之颇惊怪，但是他没有盲目排拒，相反，他借来卢梭、孟德斯鸠的著作阅读，并且信服他们学说的原理，"心志为之一变，以谓太平世必

---

① 黄遵宪：《日本国志·序》，上海图书集成书局刻印本，光绪二十四年（1898）。

在民主"①。黄遵宪主张维新变法和拥护民权学说的思想从此确立，于是决心撰写明治维新的历史，向国内传递东邻日本发生历史巨变的重要信息。从1879年秋创稿，克服了语言不通，资料缺乏，襄助乏人等巨大困难，至1882年春奉命调任美国旧金山总领事时，已完成初稿。1885年秋离美回国，正值中法战争结束，他思想上更受刺激，决心完成修订工作。于是"闭门发箧，重事编纂"，补充他在美国亲身考察西方制度的新见解，使此书臻于新的境地。1887年5月全书告成，计四十卷，五十万言，采书二百余种。1890年，黄遵宪将《日本国志》书稿交广州富文斋刊刻，至1895年底刊成。书前凡例及叙中，黄氏写了两段重要的话：

> 检昨日之历以用之今日则妄，执古方以药今病则谬，故杰俊贵识时；不出户庭而论天下事则浮，坐云雾而观人之国则暗，故兵家贵知彼。日本变法以来，革故鼎新，旧日政令百不存一。今所撰录，皆详今略古，详近略远。凡牵涉西法，尤加详备，期适用也。②

> 昔契丹主有言："我于宋国之事，纤悉皆知；而宋人视我国事，如隔十重云雾。"以余观日本士夫，类能读中国之书，考中国之事，而中国士夫，好谈古义，足己自封，于外事不屑措意。无论泰西，即日本与我，仅隔一衣带水，击柝相闻，朝发可以夕至，亦视之若海外三神山，可望而不可即。若邹衍之谈九州，一似六合之外，荒诞不足论议也者，可不谓狭隘欤！③

这两段文字，即为其编纂思想的集中概括。同一些只看事物表象，或不愿承认日本变法巨大成效的论者不同，黄遵宪通过亲身历验和调查，抓住了日本"百度草创，计日程功"，"改从西法，

---

① 黄遵宪：《致梁启超书》，见郑海麟等编《黄遵宪文集》，京都中文出版社，1991年版，第195页。
② 黄遵宪：《日本国志·凡例》。
③ 黄遵宪：《日本国志·叙》。

革故取新","美善之政,极纷纭矣"的实质,所以他要及时地记载明治维新实行的措施和成功经验;日本与中国原先社会状况相类似,如今日本变法成功,由弱变强,这正是中国兴国图强的直接榜样,所以他急切地希望撰成日本当今的历史,作为中国的借鉴。"凡牵涉西法,尤加详备",西法就是当时新兴的西方资本主义制度,日本之骤致富强,原因正在此,故尤要详加记述,使国人直接取资,此为一。再者,针对中国朝野存在的根深蒂固的顽固势力和迂腐意识,必须通过撰写这部日本明治维新史加以有力驳斥,以图改变闭目塞听的昏睡状态。这不仅要记载大量确凿的事实,论述其利害,还必须以酣畅的议论,昭示世界的潮流,倡导勇于变革、竞争进取的新价值观,批判妄自尊大、深闭固拒的陈腐价值观。

明确黄遵宪上述编纂思想,努力把握其如何精心地贯穿于全书之中,我们就能深刻体会黄氏记述重点之所在,深刻体会本书为何有高度的思想价值,深刻体会它为何能对戊戌维新运动产生直接的影响。

黄遵宪一改通常典志体史书诸志并列的体例,而首立《国统志》,以此篇记载日本从古至今的历史大事,而重点放在明治维新以来的变革,故此篇实际成为全书的纲领。篇中记载日本最大的变局是,反动的幕府统治被推翻,贵族特权被废除,走上了议会民主制的道路。黄氏对此有明确的概括:"日本今日之兴,始仆幕府,终立国会,固天时人事,相生相激,相摩相荡,而后成此局也。"[①] 他指出,德川幕府的统治,造成"民心积厌,外侮纷乘,内讧交作"。他激烈抨击封建专制在政治上、经济上、法律上对平民的残酷压制,造成"尊卑之分,上下悬绝","并无颁行一定之律,……上之于下,压制极矣!"由于爱国志士乘时奋起,推翻幕府专制,"国家维新之治,蒙泉剥果,勃然复兴"[②],而平民参政,又是推动日本社会前进的关键。平民出身,具有高尚爱

---

① 黄遵宪:《日本国志》卷三《国统志三》。
② 黄遵宪:《日本国志》卷一《国统志一》。

国心和进步眼光的人物身居要职,"以西乡、木户、板垣、大隈为参政,大久保为大藏卿。故家世族束之高阁,居要路者多新进平民,益奋袂攘臂,以图事功,而维新之规模益拓矣"。① 对于地方议会的加快实行也表示赞赏:"府县会议之制仿于泰西,以公国是而伸民权,意甚美也。……是制之建,人人皆谓政出于民,于地方情弊宜莫不洞悉。坐而言,起而行,必有大可观者。"② 并认为中国应予效法,"通民情,图公益",以变"官吏专制之治"。③ 他又进一步写出本身对美国民主制度的观察:"其国大政事、大征伐皆举国会议,询谋佥同而后行。其荐贤授能,拜爵叙官,皆以公选,……君臣上下无甚差别,相维相系,而民气易固。"④ 这是他把民主制度的优越性与封建专制造成的"上下相悬""压制极矣"的极端不合理相对比而得出的结论,其批评的锋芒也直指中国的专制制度。黄遵宪终其一生,对于封建专制必将被废除的历史趋势始终坚定信念不曾动摇,直到他去世前最后一首诗作,仍然预言:"人言廿世纪,无复容帝制。举世趋大同,度势有必至。"⑤

书中论述资本主义经济上的先进性,对于中国人认识世界潮流也具有极大的意义。黄遵宪论述日本实行资本主义生产方式,大大增强了国力,使这个一向落后的海岛小国,已行将跨进强国的行列。他详尽地介绍日本发展产业的种种措施,包括开矿山,修铁路,开办小型国有企业,大力引进外国的新技术新品种,设行业联合会,增强对外竞争力量,实行关税保护,鼓励商品输出,等等⑥。这些措施当时在日本也是前所未有的新鲜事物,黄遵宪却十分敏锐地加以总结,并向国内传播,实有重大的意义。

---

① 黄遵宪:《日本国志》卷三《国统志三》。
② 黄遵宪:《日本国志》卷十四《职官志二》。
③ 黄遵宪:《日本国志》卷三《国统志三》。
④ 黄遵宪:《日本国志》卷三十二《学术志一》。
⑤ 黄遵宪:《人境庐诗草》卷十一《病中纪梦述寄梁任父》,上海古籍出版社,1993年版。
⑥ 参见陈其泰《简论〈日本国志〉的时代价值》,《北京师范大学学报》1988年第6期。

日本的办法又是从西方学来的。书中描绘出西方各国大力发展资本主义经济的图画:"今海外各国,汲汲求富,君臣上下,并力一心,期所以繁殖物产。""其在国中也,则日讨国人,朝夕申儆,教以务财、力农、蓄工。于己所有者,设法以护之,加意以精之,于己所无者,移种以植之,如法以效之。""其竭志尽力,与邻国争竞,则有甲弛乙张,此起彼仆者。其微析于秋毫,其末甚于锥刀,其相倾相轧之甚,其间不能以容发。"① 这些论述高屋建瓴,中肯地概括了西方各国把发展经济作为基本国策,举国上下精心研求促使技术进步的共同特点。书中还强调各国政府鼓励本国商人联合起来对外竞争的做法,并认为"世间力量最巨者莫如联合力",这种认识可以说已经接触到资本主义生产社会化的趋势。

那么,当时中国要摆脱积弱的局面,就必须走上述各国强盛之路。而最紧迫的问题,是要彻底抛弃以"天朝上国"自居的虚幻迷梦,彻底抛弃"用夏变夷"的迂腐偏见,以清醒的态度对待现实的世界。他指出:"弓矢不可敌大炮,桨橹不可敌轮船,恶西法者亦当知之。"西方国家在技术上、文化上远居先进地位确是客观事实,可是守旧派抱着陈腐的偏见,"恶其异类","以通其艺为辱,效其法为耻,何其隘也!"这完全是自欺欺人!他一针见血指出守旧派的病根是"特未知今日时势之不同,古人'用夏变夷'之说深入于中",如今该赶快猛醒,采取"互相师法"的开放、学习态度。日本的迅速进步,即由于"大开外交"发奋学习西方。近代西方各国更重视互相交流、学习,"泰西诸国以互相师法,而臻于日盛"②。世界的潮流,就是"互相师法,日新月异,变而愈上"③。中国必须抛弃"用夏变夷"的偏见,转为"效之法之",才能"收效无穷",赶上西方,并且达到"远驾其上"的目的。书中还涉及转变价值观念的一系列问题,包括抛弃"足己自封"的保守意识,提倡"竞事外交"的开放态度;抛弃

---

① 黄遵宪:《日本国志》卷三十八《物产志一》。
② 黄遵宪:《日本国志》卷三十二《学术志一》。
③ 黄遵宪:《日本国志》卷四十《工艺志》。

"讳言兴利"的陋习，讲求"理财之法"；反对"喜谈空理"，提倡"注重实学"。不过，黄遵宪对西方文明并非一味颂扬，他清醒地论述了西方强烈的侵略性，论美国民主造成两党互相攻讦的丑剧，即是明证。

总之，《日本国志》是19世纪末中国人走向世界的产物，也是维新变法思潮酝酿时期的产物。这部新型的典志体名著，包含的是黄遵宪对日本改从西法、由弱变强成功经验的及时总结，包含的是黄遵宪对世界潮流的观察和报道，包含的是黄遵宪以满腔心血凝成的救国良策！1887年全书告竣时，他满怀爱国义愤写成《〈日本国志〉书成志感》一诗："湖海归来气未除，忧天热血几时摅？千秋鉴借《吾妻镜》（按，指日本史书），四壁图悬人境庐。改制世方尊白统，《罪言》我窃比《黄书》（按，《黄书》为清初杰出思想家王夫之所写的政论）。频年风雨鸡鸣夕，洒泪挑灯自卷舒。"书中所强调的，正与其《日本国志》叙和凡例所揭示的编纂指导思想相呼应。无怪梁启超于1896年为本书所写《后叙》，对此书内容的重要和预见的卓越作了高度评价，说：日本在二十年间由弱变强，"一举而夺琉球，再举而割台湾，此土学子，鼾睡未起，睹此异状，挢口咋舌，莫知其由"。"乃今知日本所以强，赖黄子也！""其言，十年以前之言也；其于今日之事，若烛照而数计也。"因此，他断言："有王者起，必来取法斯书乎。岂可仅以史乎、史乎目之哉！"《日本国志》在维新变法中产生了引人注目的影响。翁同龢因读《日本国志》，欣赏黄遵宪的才华，任命他为湖南长宝盐法道，黄到后即积极辅助巡抚陈宝箴在本省行新政。维新达到高潮时，光绪帝曾一连两次向翁同龢索要《日本国志》。光绪帝在百日维新时陆续颁行的各项新政上谕，有不少明显地反映出受到《日本国志》中明治新政与黄遵宪议论的影响。

## 四、结语

　　以上分析晚清典志体名著的成就，显然有助于推进关于这一时期史学演进趋势的认识，因此对晚清史学的历史地位也应作重新评价。以往长时间内，对于这一时期史学成就的评价是偏低的。其主要原因，是晚清社会积贫积弱，饱受列强欺凌，致使显示民族奋发和智慧的一面往往被掩盖；如若再以《史记》《资治通鉴》这样的成熟巨著来衡量，就难免要低估这一时期重要史学著作的成就，影响人们认真地发掘和阐释其中所蕴涵的宝贵的时代意义和创新价值。实际上，魏源"钩稽贯串，创榛辟莽，前驱先路"而著成的《海国图志》，不但实现了突破传统学术范围旧格局的跃进，而且成为近代"奖励国民对外之观念"和"向西方学习"的起点。置之于当时整个东方世界，魏源的学识和眼光也居于领先地位，因而《海国图志》传入日本，受到渴望了解世界知识和主张对外开放的进步人士的热诚欢迎。当时在日本大阪、江户（东京）和京都，一些进步人士所办的私塾、诗社，是传播先进文化的组织形式，纷纷以《海国图志》作为教材。在江户创办诗社的梁川星岩因读了《海国图志》，痛感加强海防和洞察外国情形为日本当务之急，写有诗云："百事抛来只懒眠，衰躬迨及铺糜年。忽然摩眼起快读，落手邵阳《筹海篇》。"形象地讲出他因读了《海国图志》后，由"懒眠"到惊醒的突变。幕末一位著名的开国论者佐久间象山，十分赞赏魏源倡导的悉夷情的主张，他真切地表达与魏源思想的共鸣："呜呼！余与魏源各生异域，虽不相识姓名而诚可谓海外同志。"从这些学者由于读《海国图志》而警醒，立志走上开国、维新的道路这一历史事实，证明这部书为日本社会输入了新的活力。故而一百多年之后，日本学者仍然在研究《海国图志》对19世纪后半期日本社会的影响，井上清、信夫清三郎就是其中的代表人物。大谷敏夫之所以精辟地指出《海国图志》在幕末时期起了决定日本前进方向的指南针的作用，就因为魏源呕心沥血撰成的著作成为幕末有识之士的必读书，使他们了解西方列强的存在，以及武力威胁下清朝的被迫开放，从而认识到本国面临着同样严峻的形势，产生了强烈的开国要求，并使一批开明人物成为肩负明治维新事业的阶层。井上清也说，当年像佐久间象山、吉田松阴等关注外交的政治人物，"都争读这本书"，"幕府末期人士又经由中国文献的媒介"，而使这些有识者"思想上起了革命"。① 这些史实恰恰证明魏源的远大目光和智慧在整个东方世界也是出类拔萃的，《海国图志》的影响远达海外，它当之无愧是近代史开端时期的一部具有划时代意义的名著。

四十年之后，黄遵宪继承、发展了魏源救亡图强的爱国主义思想路线，将对典志体的改造和创新推向更高度，所著《日本国志》成为晚清又一杰出的史学名著。魏源的著作，主要是靠殚精竭虑采辑"西洋人谭西洋"的论著而成，黄遵宪则走出国门，依靠搜集日本历史、文化的第一手资料和实地调查、访问所得而著成。他对亲身经历的当前事变具有惊人的洞察力和高度的概括力。他甫抵日本列岛不久，正值明治十一二年，当时新政正在施行，"百度草创"，诸多制度、设施尚处于变动之中，日本社会舆论对新政毁誉不一。当时一些日本旧派学者对新政不满，想拉这位从中国来的人士作为同调，企图从多方面对其施加影响。黄遵宪却不为所动，他相信亲眼所见的事实，明确地肯定这是日本走向富强的道路，"改从西法，革故取新"，"计日程功"，"美善之政，极纷纭矣"。他以惊人的毅力，付出种种艰辛，以不到三年的时间，达到对一个陌生国度从历史到现实巨变的了解，对其社会各方面情状有深刻的认识，并从错综复杂的现象中把握其来龙去脉。如他诗句中所言，"草完明治维新史"②，以一个外交官的身份写成一部记载的内容与当前事变相平行的出色著作，这在学术史上无疑是创造了奇迹，堪称为中国人的智慧和中国优良的史

---

① 井上清：《日本现代史》第一卷，三联书店，1956年版，第215页。
② 黄遵宪：《人境庐诗草》卷四《奉命为美国三富兰西士果总领事留别日本诸君子》。

学传统放一异彩！从全书十篇"志"的设置，记述的重点，以及各篇中史论慷慨激昂的陈词，都显示出他极准确地把握住明治维新变法重点之所在：政治上废除专制政体，大倡民权，走实行宪政的道路；外交上大力展开与欧美各国的外交活动，相互师法；经济上实行一系列发展资本主义的制度，开拓产业，组织商社保护民族工业利益，鼓励对外贸易，大力展开国际竞争；兴办教育，发展科学技术。

黄遵宪之所以能够对明治维新实现了"变弱为强"的历史巨变中肯地把握其实质和意义，是因为他不但深刻地了解了日本社会现实，而且亲历资本主义的本土北美大陆，对于世界潮流有充分的观察；因而他完成的著作，不但及时报道日本因学习西方而骤致富强的经验，而且成为国人了解世界潮流的窗口。他精辟地概括日本幕府倾覆后的历史潮流为："庶人议政，倡国主为共和。"并论述废除专制政体、实行维新、实行宪政之说蜂起的势不可挡的发展趋势说："数年以来，叩阍求请促开国会者，纷然竞起，又有甚于前日尊王之说。……盖自封建以后，尊卑之分，上下悬绝，其列于平民者，不得与藩士通婚嫁，不得骑马，不得衣丝，不得佩刀剑。而苛赋重敛，公七民三，富商豪农，别有借派。间或罹罪，并无颁行一定之律，畸轻畸重，惟刑吏之意，小民任其鱼肉，含冤茹苦，无可控诉。或越分而上请，疏奏未上，刀锯旋加，瞻仰君门，如天如神，穷高极远。盖积威所劫，上之于下，压制极矣。此郁极而必伸者，势也。维新以来，悉从西法，更定租税，用西法以取民膏矣；下令征兵，用西法以收血税矣；编制刑律，用西法以禁民非矣；设立学校，用西法以启民智矣。独于泰西最重之国会，则迟迟未行，曰国体不同也，曰民智未开也，论非不是，而民已有所不愿矣。……重以外商剥削，士民穷困，显官失职之怨望，新闻演说之动摇，是以万口同声，叩阍上请而不能少缓也。"[①] 他论述改革旧制必将遇到巨大的阻力，革新者必须无所动摇才能达到目的，以日本改革兵制为例，强调

---

① 黄遵宪：《日本国志》卷三《国统志三》。

改革事业的艰巨性:"初下征兵之令,外议哓哓,谤言载道。……然起数百年之衰废,而变更旧制,要非容易,观于八年之间改令三回,逐渐整顿,则当路诸君黜浮议而勤远略,汲汲图强,有足多矣!"① 书中从多方面论述了欧美资本主义国家的进步和强盛,同时又反复告诫,这种强盛对于弱小落后的东方国家来说,又意味着侵略。他说:"轮船电线争骛纷起,机巧夺天工,人智欺鬼神,凡西人兵威宗教,几几乎弥纶地球而无所不至。……余观亚细亚诸国,印度覆矣,土耳其仆矣,安南、缅甸又倾蹉矣!"② 它们丧失独立地位的悲惨命运正是中国的前车之鉴。他还总结出西方列强为达到侵略目的而使用的手段是极为狡猾的:"虽使车四出,槃敦雍容,而今日玉帛,明日兵戎,包藏祸心,均不可测。"③ 像这样的精彩内容和议论,在全书各篇中不胜枚举。如果不是洞悉日本明治维新各项制度的施行并且准确地把握其实质性问题,如果不是对19世纪资本主义蓬勃发展的世界潮流,和列强横行天下、鹰瞵鹗视,中国面临着被瓜分、宰割的危险局势了然于胸,如果不是炽热地怀着以日本的当代史为危机深重的祖国提供鉴戒的崇高著史目的,孰能为此?! 又如果不是具备代表时代水平的非凡智慧,且对古代文化的精髓和中国史学的优良传统有极高的造诣,孰能为此?!

故而,《日本国志》的撰成,是黄遵宪"剖胸倾热血"④ 的爱国情怀的结晶,是为中国摆脱闭塞落后走向富强而精心构思的改革纲领,是19世纪70至80年代中国人走向世界的宝贵记录,也是晚清有识史家勇于创新、撰成时代所需要的史学著作的成功范例。正是由于魏源、黄遵宪,以及徐继畬、王韬、康有为、梁启超等学者在史坛上相继做出了出色建树,逐步地为中国史学的近代化奠定基础,至20世纪破晓之际才有"新史学"思潮的发动。晚清时期杰出史家的爱国赤诚,学术视野,创新成就,其为探索救国道路而

---

① 黄遵宪:《日本国志》卷二十一《兵志一·兵制》。
② 黄遵宪:《日本国志》卷十《地理志》。
③ 黄遵宪:《日本国志》卷二十一《兵志一·兵制》。
④ 黄遵宪:《人境庐诗草》卷八《支离》。

提出的卓越主张，和为推进社会进步做出的贡献等项，显然十分值得作为一个重要课题进行深入的研究，从而对晚清史学的历史地位提出新的看法，作出实事求是的恰当评价。

# 20世纪中国史家探索史学民族风格成就举要

如何形成和增强中国史学的民族风格，是关系史学发展的重大问题。要推进当代中国史学达到新的高度，无疑应当在理论创新、方法创新、大力学习外国优秀史学成果等方面作艰苦的努力。与此同时，还应当在如何形成浓厚的民族风格上大力探索和创新。事实上，20世纪中国一批出色史家正是在探索史学民族风格的道路上勇于创造，相继做出了宝贵的贡献。以往我们回顾20世纪中国史学，主要关注历史观和史学方法的进步，而对于史家在形成独特民族风格方面的努力却未曾着手进行系统、深入的总结。本篇试图对此作举要式的论述，以期引起史学界同仁研究的兴趣，共同从中获得对于我们今天建设具有中国气派的历史学的有益的启迪。

## 一、20世纪之初夏曾佑、章太炎、梁启超的探索

20世纪初年，对推进史学近代化最有贡献的人物是夏曾佑、章太炎、梁启超三人，也恰恰是他们在撰著或构思中国通史的过

程中，在内容上确立了以叙述社会进化、人群活动、国家民族盛衰发展的因果关系为目标，而在史书形式上吸收、发扬传统史学的长处并加以创造性的发展，因而成为20世纪探索史学民族风格的最初尝试。

夏曾佑于1902—1904年著成《中国古代史》（原名《最新中学中国历史教科书》），以近代进化论和因果律为指导，把几千年中国历史系统地划分为上古之世、中古之世、近古之世三大时代，又再细分为八个阶段，对于政治、军事、制度、生产、民族、社会风俗、学术文化各项，作了主线清楚而又切实饱满的论述，如对远古时代，即运用西方新学理，论述由渔猎社会—游牧社会—耕稼社会递次演进。当时，它一经问世，便使读者"有心开目朗之感"，"上下千古，了然在胸"。其原因，则在于与书中进步的观点和内容相配合，有比较恰当而新颖的编纂形式。

《中国古代史》在编纂上的特点，是借鉴当时刚刚传入的外国史书分章叙述的方法，同时吸收了中国纪事本末体的优点，将二者糅合起来，达到创新的目的。全书按篇、章、节叙述，同时又含以大事为纲的特点。著者说，文字虽繁，以关乎皇室、关乎民族、关乎社会风俗三者为纲，属于此三项的大事则详。为了实现此"以大事为纲"的意图，在编纂方法上，他便将纪事本末体按事立篇、明其前因后果、起讫自如、不拘常格的特点，糅合到从外国学来的分章节叙述的形式上。试以书中第二篇"中古史"第一章"极盛时代（秦汉）"为例。这一章前五十节中，绝大多数是按事件设立节目的。其中有专设一节叙述一事的，如"文帝黄老之治""景帝名法之治""武帝儒术之治""光武中兴""汉第一次通西域""汉第二次通西域""汉第三次通西域"；若一节容纳不下一个事件，则分上下两节叙述，如"天下叛秦""秦亡之后诸侯自相攻伐""楚汉相争""高祖之政"等即是；还有用连续六节叙述一事的，如"汉外戚之祸"（一至六）、"宦官外戚之冲突"（一至六）即是。

夏曾佑尝试的体裁形式，反映了历史编纂的一种新趋势。而这种体裁形式在20世纪初出现和流行，有着极深刻的原因。一则，历史家学习了西方的新理论，着重要说明历史的进化和因果关系，自然也要借鉴外国新的编纂方法；二则，中国史学的发展也已提出突破旧的编纂形式的要求。早在18世纪末，章学诚就主张用纪事本末体的优点去弥补纪传体的缺陷，以利于反映历史的大势。纪事本末体产生于封建社会后期，它具有因事命篇、灵活变化的优点，故成为20世纪初史学家学习西方、从事体裁创新的基础。在大胆向外国学习有用东西的同时，又对本国原有形式加以改造和发展，吸收别人之长和发扬民族的特点相结合，这就是夏曾佑体裁创新上取得成功的根本经验。

约略在同一时期或稍后，章太炎与梁启超均有撰著《中国通史》的计划，他们对编纂体裁的设计恰好形成大体相近的思路，要用一种新的综合体裁来撰写历史，以此代表了20世纪探索史学民族形式的一种重要趋势。章太炎和梁启超的探索，与18世纪末章学诚提出的改革史书编纂的主张前后呼应。章学诚总结了历史编纂的源流得失，提出了具有远见卓识的主张，以"仍纪传之体而参本末之法"，作为改革史书编纂的方向。章太炎于1900年计划写作《中国通史》，其著述宗旨有二：一是要求以进化史观为指导，同时要写出历史演进的主线；二是提倡历史著作应对民众产生教育鼓舞作用，以激励士气。这些都与史学近代化的时代潮流相合拍。观点、内容变了，必然要求有新的编纂形式与之相适应，因此，章太炎设想在纪传体的基础上，发展为表、典、记、考纪、别录五种体裁相互配合的形式。其《中国通史略例》明白指出，章学诚主张的兼采纪事本末的方法是"大势所趋"，并且加以发展。他所列目录中的十篇"记"，就是吸取纪事本末体的优点设立的。梁启超是推进中国史学近代化的关键人物，他是理论的倡导者，同时又是出色的实践者，故被称为"影响最为广泛的现代史林泰斗"[①]。他所撰《新史学》、《中国历史研究法》及其《补编》，是近代史学理论的奠基之作。梁氏洞悉传统史书

---

① 许冠三：《新史学九十年》卷一"史学新义"，香港中文大学出版社，1986年版。

体裁的源流发展,对于纪传体和纪事本末体的得失优绌尤有精到的见解。在编纂实践上,他极富创新精神,力图为反映历史演进的真相提供合理的载体。经过长时间的探索,他设想用"载记""年表""志略""列传"四个部分互相配合的体裁形式来撰写中国通史。这样安排比章太炎前进了一大步。从总体上说,梁氏设计的"四体"是吸收纪传体之长处,又以近代的眼光进行重大改造。就"载记"的设置言,则是对纪事本末体的创造性发展。梁启超能这样做,是因为他既能看到纪事本末体的优点,又能看到其不足。他说:"记事本末体是历史的正宗方法。……过去的记事本末体,其共同的毛病,就是范围太窄。我们所希望的记事本末体,要从新把每朝种种事实作为集团,搜集资料,研究清楚。"① 他的"载记"明显地把记载的范围扩大,力图说明事件之间的联系和历史大势。他用了纪事本末的方法而加以发展,不但跟袁枢的书相比大为不同,对照章学诚所设想过的办法也有了很大改进。

尽管章太炎拟议中的《中国通史》未正式撰写,梁启超的《中国通史》也只写出部分文稿而远未完成,但是,他们对于新的综合体裁的尝试,对于20世纪的历史编纂的发展趋势却有深刻的意义,他们的努力反映出近代史家已有更科学的观点和更开阔的视野,要求史著既能写出历史演进大势,又能再现社会各方面的情状。至20世纪末叶,罗尔纲以"叙述""纪""传记""志""表"五体配合撰成《太平天国史》,白寿彝先生创立"序说""综述""典志""传记"四体配合撰写《中国通史》,更把新综合体大大向前推进,谱写出20世纪史学的重要篇章。

## 二、三四十年代吕思勉、张荫麟的探索

20世纪三四十年代,史学科学化继续获得多方面的进展,与

---

① 梁启超:《中国历史研究法补编》,《饮冰室合集》专集之九十九,第31页。

此同时，在创造历史编纂的民族风格上也继续有所收获。在以进化论和因果律为指导的实证史学家中，我们可以吕思勉和张荫麟为例证。

吕思勉所著《中国通史》分上下两编，上编共十八章，下编共三十五章。尽管此书系按章论列，似与一般章节体史书相同，实际上它又明显地吸收了传统史书中的典志体和纪事本末体的特点。上编各章的题目是：婚姻，族制，政体，阶级，财产，官制，选举，赋税，兵制，刑法，实业，货币，衣食，住行，教育，语文，学术，宗教；显然，这是借鉴于典志体的特点而来的新创造。下编各章中列有：古代的开化，夏殷西周的事迹，春秋战国的竞争和秦国的统一，秦朝治天下的政策，秦汉间封建政体的反动，汉武帝的内政外交，前汉的衰亡，新室的兴亡，等；此则是糅合纪事本末体"因事命篇""不拘成格""起讫自如"的特点而加以发展。吕氏所著的断代史，体裁形式也有类似的浓厚的民族风格。如，《先秦史》（1947）第五章至第九章，标题分别是：开辟传说；三皇事迹；五帝事迹；夏殷西周事迹；春秋战国事迹。章之下所列节目之标题，则有"炎黄之争""禹治水""尧舜禅让""夏殷兴亡"等，大多也是以事立目。第十章至第十五章，分别是：民族疆域；社会组织；农工商业；衣食住行；政治制度；宗教学术。显然也是吸收了典志体的特点并加以改造而成。总之，吕思勉在体裁运用上有两项明显的意图，一是借鉴、改造纪事本末体，以反映历史演进的大势，一是借鉴、改造典志体，以广阔地反映社会生活和典章制度的各个方面。从形式上看他对体裁的运用跟章太炎、梁启超的设想有很大的差异，但他这两项指导思想与章、梁二人却又有互相贯通之处。

张荫麟所著《中国史纲》之所以能成为享誉中外的名著，除因他具有高明的史识，对历史的运动和联系有深邃的眼光之外，还应归功于他对史书体裁有创造性的、灵活的运用，和在历史著作的文字表述上发扬了传统史家文史兼通的传统，达到了很高的境界。故从著史的民族形式这一意义讲，张著《中国史纲》是这一阶段最值得注意的成功之作，尽管其篇幅只有十六万字。

张荫麟富有创新精神，在著史的结构和风格上有明确的追求，不愿落入俗套，力辟新境。自云："作者写此书时所悬鹄的如下：（1）融会前人研究成果和作者玩索所得以说故事的方式出之，不参入考证，不引用或采用前人叙述的成文，即原始文件的载录亦力求节省；（2）选择少数的节目为主题给每一所选的节目以相当透彻的叙述，这些节目以外的大事，只概略地涉及以为背景；（3）社会的变迁，思想的贡献，和若干重大人物的性格，兼顾并详。"① 他要着重叙述的是对历史发展最有重要影响的事项，即社会的变迁，学术思想的成就，重大人物的性格和活动。对这些要做到重点突出，内容上要予以透彻的分析，表述上则采用说故事的形式。总之，他的史著要写成富有思想性，生动的，能深入读者脑际，产生感奋力量并有独特风格的书，避免刻板乏味。

匠心独运、惨淡经营的结果，在体裁形式上，张荫麟做到了把纪事本末体按事立篇、便于写清楚历史事件的来龙去脉的优点，融会到流行的章节体之中；并且，在必要时，又吸收了典志体以及纪传体的优点。如，第一章，"中国史黎明期的大势"，共分四节，分别为："商代文化""夏商大事及以前之传说""周朝的兴起""周代与外族"。第二章，"周代的封建社会"，共分九节，分别为："封建帝国的组织""奴隶""庶民""都邑与商业""家庭""士""宗教""卿大夫""封建组织的崩溃"。又如，第八章，"秦汉之际"，共分五节，分别为："陈胜之起灭""项羽与钜鹿之战""刘邦之起与关中之陷""项羽在关中""楚汉之战及其结局"。这些节目的大部分，明显地是按事设立，以突出重大事件在历史演进中的作用，让读者能明确掌握各"大事"的原因、经过、结局和影响。其中有关周代奴隶、庶民、都邑、商业等，又糅合了典志体的特点。同时，著者对其十分重视的学术思想的成就，也采取按事立目的办法。如，第四章，"孔子及其时世"，其中分别设有："孔子的先世与孔子的人格""孔子与其时世""孔子与政治""孔子与教育""孔子的晚年"。第六章，"战

---

① 张荫麟：《中国史纲·自序二》，辽宁教育出版社，1998年版。

国时代的思潮",共有六节,分别为:"新知识阶级的兴起""墨子""墨子与墨家""孟子许行及周官""杨朱陈仲庄周惠施老子""邹衍荀卿韩非"。历史是事件和人物构成的,学术思想也是人创造的,吸收纪事本末体、典志体以至纪传体的特点,糅合到章节体之中,对于历史编纂来说,实在是必然的和可行的。

在文字表述上,张荫麟有极高的才华和技巧,他把对历史的深刻观察和透彻分析,都融合到生动的叙述之中,因而一扫有的历史书叙述刻板、枯燥乏味的弊病,极具吸引力和感染力。如第四章第二节中这样叙述孔子的人格:

> 他们所遇到的是怎样一位先生呢?这位先生衣冠总是整齐而合宜的;他的视盼,和蔼中带有严肃;他的举止,恭敬却很自然。他平常对人朴拙得像不会说话,但遇着该发言的时候却又辩才无碍,间或点缀以轻微的诙谐。他所喜欢的性格是"刚毅木讷",他所痛恶的是"巧言令色"。他永远是宁静舒适的。他一点也不骄矜;凡有所长的他都向其请教。便是他和别人一起唱歌,别人若唱的好,他必请再唱一遍,然后自己和着。他的广博而深厚的同情到处流露。无论待怎样不称意的人,他总要"亲者不失其为亲,故者不失其为故"。……

从精练的叙述中,鲜明地刻画出孔子这位大思想家、大教育家好学不倦、多才多艺,和他谦和、刚毅而又富有同情心的性格、修养。

再如,第九章第三节中叙述汉武帝改变汉初"无为"方针而实行"有为"政治的历史选择:

> 窦氏之死,给汉朝历史划一新阶段。她所镇抑着的几支历史暗流,等她死后,便一齐迸涌,构成卷括时代的新潮。自她死后,在学术界里,黄老退位,儒家的正统确立;政府从率旧无为变而为发奋兴作,从对人民消极放任变而为积极干涉。这些暂且按下不表。现在要注意的是汉廷的对外政策从软弱变而为强硬。她死后的次年,武帝便派重兵去屯北边;

是年考试公卿荐举"贤良",所发的问题之一,便是"周之成康……德及鸟兽,教通四海,海外肃慎,……氐、羌徕服。……呜呼,何施而臻此欤?"次年,便向匈奴寻衅,使人诈降诱单于入塞,同时在马邑伏兵三十万骑,要把单于和他的主力一举聚歼。这阴谋没有成功,但一场恶斗从此开始。

书中作为重点叙述的大事,实际上是社会变动、政策转变和一系列军事行动、民族关系错综变化的聚焦,在质朴优美的叙述中,透露出著者对社会进程复杂原因和事件前因后果及对后世深远影响的深刻观察,隐含着历史学家对民族命运兴衰所寄予的关切和激情。诚如鲁宾所评价的:"在张荫麟的笔下,中国古代的历史是鲜明的,容易了解的,对现代读者是亲切的。同时书中没有一点庸俗化的地方,也没有因简述一些问题而使论述降低到非专家水平,更没有否认别人的成果。"①

## 三、马克思主义史学家范文澜、翦伯赞的贡献

中国马克思主义史学自20世纪三四十年代起由成长壮大到获得蓬勃发展,逐步成为中国史学的主流。马克思主义史家在实践中遵循着以唯物史观普遍原理与中国历史的具体实际相结合的方向前进,同时他们又自觉地承担把祖国优秀文化发扬光大的历史任务,继承、发展传统史学的有用形式和语言表达手法,呕心沥血地使自己的史著具有为中国老百姓所喜闻乐见的中国作风中国气派。范文澜和翦伯赞是他们中的杰出代表。

范文澜所著修订本《中国通史简编》是一部潜心研究多年、反复修订而成的巨著,是20世纪史坛上光彩耀目的"成一家之言"的名作。范文澜继承并大力发扬司马迁以来中国史学的优良传统,撰成一部具有科学性,洋溢着时代气息,体现了各民族共

---

① 张荫麟:《中国史纲·本书说明》,第1页。

同创造历史的成功的史著,同时在推进史学的民族化形式上也作出了重要贡献。范文澜对祖国文化有极深厚的素养,又精心研究过《文心雕龙》,对于文章作法和修辞技巧有高度的造诣;他在延安生活了多年,对于毛泽东所总结的科学的、进步的内容和民族化的形式这一新文化的方向有深刻的感受,并且自觉地、出色地实行。

范文澜的史著有鲜明的观点和浓厚的理论色彩,是以对大量史实的准确把握和深入考辨为基础而升华出来的,全书蕴涵着丰富知识,消化了大量史料;而在章节结构和内容层次上又做到细针密线、妥善安排,因而章法分明、组织严密、布局合理。这显然是对传统史学重视体裁、体例运用的继承和发展。范著的章节结构从内容到标题,都是苦心经营、设计的,既能鲜明地揭示出历史演进的特点,又布局合理匀称,前后连贯照应。如第二编"汉族中央集权的封建统一国家底成立到经济基地扩展的大帝国底出现——秦汉至隋统一",共六章,秦朝西汉各一章,标题是:"专制主义的、中央集权的汉族统一国家成立时期——秦""国家统一巩固后对外扩展时期——西汉"。不把东汉和三国分开,而合设一章,为"继续向外扩展并由统一走向分裂时期——东汉三国"。三国以后的历史更加复杂纷繁,书中不采取一般按西晋、东晋十六国、南北朝分述这样的格局,而是分设"短期统一与黄河流域又一次大破坏时期——西晋十六国""长江流域经济文化发展时期——东晋和南朝""黄河流域各族大融化时期——北朝",作为此篇之后三章。这样的布局和标题,的确更能从政治、经济、统一规模及曲折、民族关系几个主要方面,揭示出各个时期或朝代历史的特点,及其在中国历史发展长河中的地位,同时,也使长期分裂纷杂的一段历史,显得不那么乱了。

书中各个章节,都是精心构撰,文字简练,内容丰富,法度谨严。我们特举出两节来说明。第一编第四章(东周)第五节"各族间的斗争与融合",分为三大层次。首先叙述"中国""夏""诸夏""华族""裔"和"夷"等名称的由来,和经过华族与居住在中国内部及四方的种族斗争,华夏文化扩大,各族不断融合的趋势。其次，叙述中原地区华族与其他族杂居的情况，以及南、东、北、西四方少数族的分布及其活动。再次，叙述华族凭藉优势的文化和政治力量，终于融合了四方诸族。最后得出结论，"东周时期华族逐渐巩固了在黄河流域的统治地位，为秦汉统一作初步的准备"。全节不足二千五百字，却包括了详审的材料，清楚地论述了各族如何分布，如何斗争与融合，甚至详及戎、狄与华族各国互相攻伐的次数，而且有深刻的分析，辩证地揭示出华夷关系不同层面的意义和中国各族逐步融合的趋势。单独来说，完全称得上是一篇兼具思想性与学术性，内容丰富而又条理清晰、结构严谨的优秀论文。再如，第二编第二章第一节"西汉政治概状"。首先论述高祖刘邦执行与民休息的方针。著者提出中心论点："有非凡的政治才能的汉高帝，在位七年，做着一件大事，那就是为与民休息准备各种条件。"以下每一项，"建立制度""招集官僚""压抑商贾""对匈奴和亲"，项项都归结到有利于人民休息。然后更进一层叙述汉高帝又致力于战争的善后举措，包括封文武功臣，对从军吏卒赐爵，劝告流民回乡务农，对因饥饿穷困卖身为奴者释免为庶民等，从而获得了社会各阶层的满意。又进而叙述刘邦"政治上的大成功"——消灭异姓王，分封同姓王（当时朝廷力量不足，需要同姓王的支持），迁徙豪强。最后归纳说："汉高帝在位七年，规定与民休息的政治方针，给盛大的汉朝奠定了基础。"此为本节第一大段落，纲举目张，内容详赡而组织严密，层层深入，前后呼应。以此为基础，然后展开对西汉政治的发展和衰落的前、中、后三个时期的论述。

在历史的文字表述上，范文澜达到了炉火纯青的地步。他的史著的语言，既有厚重的历史感，又具隽永、优美、活泼、洗练的特色。他写汉武帝，说："汉武帝凭藉前期所积累的财富与汉景帝所完成的全国统一，再加上本人雄材大略的特性与在位五十四年的长久时间，对外用兵，扩张疆土，对内兴作，多所创建（主要是水利），把道家思想的无为政治，改变为以儒家学说为装饰的多欲政治。通过汉武帝，农民付出'海内虚耗，人口减半'

的代价,造成军事、文化的极盛时期。西汉一朝各方面代表人物如大经学家大政论家董仲舒,大史学家司马迁,大文学家司马相如,大军事家卫青、霍去病,大天文学家唐都、落下闳,大农学家赵过,大探险家张骞,以及民间诗人所创作经大音乐家李延年协律的乐府歌诗,集中出现在汉武帝时期。这是历史上非常灿烂的一个时期,汉武帝就是这个灿烂时期的总代表。"① 态度鲜明地、集中地、准确地对汉武帝的贡献和这一时期的历史地位作出评价,气势豪迈,评价准确,力透纸背。他称唐太宗是取得"空前成功的皇帝",深刻而生动地分析唐太宗的政治性格和出现"贞观之治"的原因:"隋朝是唐太宗的一面宝鉴。隋朝的盛衰兴亡,给他深刻的印象。特别是农民大起义,使这个出身大贵族的雄豪子弟,不得不在事实前面,认识了劳动民众的巨大威力。得罪了民众,就像隋炀帝那样集全部权力于一身的皇帝,也难逃亡国杀身的后果。他认识到要巩固自己的统治权,就必须不得罪民众,这是他取得贞观之治的根本原因,也是被称为英明的封建皇帝的根本原因。"② "唐太宗鼓励群臣犯颜直谏,魏徵在谏臣中尤为特出。魏徵敢于据理力争,即使引起唐太宗的盛怒,也还是神色不变,继续讲理。某次唐太宗退朝回宫中,发怒道:'总有一天杀死这个乡下佬!'长孙皇后问杀谁。他说:'魏徵常常当众侮辱我。'长孙皇后道贺,说:'魏徵忠直,正因为陛下是明主。'他听了怒气才平下去。他出身大贵族,在战阵上又是奋击无前的猛将,性格非常雄豪,自然忍受不得魏徵的直谏,可是他有一个最大的畏惧,就是怕亡国。魏徵看准这一点,往往引隋事作例证,使他忍气接受谏净。"③ 对武则天,书中称她是"刚强机智的政治家","贞观时期所取得的成就——统一和强盛,在武则天统治的半个世纪里得到切实的巩固,这是她对历史的贡献"。又引《颜氏家训》中所载邺下有专由妇人主持门户的鲜卑遗风,来论述武则天称帝的社会习俗背景,更别具情趣:"武则天通文史,

---

① 范文澜:《中国通史简编》(修订本)第二编,第39页。
② 范文澜:《中国通史简编》(修订本)第三编,第93—94页。
③ 范文澜:《中国通史简编》(修订本)第三编,第96页。

多权谋,自然是取得政权的一些条件,但突破太后临朝称制的惯例,正式登皇帝位,建立朝代,却是历史上唯一的创举。她能这样做,是和当时社会习俗有关联的。……大抵北方受鲜卑统治的影响,礼法束缚比较微弱,妇人有发挥才能的较多机会,成为一种社会风气。武则天就是从这种风气里产生出来的杰出人物。"①他分析唐玄宗因骄侈心的滋长,代替了前期的求治心,而成为唐朝由治安转向危亡的关键:"唐玄宗在开元年间是励精求治的皇帝。但是比起唐太宗、武则天来,就显出他是弱点最大的一人。唐太宗经常以'守成难'、'慎终如始'警戒自己,武则天执持政柄,权不下移,唐玄宗恰恰相反,在励精求治,取得成就以后,便筋疲力尽,骄侈心代替了求治心。唐朝到开元时期才达到了极盛的顶点,也就在这个时期的季年,造成了天宝时期的乱源。唐太宗曾说,'治安则骄侈易生,骄侈则危亡立至',开元时期正是从治安转向危亡的过程,唐玄宗的骄侈心又正是这个转向的关键。"② 更是用精辟、生动的语言,总结出深刻的历史教训。

  书中论述各个时代的思想文化精彩的语句也随处可见。他评论孔子和老子学说对于中国学术文化发展的巨大意义:"儒道两家是封建统治阶级不可偏废的两个重要学说。儒家是一条明流,它拥护贵贱尊卑的等级制度,使统治者安富尊荣;道家是一条暗流,它阐明驾驭臣民的法术,使统治者加强权力。秦汉以后历朝君主,凡善于表面用儒,里面用道,所谓杂用王霸之道的国常兴盛,不善用的国常衰亡。儒经和道经也为历朝士人所必读,成为学术思想的主要泉源。因此,孔子和老子两大学派,一显一隐,灌溉着封建社会政治、文化的各个方面。"③ 确实鞭辟入里,发人深思。写唐代著名诗人李白和李贺的不同风格:"李贺想象力不亚于李白,不过李白满脑子神仙,神仙是最快乐最自由的幻想人物,因之李白诗充满着飘飘凌云气的快乐情绪。李贺却相反,……他既不信天地间有神仙,承认死的不可避免。他在死的方面

---

① 范文澜:《中国通史简编》(修订本)第三编,第108页。
② 范文澜:《中国通史简编》(修订本)第三编,第116页。
③ 范文澜:《中国通史简编》(修订本)第一编,第276页。

运用想象力,犹如李白在神仙方面,同样获得成功,不过长生与死亡意趣大不同,二人的意境也就大异了。""李贺佳句大抵从实地观察中得来,又加以锤炼功夫,得句往往奇巧。好似高手摄影师选择最适当的地点,摄取全部胜地的精华。"① 真切而传神。他论述唐晚期及五代文苑一片衰败萧索,但此时却产生了新体的词,"恰似几朵鲜艳的桃李花在秋树枝上开放,使人感到衰秋里还留有一点春艳"②。生动贴切,令人赞赏。范文澜形象地譬喻优美的历史表述对于吸引读者、广泛传播历史知识的作用:"韩愈所说的文以载道,是经验之谈。一辆破烂车子载着大道理,人家会拒绝它走进自己的眼睛里。"③ 范文澜的史著教育了几代人,他的通史著作和近代史著作长期受到广大读者的欢迎,除了有高度科学价值的内容之外,语言优美生动、极具吸引力也是非常重要的原因。

翦伯赞的史学著作,在文字表述上也很有特色。1942年11月,他在重庆撰写《中国史纲》第一册(即《先秦史》)即将脱稿时,郭沫若曾致函,请他写完之后带着稿子,"到赖家桥来为我们朗读",历史著作能拿来朗读,就因其文字生动。仅举二例。《先秦史》书中描述原始社会由采集经济向采集狩猎经济过渡时的生活:

> 据考古学家的报告,在周口店洞穴中,发现了大批古生物的化石,如披毛犀、毛象、剑齿虎、驯鹿、水牛、野马、野猪、灵猫、水獭及貂之属。在宁夏东部的遗址中,发现了披毛犀、鬣狗、鸵鸟、野马等的化石。……这些古生物的发现,就指明了狩猎在当时人类生活中,已经占领了很重要的地位。并且,我们由此可以想象燧人氏时代的人群,已经再不是拘束于内海周围之可怜的采集者,而已一变为英勇的猎人。他们拿着鹿角制成的匕首,或是有柄的投枪,在蒙古高

---

① 范文澜:《中国通史简编》(修订本)第三编,第696—697页。
② 范文澜:《中国通史简编》(修订本)第三编,第662页。
③ 范文澜:《历史研究中的几个问题》,《范文澜历史论文选集》,中国社会科学出版社,1979年版,第217页。

原,在河北平原,在鄂尔多斯,在陕甘北部,到处展开了"烧山林,破增薮,焚沛泽"的大规模狩猎活动。到处的森林都烧起了熊熊大火,到处的猎人都发出了雄壮的呼声,于是在胜利的呼号中,大批的野兽被抬进了洞穴。同时,在内海的周围,在易水流域,在萨拉乌苏河,在黄河的沿岸,都布满了渔捞的人群。此外,在这一带的山坡和原野也有成群的女子,进行采集。现在,在原始人的菜单上,已经不仅是球根、果实和螺蛤之类,而是添上了许多前所未有的山珍野味了。①

再如,《秦汉史》(又称《中国史纲》第二册)中写农民起义军包围长安、王莽面临灭亡的情景:

火势延烧得更大,已经烧进了皇宫。王莽的妃嫔和新选入宫的一百二十名淑女东逃西窜,群呼:"当奈何!"这时,王莽避火宣室前殿,穿着一件深青而发赤的衣服,带着皇帝的"玺韨",手里拿着"虞帝匕首",前面摆着一个"威斗",旁边有一位天文郎替他转动斗柄,他就随着斗柄所指的方向而坐。为了替自己壮胆,他自言自语说:"天生德于予,汉兵其如予何!"说话的时候,声音很微弱,因为他已经三日不食了。②

说明翦伯赞在20世纪40年代写成的这两部史著,在观点上是以唯物史观为指导,写法上是搜集了丰富的史料(包括考古资料),忠实地对史料作分析,并力求语言的优美、形象,其出色的段落宛如向读者展现出一幅幅生动的历史画面。作为他对历史的文字表述的理论概括,至20世纪60年代初,他主编《中国史纲要》时,便向编写组提出如下要求:"文章要写得生动一些。但我们不是写诗歌,可以全凭感情,也不是写剧本,可以虚构(写历史剧也不能随便虚构,历史剧中虚构的人物和故事,也必须是当时的历史条件下可能出现的)。我们是写历史教科书,既要生动,

---

① 翦伯赞:《先秦史》,北京大学出版社,1990年版,第31—32页。
② 翦伯赞:《秦汉史》,北京大学出版社,1983年版,第355页。

又要准确、严肃。""文章要剪裁,删除繁芜无用的辞句。句子要锤炼,去掉不必要的字眼。不论是文章的剪裁或句子的锤炼,都不要为了美词而害意。"① 编写组贯彻了他的这些要求,语言上做到准确而流畅,得到了普遍的好评。

(原刊《人文杂志》2004年第1期)

---

① 翦伯赞:《对处理若干历史问题的初步意见》,《光明日报》1961年12月22日。

# 白寿彝先生与中国历史编纂学

六十余年前的 1946 年 9 月，白寿彝先生在昆明五华书院作了题为《中国历史体裁的演变》的学术讲演，嗣后即在《文讯》同年十月号上发表。无论对于白先生长达半个世纪的中国史学史研究和历史著述生涯，或是对于当代中国历史编纂学学科的发展来说，这篇文章都有十分重要的价值。以后，白先生在其史学道路的各个重要阶段，都将当年提出的关于历史体裁的观点向前大大发展和丰富了，并在晚年主编完成了《中国通史》这一规模宏大的巨著，实现了史学著述体系的重大创新。我有幸在先生身边学习、工作达二十二年，深知先生长期为倡导历史编纂学学科及其理论创新所付出的巨大心血，深知先生的理论和实践对于当代史学发展的重大意义，深知先生对于建设历史编纂学学科体系所寄予的深切希望。值此白先生诞辰一百周年之际，特撰此文表达对先生的崇敬和缅怀之情。

## 一、关于历史体裁演进新观点的提出

传统史书汗牛充栋，记载了丰富的史实，具备了多样的编纂形式。长时期来，人们主要是从史料价值来衡量它，几乎无人视之为"历史遗产"，应当深入地研究其中的思想价值。白先生则是提出历史编纂学是一笔宝贵的历史遗产，要认真地进行总结和借鉴的第一人。1961年他所撰写的《谈史学遗产》一文，明确地主张要对传统史学的编纂思想、编纂理论和编纂方法进行发掘、分析和评价。这在中国史学发展史上毫无疑问是引人注目的新观点。而这些新观点的发端恰恰是1946年所撰《中国历史体裁的演变》一文。在此文中，白先生将中国历史编纂学的发展划分为四个时期：第一时期，自鲁哀公十四年，至汉建安五年荀悦著《汉纪》，其主潮是"编年纪传二体之确切建立"。第二时期，是自《汉纪》成书到唐贞元十九年杜佑《通典》奏上，其主要特点是"断代史的著述普遍地发达"。第三时期，是从《通典》完成至明末，"是通史时期。这个时期是从大家最感觉需要的典章制度方面作起，而后及其他。所以这个时期的代表作，先有《通典》，而后有《通鉴》和《通志》"。第四时期，从明末以后，"是专史时期"。将中国三千年历史体裁的演变作这样纵贯的考察，并揭示出其不同时期的特点，该文尚属首创，凸现出著者独具的见识和高度的概括能力。

更能显示出著者从哲理高度分析历史编纂发展的思想内涵和时代要求的，是在以下三项。（一）论述各种主要历史体裁并非一成不变，而是变化发展的。譬如，《春秋》和《左传》同是编年史的体裁，但《左传》显然比《春秋》进步了，最重要的不同，至少有两点。"第一，《春秋》所记，都是标题式的，《左传》所记，对于一件事的曲折，大抵都是详详细细地说的。像《左传》内许多关于战事的长篇的生动记载，在《春秋》里只用了很少的几个字。第二，《春秋》记事不记言，《左传》里却到处有娓娓动听的言论和关系重要的文告。另外，《左传》有时追记事之始，有时顺记事之终，这一点更是打破编年体之严格的束缚而有以补救编年体之不足的。"① 又如，著者指出《汉纪》的著成，决不是编年史体简单的回归。"《汉纪》的编年体决不同于《春秋左传》的编年体。它对于《春秋左传》所显示出的缺憾，是已经解决了的。许多无年月可考的史迹已不能再使我们的编年史家困惑，他已经用类举的办法，或因事以及事，或因人以及人，都给他们安排下了一个适当的位置。编年体到了《汉纪》，活动的领域是大大地开拓了，它的功能也大大地增强了。编年体至此才算有真正的成熟，而和纪传体争得了对峙的地位。"②（二）指出史学的发展与时代的要求有紧密的联系。自东汉至南北朝数百年间断代纪传体和断代编年体盛行，为何到唐中叶以后，则演变为以通史体裁为主要特征呢？作者对此作了独到的分析："可惜魏晋南北朝的时代，朝代的改换太骤了，政治环境也太恶劣。因为政治环境的恶劣，一个作家在不能抵抗的时候，便不免在作品里呈露出某种畸形的状态。因为朝代的改换太骤了，断代史里便不免把一件事情一记再记，把一个人一传再传，这很使读史的人觉得重复和烦琐。尤其是典章制度方面，断代史家更会感觉头痛；如果对于一种制度，不叙述原委，则未免太过兀突；如叙述原委，却往往要超出了时代的断限。这真是一件左右为难的事。唐代修志而要修《五代史志》，李延寿治史而要写《南史》《北史》，可以说明唐初一部分史家对于断代史之不满的感觉，已露出了断代史时代将要走向通史时代之一种征兆。"③ 因而唐宋时期相继产生《通典》《资治通鉴》《通志》等通史体典志史、通史体编年史巨著，就并非偶然，而是有深刻的社会原因和学术原因了。（三）著者不但指出同一历史体裁在时间长河中的发展，同时指出不同历史体裁的互相补充和综合。在论述《史记》的体裁时，作者首先指出人们通常把司马迁的巨著和后代的各部"正史"都同样地称之为"纪传体"，实则它们之间有很大

---

① 《中国历史体裁的演变》，《白寿彝史学论集》（下），北京师范大学出版社，1994年版，第651页。

② 《中国历史体裁的演变》，《白寿彝史学论集》（下），第652—653页。

③ 《中国历史体裁的演变》，《白寿彝史学论集》（下），第653—654页。

的不同:"纪传体,详细地说,应该是纪、表、世家、书、传体。因为司马迁的《史记》,就是包含这五个部分的。不过司马迁以后的同类作家往往不能具备这五个部分,只有纪、传两项是始终保持着的,所以不称作纪表世家书传体而只称作纪传体,也是很切合事实的。"同时作者又慧眼独见,特别指出《史记》的体裁是"综合的体裁":"在《史记》的五个部分中,'本纪'和'表'是全书的纲领。'本纪'揭载历年的重大史事,'表'则表明史事之综错的关系。书,指陈重大的历史现象。世家,记述帝王以下的领袖人物和他们世代相续的情形。列传,记述若干方面的突出人物。这五个部分的体裁,个别地说,大概都不是司马迁所创始的;但把它们完全用在一部书里,成一种综合的体裁,这是以前所没有的。"① 著者还透过历史著作外在的形式,揭示出史家在记载历史上独具的匠心和创造性。如论述《明儒学案》《宋元学案》两书的特点,说:"黄、全之作更是这时期史著的冠冕。这两书的最大贡献,在一变过去之点的写法、线的写法,而为面的写法。在这两部书里我们开始看见了全书脉络的贯通。"② 又如论述马骕《绎史》在体裁上的独具的特色,称它"大体上是用纪事本末体,但实兼有纪传体及学案体的长处。在这书的外集中,有图、有表,图不限于地图,表也不全同于旧表。这也是一部在体裁方面有创造性的作品"③。

白先生这篇讲演中最具警策意义的是他对历史编纂现状的评价和对变革、创造的强烈愿望:

> 近三四十年来,历史体裁是向着新的方向走了,但仍不能脱离专史时期。不只近三四十年如此,将来相当长的时期内恐怕还要如此。所不同者,是:以前,人与社会的关系不很显著,所以平面的,甚而至于是点线的写法已可以使人满意。现在,人与社会的关系日见复杂,非用立体的写法不能

---

① 《中国历史体裁的演变》,《白寿彝史学论集》(下),第651页。
② 《中国历史体裁的演变》,《白寿彝史学论集》(下),第657页。
③ 《中国历史体裁的演变》,《白寿彝史学论集》(下),第658页。

适应大家的要求。以前的历史是以各方面的权势者为内容，并且是写给权势者或权势的附属者看的，所以过去的史书形式也还罢了。现在要以人民为重要的内容，并且以能供给大多数人民阅读为最大的目的，以后的史书形式必须是能适合这种内容这种目的的体裁才是最好的体裁。现在中国史学的前途，仅在体裁方面说，还是艰难万状，让我们的作者和我们的读者携手前进，来共同克服种种的困难。①

在当时，流行的是章节体的编纂体裁，也不止是当时，整个20世纪各种历史著作都是普遍采取这种体裁，而人们对此也都是习以为常，几乎未见有人对此提出过疑问，或者提出过新的设想。白先生却认为当时在著述体裁方面是"艰难万状"，并深刻地指出问题的症结所在：反映历史的形式是"平面的"，"甚而至于是点线的写法"，而现今"人与社会的关系日见复杂，非用立体的写法不能适应大家的要求"。并进行了分析，在史书记载的内容上和读者的对象上也有了根本性的不同，以前的史书，是以权势者为记载的主要内容的，并且是写给有权势者或者权势的附属者看的，现今却是"要以人民为重要的内容，并且以能供给人民阅读为最大的目的"。这是史学研究者第一次明确地论述历史编纂的内容和形式二者之间的关系，历史编纂与读者对象的关系，论述历史编纂与时代要求之间的关系；第一次明确历史编纂应当自觉地实现变革和创新；而这些也是抗日战争胜利所开辟的伟大新时代，对历史编纂学研究产生了重要推进作用的结果。白先生这里所提出的"立体式"写法，是要求多视角表现客观历史演进的政治、经济、民族、文化、外交等方面的现状，由历史学家创造性地用恰当的组织形式反映出来。以上这些重要的观点，后来在其数十年的历史编纂学理论和实践中都大大地得到发展。不久后，白先生读到范文澜所著《中国通史简编》（延安版），对于这部以新的观点为指导，同时在著述体裁上有创新的著作予以肯定的评价，认为是一部体现出"立体式"写法的史著："在内容上

---

① 《中国历史体裁的演变》，《白寿彝史学论集》（下），第658—659页。

说，这是一部有强烈的战斗意识的书。(说的虽都是过去，但也可以说，都说的是现在。)吴晗批评《二千年间》说：'本书的主体是二千年来的人民，二千年来统治人民的政权，二千年来人民所受的困难，是从人民的立场来了解历史，而不是从少数统治者的事迹来曲解历史。'""如想拿这几句话，送给本书，恐怕还要说得更积极一点，才更合适些。在写作方法上，这是用立体的写法来写的，和一般之面的，甚而是线的写法不同。在整个形式上，这是一部史书，和一般之'史论'、'史考'、'史抄'而冒称为'史'者，也不同。"①

## 二、倡导研究并大力发掘"历史编纂学"的遗产

《中国历史体裁的演变》一文，是白先生系统研究中国历史编纂学这一领域和建设历史编纂学理论的起点，其中又应注意的是，白先生在当时已将传统历史编纂学作为一笔应予重视的学术遗产，揭示出史学著作中所蕴涵的思想价值。譬如，作者不但指出《史记》所创造的是一种"综合的体裁"，同时指出："《史记》和《春秋左传》，在体裁上最重要的不同，是后者以年月为主，而《史记》以人物为主。因为《史记》不再以年月为主，便不再受年月上的限制；只要作者认为是重要的史事，不问有无确切年月可考，都可以叙在书里。这是《史记》在体裁上之最大的贡献，可以减去编年体之遗憾不少。"②又论述《通典》的特点："各门中除记载典章制度外，并记载各时代有关的言论，除正文外，还有小注，有时，杜佑还加上一些评论。这书在表面上虽似各史志的综合，实则无论在门类的精详上或在资料的丰富上，都不只是各史志之综合而止的。"③再如，论述郑樵《通志》一书具有突出的创造性："《二十略》之所以特出，固然在于他能提出

---

① 《评范本〈中国通史简编〉》，《白寿彝史学论集》(下)，第1249页。
② 《中国历史体裁的演变》，《白寿彝史学论集》(下)，第651—652页。
③ 《中国历史体裁的演变》，《白寿彝史学论集》(下)，第654页。

新的观点和新的资料，同时也在于能用新的形式来表现。例如《氏族略》分氏族为三十二类，《艺文略》分图书为十二类，一百五十六小类，二百八十四细目，这种分析综合的形式是以前所没有的。而《六书》《七音》等略中之有图，也是一种新的尝试。"① 这种认识的发展，就是在 1961 年明确提出"史学遗产"的思想，同时明确"历史编纂学"是应该批判地总结历史遗产的一个重要领域。撰成于 1961 年 3 月的《谈史学遗产》一文，在中华人民共和国成立后的学术史上具有首次明确提出"史学遗产"的思想观念的意义，正如作者在文中开宗明义讲到的，中华人民共和国成立后在医药界、戏曲界，以及数学、天文历法、农学等等领域，都在整理历史遗产方面作出了成绩，而关于"史学遗产"却尚未引起人们的注意。实则，这是一个具有重要学术价值和理论价值的领域。作者高屋建瓴地指出研究史学遗产对于发展我们的新史学具有三个方面的重要意义：一是，"研究史学遗产可以更具体更深刻地理解史学作为一种社会意识形态在现实斗争中的战斗作用"；二是，"研究史学遗产可以逐步摸索出来中国史学发展的规律"；三是，"研究史学遗产，可以把历史上提出来的一些史学问题作为当前历史研究的资料"。

基于上述自觉地批判继承祖国丰富的史学遗产以服务于当代史学的发展的理论高度，白先生提出，要在整个史学园地内百花齐放，其中就有"历史编纂学"这一重要花圃，并且提纲挈领地论述传统历史编纂学最值得借鉴之处。首先是历史体裁的丰富性，如《隋书·经籍志》分史部为十三类，《四库全书》分史部为十五类，章学诚《史考释例》和《史籍考总目》，分史部为十二纲五十七目。其次，白先生指出，"我们研究史书体裁，跟著录家不同，不能专从分类上着眼，更应该看到一种体裁的发展"。比如编年体，"《春秋》只记有年月可考的史事，《左传》就不只记事，还要记言，不只记当年的事，还要于必要的时候或原其事之始，或要其事之终。荀悦撰《汉纪》，提出'通比其事，例系

---

① 《中国历史体裁的演变》，《白寿彝史学论集》（下），第 656 页。

年月'，这是对编年体的一个重要发展"。① 袁宏的《后汉纪》，是编年体，但又有纪传体的长处，也是个发展。至《资治通鉴》这部巨著，尤为编年体史书发展的高峰。此后的《通鉴纲目》和《通鉴纪事本末》，则是在编年体的基础上又发展出来新的史书体裁。再次，对于以往史学家提出的有关历史编纂学的理论问题，以及古代史馆纂修的机构和经验，也应当重视研究。如，刘知幾在《史通》中曾提出断限、编次、题目、称谓、载文、载事、言语、叙事、品藻、鉴识等范畴、命题。"像这一类的问题，或是就历史评论家已有的论述，或是就历史作家的著作，都可以进行研究。""对过去史馆的组织、他们的工作经验，也可以研究。比如司马光修《通鉴》，以书局自随，以众手而成一部首尾贯通的巨著，他们的编写过程是可以研究的。"②

从《中国历史体裁的演变》的讲演到撰写《谈史学遗产》一文，白先生对中国历史编纂学的理论思考长达十五年。在研究实践上，他也作了重要的开拓和成功的示范，这就是 20 世纪 60 年代初完成的《中国史学史教本初稿》中诸多精彩的论述。书中对多个时期史学的发展和史家成就的分析评价，都将历史编纂学作为衡量的一个重要标尺。我们可就编年体和纪传体各举出一个典型。东汉荀悦著成《汉纪》三十卷，白先生从两个方面论述其历史编纂上的成就。一是，"《汉纪》发展了《春秋经》和《左传》的体例而建立了断代的规模具备的编年体"。二是，《汉纪》记载的史事既坚持了编年体史书按年月日顺序编排，又用"连类列举"的方法作为重要的补充。"例如张良是刘邦的重要谋士，不可不记其生平。但他的生平就不好按年去记，《汉纪》便把这样的记载安排在沛公二年'迁张良于留'之下，这是张良第一次在《汉纪》出现的地方。又如张骞使西域各国都不可不记。《汉纪》便在武帝元光六年'张骞封博望侯'之下，先记张骞的出使，接着就记西域各国。这一记事方法是《汉纪》在体例上的创造，使

---

① 白寿彝：《历史教育和史学遗产》，河南人民出版社，1983 年版，第 59 页。
② 白寿彝：《历史教育和史学遗产》，第 60 页。

它避免了《左传》那样在体例上的庞杂，对于后来的编年史有相当大的影响。"① 陈寿著成《三国志》六十五卷，当时即获得好评，被誉为"善叙事，有良史之才"。白先生对《三国志》历史编纂予以很高的评价："陈寿的史才，表现在对三国历史有一个总揽全局的看法和处理。"以下分开四项揭示分析陈寿在记载历史和组织安排上的苦心经营。第一，对于三国时期（起自黄巾起义后，至晋灭吴）大约百年的历史，在全书的总布局上，"他以曹魏的几篇帝纪提挈这一时期历史上的大事，又分立魏蜀吴三书以叙三国鼎立的发端、发展及结束"。从而清晰地显示出三国时期历史演进的主线：黄巾的兴亡、董卓和群雄的四起；官渡战后曹操势力的迅速增长，赤壁战后三国鼎立，夷陵战后吴蜀长期合作和蜀魏长期对立；魏明帝传位婴儿以至曹爽的失败是魏晋替兴的转折；诸葛亮之死标志蜀汉政局的转折；孙权晚年嫌忌好杀肇致吴国败亡的危机。第二，"《魏书》三十卷中，首列《武帝纪》以记曹操创业，接着在记帝、后妃和汉末诸雄之后，就写《诸夏侯曹传》和《荀彧荀攸贾诩传》。诸夏侯曹是魏家宗亲近臣，他们的盛衰是曹魏盛衰的一面镜子。二荀是参与曹魏军国大计的内幕人物。此外以二十卷分写魏的宗王、谋臣、将帅、循良、文学、清名、叛臣、方技和边族。"第三，"《蜀书》十五卷中，着意写刘备和诸葛亮而于亮备极推崇。在《诸葛亮传》中，通过隆中对、说孙破曹、永安托孤、出师表，以概括亮的一生事业，而在关羽、董和、董允、廖立、李严、蒋琬、姜维以及其他各传中随时写出亮的政治威信、政治影响。"第四，"《吴书》二十卷中，着意写了吴创业之君孙策和孙权，也着意写了江东主持军国大计的重臣周瑜、鲁肃、吕蒙和陆逊。"蜀书、吴书其他列传也分别写了文臣、武将、忠良、清名、文学、术数等类型的人物。"《三国志》外表上有类于传记汇编，实际上却自有一个密针缝制的局度。"②

---

① 《白寿彝史学论集》（下），第909—910页。
② 《白寿彝史学论集》（下），第914—915页。

《中国史学史教本初稿》中对上述史学名著在组织结构和编纂体例上成就的分析和概括，对于中国历史编纂学学科的建设有重要意义，尤其是在以下几个方面作出了宝贵的示范：以发展的、辩证的观点认识历史记载的演变；将历史编纂的成就和特点与时代条件结合起来考察；史家对体裁体例的运用与历史观的关系；史书在结构、组织、布局上的成就与历史家"再现客观的历史"的努力的关系。这些关键问题，都为历史编纂学的进一步发展指示了路径。

## 三、对历史编纂学学科建设的宏观构想

进入新时期以后，是白先生学术的高峰时期。先生治学长达半个世纪的积累，他对理论问题的长期思考，他在多个学科领域中对诸多重要学术问题的反复探讨，他对史学与时代条件、社会发展之相互关系的深入总结，他对学术创新、勇于担负时代责任的不断追求，至此汇成了充沛的创造活力，以不可遏止之势迸发出来，思想活跃，高屋建瓴，重要论著接连问世。[①] 从全国范围来说，则正值20世纪中国学术蓬勃发展的时期。中国学人确立了以马克思主义为指导之后，将普遍原理与中国具体实际相结合，将学术研究的科学性、探索的深度、开拓学术研究领域的广度推向了新的阶段；中间由于发生左倾思想的指导错误，曾经造成教条化、公式化泛滥，使学术发展出现严重的曲折。进入新时期以后，党中央恢复了正确路线的指导，拨乱反正，深刻批判教条主义，认识其严重危害，肃清其流毒，划清科学的、与时俱进的马克思主义与教条式的所谓马克思主义的界限，国家进入改革开放的新时期，学术界出现了思想解放、勇于探索新课题、竞相

---

① 进入新时期以后，白寿彝先生相继出版的重要论著有《中国通史纲要》(1980)，《史学概论》(1983)，《历史教育和史学遗产》(1983)，《中国史学史》第一册(1986)，《中国通史·导论》(1989)，《回族人物志》四卷（1985—1993)，《白寿彝民族宗教论集》(1992)，《白寿彝史学论集》上、下册(1994) 等。

著书立说、兴旺发展的大好局面。白寿彝先生个人长期的学术积累与准备，和整个学术界解放思想、开拓进取的时代环境际会相合，促使先生站在时代的高度，在学术上取得一系列重要的创新。其中，历史编纂学是白先生尤为关注和擅长的领域，无论在理论建构还是著述实践上都有卓著的建树。

在理论上，白先生在这一时期发表了《谈史书的编撰》（1981）、《中国史学史》第一册（1986）、《中国通史·导论》（1989）等论著，为历史编纂学学科建设提出宏观构想。主要阐述的问题有：

（一）对历史编纂学在史学上具有的重要地位作了科学的界定。《中国史学史》第一册《叙篇》说："史书的编纂，是史学成果最便于集中体现的所在，也是传播史学知识的重要途径。历史理论的运用，史料的掌握和处理，史实的组织和再现，都可以在这里见个高低。刘知幾所谓才、学、识，章学诚所谓史德，都可以在这里有所体现。"①

这段论述告诉我们，历史编纂之所以在史学中占据着重要地位，第一，因为它是史学家史才、史学、史识和史德之重要载体。它是一个时代史学发展水平的集中体现，也是衡量史家的才、学、识和史德的明显尺度。世代的学者，无论对历史演进的观察如何之深刻、敏锐，对历史变化的观点如何之高明、正确，搜集的材料如何之丰赡、翔实，研究的成果如何之精当、宏富，表述如何之恰切、生动，都必须依赖历史编纂这一载体容纳和表述出来。第二，历史编纂是再现客观历史进程的综合创新工程。研究和总结历史编纂学的发展，决不能单从技术性问题着眼。恰恰相反，史学家如何运用体裁、体例，是与其能否成功地再现客观历史进程的努力直接相关的。何以选择这种体裁而不选择别的体裁，"本纪"记载的内容体现出史家何等的史识，在多大程度上反映出一个朝代历史大势的作用，"列传"部分为何选择这些人物设立"专传"，"类传"能否反映出一个时期的历史特点，其

---

① 白寿彝：《中国史学史》第一册，上海人民出版社，1986年版，第23页。

他又如"志"和"表"的设置是否较前代史家有所推进,是否有助于展现时代的风貌,"史论"如何运用,是否具有揭示出历史演进的深层原因的作用,是否明确表现出公正的是非褒贬:诸如此类,都表明史学家再现历史的努力和达到的成功程度,都应当认真总结,并且上升到理论高度来阐发。史学研究的多方面成果就要依赖历史编纂的恰当运用,才得以广泛行世和久远流传。因此,历代卓有建树的史学家,无不重视历史编纂的改革和创新,杰出的史学评论家,也无不重视对历史编纂加以总结。历史编纂在过去学术长河中的发展,是依靠史家具有创新精神来推动的;今后历史编纂要争取更加美好的前景,关键也在于树立创新意识为指导。

(二)提出研究中国历史编纂学的主要方法是,以发展的、互相联系的观点总结古代主要史书体裁的演变。白先生提出,应该透过现象看本质,以辩证分析的方法把握本质,发掘传统历史编纂学中蕴涵的思想价值。譬如,对于传统史书三种主要体裁,不能囿于旧见,而应该看到三种主要体裁各有其发展过程,看到不同体裁间的互相联系:"一般的看法,在这三种体裁之间好像有一条截然的鸿沟,它们的形式也好像是固定不变的。实际上不是这样。纪传体史书,其中很大的部分是记人物,但不是一种单一的体裁,而是一种综合的体裁。纪传体史书里的本纪,基本上就是编年体。编年体史书是按年月记事的,但里边也有纪事本末体。比如,《左传》记晋文公在外流亡的经过,就是纪事本末体。纪事本末体史书,是把历史上的大事区别为若干子目,在某一个子目里把这件大事有首有尾地记下来,每一子目都独立成篇。但这种史书也必须按年月来排比历史的事实,而且里边也不能不有传记性质的记述。这三种体裁的区别,只是就其主要的形式来说的,并不是互不相干的。""像这些史书体裁的发展,是跟整个史学的发展分不开的。对于这三种史书体裁的看法,应该有一个新的看法。应该看到这三种体裁间的相互关系,看到它们的发展过程。"

白先生在昆明讲演中曾提出《史记》的体裁是"综合体裁"

的观点，至此得到大大的发展。他提出，司马迁创立的纪传体"是本纪、列传、世家、载记、书志、表和史论的综合"，"纪传体把这些体裁综合起来，在每一部书里形成一个互相配合的整体"。又说，清初马骕所撰《绎史》中，有编年体，有纪事本末体，有人物传记，有诸子的言论，有书志等体裁，是一种"更为发展的综合体"。

《史记》的体裁众体兼备，各司其用，而又互相配合成一整体的格局，在今天正能给我们以宝贵的启示，白先生六十余年前在昆明讲演中提出的应当以立体的方法写历史、克服当前在体裁上"艰难万状"的局面，至此达到认识的升华，即大力发扬纪传体综合众体的长处，并加以改造和发展，形成新的综合体裁，由此，他明确提出从传统历史编纂学中吸收精华、创造新的史书体裁的设想："历史现象是复杂的，单一的体裁如果用于表达复杂的历史进程，显然是不够的。断代史和通史的撰写，都必须按照不同的对象，采取不同的体裁，同时又能把各种体裁互相配合，把全书内容融为一体。近些年，也许可以说近几百年，我们这个传统没有得到很好的发扬，因而我们的历史著作，在很大程度上不能表达更为广泛的社会现象。就专门史来说，体裁的问题，比写通史要简单一些，但单一的形式还是不行的。今天我们要采用综合的体裁来写历史，不止是要吸收古代历史家的长处，还应该超过他们。"[①]

总结出传统史学发展中各种体裁之间互相补充这一规律，对于今天改进历史编纂、推进史学发展有重要意义。故白先生强调说，《春秋》三传是编年体，然而它们在记述一些史事的时候，往往把这些史事的始末作了交代。《汉纪》《后汉纪》则采取"言行趣舍，各以类书"的办法。至编年体巨著《资治通鉴》中未按年编次的史事就更多了。这些事实，"至少也可说明单一的编年体之行不通，必须适当地吸收别的史体作为补充"。"编纂史书，本是为了反映历史真相。采用这种史体、那种史体，是为了

---

[①] 以上所引见白寿彝《谈史书的编撰》，《史学史研究》1981 年第 3 期。

反映历史真相的方便。如果因为拘泥于体例而排挤掉重要的史事,岂不是舍本逐末。"①

(三) 通过总结传统史书体裁的发展趋势和得失利弊,为当前历史编纂学的发展提供思想营养。如论述编年体,"好处是可以在同一年代内看到不同方面的史实,有利于对历史之总的考察。而且,史事之年代顺序的排列,可以发现记载上的分歧和错误,更利于对史事真相的考核。它的缺点是,在同一年代记载的史事,头绪较多,对于一般的读者来说,往往不容易看出一个眉目来。今天看来,编年体史书的编写还是不可少的。从历史研究工作进行的程序来说,对史事进行编年的考核是极为必要的步骤。但作为一种独立的史书体裁来说,怎样取长补短,还需要好好地研究。"传统史学中有一类记言的史书,如《昭明文选》《唐文粹》《宋文鉴》《明经世文编》等,白先生认为,它们可"用于反映历史时代某些方面的面貌",因而"具有卓然自立的性质"。"我们应当发扬这个传统,把历代关于政治、经济、军事、学术的重要议论和代表作,编选成书。这有利于读者直接接触原始的历史资料,帮助他们对历史的理解。"又如学案体,是"过去学术文化史最发展的形式。从今天的要求来看,这是远远不够的,但也不是没有可供吸取的地方。如果就学案的体裁加以发展,写出有关专家的传记,精选他们原来的代表作,加上我们的理论分析和事实考辨,另外还要论述各个时期文化之总的趋势及其历史地位,这可能写出来一些别具风格的学术史、文化史"。②

(四) 应当重视对以往史家提出的概念、命题、理论进行总结。白先生对"撰述"与"记注"、史书的"编"和"著"、"圆而神"和"方以智"等理论问题的阐发,都是很好的示范。

白先生认为,记注和撰述,是对历史记载的最大分类。"史料性的记录和创作性的撰述互相区别,这是章学诚在论史书编纂时很重要的一个看法。"章学诚说,撰述欲其圆而神,记注欲其

---

① 白寿彝:《中国史学史》第一册,第25页。
② 白寿彝:《谈史书的编撰》,《史学史研究》1981年第3期。

方以智。这是对撰述和记注分别提出了要求。《文史通义·书教下》指出:"夫智以藏往,神以知来。记注欲往事之不忘,撰述欲来者之兴起。故记注藏往似智,而撰述知来拟神也。藏往,欲其赅备无遗,故体有一定,而其德为方;知来,欲其抉择去取,故例不拘常,而其德为圆。"对于章学诚的重要论述,白先生作了精彩的解释:"方,是说要有一定的体例,使其可以具备各方面的记载。这需要记载者有一定的知识水平,也表达了或储存了很多的知识,所以说是'似智',说'智以藏往'。圆,是说作者有'别识心裁',不为陈例所拘,而能运用自如。因为表现了撰述者的远见,所以说是'拟神',说'神以知来'。""编撰不拘成例,不是不要例,而是不要拘泥于死板的框框,要按照具体的情况有所调整。方圆不可求全,可有适当的分工,但也不是有一条截然的鸿沟,而是可以互相补充的。特别是在讲圆的时候,也须有一定的方为基础,才可能更好些。最重要的是,无论通史、断代史或专门史,总须在特定的范围内有一个全局的看法,然后才能谈到圆而神。"①

关于"编"和"著"的区别,白先生说:"编,是就现成的材料进行适当的加工,编辑成书。著是著作,要有创见,有新意。更高一些的要求,还要作者能自立规模。这两种书的性质不同,任务不同,对它们加以区别,有利于应有任务的完成和水平的提高。现在的风气,有相当一部分书是连缀现成的材料,掺杂自己的意见,编排成书而自称为著作。像这样的情况,很不利于史学的发展。"② 白先生通过总结传统史学中有关理论而作出的这些阐述,对于提高编和著两大类书的科学规范和学术水平,确实有现实的意义。

白先生构想的历史编纂学研究内容,还有总结各种史书体例上的得失、史书的编纂方法、古代史官制度的演变及其修史成果等项。一是要求对丰富的历史编纂学遗产展开全面系统的研究,

---

① 白寿彝:《谈史书的编撰》,《史学史研究》1981年第3期。
② 白寿彝:《中国史学史》第一册,第27页。

又要求突出重点,在主要史书体裁、历代史学名著、重要理论问题上下工夫。二是要求高度的科学性,研究历史编纂学遗产,要注重与其时代条件,历史编纂学与整个史学发展的关系,不同史书体裁之间的关系,内容和形式的关系,作辩证的分析和实事求是的评价。三是突出思想性和前瞻性。研究历史编纂学不能只满足于材料的搜集和史实的罗列,而要重点揭示出在历史编纂演变长河中具有认识价值和思想价值的东西,要通过总结以往的经验教训,为今天发展新史学提供鉴戒。总结历史编纂遗产的当代价值,是为了改革和发展今天的历史编纂,使之符合今天的时代需要,符合今天学术发展和人民大众的要求。正如白先生将章学诚"圆而神"的论述予以点化,并强调说:"圆是很不易的,神就更不易了。'神以知来'在章学诚还只能是一句抽象的话,我们则必须学习运用马克思主义,取得具体的成绩。自司马迁倡言'述往事,思来者',直到章学诚的'神以知来'、'欲来者之兴起',都是我国史学传统中的光辉思想。过去说'知来',是很难做到的。现在讲知来,是可以做得到的。史学工作者不是向后看,而是要向前看,这是一条马克思主义的原则。"①

## 四、中国历史编纂学学科建设任重道远,大有可为

理论上创新和实践上卓有成效的努力二者紧密结合,是白先生学术的重要特点。白先生在历史编纂学领域先后提出的"以立体式"写历史,总结和发扬"历史编纂学"的遗产,"创造新的综合体裁,以再现广泛复杂的历史现象"的创新理论,在著史实践上集中的成功体现,便是由他总主编的《中国通史》这一重大学术工程的完成。这部共计二十卷、二十二厚册,总字数约一千四百万字的通史巨著,体现了推进具有民族特色的中国马克思主义史学建设的时代要求,被学术界誉为"20世纪中国史学的压轴

---

① 白寿彝:《谈史书的编撰》,《史学史研究》1981年第3期。

之作",得到党和国家领导人的高度评价,并已获得了令人瞩目的社会效果,发行数量已达到三万套以上。

在这一浩巨的学术工程进行之初,白先生便提纲挈领地论述了全书在编纂体裁体例上的总体设计和应当达到的明确要求,说:全书采用序说、综述、典志、传记四个部分互相配合成为一体的新的综合体裁。序说,"内容包含基本史料的阐述,已有的研究成果和本卷的编写大意"。综述,"阐述这一个历史时期的总的发展形势,其中包含政治、经济、军事、民族、文化和中外关系"。综述系"取法旧史之本纪",而加以根本性的改造,"要求能综揽历史发展的总过程及其规律,这是跟旧日的本纪显然有本质区别的"。典志,"分篇论述生产力和生产关系的状况以及政治制度、军事制度、法律、风俗等","综述与典志的关系,是要求前者能阐述历史发展之阶段性的全貌,而后者则是对这一历史过程中若干侧面的剖视"。传记,"包含个人传记,学派传记,艺术家、宗教家传记等",我们写的传记"不是一个一个孤立的人物,而是特定历史时期特定历史环境中的人物"。他还指出,用这种新综合体来撰写历史的优点,最突出的两点是,"便于容纳更多的历史内容",并能够"更进一步地反映历史发展的面貌"。[①] 以后在其主编的《中国通史·导论》第八章中,对于多卷本《中国通史》的体裁设计和目的要求,又作了更为透彻的论述。

事实已经充分地证明白先生建构历史编纂学在理论上的重大科学价值和在实践上的巨大成功,证明他在长达半个世纪中对历史编纂学的探索、倡导和建构对于发展新史学的重大意义。白先生的理论和实践的宝贵价值,从哲学内涵言,是辩证唯物主义和历史唯物主义思想方法论在这一领域的成功运用;从学术发展的趋势言,是自觉担当了发掘传统史学精华与推进当代史学发展二者相结合的时代责任,创造出一种具有浓郁民族风格而又符合多视角多层面反映历史面貌的新的构史体系。不仅如此,创造"新综合体"尤其符合近三百年历史编纂内部逻辑发展所昭示之必

---

① 白寿彝:《中国史学史》第一册,第 25—27 页。

然。18世纪末,章学诚提出了"仍纪传之体而参本末之法",作为改革史书编纂的方向;20世纪初,章太炎冀图编纂中国通史,他自觉地继承章学诚的主张,认为此乃"大势所趋",且曾设想通史由表、典、记、考纪、别录五体综合而成;差不多同一时期,梁启超也发愿撰著《中国通史》,竟不谋而合地设想由载记(主干部分)、年表、志略、传记四体互相配合而成一书。这就雄辩地证明,白先生由深通传统历史编纂学而得出的体裁创新,实具有深刻的理论依据和历史依据。目前正在进行的由戴逸先生主持的大型《清史》纂修工程,当其启动之初,在采用何种体裁问题上曾经出现严重的分歧意见,也正是靠重温三百年学术发展的内在逻辑,最后达到认识的广泛趋同,一致赞成用通纪、典志、传记、史表、图录五体结合的"综合体"来纂修《清史》。① 总结历史编纂学内在逻辑发展对于当代史学能起到重要推动作用,由此得到有力的显示。中国传统历史编纂学的遗产极其丰富多样,中国作为具有灿烂古代文明的东方大国,要求我们应当向世界贡献出既有鲜明民族风格,又有高度科学价值的史学珍品,中国历史编纂学学科建设任重道远,大有可为。

(原刊《史学史研究》2009年第1期)

---

① 参见陈其泰、郭成康《〈清史〉纂修与历史编纂的创新》,《历史研究》2004年第5期。

# 纂修大型《清史》宜采用新体

辛亥革命爆发，清朝统治结束至今已经整整九十年了。但是迄今为止，我们还没有一部质量上乘、令国人感到满意的清代史。因此，立即实施由政府立项资助、组织全国专家共同纂修大型《清史》这一世纪性文化工程，已成为史学界和社会各界有识之士共同的迫切要求。在这次由中国人民大学清史研究所举办的"清史纂修研讨会"上，与会的一百五十多位学者对包括纂修清史应采用什么体裁等重要议题进行了广泛、深入的讨论，使我获得了许多宝贵的启示。承蒙会议组织者的雅意，安排我在（2001年）5月19日就纂修大型《清史》的体裁问题作大会发言。我在发言的开头讲了这样一段话："在共商如何实施纂修这一旷世巨典的时候，通过深入讨论，集思广益，共同确定一种比较妥善的体裁，是极其重要的。我们是处在新的时代，而我们所要纂修的是中国最后一个封建皇朝的历史，要做的确实是一件继往开来、承前启后的工作。因此现在对体裁问题提出不同的设想、不同的方案来讨论，是很自然的，也是非常必要的。如果我们认定今天纂修《清史》是承续二十四史的工作，是历代正史的后殿，那么，我赞成5月17日大会上郭成康教授提出的、其他多位先生补充的基本上采用纪传体的主张，以此为基础继续进行讨论。因为郭教授也明确讲要以新观点为指导,体裁、体例上要有创新。但是,按照我目前的认识,我主张采用新体。当然我讲的新体也是要充分地吸收包括纪传体在内的传统史书体裁的优点,在此基础上进行改造和再创造。"会后,我对这个问题继续进行思考,并与郭教授交换了意见,我继续得到他的启发,因而部分地修正了我的设想。现在,我便以5月19日在会上发言的内容为基础,结合新的看法,对纂修大型《清史》采用什么体裁谈点肤浅的认识,作为对此一代盛事竭致愚诚,贡献一孔之见。

## 一、纪传体得失利弊之审视

司马迁首创纪传体以记载历史,以后一直为历代修史者所采用,历二千年而无改斯道。今天我们考虑修纂清史的体裁,首先要充分地认识纪传体在反映历史上的重要合理性和特具的优势,同时又应当足够地估计这种体裁的时代印记和记载上的局限。

司马迁创立纪传体,在历史编纂上充分地吸收了先秦史学的成果和经验,他所处的西汉武帝时代强盛的国力和社会上升局面为他提供了创造的激情,加上他非凡的修史才能,因而达到了在当时历史条件下进步的史学内容和优胜的编纂形式二者的统一,为后世提供了学习的范式。纪传体,由纪、表、志、传等配合构成,它突出的优点是,其中每一种体裁担负记载历史的某一方面的任务,反映历史演进的某一方面的要素,并且几种体裁互相配合,具有极大的包容量,足以反映社会各方面的情状。历代许多有识史家都对此予以高度重视,各自表达出深刻的体会,极致礼赞,誉之为作史的"极例"。范晔说:"纪传者,史、班之所变也,网罗一代,事义周悉,适之后学,此焉为优,故继而述之。"① 这是赞誉纪传体记载内容的详备和全面,范晔本身是史学家,他有成功地撰著《后汉书》的史学实践,对于史书体裁的合

---

① 《隋书》卷五十八《魏澹传》引。

理和完善有切身的体会，所提出的见解极其深刻，"网罗一代，事义周悉"二语对后代学者有宝贵的启示。刘知幾说："《史记》者，纪以包举大端，传以委曲细事，表以谱列年爵，志以总括遗漏，逮于天文、地理、国典、朝章，显隐必该，洪纤靡失。"①"语其通博，信作者之渊海也。"② 刘知幾是专门研究、总结史书体裁利弊的杰出史评家，他对纪传体史书各体所担负的任务和全书囊括内容之宏富的评价是极其精当的。郑樵更推崇司马迁所创立的体裁已提供了足令后人共遵的范式，《通志·总序》说："百代以下，史家不能易其法，学者不能舍其书。"清代的赵翼和章学诚生活在中国由传统社会向近代社会转折的过程中，他们的史学思想具有近代意识，对于纪传体优点的认识更进了一步。赵翼极赞扬司马迁所创体裁足以反映社会历史的全貌，称为"全史"。章学诚也高度评价纪传体容量广阔，为记载的内容和史家的创造力提供了充分的余地；又赞誉司马迁所创体例，体圆而用神，班固改为断代以后，遂成"不祧之宗"，而总体上《史》《汉》体裁不可替代的优势是："范围千古，牢宠百家。"③ 到了近代，梁启超作为掌握了西方进化论学说，又对中国传统学术的演变有精湛研究，兼擅史学理论和史书撰著的史界巨灵，更以近代眼光对纪传体在体裁上诸体配合、各尽其用、包含极其广阔宏富的特点作了更加深刻的阐发。

综合以往史家的评论，结合我们今天的时代感受，概括来说，纪传体有两项极其重要的优点：其一，它体现了从多视角反映历史。纪以记述大事，体现了以时间先后为角度记载历史；传以记人物，恰好反映出创造历史的主体是人，体现出以人物为角度对历史的观察；志以记载典章制度、社会生活，可以满足记载各种制度的沿革和社会各方面情状的需要；表则表列各种复杂、繁细的事项，以收到"文省而事显"的效果。在纪传体中，以上诸体各自承担了自己的任务，且又互相配合和补充，因而构成一

---

① 刘知幾：《史通》卷二《二体第二》。
② 刘知幾：《史通》卷三《书志第八》。
③ 章学诚：《文史通义》内篇五《申郑》。

个时代的"全史"。其二,纪传体容量广阔,规模宏大。纪可依经历的年代而延长,志和传的篇目、表的设置均可据需要而增删,伸缩自如,灵活变化。因此只要运用得好,便可为反映历史的丰富性和容纳众多学者多年的研究成果提供适合的载体。

以上谈了纪传体中诸多符合真理性认识、合理的因素,因而值得我们今天在构想大型《清史》体裁时充分地予以继承和借鉴。但同时,我们又应充分地认识纪传体的时代印记和体裁缺陷。首先,纪传体的应用基本上与中国封建社会相终始,我们只能吸收其合理的内核,而不应直接沿用其形式。诚然,司马迁有高度的创造才能和高明的史识,《史记》全书体裁的配合很成功,其本纪的运用也很成功,如《秦始皇本纪》《项羽本纪》《高祖本纪》等篇,既写出历史的大势,又写出帝王的事迹、性格。但另一方面,他所首创的体裁又恰好是封建等级制的投影,惟妙惟肖地反映出封建社会宝塔形的结构特点。《太史公自序》说:"二十八宿环北辰,三十辐共一毂",以此形成天子高高在上,大臣股肱辅弼、众星拱月的格局。此即设置本纪、世家、列传、表、书体裁结构的指导思想之一。这是两千年封建社会中一直将纪传体史书奉为"正史"的根本原因。故刘知幾评论"本纪"的作用时,既讲"纪以包举大端",又一再强调"以天子为本纪","列天子行事",统率臣下众庶,显示至尊的意义,称:"盖纪者,纲纪庶品,网罗万物。考篇目之大者,其莫过于此乎?及司马迁之著《史记》也,又列天子行事,以本纪名篇。后世因之,守而勿失。"[①]认为由于本纪能显示天子至高无上的地位,因而历代遵从而不能变易。浦起龙《史通通释》对刘知幾的意蕴有深刻的体会,故于此篇解释说:"赞其创立纪名,专归天子,至当不易,无容混冒。"简言之,纪传体的格局,《本纪》的名目和创设的原意,是有浓厚的封建意味的。

其次,纪传体难以写出历史的大势。史书,尤其是大型史书应有主体部分,起总纲作用。司马迁已经意识到此,他讲撰著

---

① 刘知幾:《史通》卷二《本纪第四》。

《史记》要做到"通古今之变","原始察终,见盛观衰,稽其成败兴坏之理",即寓涵要写出历史演进的纲领和主线的意思。在纪传体中,究竟能否反映出史事的纲领、历史演进的大势,则惟有看本纪能担负此一重任与否。本纪用的是编年体,本身具有的优点是:史事发生的年代先后线索分明;同年并世的事,有清楚的显示。但编年体的大缺陷是:一事隔越数卷,首尾难稽。有的大事件延续的时间首尾达十几年,就得分散在十几卷中叙述,切割得很碎,事件发展的线索被掩盖,甚至读到后面已对前面相关的记载淡忘。所以有学者说,有的研究者要使用《资治通鉴》,先找《通鉴纪事本末》来看,把相关的事件和记载弄清楚,然后再去读《通鉴》,道理即在于此。故后世的纪传体正史体裁运用舛误芜杂,不可究诘,本纪的记载成为流水账式的简单事目,正像章学诚所批评的,"如守科举之程式,不敢稍变;如治胥吏之簿书,繁不可删"①。其中,不但有因设局监修,恩幸贵臣坐啸画诺,严重地压抑着史馆馆臣的创造性,馆臣之间互相推诿、互相掣肘等原因,此外,纪传体本身的缺陷也是一项重要原因。

复次,自 18 世纪以来,许多有识史家已经一再呼吁对纪传体进行改革,我们应该在他们的基础上继续前进,而不要后退。社会现象越往后越复杂,纪传体的缺陷也就越暴露。故处在传统史学后期的杰出史学评论家章学诚作出了极精辟的总结,说:"纪传之书,类例易求而大势难贯。"② 类例易求,是指纪传体将大事、人物活动、典章制度等项,分别归到本纪、列传和志中记载,所以按照这几个大的门类极易寻找;大势难贯,即一针见血道出纪传体难以反映历史事件的来龙去脉、历史演进的趋向这一根本性缺陷。章学诚探索史书编纂改革的方向,就是要求写出"大势"。本纪不能胜任,故要吸收纪事本末体的优点来改造它。他说:"史为记事之书,事万变而不齐,史文屈曲而适如其事,则必因事命篇,不为常例所拘,而后能起讫自如。"③ 纪事本末体

---

① 章学诚:《文史通义》内篇一《书教下》。
② 《章学诚遗书》卷七《史篇别录例议》。
③ 章学诚:《文史通义》内篇一《书教下》。

正好具有这种优点,按照事件的起因、发生、变化、结局记载,显示其来龙去脉。因此,他提出的历史编纂改革的方向便是:"仍纪传之体而参本末之法。"其指导思想为保留纪传体整体上诸体配合、容量广阔的优点,而糅合纪事本末体的长处,以克服其大势难贯的缺陷。为此,他曾提出过两种设想:一种是设立包含多种内容、具有多种功能的"传",可用来记人,用来记事,用来代替书志;一种是采用"别录",在全书前面标出一个时代最主要的事件,在每一事件之下将有关的篇注明。其详见于《书教下》篇和《史篇别录例议》篇。但他仍处在探索阶段,自己认为未达到满意的结果。至20世纪初年,章太炎、梁启超分别探索用一种新综合体来撰写中国通史,也是朝着章学诚提出的方向继续作出努力。特别是梁启超,他对史学工作既有理论的建树,又有多方面的成功实践,他对体例很有研究,对纪传体的优点和弊病都有深刻的认识。因此他在辛亥革命以后态度明确地反对沿用旧的纪传体来纂修《清史稿》,这一意见是值得我们高度重视的。至现在,时代又前进了八九十年,我们今天纂修大型《清史》若仍旧沿用纪传体,那么我们是前进了呢,抑或是倒退了呢?这显然是必须郑重考虑的问题。

## 二、历史编纂应当体现时代精神

我国传统史学体裁多样,各具风采,它们是各个时代的史家根据自己时代的需要创造出来的。先秦时期的主要史书体裁是编年体,与各国最早出现的史书形式相同,这是因为先民对历史的考察最早是以时间先后为线索。西汉武帝时代司马迁创立纪传体,是以人物活动作为考察历史的主要视角,同时纪传体具有规模宏伟、包含丰富的特点。产生这一新体裁的时代条件,一是由于自战国至秦汉之际的历史变局中,像苏秦、张仪等人布衣而跻身将相,刘邦及其手下文武功臣几乎都出身低微,却以其智谋勇力,成为西汉开国皇帝和辅弼大臣,人物活动在时代前进中的作用凸显出来，因而成为司马迁创立纪传体的认识基础；西汉前期处于中国封建社会上升时期，武帝之时国力的强盛更达到顶点，因而促使司马迁在史书体裁上实现这一气魄宏大的新创造。又一新的史书体裁典志体通史是在唐代中叶产生的，由具有丰富理财经验的政治家、史学家杜佑创立，这同样反映出时代的要求。唐代是中国封建社会发展的高峰，中国封建社会的政治、经济、刑法、礼乐等各种制度，从秦汉创设，至唐代已全面建立和成熟起来，因而有必要进行系统的研究。又值安史之乱后，唐代社会由繁荣而陷于衰败，这一巨大变局刺激着人们寻求改革办法，救治社会弊病，因而更有必要探索历代制度沿革，从中总结有益的经验教训。此即典志体通史在唐中叶创立的时代需要和认识基础。被梁启超称誉为"与吾侪理想之新史学最为相近，抑亦旧史界进化之极轨"[1] 的纪事本末体，是在南宋被袁枢所创造的，成为传统史学又一重要的史书体裁。这一新的体裁形式代表了以事件为中心的新视角。袁枢喜读《资治通鉴》，但苦其所载事件线索不清，为逐年记载、分卷隔越所掩盖，因而创立了纪事本末的新形式，将《通鉴》内容重新编排，将千余年史事提挈为二百三十九个事目，按事立篇，各具首尾。袁枢的新创造，反映了历史学家要求在纷纭复杂的历史现象中掌握影响最大的主要历史事件，明了其来龙去脉、前因后果的新认识。此一新的史书形式被创立之后，立即以其因事立篇、不拘常格、起讫自如、适合表现复杂曲折的历史事件等突出优点吸引着学者的注意，因而明清两代继作者踵起。时代越往后，历史现象越复杂，事件也愈加纷繁，以往的以年代为中心，或以人物为中心的史书体裁的局限更形突出。而随着时代的演进，思想家、史学家的历史认识能力已更提高，他们对于考察和总结社会盛衰治乱之"理"，及考察事件演进因果之"理"的要求也更加强烈，新的史书体裁正是在这种时代需要的推动下创造出来的。

综观传统史学几种主要体裁产生的历史，清楚地显示出：随

---

[1] 梁启超：《中国历史研究法》，《饮冰室合集》专集之七十三，第20页。

着社会前进，人类的历史活动越复杂多样，史学家对如何观察和记载人类历史的认识也越深刻，因而推动历史编纂的发展，取得新的突破，使之能容纳更加丰富的内容和提供观察历史的新视角，史学著作的价值由此得到提高，体现出时代的需要，并具有活跃的生命力。传统史学重视体裁创新和发展的优良传统是一笔宝贵的思想财富，值得我们自觉地继承。

这里还应指出，我国史学不仅重视在编纂实践上不断创新，而且在编纂理论上能重视对创新经验加以总结，并提出新的主张以反映时代的需要。这同样是值得我们自觉继承的优良传统。可以说，最早在司马迁身上已初步有了这种意识，以后刘知幾和章学诚更鲜明地表现出自觉的精神，获得出色的理论成就。司马迁在《太史公自序》中讲设置本纪、表、书、世家、列传五种体裁的用意，同时强调十二本纪具有"既科条之矣"的作用，即用十二本纪来记述历代王朝政治盛衰的大事，以此显示全书记载历史之大纲领，两方面结合起来，既有意识地从多角度反映历史，又让"本纪"起到全书纲领的作用，构成体裁上的一家之言：这是现存最早的历史学家对体裁运用的论述。唐代刘知幾著成中国第一部史学理论名著《史通》，他对其著述宗旨有精练的说明："若《史通》之为书也，盖伤当时载笔之士，其义不纯。思欲辨其指归，殚其体统。"[①] 辨其指归，是辨析史家的指导思想是否符合求真、实录、善恶必书的要求，表彰直笔，痛斥曲笔；殚其体统，主要是探讨编纂得失，体例、体裁的运用，兼及材料的搜集应用和叙事方法。他特别提出在长期史学发展中形成编年、纪传二种主要体裁，互相角力争先，准确地论述编年体主要优点是时代感强，纪传体主要优点是诸体配合、包容量大等项利弊，都是通过总结历代史家编纂的经验教训而提出的重要看法，对后世产生了深刻的影响。刘知幾强调对历史编纂的体例、原则必须慎重地确定、严格地遵循，故云："夫史之有例，犹国之有法。国无法，

---

[①] 刘知幾：《史通》卷十《自叙第三十六》。

则上下靡定；史无例，则是非莫准……科条一辨，彪炳可观。"①这既是对历史编纂演进得失的总结，也是他本人"三为史臣，再入东观"，参与修史工作的深切体会。他尤其态度鲜明地主张史书编纂应该适应时代变化和学术的进步而变革，"前史之所未安，后史之所宜革"。②又云："择善而从，何有远近？闻义不徙，是吾忧也。"他论述由春秋到汉代，事件、人物活动、典章制度更复杂了，从《左传》的编年体发展到《史记》《汉书》的纪传体，乃史学演进之必然。"向使丘明世为史官，皆仿《左传》也，至于前汉之严君平、郑子真，后汉之郭林宗、黄叔度，晁错、董生之对策，刘向、谷永之上书，斯并德冠人伦，名驰海内，识洞幽显，言穷军国。或以身隐位卑，不预朝政；或以文烦事博，难为次序。皆略而不书，斯则可也。必情有所吝，不加刊削，则汉氏之志传百卷，并列于十二纪中，将恐碎琐多芜，阑单失力者矣。故班固知其若此，设纪传以区分，使其历然可观，纲纪有别。"③他及时总结历史编纂上的教训，如批评梁武帝《通史》"芜累尤深，遂使学者宁习本书，而怠窥新录"；批评王劭修《隋书》，一味追求模仿《尚书》，徒然掇拾琐言，"可谓画虎不成，反类犬也"④。他讥评中古以降，列传太滥太杂的毛病，更显示出他的勇气和卓识，直言道："其间则有生无令闻，死无异迹，用使游谈者靡征其事，讲习者罕记其名，而虚班史传，妄占篇目。"⑤ 并不怕招来谤议，一针见血地指责贞观诸史为名臣父祖列传，毫无事实根据而滥加溢美，既严重违反信史原则，又乖于列传体例的弊病。因此，《史通》的著成，突出地体现了中国历史编纂学自觉地总结和创新的传统，对后世史学的发展影响巨大。

章学诚处在传统史学后期，他之所以在总结历史编纂上能达到更高的境界，是因为他重视"史义"，即思想、观点的指导作

---

① 刘知幾：《史通》卷四《序例第十》。
② 刘知幾：《史通》卷二《载言第三》。
③ 刘知幾：《史通》卷二《二体第二》。
④ 刘知幾：《史通》卷一《六家第一》。
⑤ 刘知幾：《史通》卷二《列传第六》。

用，重视史家的别识心裁，反对墨守成规，指摘世代相仍、因袭旧法造成的严重弊病，因而具有更加出色的革新精神。章学诚同样擅长辨析体例，他以一种可贵的历史分析的眼光，中肯地总结一千多年来历史编纂上的一些主要经验教训，严肃地批评"正史"的末流不知根据需要灵活变通，结果史才、史识、史学都反过来成为史例的奴隶，积弊之极，几乎成为严重的灾难。章氏辨析体例的又一项重要创见，便是指出纪传体的缺陷是难以反映历史演进的大势："盖史至纪传而义例愈精，文章愈实，而于事之宗要愈难追求，观者久已患之。"① 他进而认为，为了解决史书记载史事、反映历史大势的需要，探求历史编纂的新途径，关键就是吸取纪事本末体的优点，将之糅合进纪传体的格局之中。章学诚能打破表面上两种互不相干的主要史书体裁，主张将它们糅合起来，又能以"史为记事之书"这一根本任务，和适应事实复杂多变的需要来阐发纪事本末体的长处，这些都是他为推动历史编纂实现创新所取得的重大成就。章氏是乾嘉时代善于运用哲理思考的出色学者，他以符合辩证法的观点考察史书体裁在历史长河中的嬗变，看清楚原先优胜的体裁形式演变到后代会弊病丛生，而有的被认为是陈旧的体裁经过恰当改造之后却会焕发出新的光彩，获得新的生命力，因而得出"神奇可化臭腐，臭腐亦复化为神奇"② 的哲理性命题。以"史义"为指导，准确地认识当前历史编纂的弊端所在，通过对体裁、体例深刻的分析，提出符合时代需要的创新思路，这就是这位以"辨章体例，考镜源流"著称的史学评论家对我们最宝贵的启发。

1840年鸦片战争发生以后，中国社会进入了近代时期。社会环境和学术条件都有了深刻的变化，历史编纂也敏锐地呈现出新的时代色彩。魏源在鸦片战争发生不久撰成《海国图志》，以倡导了解外国、学习外国、"师夷长技以制夷"为撰述宗旨，而在编纂特点上，则是对传统的典志体大力改造，注入时代需要的新

---

① 《章学诚遗书》卷七《史篇别录例议》。
② 《章学诚遗书》卷九《与邵二云论修宋史书》。

内容。全书以"志"为主体,兼用"论""图""表"互相配合,尤以"论"占有重要地位。由于这些创新的设计和内容,使《海国图志》名副其实地成为近代爱国主义的先驱名著,成为先进的中国人向西方学习的起点。魏源之所以能取得这一成就,是因为他对史书所应反映的内容和它的编纂形式应当随着时代前进有自觉的认识。他有一句名言:"地气天时变,则史例亦随世而变。"①他讲的"史例",应包括史书的指导思想、内容和编纂的体裁、体例两个方面。与魏源同时代及继其后的徐继畬、王韬、黄遵宪等人所撰介绍外国史地的著作,也都在改造典志体以容纳新内容方面各有创造。

至20世纪初年,章太炎和梁启超对新体裁的探索在近代历史编纂上更加具有重要的意义。这是因为,第一,至20世纪初年,中国社会近代化进程已大为加深,尤其是经过戊戌维新运动以后,中国人向西方学习已达到学术思想的层面,先进的人们在政治观上已确信西方民主政体远比中国专制政体优越,在哲学观上西方近代进化论已广泛传播,社会上各种学会、商会、新式学堂、报纸、书刊等在全国范围内如雨后春笋般出现,小说界革命、诗界革命、史界革命的声浪此伏彼起,历史学进入到迫切需要以叙述人类社会进化以取代旧史以帝王将相的行事作为主要内容的崭新时代。在社会状况和思想意识产生如此巨大而深刻变化的情势下,历史编纂如何反映出新的时代风采,这是十分值得我们认真总结的新鲜课题。第二,章太炎、梁启超探索的是如何以新体裁撰写通史,这对我们今天讨论纂修《清史》的体裁关系更为直接。

20世纪初年,夏曾佑已出版了《中国古代史》(原名《最新中学中国历史教科书》,撰成至隋统一),他将传统史学中纪事本末体的特点糅合到由国外传来的章节体之中,同样是对近代历史编纂做出了贡献。章太炎和梁启超计划撰修的是通史,所以他们要探讨能容纳更加丰富内容的新体裁。章太炎于1900年写作

---

① 魏源:《海国图志》卷五《叙东南洋》。

《中国通史略例》①，明确地采用章学诚的主张，吸收了纪事本末体的特点而对纪传体加以改造，设想用表、典、记、考纪、别录五种体裁来撰写通史。梁启超于1918—1920年曾致力于中国通史的编纂，并留下部分章节书稿。结合梁启超友人信件中所述，我们可以判定，其自信前无古人的创新体裁，就是以载记、年表、志略、传记四者配合而成的综合体。在此体系中，"载记"明显地是主干部分，其作用是叙述一个时期的主要事件和历史大势。各个时期的"载记"连接起来，就是从纵的方向论述历史演进的主线，与章太炎的十篇"记"相比较，有可能叙述得更加系统。其他"年表""志略""传记"都与"载记"配合，与章太炎的设想有颇多类似之处，而又明显地前进了一大步。还应指出的是，梁氏设立"载记"，是对纪事本末体的创造性运用，他能做到这一点，是因为他既看到纪事本末体与近代史家要求写出历史进化大势距离最近，又能看到其不足而作根本性的改造、提高。梁启超撰成的《春秋载记》和《战国载记》确实把范围扩大，力求说明这两个重要历史时期事件之间的联系和历史演进大势，它们所具有的高度史学价值和表述的成功向来受到高度重视。近代著名史学家张荫麟认为：梁氏的这两部著作，如以质不以量言，非止可媲美近代中外名家，抑且可以压倒吉朋（1737—1794）、麦可莱（1800—1859）、格林（1837—1883）和威乐斯（1866—1946）②。显然，既洞悉传统史学各种体裁之利弊得失，善于抉择和继承，又能站在20世纪初的时代高度，大胆地进行根本性改造和再创造，使之能够容纳和突出地反映时代所需要的叙述人群进化、因果关系的新内容，就是梁启超在近代历史编纂学史上取得成功的根本经验。

---

① 《略例》附在《訄书》第五十九《哀清史》之后，始见于《訄书》手校本。
② 张荫麟：《跋梁任公别录》，《思想与时代》1941年第4期。

## 三、用新综合体撰写大型《清史》

　　根据以上的论述，显然可以得出这样的认识：我们今天的史书编纂，应当自觉地继承古代和近代史家的优良传统，吸收、借鉴他们的真理性认识和创新精神，同时，还应突出地体现时代要求、时代精神。人类今天已进入 21 世纪，中国已进入实现民族伟大复兴的重要时代，要进一步实行改革、开放，大力发展科学和文化，史学工作也要求达到更高的科学性，勇于创新，达到超越前人的新水平。总起来说，继承性，时代性，科学性，创新性，这四项，应是我们讨论修纂《清史》体裁问题的指导思想。

　　进入新时期以来，我国历史编纂工作有了引人注目的进展，取得了非常宝贵的创新成果，它从一个侧面反映了当前史学工作勇于探索和蓬勃发展的特点。新时期历史编纂的探索工作是在马克思主义科学理论指导下进行的。一方面，在唯物史观指引下，历史工作者经过多年的潜心研究，对于历史进程的丰富性、多层面性有了深刻体会，试图在史书体裁上有所突破，以求容纳和表现更加多样和深层的内容。另一方面，对于文化遗产的继承、创新，有了自觉的认识，因而有创造的勇气。可以罗尔纲先生著《太平天国史》、白寿彝先生主编《中国通史》和戴逸、李文海二先生主编《清通鉴》为代表。

　　罗尔纲先生长期从事太平天国史的研究，他自 20 世纪 40 年代末起，即经历了由继承纪传体到自觉地进行改造的艰苦过程，至 20 世纪 80 年代中期，又受到学术界研究成果的启发，因而确立用一种"多种体裁结合而成的综合体裁"，撰写成四卷本的《太平天国史》。全书系以叙论、纪年、表、志、列传五部分组成。"叙论"是对太平天国的时代背景，革命运动的分期，革命的性质和成就，失败的原因，及对中国近代史的影响等，作综合的论述。"纪年"，是以纲目体裁，按年代先后，对史事进行简洁的、有组织的记述；相应取消"本纪"，将洪秀全事迹移归传内，剔除了纪传体以君主纲纪天下的封建性。用"表"标明复杂繁赜的史事，共二十一"表"。用"志"记典章制度，有上帝教、天朝田亩制度、资政新篇、政权、政体、食货、官爵、兵、刑律、礼制等，共二十一篇"志"。"列传"记人物，共四十七篇。罗尔纲先生认为：应用这种多种体裁结合而成的综合体裁来撰著，"使一部史书既有理论性的阐述，又有丰富的内容，与一般用西方体裁撰著的史书往往陷于有骨无肉干巴巴的境地迥异。它是可供今天史家撰著史书应用的一种体裁"①。

白寿彝先生对史书体裁作了长期的探索，他于20世纪80年代初即明确地提出"要采用综合体裁来写历史"②。这一重大理论主张，集中地代表了老一辈史学家经过长期的实践和总结之后，对于唯物史观体会更加深刻，视野更加开阔，至此，对于历史著作应有的丰富内容和包含宏富的编纂形式二者的统一，史书体裁的批判、继承和创新问题，在认识上都达到了升华。白先生担任总主编，组织全国几百位专家，从事多卷本《中国通史》的撰著，经过二十年艰苦努力，至1999年4月终于实现全书全部出齐。在《中国通史·导论》（于1989年出版）中，白先生专设了论历史编纂一章，系统地论述全书采用序说、综述、典志、传记四个部分互相配合的新的综合体裁的构想。以"序说"置于各卷之首，开宗明义，其基本内容为：论述基本资料，包括文献资料和考古资料；论述前人和同时代人的研究成果；说明本卷撰述的旨趣。"综述"，是各卷的主干部分，要写出历史发展的总相。综述吸收了本纪、编年及近代以来流行的章节体等的长处而加以发展，主要任务是：紧紧抓住每一历史时期的纲，只写对历史全局有影响的大事，包括政治、经济、文化、民族、中外关系等方面，着重写的是历史发展的动向。政治的变动比较显著，需要作较多论述，且能显示历史演进的线索，但又都结合经济、文化的发展。民族关系因是我国历史上的重大问题而得到充分重视；各

---

① 罗尔纲：《太平天国史·自序》，中华书局，1991年版，第10页。
② 白寿彝：《谈史书的编撰》，《史学史研究》1981年第3期。

卷综述又都体现出鲜明的时间观念,高屋建瓴地划分不同的历史时期和发展阶段,尽量地显示出历史发展的规律性和特点。"典志"的任务,是对历史现象进行剖视,其设立,是对纪传体中书志的改造和发展。通过总结旧史的志目并根据新的观点加以发展,各卷典志篇目一般包括:地理(包括历史上疆域、行政区域、都邑、交通等),民族(民族的分布、活动、迁徙、习俗等),社会经济(农、牧、手工业、商业、货币、生产技术、土地制度、赋役制度等),政治制度(官制、选举制度、科举制度等),军事制度,法律礼俗(包括民间习俗),宗教(宗教的传播和特点,宗教与社会、政治的关系等),中外关系。典志篇目的设立,都是从各个社会剖面来反映一个历史时期的特点,都是为体现社会发展整体服务的。"传记",《中国通史》在第三卷以下,都给以较多的篇幅,选择每一历史时期各方面有代表性的历史人物,写出人物的历史作用,还要通过他们写出时代的特点,分析、评价其成功和失败的经验教训。白先生确定的由上述四种体裁互相配合的综合体裁,确能多层次地反映历史发展的进程,既反映了历史的规律性,又反映了历史的丰富性。白先生又特别强调要在"通"字上下功夫,吸收司马迁、杜佑"通古今之变"的长处,还要吸收郑樵、马端临"会通"各种知识和文献的长处,而尤为重要的,是在马克思主义指导下,深入地研究每一时期历史各方面的关系,在此基础上,于历史沿革流变之中探索历史的发展规律。

戴逸、李文海二先生主编的《清通鉴》共二十二册,1999年出版,是一部创造性地采用编年体来撰修清朝历史之佳作。其撰述宗旨为:继承《资治通鉴》的体裁,"网罗三百年史迹,详其史实,著其人物,明其典章制度,考其记载同异,述一代之盛衰,究世事之治乱,示过往之教训,揭历史之规律"①。编纂者根据当今时代的需要,而对传统的编年体裁加以改造和创新,同样为新时期的历史编纂提供了很宝贵的经验,表现在:除对政治、

---

① 戴逸、李文海:《清通鉴·序言》,山西人民出版社,1999年版,第1—2页。

军事以应有的重视之外,对经济、社会、民族、文化、对外关系等为司马光等旧史家所忽略的内容也予以足够的关注;适当参用纪事本末体的长处,全书按年月编排,惟重大事件适当地集中,或回溯,或延伸,追踪其来龙去脉,使首尾完整,一目了然;对较繁复的事件,先标其纲,俾眉目清楚;兼顾记载人物事迹,简要地状写出重要人物的形象,在其辞世之时,作一总结性评述;重视对材料的鉴别、考订,并撰《考异》,说明对材料斟酌去取或存疑的原因。上述撰修原则,正是以新观点对编年体加以审视,针对其缺陷而加以改造和发展的,因而保证了这部《清通鉴》内容详审、体裁体例又符合现代人的要求,得到学术界的好评。

今天纂修大型《清史》,确实是旷世巨典,一代盛事。体裁问题事关重大,首先必须深思熟虑,精心解决,提供一个合理、完善的载体,使之能容纳并恰当地组织丰富、科学的内容。必须处理好"继往"和"开来"两个方面的关系。一方面,纂修《清史》是承续历代修史的工作,继"二十四史"之后再增加一部传世之作,因而在体裁体例上要充分地体现出对历代沿用的纪传体之继承性。另一方面,我们是在改革开放的新时代修史,我们已经跨入21世纪,所要实施的是新世纪第一项大型文化工程,因而又必须充分体现出体裁、体例的时代性、科学性和创新性,反映出时代精神,使这部大型《清史》为当今学术界和社会公众所接受。为此,有三项是必须得到充分体现的。一是,不能撇开20世纪众多史学家在探索更加科学、更加合理的史书体裁上所作出的极有价值的努力,相反地,应当在他们的基础上继续前进。尤其是,章太炎和梁启超设想的改造纪传体、体现历史演进大势异曲同工的两种修史方案,罗尔纲先生从事的剔除纪传体的封建性,采用叙论、纪、志、传、表五体配合的体裁以著史的探索,白寿彝先生总结各种史书体裁得失,确定的序说、综述、典志、传记四体配合的新综合体修纂《中国通史》的成功实践,在他们身上集中地体现出随着社会前进,历史编纂也必须勇于创新的客观法则。毫无疑问,我们今天应当吸取他们的成功经验和创造精神，开辟历史编纂的新途径。二是，必须体现进步历史观的指导。历史编纂是受历史观所达到的水平之制约的。章学诚之所以能在历史编纂上提出进行改革的卓越见解，就因为他在历史观上比起其他封建社会后期的史家站得更高。他在历史哲学上有一套"道"随着"事势"而不断发展的认识："道者，非圣人智力之所能为，皆其事势自然，渐形渐著，不得已而出之。"随着后代社会生活越来越复杂，推动各项秩序的治理，促进井田、封建、学校等各项制度的形成，乃是"不得不然之势"。[①] 因此，对于"道"的探求不能局限于儒家经典之内，不能认为"道"是凝固不变的，而是要研究当今变化了的制度事物，总结出符合当今状况的"道"来。故著作家的任务是："事变出于后者，六经不能言，固贵约六经之旨而随时撰述以究大道。"[②] 与此相联系的是，他认为历史著作应做到"体圆而用神"，体裁体例上要灵活变通，不拘常格，要体现出史家的远见卓识，通过总结历史流变预见未来，故称"神以知来"。比起章学诚朴素的唯物观和朴素的进化观来，20世纪是进化史观广泛流行，此后又是唯物史观传播并逐步在全国范围内确立了指导地位的时代，由此不断地推动史家对历史编纂作出新的探索。今天，我们的历史观已比封建时代的史家高出两个历史时代，决不能以封建时代的史书体裁自限，只求将史实、史料分类、纂辑，仍旧受历史循环论、复古倒退史观的支配，或只求知其然而不知其所以然。相反地，我们要记载人类全体，包括各个阶级、阶层的活动，考察各个社会集团之间的关系、矛盾和斗争，考察各种复杂历史事件间的联系和前因后果，揭示出历史演进的规律性，当然也要如实地反映历史中的曲折以至局部的倒退。撰写清史，我们就要在占有丰富史实的基础上，考察并清晰地揭示出女真族的崛起、清朝的建立、它有过的兴盛，以至衰落和灭亡的过程和规律。我们必须占有丰富、详尽的史料，对歧异的记载进行精到的考辨，而同时要重视对材料的分

---

① 章学诚：《文史通义》内篇二《原道上》。
② 章学诚：《文史通义》内篇二《原道下》。

析,要体现出科学理论的指导。三是,今天纂修清史不能只求记载陈篇旧迹,而是要努力写成非惟可观,且又可诵的佳作,发挥如章太炎所说"振厉士气,令人观感"的作用。要体现历史的智慧,通过记载和总结清朝的盛衰,对我们今天治国、兴业、行事、做人产生有益的启迪,鼓舞人们在新世纪中实现中华民族伟大的复兴。总之,根据社会发展对历史编纂提出的要求,今天纂修大型《清史》不宜简单地沿用旧的纪传体,而应依据史学发展的需要对它实行根本性的改造,吸取20世纪有识史家的有益经验,创造一种新的综合体裁,用它来纂修大型《清史》。

《人民日报》2001年4月14日发表了戴逸、李文海教授的文章,提出纂修大型《清史》的体裁可否考虑设置以下八个部件:一编年。取代纪传体中的本纪。二传记。是大型清史的主体部分。三通史。"按今日章节式之体裁,写成有清一代之通史。篇幅不必过大而观点需鲜明,叙事需准确,文字需通畅,为旧史所无而新增部分。"四专史。分门别类,叙述清代政治、经济、军事、外交等等方面之发展,取代旧史中的"志"。五各种史表。六图。地图和各种图籍。七纪。可考虑设《南明纪》《太平天国纪》及《清史前纪》。八清史著述书目。① 两位教授提出的设想具有宏大的气魄和突出的创新精神,读后颇受启发。我的想法,与两位先生的意见有相同的地方,有不同的地方。依我的意见,纂修大型《清史》应当是一部书,其体裁可设想是六个部分互相配合的新综合体。

(一)综述。系吸收梁启超撰写《中国通史》所设置的"载记",罗尔纲先生《太平天国史》中的"叙论",白寿彝先生主编《中国通史》所确立的"综述",并参考戴逸、李文海先生设想的"清代通史"部件而设置的。它是全书的主干部分,其他各部分均围绕于它,与它相配合。"综述"的任务是再现清代社会演进的总相和脉络,划分其不同的发展阶段并总结各个阶段的特

---

① 戴逸、李文海:《一代盛事,旷世巨典——关于大型清史的编纂》,《人民日报》2001年4月14日。

点。它要论述政治、军事、外交、经济、民族、制度、学术文化等方面的大事，对政治上和后期中外关系上的变迁及措施的论述要多一些，以此显示历史演进的主线。民族关系在清代是关乎全局性的大问题，也要给予较多的篇幅。其他有关经济、制度、学术文化等项则只论述重大事件和问题，突出它们与历史发展的主线相关之处，其他内容则放到"志"的部分去论述。综述也要讲到重要历史人物，但只讲他们与历史发展关系密切的地方，人物的全面活动和性格特点等则放在"传"的部分记载。最为要紧的是，综述部分要做到提纲挈领，历史演进的脉络清晰，史事翔实，同时在此基础上，还要与简要而恰当的分析、评论相结合，藉此揭示出历史演变的深层原因，总结出清代二百六十八年政治、军事、外交、民族等方面的成功经验和失败教训，给人以思想上的启示。诸如下述几项有关清朝历史全局的关键性问题，就应下功夫在史实与分析相结合上予以清楚的阐述，给读者以明晰的印象：满族在东北地区兴起时，本来处于社会发展较低级的阶段，它为什么能战胜在社会发展阶段上比它处于较高级阶段的明皇朝，后金时期的政治、军事制度为何具有坚强的力量；满族是一个人口数量不多的边境少数民族，它入关以后为何能迅速统一全中国；清朝前期实现政治稳定、经济发展、国力强大，是依靠哪些有效的政治统治措施和制度；清朝的民族政策在哪些方面是成功的；造成清朝由盛转衰、迅速滑落的深刻原因是什么；西方资本主义列强入侵之后造成了中国社会哪些方面的变动，先进的中国人探索救国救民真理经历了哪些阶段；在中国向近代化前进的艰难历程中，是如何逐步地积累了先进的物质生产力量和先进的阶级力量的；中国各族人民在反帝反封建斗争中如何建立起空前密切的联系，并最终推翻了清朝的腐朽统治，等等。阐明清代历史演进和盛衰变化的内在原因和规律性，是清史研究者的责任，也是广大读者最希望能在书中读到的。"综述"部分担负论述清代历史发展大势的任务，这一部分是以往的纪传体所没有的，这是新体与旧体最大的不同。"综述"部分采用分章节的写法。

（二）纪。这一部分是清史编年，采取年经事纬的形式，爬梳、整理清代各方面的历史事件予以记载，做到年月清楚，事件准确，条理井然。可按清代各个帝王在位的年代，分为清太祖纪、清太宗纪、清世祖纪、康熙帝纪、雍正帝纪等，但取消"本纪"名称，以剔除天子独尊、纲纪天下的封建性。《清通鉴》中成功的做法，如扩大编年体记载的内容，适当参用纪事本末体的长处，对较复杂的事件还兼用纲目体，重视对材料的考订、鉴别等，都应当同样采用，而且有已撰成的《清通鉴》作基础，"纪"的部分可以做得更为完善。"综述"和"纪"两部分所记载的史事难免有交叉或重复的地方，但二者记述的角度和任务不同，"综述"的作用是要阐明历史发展的大势，总结清代盛衰治乱的法则性和经验教训，"纪"的作用是厘清事件发生的时间，务求记载的准确、详明，一般不作进一步的议论、分析。

（三）志。系采用纪传体的书志而来，但要置于新观点的指导下考察，内容上要大大地拓展，要多层面地反映历史。志的篇目的确立，应参酌历代正史的志目而作增减，还需参考白寿彝先生主编《中国通史》中清代卷、近代前期卷中典志的设置。除了反映每一历史时期的社会剖面所不可缺的疆域、地理条件、民族分布、行政区域、农业、牧业、手工业、商业、交通、生产技术、科技发明、礼制、民俗等项需立志目以外，尤应考虑对体现清朝一代特点的各项制度和社会现象设置篇目，如：八旗制度、议政王大臣会议、内阁和六部、军机处、总理衙门、治河、盐政、漕运、摊丁入亩、大清律例、绿营兵、科举制度、翰林院、官修图书、清初经世之学、乾嘉汉学、晚清今文学、同文馆、海关和关税、秘密结社、新式学堂、清末宪政、晚清白话小说和戏剧、晚清报刊和出版事业，等等。清时期的各民族，如不考虑设传，则应分别立志，记载每一民族的生产、生活、迁徙情况，宗教和法律制度，习俗，在政治、经济、文化上的贡献等。"志"有利于储存大量的史实、史料，但各篇志目，也都是围绕"综述"这一主体部分来写，通过每一侧面，进一步反映清时期的历史特点。再一项也是很重要的，即对于每一制度或社会现象，是作为动态来写，而不是作为静态来写。

（四）传。长期流行的章节体史书，有利于表现历史发展的主线，但是看不到完整的人物形象，是很大的缺陷。发挥纪传体中有人物传记的长处并加以发展，正好弥补这一缺陷。好的传记，不仅能凸现出人的主观努力如何在历史进程中起到重要作用，而且能使读者获得启示和激励。《清代人物传稿》一书经过许多学者的努力，已为写好传记提供了一些基础。但是大型《清史》中"传"的部分不能包括这么多的人物，也不应平均对待，不管人物重要与否，都以三四千字来写。我们应当有选择、有主次来写，即选择对历史进程有大影响的帝王、政治家、改革家、军事家、重要的官员、思想家和学者、文学家、科学家、外交家、少数民族人物、农民起义领袖和其他代表人物。初步可考虑选择一百五十人左右。对于历史发展最有影响的人物，如努尔哈赤、康熙帝、林则徐、康有为等，可浓墨重笔写，给以足够的篇幅。除了最有影响的人物设专传或合传外，若干重要性次一些的人物可设"类传"，如清初理学名臣、乾嘉考证学者、晚清督抚、维新派人物、抗击外国侵略将领、辛亥革命志士等。其他人物，可考虑设"人物表"，主要列出姓名、别名、生卒年、籍贯、主要官职、主要著作、传记资料出处等项，如有兴趣作进一步了解，可据此查索。写传记，既要熟悉传主，还要熟悉他的时代，通过写人物的活动，更生动地表现出时代的特点。

（五）表。（六）图谱。这两项的内容，均依据需要灵活确定。表和图，都是与上述四个部分相配合的，使全书成为一个具有思想性、学术性、资料性、工具性和直观性的内容丰富的整体。

纂修大型《清史》是一项意义重大而又浩巨复杂的文化工程。相信在政府的强有力支持下，经过全国清史学者的共同努力，一定能圆满地完成这一任务，使之流芳百世。

（原刊《清史研究》2002 年第 1 期）

# 下 篇

# 关于"民族精神"内涵的理论思考

## 一、黑格尔阐释"民族精神"内涵的得与失

在世界范围内,"民族精神"的提出并受到重视,是19世纪上半叶西欧各国资产阶级民族形成和上升时期,他们体会到本民族的大多数人有一种共同的推进民族发展的主导意识和行为,由此而升华为"民族精神"的观念。这种认识的升华是同欧洲各国资产阶级处于上升时期所表现出来的进取精神相一致的。德国著名哲学家黑格尔在其所著《历史哲学》一书中对"民族精神"的涵义有过重要的论述。他认为:"在国家内表现它自己,而且使自己被认识的普遍的原则——包括国家一切的那个形式,就是构成一国文化的那个一般原则。但是取得普遍性的形式,并且存在于那个叫做国家的具体现实里的——那个确定的内容就是'民族精神'本身。现实的国家在它的一切特殊事务中——它的战争、制度等等中,都被这个'民族精神'所鼓舞。""一个民族的精神乃是一种决定的精神……这种精神便构成了一个民族意识的其他种种形式的基础和内容。""民族精神便是在这种特性的限度内,

具体地表现出来，表示它的意识和意志的每一方面——它整个的现实。民族的宗教、民族的政体、民族的伦理、民族的立法、民族的风俗，甚至民族的科学、艺术和机械的技术，都具有民族精神的标记。"① 黑格尔所作的阐述是深刻的，他中肯地指出：（1）民族精神是一国文化所具有的普遍的原则，它对于国家的一切特殊事务具有鼓舞的作用。（2）民族精神对于民族的发展具有决定的意义，因而它又被誉之为一个民族的"灵魂"，一个民族的意识及其种种具体表现的特殊性，即决定于这一基础和内容。（3）民族精神所具有的特性，必定通过民族的宗教、伦理、立法、风俗以至其科学技术等具体事项表现出来。因此，对于民族具体方面特殊的特质，要从其"共同的特质"即民族精神来理解和把握。以上是黑格尔对阐发"民族精神"内涵所做的贡献，至今仍有不可忽视的理论价值。

但黑格尔是一个客观唯心主义哲学家，一方面他对"民族精神"内涵有精湛的论述，而另一方面，他又将之纳入"绝对精神主宰世界历史"的唯心主义理论体系之中，使其有的解释，夹杂着明显的唯心主观臆测的成分，需要我们认真地加以分辨、剥离，这是恰当地诠释"民族精神"内涵题中应有之义。黑格尔认为世界历史是"精神"在各种形态里的、神圣的、绝对过程的表现。"'民族精神'在一种必需的、继续的各阶段上的各种原则，只是惟一的、普遍的、精神的各种因素，要靠这些因素，普遍的'精神'才能够在历史上提高并完成它自己，使自己成为一个自己理解的总体。""而且在世界历史当中，我们把任何一切都完全看作'精神观念'的表现。"他又说："因为就像灵魂的指导者水星之神，'观念'真是各民族和世界的领袖，而'精神'，就是那位指导者的理性的和必要的意志，无论过去和现在都是世界历史各大事变的推动者。"并强调"精神"的中心是"宗教"，它居于最高地位。② 黑格尔又夸大"精神"的作用，视之为万能，认

---

① 黑格尔：《历史哲学》，王造时译，上海书店，2006年版，第46、48、59页。
② 黑格尔：《历史哲学》，第49、73、7、46页。

为一个民族的"精神"存在于全部制度之中,它造成了这个民族:"它把自己建筑在一个客观的世界里,它生存和持续在一种特殊方式的信仰、风俗、宪法和政治法律里——它的全部制度的范围里——和作成它的历史的许多事变和行动里。这就是它的工作——这就是这个民族。各民族都是从它们的事业造成的。"① 应当指出,"民族精神"虽然具有伟大的作用,但它本来是属于"社会意识"范畴,决定它的是"社会存在"。将"民族精神"夸大为万能,认为它造成了这个民族,这种认识同黑格尔的全部理论体系一样,是"头脚倒置"了,因此应当颠倒过来。

## 二、20世纪民族危难时刻中国学者有关论述的宝贵价值

中国学者和政治家对民族精神的探讨,是在近代中华民族一再遭受外国列强侵略欺凌、民族生存面临严重威胁之后,由于中华民族的觉醒而受到重视的。在20世纪初列强瓜分中国的危难时刻和抗日战争民族存亡的紧急关头,关于中华民族精神的探讨先后成为舆论界的"热点"问题,参加讨论者都因受到时局的强烈刺激,而通过反思中国的历史进行总结、剖析。这些言论的发表,既有直接阐发"民族精神",也有就"国魂""国民精神""中国文化精神"或"民族性"作分析,实际上是从不同角度进行诠释。当年发表的言论都紧扣中华民族生存所面临的严重威胁,是爱国志士们为探索救亡图强、振兴中华之路的组成部分,因而提出了诸多真知灼见,至今仍然对我们认识和把握"民族精神"的内涵具有宝贵的启发意义。以下试举出其中最有代表性的三种观点:

(一)强调民族精神最主要的内涵是"爱国心"或"祖国主义"。梁启超于1899年12月在《清议报》发表《中国魂安在

---

① 黑格尔:《历史哲学》,第68页。

乎》，呼吁发扬"中国魂"，其核心是"爱国心和自爱心"。他又于1902年2月在《新民丛报》上发表《释新民主义》，力倡"新民之说"，号召发挥"国民之精神"，即要弘扬在中国历史传统中形成的"宏大高尚完美，厘然有异于群众者"；并主张吸收世界其他民族之所长，"以补我所未及"。飞生（蒋百里）于1903年在《浙江潮》第一期上发表《国魂篇》，将"国魂"定义为："一民族而能立于世界，则必有一物焉。本之于特性，养之于历史，鼓之舞之以英雄，播种之于社会上。挟其无上之魔力，内之足以统一群力，外之足以吸收文明与异族抗。"他认为，日本学者总结的欧洲民族四魂"冒险魂""宗教魂""武士魂""平民魂"中，除"宗教魂"外，中国民族有其三，但长久以来未被有力地发扬，反而备受摧抑！他号召发扬"中国魂"，核心为"祖国主义"，要求根于以往之感情，发于将来之希望，发扬我中华民族"光荣之历史，伟大之事业"。

（二）认为民族精神是"自然发生之民族自觉精神"或"自强不息""精进不断"。隐青于1919年12月在《东方杂志》上发表《民族精神》一文，将"民族精神"定义为"为谋此民族之团结生存所表现之热情"，民族精神之有无乃关系国家之存亡。并扼要地加以解释："简言之，乃自然发生浑然一体之民族自觉的精神而已。先之以一民族之自觉，继之以一民族间同类意识之感通，而终之以历史的关系焉。故历史家之言曰：'民族精神者，历史之成果也。'盖外受强敌之压迫，内感生活之困难，乃生共同防御、共同生活等，是故尽属历史的产物也。"郭沫若于1923年5月在《创造周报》发表《中国文化之传统精神》一文，认为孔子"是兼有康德与歌德那样的伟大的天才，圆满的人格，永远有生命力的巨人"，他所创儒家学派的经典中所言"天行健，君子以自强不息"，"苟日新，日日新，又日新"等，所代表的"自强不息""精进不断"的精神，和老子所主张的"道"先天地而混然存在，把一切的存在看作动的实在之表现，体现的就是中国文化之传统精神。对此，如今正需要吾人大力发扬，"净化自己，充实自己"，以求得永无止境的进步！

（三）呼吁同仇敌忾，通过扫除我们民族现存的缺点而确立伟大的民族精神。1937年以后，日本帝国主义对我大规模侵略和步步进逼，"中华民族到了最危险的时候"，全民族只有奋起抵抗，思想界对"民族精神"的呼唤更激起层层声浪。吴鼎第于1937年4月在《复兴月刊》（第五卷第八期）发表《综论民族精神》一文，首先对"民族精神"作了如下界定："民族精神简单地讲，就是一个国家'和一的情感'，这种情感最足以联系国民对内的团结和敌忾同仇的觉悟。"文章又集中讨论了"如何确立伟大的民族精神"的问题，认为针对我们民族现存的缺点，应当明确六项任务：（1）自责；（2）恢复民德；（3）团结；（4）知行合一；（5）重公轻私；（6）富进取心。萧一山于1938年11月在《经世》战时特刊发表《中华民族之特质及复兴之途径》一文，分析"中国民族的特质"有三项：（1）和平；（2）宽大；（3）知足。但由于长期当权者的箝制政策和迂腐儒生的误释、误导，却产生了"怯懦"（不抵抗主义）、"自私"（无国家观点）、"愚昧"（少科学思想）三种病根。再与当今世界国力强大的近代化国家所具有的"机械化的武力""民族化的国家""科学化的产业"的要求相比照，中国民族的三项特质中更明显地存在着严重的弊病，即"武力不竞"，"组织不良"，"学术不昌"，以致我们的民族目前成为"未脱离危险时期的东亚病夫"。因此，处在日寇侵略大敌当前的严重关头，复兴中华民族的途径即在："不忘和平的本质而要恢复生存必要的抵抗力——尚武"，"不忘宽大的本怀而要加强团结一致的精神——组织"，"不忘知足的本分而要力求生活物质的供应——科学"。

## 三、站在新的时代高度，我们对"民族精神"内涵应有更恰当的界定

进入新时期以来，中国人民在推进现代化建设的事业中，更加深刻地认识到发扬和振奋民族精神的迫切性和重大意义。党的

十六大报告指出："面对世界范围各种思想文化的相互激荡，必须把弘扬和培育民族精神作为文化建设极为重要的任务。"一个领导着全世界人口最多的国家、从事实现民族复兴伟大事业的执政党，如此高度地重视总结和弘扬民族精神，其意义是极其深刻的。吸收先哲们尤其是近代以来爱国志士们的理论探讨，结合当今置身于十三亿华夏儿女振奋精神创造新的历史的实践中的感受，我们对"民族精神"已有更深刻的认识，其内涵应界定为：民族精神是一个民族赖以生存和发展的精神支柱，是民族长期形成的优良文化传统的结晶，也是人们为了推进本民族发展而普遍认同并发挥主导作用的价值标准和行为准则。

对于"民族精神"的内涵，应特别注意从以下三个方面把握。第一，民族精神是一个民族特质的集中体现，是推动民族创造和发展的力量源泉。中华民族在几千年的发展中，形成了本民族区别于他民族的特质，对全民族具有高度的团结力和影响力，历久而弥坚，其中最集中的体现就是"民族精神"，它对于民族的发展具有"灵魂"的意义。正如党的十六大报告中所指出："民族精神是一个民族赖以生存和发展的精神支撑。一个民族，没有振奋的精神和高尚的品格，不可能自立于世界民族之林。"我国著名哲学家张岱年说：民族精神是"在（民族的）历史上起主导作用的基本精神"，是"这个民族延续发展的思想基础和内在动力"。① 即为以历史唯物主义的基本观点分析而得到的正确认识。

第二，民族精神是历史的产物，它随着几千年民族文化传统的发展而得以形成和提升。譬如，儒家经典中所讲的"天行健，君子以自强不息"，是对于中华民族祖先在中原大地上披荆斩棘，在洪荒世界上战胜自然界数不清的艰难险阻、开拓进取发展文明的最好概括，以后这一精神又鼓舞我们民族在汉唐盛世兴造制度、开拓边境，在近代勇于抗击侵略，挽救危亡而使民族走向新

---

① 张岱年：《中国文化的历史传统及其更新》，见《文化与哲学》，教育科学出版社，1988年版，第66页。

生。又如，国家统一的趋势最早形成于先秦时期，以后在两千年历史发展中又为历代有远见、有作为的政治家、思想家所继承和发展，成为维系中国境内各民族团结的纽带，终于经由全国多民族的统一，而最后达到今天的社会主义的大统一。其他如"以天下为己任"的献身精神，爱好和平和自由，勇于抗击外族侵略、坚决捍卫独立的精神，也都在久远的时代形成，并在历史进程中得到锤炼、丰富和提升。这些都证明民族精神是在历史中形成和发展的。

第三，民族精神应当是中华民族普遍认同并能产生广泛影响的基本价值观和行为准则。由于在共同环境中生存、活动，长期密切交流而形成共同的意识，更由于处在危难的逆境中产生和激发奋发图强的共同决心，同仇敌忾，而终于在劫难中重生，衰而复振。故近代学者隐青称此为"乃自然发生浑然一体之民族自觉的精神"，并作了具体的阐释："故一民族内部之交通，果日渐发达，则其感情自必日趋于融洽，而同类意识遂由是增进矣。且因所处之境遇相同，复有共同利害之关系，其同在他族专制压迫之下者，自必感有同等之痛苦，而生同病相怜之感，于是有互相救恤、共同防卫之举。即彼因一时团结力薄弱而亡其地者，苟受外力之压迫过甚，因之激发其同类意识之感通，亦何尝不足以共图恢复而转弱为强哉？由此言之，团结力之大小，固为强弱优劣之原因，而劣败亦未始不可为增进团结力之要素。要之，欲图一民族之生存发展，外则不可无强敌之侵害压迫，内则不可无同类意识之感通。二者兼备，则彼民族自必有努力向上之运动。凡适应人类生活之要求者，若学术、若工技、若制度文物，且必蒸蒸日上而产出一民族间之特殊文化焉。相传既久，乃成特立不可同化之精神。"① 这些论述对我们认识民族精神对内的凝聚力和对外鼓舞同仇敌忾、抗击侵略的力量是很有启发的。

---

① 隐青：《民族精神》，《东方杂志》第 16 卷第 12 号（1919 年 12 月 15 日）。

## 四、区分"民族精神"与"民族性"

民族精神与民族性二者是不同的概念。民族性犹言民族的特质或民族性格,指一个民族长期形成的禀性特点,既包括其优秀、高尚的方面,也包括其弱点、鄙陋的方面。如近代学者王鲁季所撰《论中国民族之精神》一文(载《军需杂志》第33期[1935年10月])中言:"唯民族精神有善恶之殊,善者固可以使其民族发扬光大,恶者亦可阻其民族发展,而渐趋于灭亡。"又如申悦庐撰《中国民族特性论》(载《东方杂志》第39卷第19号[1943年12月])归纳中国民族特性有三项:一为"有极强之自营力,又富于保守性";二为"富于吸引力而又有特强之消化作用";三为"对抗性常似薄弱,而又最后善用对抗力"。概括未必确当,但所论显属"民族性"范围。言民族性又类似于"国民性"。当20世纪初年,中国处于列强环伺,虎视眈眈妄图对我瓜分,中华民族处在危机深重的时刻,讨论"国民性"的特点及如何改造,成为当时舆论界的一个"热点",有不少文章痛切地批评中国国民性之种种弱点,目的是为了唤起民族的自觉,以挽救危亡。如梁启超于1903年撰《论中国国民之品格》(载《新民丛报》第27号[1903年3月]),即总结"我国民之品格"诸多缺点而举其大者,列出:"一爱国心之薄弱","一独立性之柔脆","一公共心之缺乏","一自治力之欠缺"等项,并痛下针砭,其良苦用心,即热切地希望国民猛醒,故言:"吾人其有伟大国民之希望乎,则亦培养公德,磨砺政才,剪劣下之根性,涵远大之思想,自克自修,以蕲合于人格。"

今天我们讨论中华民族精神,则是要弘扬鼓舞我们民族团结奋斗、积极向上、奋发有为、勇于创造的优良精神品格,妨碍民族发展的消极方面则不属于"民族精神"范围。如胡锦涛同志在纪念毛泽东同志诞辰一百一十周年座谈会上的讲话中所说:"要坚持弘扬和培育以爱国主义为核心的伟大民族精神,大力发扬创新精神,使全国人民始终保持昂扬向上的精神状态。"当然这决不意味着忽视民族文化传统中消极的方面。相反地,我们要大力弘扬和培育伟大的民族精神,就包括要警惕和克服落后的东西,并且要根据建设社会主义现代化强国的伟大实践的需要,借鉴和学习世界上其他民族的优秀品质,为民族精神的发展和提升不断地注入新鲜活力。

# 民族文化认同与中华民族的发展

## 一、"民族"概念的两个层次

"民族"即民族共同体,它是一个历史范畴,它的形成和特征既有共同性,又必然地具有不同地区民族以及其发展之不同阶段独有的特点。关于"民族"的定义,影响最大的是斯大林在《马克思主义和民族问题》一文中的论述。他说:"民族是人们在历史上形成的一个有共同语言、共同地域、共同经济生活以及表现于共同文化之上的共同心理素质的共同体。"同时他又说:"民族不是普通的历史范畴,而是一定时代即资本主义上升时代的历史范畴。封建制度消灭和资本主义发展的过程同时就是人们形成为民族的过程。"① 斯大林又在《民族问题和列宁主义》中说:"在资本主义以前的时期是没有而且不可能有民族的,因为当时还没有民族市场,还没有民族的经济中心和文化中心,因而还没

---

① 斯大林:《马克思主义和民族问题》,《斯大林全集》第二卷,人民出版社,1953年版,第294—295、300—301页。

有那些消灭各该族人民经济的分散状态和把各该族人民历来彼此隔绝的各个部分结合为一个民族整体的因素。"① 斯大林所作的界定确实抓住了实质性问题,高度概括,有重要的指导意义。

然则,斯大林提出的"民族"是资本主义上升时代形成的,这一论断固然符合欧洲各国的历史实际,但研究中国问题却不能生搬硬套。中国学者自从 20 世纪 50 年代以来,经过长期研究和讨论,已经形成了共识,认为:斯大林的论断是根据欧洲的历史作出的,从欧洲资本主义形成的历史看,这个原理无疑是正确的,因为有了资本主义,某个民族历来彼此隔绝的各个部分才能够联合起来成为一个民族整体,也就是"分裂为各个独立的公国"的国家才能够统一起来成为一个民族国家。然而,中国的历史却不相同。自秦汉起,汉族已经成为一个相当稳定的人们的共同体,从那时起汉民族已经形成,以后是进一步形成和巩固。主要理由是:中国早在秦汉时,从中央朝廷到地方,形成了一整套政治体系。秦汉后,国家的统一是呈主要的趋势,分裂割据则是较短时期的,而且在北宋以后,由于全国范围内经济联系的加强,这个共同体更加趋于稳定。这样的统一国家,决不是"暂时的不巩固的军事行政的联合",因为它是一个持久的相当稳定的整体。再者,斯大林论述欧洲资产阶级民族的形成,从时代上讲,不适合中国的情况,然而斯大林所论民族形成的四个基本特征,却是确有根据的,故可以作为基本原理来衡量汉民族形成所应具备的条件。简要来说,共同的语言就是"书同文";共同的地域就是长城之内的广大疆域;表现于共同文化上的心理状态,就是"行同伦",而儒家思想所共遵的孝道和祖宗崇拜,是汉族的共同心理;从共同的经济生活和政治联系分析,战国时代,经济上的联系已很紧密,秦汉时期更加发展,长安、洛阳等大都会与全国各郡县的中小市场有紧密的联系,这是秦汉封建中央集权统一国家建立的基础。总之,汉民族是在独特社会条件下形成的独特民族,它不待资本主义上升而四个特征已经脱离萌芽状态,

---

① 斯大林:《民族问题和列宁主义》,《斯大林全集》第二卷,第 289 页。

在一定程度上形成了现实。它经历了两千余年的锤炼,具备着民族条件和民族精神。①

"民族"共同体的概念包括单一民族和全中国五十六个民族结合而成的"中华民族"两个层次。前一个层次,如汉族、蒙古族、维吾尔族、藏族、回族、壮族等,都基本上符合斯大林指出的四个基本条件而形成为民族共同体。而在长期历史进程中,全中国各兄弟民族互相交流、融合,形成了互相依存、密不可分的关系,形成了多民族的统一,而构成更高层次的大民族共同体——中华民族。互相团结、互相支持,不畏艰难险阻,共同争取整个中华民族的彻底解放和繁荣富强。特别是,经过近代以来各民族共同的抗击帝国主义侵略和反对封建主义压迫的英勇斗争,全国各民族更形成休戚相关、命运与共的联系,中华民族也由"自在"的民族而达到"自觉"的民族,不但有共同的地域,共同的经济生活,尤其是形成强烈的"中华民族"共同的民族意识和民族感情。中华民族是在多个民族基础上形成的统一、坚强的民族共同体,在这一共同体的共同意志指导下,各民族又保持着本民族生存的巨大活力,各个单个民族更加发展了,中华民族这一共同体就更加兴旺、团结,更加牢固,这正是我们伟大的社会主义祖国繁荣昌盛的根本保证。②

## 二、民族文化认同与中华民族的发展

中华民族在几千年的历史发展中形成了多元一体的格局,独特的地理环境和民族素质赋予中国文化强烈的包容性特征。中华民族的生存环境构成一个自然格局的地理空间,北有大漠,西面

---

① 参见范文澜《中国通史简编》(修订本)"绪言";《中国大百科全书·民族卷》"民族形成理论"条目,中国大百科全书出版社,1986年版;费孝通等著《中华民族多元一体格局》,中央民族学院出版社,1989年版。

② 参见白寿彝主编《中国通史·导论》第一章"统一的多民族的历史",上海人民出版社,1989年版;费孝通等著《中华民族多元一体格局》。

是难以逾越的高山，西南是急流和险谷，东面和南面是浩瀚的海洋，四周构成自然的屏障；而中间是黄河、长江两大流域形成的广阔平原，土地肥沃，气候温润适宜，很早就发展了农业生产，并由此滋养了先进的古代文明，因而成为周边居民向往之所在和向四周边远地区传播先进文化的中心。中国文化几千年的演进过程，中原地区与周边地区互相交流、融合的趋势，早自新石器时期已经开始显示。考古学者分别发现的分布在各地的仰韶文化（河南）、龙山文化（山东）、河姆渡文化（长江下游）、屈家岭文化（长江中游）即为明证；而当遇到更先进的文化时，则学习、吸收，而取代了原先的文化，如仰韶文化因吸收了龙山文化，而形成河南龙山文化，这又证明古代各族团间经过交流、吸收而向前发展。①

汉族（先秦时期为华夏族）在中华民族多元一体格局形成过程中起到核心和主干民族的作用。而汉族之所以成为全世界人数最多的民族，其原因即在长期发展过程中不断吸收、融合了周边少数民族，因而像滚雪球一样越滚越大，故梁启超曾称汉族系"混血"而成。20世纪80年代初期发掘的河南登封王城岗夏代遗址，一般认为即是夏王朝初期的"阳城"遗址，所发现的文物显示它是继承了新石器时代河南龙山文化发展到了铜器时代，而河南龙山文化正是在仰韶文化（彩陶文化）的基础上吸收了山东龙山文化（黑陶文化）而兴起的。这说明华夏文化就是以黄河下游不同文化的结合而开始的。《左传》记载，"禹合诸侯于涂山，执玉帛者万国"②。而夏商周三代正是汉族前身华夏族这个民族集团从多元形成一体的过程，证明此时华夏族的核心已经开始奠定。春秋战国五百年时间，各国兼并争雄，各地区经济联系紧密，各地人口迁徙、流动频繁，表面上是天下纷纷攘攘的局面，而从中华民族演进史的角度看，却有重大的积极意义，成为华夏族壮大的重要时期。范文澜对此曾作了深入的分析和精当的总结，指出

---

① 参见费孝通等著《中华民族多元一体格局》，第7—8页。
② 《左传·哀公七年》，《十三经注疏》本。

东周时期华夏族与诸族经过斗争达到融合,成为历史上民族关系和国家统一加强、文化向前发展的重要阶段。他说:"华族与居住在中国内部和四方的诸族因文化不同经常发生斗争,斗争的结果,华夏文化扩大了,中国也扩大了,到东周末年,凡接受华夏文化的各族,大体融合成一个华族了。"对于当时中原地区华族与诸族杂居、四方存在许多少数族的情况,书中有清晰的叙述:据《左传》所记载,东周王畿内有戎族小国,卫都城上可以望见戎州。在南方,长江、汉水两流域,是蛮族居住地,有群蛮、百濮、卢戎等。淮水流域是夷族所居,小国有舒、六、蓼。还有舒蓼、舒庸、徐等,通称淮夷。在东方,今山东省境内,有莱夷、任、宿、须句、颛臾、邾、莒、小邾、杞、介、郯、根牟,通称东夷。又有戎、鄫滿两小国。北方有北狄多种小部族。西方有大戎、小戎、骊戎、犬戎等多种戎狄小部族。"以上诸族,散居中国的内部和四方。因为华族文化程度较高,政治上有霸主主持盟会,起着互救的作用。华族凭藉优势的文化和政治力量,终于融合了各族。"① 南方蛮夷被楚统一,春秋时期楚是华夏的劲敌。东周后期,楚国文化向上发展,与诸夏相等,华夷的界限逐渐消失。东方诸夷没有成立强大国家,陆续被齐、鲁、楚吞灭。北方和西方则有晋、燕、秦强大起来,先后征服或融合了周围戎狄小部族。从春秋初年至战国后期四五百年间,中原境内及四方许多文化落后的部族消失了,实际上是融合到不断扩大的华夏族之中。正是在春秋战国时期华夏族与原先杂居相处的诸族经过混合融化而壮大的基础上,至秦汉国家大统一时期形成了汉族这一坚强的民族共同体。

从秦汉统一开始,统一的格局便成为中国历史的主流。由战国开始至秦汉,为了防备北方游牧民族对中原农业区的袭扰,修筑了长城,而长城在历史上不仅起到军事防御线的作用,同时又成为中原农业地区与北方游牧地区的经济文化交流线。"中原和

---

① 范文澜:《中国通史简编》(修订本)第一编第四章"列国兼并时期——东周"第五节"各族间的斗争与融合"。

北方两大区域的并峙,实际上并非对立,尽管历史里记载着连续不断的所谓劫掠和战争。这些固然是事实,但不见于记载的经常性相互依存的交流和交易却是更重要的一面。"① 其根本原因是游牧地区需要从中原地区得到粮食、金属工具、纺织品、茶叶,而中原农业地区需要得到马匹、牛羊肉食、皮毛原料。双方物资交流的渠道,一是由中原政权的馈赠与互市,一是民间贸易。在北方牧区的战国后期及汉代墓葬中,发现很多来自中原地区的产品和钱币。而像张家口、呼和浩特等长城沿线多处城市、集镇,更是此后在漫长年代由于沿线居民经济、文化往来而逐步形成的。②公元1世纪,匈奴分裂为南、北两部,北匈奴在东汉的强大压力下远走中亚,南匈奴留居原地,后来逐渐进入塞内和汉人杂居混合。

在历史发展中,中原地区先进的生产水平和儒家礼乐文化、封建政治文化,长期为周边民族所仰慕,产生了巨大的向心力,随着民族文化认同的发展,形成了中华民族统一的强大的思想纽带。在中国历史上,当国家政权处于分裂割据时期,却也正是民族间经过斗争而进一步融合,民族文化认同和凝聚力突出地表现出来的时期,由此而酝酿更大规模的统一。北魏鲜卑族政权统一华北后,仰慕中原文化,实行"汉化"政策,由平城迁都洛阳,并要胡人改从汉姓,据统计,《魏书·官氏志》中一百二十六个胡姓已有六十个不见于官书,鲜卑皇室贵族均与汉人通婚,这些都使民族同化的步子大大加快,故陈垣在《通鉴胡注表微》中说:"二族通婚融洽最易,通婚而普遍,则夷夏不复能辨矣。"③经过东晋十六国南北朝时期的分裂和战乱,各族付出了巨大的代价,但民族的融合大大推进,由此建立起盛大的唐朝。唐朝廷实行开明的民族政策,唐太宗说:"夷狄亦人耳,……不必猜忌异

---

① 费孝通等著:《中华民族多元一体格局》,第11页。
② 参见金应熙《作为军事防御线和文化会聚线的中国古代长城》,《金应熙史学论文集·古代史卷》,广东人民出版社,2006年版,第208—213页。
③ 陈垣:《通鉴胡注表微》,中华书局,1962年版,第324页。

类,盖德泽洽,则四夷可使如一家,猜忌多,则骨肉不免为仇敌。"① 他又总结其成功要领"五事"之一:"自古皆贵中华,贱夷狄,朕独爱之如一,故其种族皆依朕如父母。"② 他也因此而被少数民族尊称为"天可汗"。唐初,当朝臣讨论如何处置突厥降人时产生分歧,太宗卒从温彦博议,用汉光武置降匈奴于五原塞下,亦即置属国的办法,"全其部落,得为捍蔽,又不离其土俗","遂处降人于朔方之地,其入居长安者近且万家"。③ 这是唐太宗开明民族政策下民族融合加速的突出例证。唐代的统治阶级中就有不少是各族的混血。唐立国时,汉化鲜卑贵族的支持起了举足轻重的作用,因此他们在朝廷中一直处于重要地位。"有唐一代名义上是汉族统治,实际上是各族参与的政权。从唐到宋之间的近五百年的时间里,中原地区实际上是一个以汉族为中心的民族熔炉。许多非汉族被当地汉人所融合而成为汉人。当然融合的过程是复杂的,但结果许多历史有记载的如鲜卑、氐、羯等族名逐渐在现实生活中消失了。""唐代不能不说是中华文化的一个高峰。它的特色也许就是在它的开放性和开拓性。这和民族成分的大混杂和大融合是密切相关的。"④

各民族历史文化认同又一个显著表现是,在分裂时期,割据势力往往把自己说成是中原皇朝"正统"的继承者。"南北朝时期,北朝说南朝是'岛夷',南朝说北朝是'索虏'。他们都自居为中国,要灭掉对方,统一全国。辽、宋、金的相峙时期,这三个朝廷也都自命为中国的主人,都设想由自己统治全中国。"⑤ 契丹人建立的辽朝统治的过程,恰恰显示出民族文化认同的趋势越来越加强。阿保机在其建国过程中,得到汉人的大力帮助,他为了发挥汉人所长,依照汉人的习俗,广置田宅,修建城郭,以居汉人之降者。辽朝统治者保留汉人旧有的生产方式和生活习俗,

---

① 《资治通鉴》卷一百九十七,贞观十八年二月。
② 《资治通鉴》卷一百九十八,贞观二十一年五月庚辰。
③ 《旧唐书》卷六十一《温彦博传》。
④ 费孝通等著:《中华民族多元一体格局》,第14页。
⑤ 白寿彝主编:《中国通史》导论,第94页。

采用中原政治制度。太宗时实行北南面官制度,"以国制治契丹,以汉制治汉人",因而大量起用汉族知识分子参与军国大政,发挥作用。会同三年(940),又诏令契丹人授汉官者从汉仪,并与汉人婚姻。这些措施,有效地加快了汉人与契丹人融合的趋势,以至两者合而为一,"契丹"成为汉人的代称。如民族史专家贾敬颜所说:"称汉人为'契丹'起于辽、金战争之际,其所以有此名号,首先是汉人的大量进入契丹地区,实行契丹化,其次是契丹人的大量南来汉人地区,实行汉化,久而久之,两者合而为一,汉人即'契丹','契丹'是汉人。……大概也正是从这个时候起,契丹作为一个独立的民族'实体',从前进的行程中失掉了,但它的'分子'——遗胤散布在广大的汉人之中,以至成了汉人的代词。"①

## 三、儒家经典中进步夷夏观对增强
## 　　中华民族凝聚力的推动作用

儒家经典中的"夷夏可变"论,反映了华夏族与少数民族交流、融合的发展趋势,是传统思想中的宝贵精华。范文澜说得好:中国古代对华、夷的区分,"最基本的涵义还是在于文化。文化高的地区即周礼地区称为夏,文化高的人或族称为华,华夏合起来称为中国。对文化低即不遵守周礼的人或族称为蛮、夷、戎、狄。例如杞君朝鲁君,用夷礼,杞被贬称为夷,后来杞国朝鲁用周礼,杞又得称为诸夏"②。这种观点在儒家今文经学典籍《春秋公羊传》中表达得很鲜明,对于民族凝聚力的加强和民族精神的形成发展,都起到重要的推进作用。公羊学进步夷夏观的思想源头在孔子和《春秋经》。孔子被后世的经学家宣传为"尊周室,攘夷狄"的圣人,好像孔子对于所谓"夷狄"是很严厉

---

① 贾敬颜:《"契丹"——汉人之别名》,《中央民族学院学报》1987年第5期。
② 范文澜:《中国通史简编》(修订本)第一编,第182页。

的。其实，孔子在这个问题上的态度是理智的①。孔子认为"夷狄"和"诸夏"之间存在共同的道德标准，是与一些持狭隘的民族观念的人大不相同的。孔子还认为，"夷狄"也有长处，有的地方比"诸夏"还好。《论语·八佾》云："夷狄之有君，不如诸夏之亡也。"历来经注家对此句有两种解释。朱熹《四书集注》引程子曰："夷狄且有君长，不如诸夏之僭乱，反无上下之分也。"杨树达先生《论语疏证》及白寿彝先生《中国通史·导论》引用此句，均取朱熹的解释，于义为长，宜可依从。《春秋经》一书，按照传统说法，是由孔子修成的，其中对原先被视为"夷狄"国家的楚和吴的书法，即与上述孔子的理智态度相照应、相发明。楚和吴在春秋初年，都因文化落后被称为蛮夷之国，但至鲁宣公十二年（前597）及鲁定公四年（前506），《春秋经》却都称其为"楚子""吴子"，视为与诸夏国家同样的地位。这些书法的不同，用极简略的文字，所概括和寓含的，却是历史的重大变化和极其深刻的思想观点。

  《春秋公羊传》从文化上而不从种族上区分"夷""夏"的观点，对于促进民族间的友好交流和共同进步有极为深远的意义。如果从种族上区分"诸夏"和"夷狄"，二者之间就会形成不可逾越而且永远不变的鸿沟，对"夷狄"的歧视以至压迫就不但不会消失，而且会加剧，"夷狄"会感到文化上再进步也没有出路，"诸夏"也会因认为天生优越而不求进取，将会恶化民族关系，损害民族和好相处。相反，如果从文化上或道德上区分"诸夏"和"夷狄"，二者就成为可变的概念，"夷狄"在文化上进步了就与"诸夏"无异，平等无间，鼓励他们学习先进文化而不断提高自己，"诸夏"也要警省不断进取，不然在政治上道德上倒退就被视为"夷狄"。不论"诸夏""夷狄"，都要努力向更高水平提高自己，民族间的交流、和好就会不断促进，有利于全国的统一和安定。《公羊传》这种以文化和道德区分"诸夏""夷狄"，视为可变概念的观点，是战国以后民族间的交流融合加

---

① 参见白寿彝主编《中国通史·导论》，第5页。

快,特别是汉代民族关系发展这种社会现实的反映。经过《公羊传》的阐释,从文化上区分"诸夏"和"夷狄",就成为《春秋》之义。

《公羊传》进步的民族观,至西汉董仲舒得到显著的发展,他高度评价《公羊传》对"诸夏"和"夷狄"的理智态度,《春秋繁露·竹林》篇说:"《春秋》之常辞也,不予夷狄而予中国为礼。至邲之战,偏然反之,何也?曰:《春秋》无通辞,从变而移。今晋变而为夷狄,楚变而为君子,故移其辞以从其事。"董仲舒评论《公羊传》对"诸夏"和"夷狄"不划定不可移易的界限,楚变而为君子即加褒扬,晋变而为"夷狄"即加贬责,是很中肯的。在西汉时代,公羊学夷夏观适应武帝时期开拓疆土、全国各民族间联系加强的发展趋势,因此公羊学说大盛于世,成为一代"显学"。伟大的史学家司马迁曾向董仲舒问学,在《史记》这部杰作中多次显著地表明他深受公羊学说的影响。司马迁高度重视民族关系和周边各民族对祖国历史的贡献,对东北民族、北方民族、西北民族、西南民族、岭南民族、东南民族的活动都尽其所能地详细记载,构成视野开阔而又秩序井然的历史图卷,树立了史学史上大规模设立少数民族列传的范例,令人赞叹。

至东汉何休撰成《春秋公羊解诂》,构建了有体系的"据乱世—升平世—太平世"学说。何休的"三世说"理论,用形象化的、简洁的语言,描述历史变易进化的哲学道理,而民族关系的进步和未来将要达到的美好境地,又在"三世说"中极其重要。何休在《解诂》隐公元年对《公羊传》"所见异辞,所闻异辞,所传闻异辞"的释文中,对"三世说"作了系统的阐发,云:"于所传闻之世,见治起于衰乱之中,用心尚麤觕,故内其国而外诸夏,先详内而后治外";"于所闻之世,见治升平,内诸夏而外夷狄";"至所见之世,著治太平,夷狄进至于爵,天下远近小大若一"。何休对于人类社会从低级阶段逐步前进到高级阶段具有信心,他所阐释的据乱—升平—太平三个阶段,不但是国家的治理越来越好,民众的生活越来越得到改善,而且随着国家统一局面的推进，民族关系的发展尤为极其重要的内容。据乱世，尚处在内其国而外"诸夏"阶段，未能达到统一局面；升平世，推进到内"诸夏"而外"夷狄"阶段，中原地区得到统一；到太平世，则实现"夷狄进至于爵，天下远近小大若一"的理想，达到空前的大一统，而且民族之间平等、和好相处，不再有民族的歧视、压迫和战争。这里所展望的太平世民族间平等和好相处的远景，令后人深受启迪和激励。

自东汉以后，经历了魏晋南北朝时期和宋辽西夏金时期两次民族重新大组合，经历过隋、唐、元、明、清国家统一局面的重建和扩展，在此曲折复杂的历史过程中，虽因各民族之间的冲突、战争而付出了极其巨大的代价，但其结果，终于促使中国境内各民族的关系大大密切了。夷夏观念的变迁也是复杂变化的，一方面，历代不少有识见的政治家、思想家强调民族间的和好，强调树立"天下一家"的意识，强调维护各民族间共同的利益，发挥了促进民族关系发展的积极作用；另一方面，也有人一再大力鼓吹"尊王攘夷"，"严夷夏之大防"，当宋与辽、金对峙，国势衰弱之时，持论者尤众。至清初，许多汉族士人视明清鼎革为天崩地解的大事变，又纷纷倡言"华夷之辨"，寄托故国之思。对于清初士人怀有的反满意识，我们应依当时的历史条件，恰当地肯定其具有反抗满族统治者对汉族民众实行残酷压迫的意义，恰当地肯定汉族民族意识有其历史价值。但与此同时，我们更应当肯定清朝的建立和巩固，实现了全中国空前规模的大统一，各民族间的关系进一步加强；从国家和全国各民族共同利益的前途着眼，应当推进这种统一局面，推进各民族间的文化认同。在清朝前期，雍正皇帝写了一篇"上谕"，其中重要的宗旨，便是阐发夷夏之分在文化而不在种族的观点，批驳清初士人坚持"华夷之辨"进行反清活动的思想主张。他引用儒家经典《论语》作了解释："孔子曰：'夷狄之有君，不如诸夏之亡也。'是夷狄之有君，即为圣贤之流；诸夏之亡君，即为禽兽之类，宁在地之内外哉。"他又具体地分析了夷夏观念在历史上的变化，尤其强调清朝建立而形成的中外一体的新局面，说："自我朝入主中土，君临天下,并蒙古极边诸部落俱归版图,是中国之疆土开拓广远,乃中国臣民之大幸,何得尚有华夷中外之分论哉。"雍正帝的言论充满封建帝王的专制思想,但他阐释不以种族而以文化区分"华夷",则是于理有据而且渊源深远的,他所强调的清朝入主中原,已经由夷变夏,并使得蒙古等边疆少数民族也都由夷变夏,故而全中国范围内各民族都成为"中国臣民",更是确切的事实和清朝建立以来的巨大变化。① 雍正帝是否属于自觉地运用公羊学的论点,对此未可遽下结论,但这篇言论的主要思想,无疑可以看作是对公羊学派夷夏观在清初历史条件下的一次有力的发挥。

公羊学派进步的夷夏观在近代影响至为显著。龚自珍赞颂清代实现"中外一家"的新局面,尖锐地批驳"宋明山林偏僻士,多言夷、夏之防,比附《春秋》,不知《春秋》者也"②。魏源跨过中西文化巨大差异的界限,认识到西方文明的先进性,倡导国民对外之观念。梁启超作为晚清今文经学运动的重要人物,在20世纪初相继著成《春秋载记》《战国载记》《中国历史上民族之研究》等名文。由于深谙公羊学说朴素进化观和进步夷夏观的理论精华,他站在中西文化交流的时代潮流前头,成功地吸收并运用西方新学理,形成了具有近代科学理论色彩的民族观点,以大量确凿的证据,论证中华民族"多元结合""诸夏一体",经历数千年而形成复杂而稳固的民族,其研究成果对近代民族理论体系的建立起到了非常重要的推动作用。

(本文原作为《中华民族精神研究三题》一文的第一、二部分,刊于《史学理论与史学史学刊》2010年卷。现独立成篇,并经作者对内容作了补充)

---

① 参见刘家和《一多相济的发展——〈中国古代历史文化认同与统一多民族国家发展(在世界史背景下的考察)〉导论》,载《史学理论与史学史学刊》2004—2005年卷,第63—64页。
② 龚自珍:《五经大义终始答问七》,载《龚自珍全集》,上海人民出版社,1975年版,第48页。

# 论民族精神的成因

民族精神作为伟大中华民族优良文化传统的结晶,其成因必然与民族的生存条件和活动环境密切相关;民族精神作为民族特质的集中体现,其成因有受环境影响而长期潜生暗长,如酵母发散蔓延的一面,更有历代思想家、政治家以其著作或言论加以概括提炼,或是因历史上的杰出人物的实践楷模、垂范作用而得到扩充和提升;民族精神在几千年历史途程中必然是发展的,绝非自古至今一成不变,它因民族处于兴旺阶段增加了新的宝贵成分,当民族处于坎坷磨难阶段它又经受考验而得到锤炼。概括言之,民族精神的成因是一个受到民族活动各种条件影响、起伏前进、不断发展提升的过程,可以大略归纳为三个方面:一是活动环境的影响,文化基因的发展;二是历代哲人的提炼,杰出人物的垂范;三是时代风雨的锤炼,当国家兴盛时期,民族精神得到勃发,当国势衰落时期,民族精神得到淬砺、考验。

## 一、活动环境的影响,文化基因的发展

中华民族活动的范围在亚洲的东方,我们的祖先世世代代繁

衍生息在这片广袤的土地上，独特的地理环境和生存生产条件对于铸就民族的特性、生成我们民族最早的文化基因有着直接的关系。我们先民活动的范围，西部和西南部是难以翻越的帕米尔高原和号称世界屋脊的喜马拉雅山，东部和东南部是浩瀚无边的大洋，北部是大漠和草原，南部是险峻的横断山脉和湍急的河流。而中部则是广袤的平原，有黄河、长江两大河流流经广阔的土地，土壤肥沃，气候温和，有灌溉、舟楫之利，十分适合农业耕作，还有地形多样的丘陵、山地，既存在交通开发的困难，又有可能提供丰富多样的物产。这样的地理、自然条件，对于中华民族特质（尤其是在古代）的养成当然关系重大：辽阔的疆域四周形成天然的屏障，地理上形成自然的格局，古代民族的活动很难越过高山、大漠、大洋的障碍，境内众多的民族逐步通过接触、交流甚至摩擦、战争，逐步地互相了解、合作，因而形成团结统一的传统；肥沃的土地适宜于生产，又有需要征服的困难环境和不测的灾害造成的磨难，就形成中华民族勤劳勇敢、农耕发达、热爱和平、崇尚自由、为了保卫家园和保卫民族生存勇于抗击侵略的精神；坦荡的平原开阔人们的胸襟，雄伟秀丽的山川陶冶人们美好的性情，人民的往来、物产的交流、民族的融合塑造了先民兼爱宽容、厚德载物、海纳百川的心理和风格，困难的条件、严酷的灾害则造就自强不息、坚忍不拔的特质。在这里，举出两位学者的论述对我们是很有启发的。白寿彝先生曾分析中华民族活动的环境如何促进形成各民族人民向往统一、互相交流融合、形成强大向心力的传统："我们中国的幅员广大。可是在地理形势上，形成一个独立的地理区域。东边、南边，有大海包围着。西边、北边，有高山、有沙漠。在这样一个天然条件之下，我们这一大块地方就同别的地方比较地隔绝，特别是在当时的条件下，是比较隔绝的。尽管有些交通，但毕竟有限。这样一个地理形势，就为我们祖国的统一提供了一个自然条件。同时，在这么一个大的疆域内，又有各地区的特点。各地区的特点，就在各方面有它的特殊的地方性。这不同的地方性，孤立起来看，区别很大。合起来看，这种地方特点，更可以促进不同民族间的互相合作、互相依存的关系。在历史上，西北民族需要内地的盐、茶、铁器。这些东西在内地的人看着不算个事。但这些在民族地区，是生活上、生产上很重要的东西，内地输送过去，就对兄弟民族有一个很大的支援，不是一件小事。离开这些，兄弟民族是会有困难的。同时在内地，也是需要有民族地区支援的：皮毛、皮革、肉类，可以提供运输和战斗的马匹，以及一些旁的兽类和重要的药材。这些，有时我们在生活中忽视了。其实很多东西，我们离不开边疆兄弟民族的支援。这种生活上、生产上的互相依存的关系，过去我们搞历史的讲得不够。应该认真挖掘这方面的东西。汉族地区主要是在黄河中下游、长江中下游，得天独厚、发展比较早，生产水平比较高，文化水平也比较高。因此，长期以来，中原地区是咱们边疆少数民族所向往的地方。这一点很要紧。这就是中国各民族一个向心力的所在。"① 梁启超则论述由于中华民族在古代所处活动环境而蕴积了宏富深厚的文化基础，至春秋战国时期由于列国之间交流频繁等原因而形成了思想文化勃兴的不平凡时代，对于民族特质造成巨大和深远的影响。他说："人群初起，皆自草昧而进于光华。文明者，非一手一足所能成，非一朝一夕所可几也。传记所载，黄帝、尧、舜以来，文化已起，然史公犹谓搢绅难言焉。观夏、殷时代质朴之风，犹且若此，则唐、虞以前之文明，概可想矣。及文王化被南国，武周继起，而中央集权之制大定，威仪三千，周官三百。孔子叹之曰：'周监于二代，郁郁乎文哉！吾从周。'自豳、岐以至春秋，又数百年，休养生息，遂一脱蛮野固陋之态。观于《左传》，列国士大夫之多才艺、娴文学者，所在皆然矣。积数千年民族之脑精，递相遗传、递相扩充，其机固有磅礴郁积、一触即发之势。而其所承受大陆之气象，与两河流之精华，机会已熟，则沛然矣。此固非岛夷谷民崎岖逼仄者之所能望也。"②

---

① 《白寿彝史学论集》，北京师范大学出版社，1994年版，第246—247页。
② 梁启超：《论中国学术思想变迁之大势》，载《饮冰室合集》文集之七，第11—12页。

## 二、历代哲人的提炼，杰出人物的垂范

历代哲人智者的格言警句，豪杰之士的壮烈行为，都对民族精神的形成和提升起到巨大的作用。先哲们总结历史经验和生存智慧的精警语句对民族精神起到凝炼和高扬的作用，我们可略举若干，以求举一反三。关于倡导激励忠于国家、献身民众事业的，如孔子言："修己以安百姓"①，"老者安之，朋友信之，少者怀之"②。墨子言："仁人所以为事者，必兴天下之利，除去天下之害，以此为事也。"③ 孟子言："乐民之乐者，民亦乐其乐；忧民之忧者，民亦忧之。"④ "达则兼善天下。"⑤ 蜀汉诸葛亮言："鞠躬尽瘁，死而后已。"⑥ 宋范仲淹言："先天下之忧而忧，后天下之乐而乐。"⑦ 张载言："为天地立志，为生民立道，为去圣继绝学，为万世开太平。"⑧ 清初顾炎武言："有亡国，有亡天下。亡国与亡天下奚辨？曰：易姓改号谓之亡国，仁义充塞而至于率兽食人，人将相食，谓之亡天下。……保国者，其君其臣、肉食者谋之；保天下者，匹夫之贱，与有责焉耳矣！"⑨ 近代史开端时期林则徐写有诗句："苟利国家生死以，岂因祸福避趋之。"⑩ 关于树立勤劳勇敢、不避艰险精神的，如孟子言："生于忧患，死于安乐。""天将降大任于斯人也，必先苦其心志，劳其筋骨，饿

---

① 《论语·宪问》。
② 《论语·公冶长》。
③ 《墨子·兼爱中》，诸子集成本，中华书局，1954年版。
④ 《孟子·梁惠王下》。
⑤ 《孟子·尽心上》。
⑥ 《后出师表》，《诸葛亮集校注》，天津古籍出版社，2008年版，第36页。
⑦ 《岳阳楼记》，《范仲淹全集》，四川大学出版社，2007年版，第195页。
⑧ 《张子语录》，《张载集》，中华书局，1978年版，第320页。
⑨ 顾炎武：《日知录》卷十三"正始"条，黄汝成集释本，岳麓书社，1994年版。
⑩ 林则徐：《赴戍登程口占示家人》，见《云左山房诗钞》卷六，光绪十二年（1886）刻本。

其体肤，空乏其身，行拂乱其所为，所以动心忍性，曾益其所不能。"① 班超言："不入虎穴，不得虎子。"② 北宋张载言："贫贱忧戚，庸玉女于成也。"③ 欧阳修言："忧劳可以兴国，逸豫可以亡身。"④ 关于树立自强不息、勇于革新创造意志的，如《周易》言："天行健，君子以自强不息。"⑤ "穷则变，变则通，通则久。"⑥《大学》言："苟日新，日日新，又日新。"屈原言："路漫漫其修远兮，吾将上下而求索。"⑦ 北宋王安石言："天变不足畏，祖宗不足法，人言不足恤。"⑧ 近代史开端时期龚自珍言："自古及今，法无不改，势无不积，事例无不变迁，风气无不移易。"⑨ 他的挚友魏源更倡导"师夷长技以制夷"⑩，成为近代向西方学习真理的先声。关于提倡兼爱包容的宽阔胸怀和向往大同理想的，如《周易》言："地势坤，君子以厚德载物。"⑪ 孔子弟子子夏言："四海之内皆兄弟也。"⑫《大学》言："大道之行也，天下为公。选贤与能，讲信修睦。故人不独亲其亲，不独子其子。使老有所终，壮有所用，幼有所长，矜寡孤独废疾者皆有所养。男有分，女有归。货恶其弃于地也，不必藏于己。力恶其不出于身也，不必为己。是故谋闭而不兴，盗窃乱贼而不作，故外户而不闭，是谓大同。"⑬《管子》言："海不辞水，故能成其大；山不辞土石，故能成其高。"⑭ 东汉何休解释公羊传"三世说"最终将达到"太平世"的境界："至所见之世，著治太平，夷狄

---

① 《孟子·告子下》。
② 《后汉书》卷四十七《班超传》。
③ 《正蒙·乾称》，《张载集》，第63页。
④ 欧阳修：《新五代史》卷三十七《伶官传序》，中华书局，1974年版。
⑤ 《周易·乾卦》，《十三经注疏》本。
⑥ 《周易·系辞下》。
⑦ 《离骚》，《屈原集校注》，中华书局，1996年版，第80页。
⑧ 《宋史》卷三百二十七《王安石传》。
⑨ 《上大学士书》，载《龚自珍全集》，第319页。
⑩ 《海国图志·叙》，载《魏源集》，第207页。
⑪ 《周易·坤卦》。
⑫ 《论语·颜渊》。
⑬ 《礼记·礼运》，《十三经注疏》本。
⑭ 《管子·形势》，诸子集成本。

进至于爵，天下远近小大若一。"① 宋朝张载言："民吾同胞，物吾与也。"② 至近代太平天国农民起义颁布的《天朝田亩制度》的斗争纲领，更号召建立"有田同耕，有饭同食，有衣同穿，有钱同使，无处不均匀，无人不饱暖"，没有阶级压迫和剥削的太平世界。关于提倡崇高气节、凛然不屈的大丈夫精神的，如孔子言："志士仁人，无求生以害仁，有杀身以成仁。"③ "三军可夺帅也，匹夫不可夺志也。" "岁寒，然后知松柏之后凋也。"④ 孟子言："富贵不能淫，贫贱不能移，威武不能屈，此之谓大丈夫。"⑤ 汉代司马迁言："人固有一死，死有重于泰山，或轻于鸿毛。"⑥ 北宋周敦颐言："出淤泥而不染。"⑦ 总之，历史上这些思想家、政治家和其他志士仁人的名言警句，都是从某一侧面深刻地反映出中华民族的精神品格，具有极强的表现力和感召力，世世代代教育了广大民众，因而对民族精神起到提升的作用。

  历代英雄人物的壮烈行为，满腔赤诚，或是为国尽忠，或是冒险犯难、矢志不渝，或是勤于民事、鞠躬尽瘁，或是面对外敌的侵犯英勇抗击，气节高尚，坚贞不屈，他们的行为凸现了中华民族优秀的品质和高尚的气概，受到千千万万民众深深的崇敬，同样世代起到垂范作用。正如鲁迅所说，在中华民族进化史上，有一批舍身求法的人，为民请命的人，拼命硬干的人，他们是民族的脊梁。夏禹是传说中的人物，杰出的英雄，先民们世代传颂着他治水的故事。在远古蛮荒时代，洪水滔天，威胁人们生命，大禹带领民众敷土为功，凿山刊木，疏导洪水，终于取得治水的胜利。他"劳身焦思，居外十三年，过家门不敢入"⑧，"禹亲自操橐耜而九杂天下之川，腓无胈，胫无毛，沐甚雨，栉疾风，置

---

① 何休:《春秋公羊解诂》隐公元年注，中华书局，1988 年版。
② 《正蒙·乾称》，《张载集》，第 62 页。
③ 《论语·卫灵公》。
④ 《论语·子罕》。
⑤ 《孟子·滕文公下》。
⑥ 《报任安书》，见《汉书》卷六十二《司马迁传》。
⑦ 《爱莲说》，载《周敦颐集》，岳麓书社，2002 年版，第 60 页。
⑧ 《史记》卷二《夏本纪》。

万国。禹大圣也,而形劳天下也如此。"① 世界上许多民族都有远古洪水滔滔造成严重灾害的故事,独在中华民族先民的传说中讲洪水被禹治得"地平天成",禹是治水的英雄。"这种克服自然、人定胜天的伟大精神,是禹治洪水神话的真实意义。"② 而禹成为民众捍御大灾难、奋不顾身的崇高精神的代表,他的故事世代传颂,对民众起着巨大的教育、激励作用。汉代的张骞应汉武帝之招募通使西域,张骞目的是"断匈奴右臂",解除汉朝西面受到的威胁。建元三年(前138),他率领一百余人向西域进发,途中被匈奴俘获,羁留十余年,"然骞持汉节不失"。终于逃脱,经大宛、康居,跋涉到达大月氏,归途中又遭匈奴俘获,扣留一年多,最后才逃出虎口,回到长安,受封为博望侯。出使时百余人,最后只有他和堂邑父二人归来。由于张骞交通了汉与西域的联系,向武帝奏明西域各国地理、物产、风土人情,辽远广阔的西域地区从此才被中原人士所了解,因此历史上称为张骞"凿空"。第二次出使西域,率将士三百人,每人备马两匹,并带礼物无数。此行的结果是,乌孙国归附汉朝,与匈奴绝交。汉朝实现了断匈奴右臂的目的,从此匈奴失援远遁。张骞出使西域前后达二十年之久,行程数万里,他以坚忍不拔的毅力和高超的智谋,发扬了汉朝声威。"从此以后,西域天山南北各国相继归汉,横贯东西的丝绸之路亦由此开辟。"③ 张骞敢于冒险犯难、为国家立功绝域的精神对后人永远产生激励作用。年代略后的苏武,于天汉元年(前100)奉命出使匈奴,匈奴单于胁迫他投降,将他囚禁在大窖中,断绝食物。天下大雪,苏武"卧齧雪与旃毛并咽之,数日不死"。单于又徙他到北海(贝加尔湖)荒无人烟之地,让他放羊,说等到公羊生下羊羔便放归他。苏武在冰天雪地中,只得掘野鼠、吃草实充饥,但他凛然不屈,"杖汉节牧羊,卧起操持,节旄尽落"。至汉昭帝初年,匈奴与汉和好,才遣苏武回

---

① 《庄子·天下》引墨子言。
② 范文澜:《中国通史简编》(修订本)第一编,第96页。
③ 白寿彝总主编:《中国通史》第四卷《秦汉时期(下册)》,上海人民出版社,1995年版,第207页。

朝，拜为典属国。"武留匈奴凡十九岁，始以强壮出，及还，须发尽白。"① 苏武便成为坚守民族气节具有凛然不可侵犯精神的杰出代表。

　　在中华民族史册上，像这样或是忠于国家、气节凛然，或是坚忍不拔、建树功业的人物，几乎每一时代都曾出现。例如：西汉名将赵充国经略陇、甘地区，安辑羌族、平息反叛事件，以远大眼光连续向汉宣帝七次上疏陈述安定边疆主张，并在河西屯田取得显著的成效。东汉初年奉命出使西域的名将班超，他率吏士三十六人出使，以非凡的勇气和计谋，巩固了汉在西域各国的统治权，保护了西域各族人民免受匈奴贵族侵扰之苦，以及"丝绸之路"的畅通。三国时代杰出的政治家诸葛亮，他任蜀国丞相，忠心耿耿，励精图治，赏罚严明，改善与西南各族的关系，号称贤相。东晋名将祖逖，年青时与刘琨闻鸡起舞，苦练杀敌本领，屡次请求纠合忠义，北上破敌。晋元帝时，渡长江，给他一个豫州刺史的名义，祖逖带宗部一百多家北渡长江，中流取楫击水，立下庄严誓言："我祖逖不能肃清中原，誓不再渡回来，大江作证！"所部纪律严明，得到各地人民的响应，收复了河南以南地区。而东晋内部迭起纠纷，对他不加支持，丧失了黄河南北的有利局势，祖逖最终忧愤病死。唐朝大将郭子仪，当安禄山叛乱时，他联合回纥兵击败叛军，平定了河曲，解除了朝廷受到的威胁。后又联合回纥兵收复长安、洛阳两京，被肃宗称为再造社稷的重臣。永泰元年（765），仆固怀恩反叛，勾结吐蕃、回纥、吐谷浑、党项等，共三十万大军，深入内地，直接威胁长安。此时郭子仪已年近古稀，他周密部署，沉着指挥，率二千骑出入阵中。又不顾个人安危，亲到回纥兵营，以大义和真诚感动回纥首领，使其反戈一击，大破吐蕃军，终于化险为夷，为保卫唐朝的安全再建大功。郭子仪八十五岁病卒，德宗下诏褒奖他"柱石四朝"的丰功伟绩。至宋朝徽宗、钦宗以后和明朝末年，因统治集团昏庸腐败，国势衰颓，外族入侵，为了保卫中原先进的经济文

---

① 《汉书》卷五十四《苏武传》。

化和人民的生命财产，反抗异族统治者的残酷杀戮破坏，先后产生了为数不少的英勇抗敌的英雄人物，表现了气壮山河的气概。宗泽，任东京（河南开封）留守，召集中原义军协助防守，联络两河八字军等部，用岳飞为将，屡败金兵，因此威名远大。他多次上书请高宗还朝，都被投降派所阻，临死时犹三次连呼"渡河!"岳飞于南宋初年，在皖南、苏南英勇抗击金兀术南进队伍，收复建康等失地。后又在河南、湖北连破金军，收复襄阳、信阳等六郡。金兀术进兵河南，他出兵反击，收复郑州、洛阳，在郾城用巧计大破金兀术"拐子马"，岳飞纵兵奋击，金军大溃。后又取得朱仙镇大捷，大河以北广大地区义军涌起，揭岳字旗帜，约期与官军会合，父老百姓挽车牵牛载粮迎接义军，充塞道路。高宗一心屈辱求和，竟一天连发十二道金牌召岳飞退还。岳飞善于谋略，军纪严明，其军以"冻死不拆屋，饿死不掳掠"著称。在其戎马生涯中，他亲自参与指挥了一百二十六仗，未尝一败，是名副其实的常胜将军。金人称："撼山易，撼岳家军难!"最后，岳飞被奸臣秦桧以"莫须有"的罪名诬陷杀害，但他在历史上英名流芳百世，卖国贼秦桧之流则遗臭万年。南宋末年，有右丞相文天祥，从临安、福建至广东，辗转抗击元军南下，历经艰险，最后兵败被执，解往燕京，迭经威胁利诱，始终不屈，慷慨就义。有名将张世杰，先后拥立赵昰（端宗）、赵昺为帝，在东南沿海一带艰难支撑残局，最后在崖山与元军在海上决战，兵败溺水而死。有大臣陆秀夫，与张世杰等一同坚持抗元，任左丞相，崖山被攻破时，背负幼主赵昺投海死。至明末，有抵抗后金军名将熊廷弼，任辽东经略，整肃军令，训练军队，加强防务，任职年余，后金军不敢进攻。但他最后被太监魏忠贤杀害。有自请镇守辽东的袁崇焕，曾获宁远大捷，努尔哈赤受伤死，次年又大败皇太极军。梁启超《袁督师传》称誉他一生"关系国家之安危，民族之隆替"，为历史上粤省第一人。文天祥临刑前悲壮慷慨吟诵的《正气歌》，高歌"天地有正气"，"是气所磅礴，凛然万古存。当其贯日月，生死安足比。地维赖以立，天柱赖以尊"，他歌颂的"正气"，便是历史上一切对国家赤胆忠心、敢于冒险犯难、气节凛然的杰出人物所共有的精神气概。进入17—18世纪以后，西方殖民者东来，从开始对我领土觊觎、占据，到发动大规模野蛮侵略，中华民族面临着保卫国家主权和民族独立的新的严峻考验，于是有郑成功率军驱逐盘踞的荷兰人、收复台湾，有林则徐领导广东人民抗击英国侵略，有魏源呕心沥血撰成爱国名著《海国图志》、寻求救亡图强道路，有康有为大胆输入西方政治观念，领导戊戌维新运动，因而标志着中华民族在近代觉醒的起点。历代这些杰出人物献身国家利益的崇高精神和英雄业绩，无疑对全民族起到楷模的作用，使我们民族的伟大精神不断得到提升，至20世纪，终于浇灌出孙中山领导辛亥革命推翻帝制的胜利和中国共产党领导的民族民主革命的彻底胜利。

## 三、民族精神的勃发与淬砺

中华民族的发展走过曲折复杂的道路，有过汉唐盛世，有过南北朝、五代的分裂和宋、辽、金政权的对峙，最后重归统一，有过清代实现多民族的空前统一，以后清朝衰落，中华民族饱受帝国主义侵略、凌辱、宰割的时期。国家处于兴盛或衰弱，统一或分裂的不同时期，民族精神经受了不同的锤炼、洗礼，其表现和提升当然有不同的特点，对此应该认真地进行探讨和总结。

汉朝是中国历史上第一个强盛的朝代，也是民族创造力活跃、成长迅速的时期。在这样的上升时期，民族精神的提升突出地表现在政治家、思想家为安邦治国多方谋划，重视借鉴历史的经验教训，为推进国家的兴盛作出卓有成效的努力。《汉书》中总结的西汉人士"引义慷慨"[①] 就是指这些贤臣杰士富有智慧，善于议论国家的政治得失，勇于慷慨陈言。如汉初思想家都为总结秦亡汉兴的历史经验和扭转汉初社会凋敝局面、推动国家走向兴盛做出贡献。陆贾向刘邦直率地讲出"马上得天下，不能马上

---

① 《汉书》卷四十九《袁盎晁错传》赞。

治之"的道理。所著《新语》一书，论述"秦任刑法不变"，提出"文武并用，长久之术"的治国主张。贾谊著《过秦论》，深刻总结了秦朝原先因法度修明、实行耕战政策而强盛，但在统一全国以后却违背了人民要求发展生产、恢复民力的愿望，实行穷兵黩武、严刑峻法、残酷剥削的政策而迅速灭亡的教训，从而精警地得出"仁义不施，而攻守之势异也"的结论。贾谊又在《治安策》中为民众的疾苦和国家潜在的危机而"痛哭""流涕""长太息"，认为民众遭受苛重的剥削、财富占有者的奢侈挥霍，与藩国割据和匈奴入侵同样构成对国家的威胁。其他如《史记》《汉书》中所载晁错《论贵粟疏》、贾山《至言》，以及赵充国向宣帝提出安辑西羌、屯田河西的策略，谷永向成帝谏议废除淫祀等，都是西汉一代大论议，表现出汉代一批社稷之臣和贤能之士，为了谋求治国安邦之策、解决社会前进中遇到的难题，敢于慷慨议论、仗义执言的崇高精神。

汉代兴盛时期民族精神的勃发又表现在：推进国家统一，增强民族凝聚力。贾谊在《治安策》中强烈地要求解决藩国势力膨胀、威胁国家统一的问题，贾谊所建议的"众建诸侯而少其力"实际上成为西汉政权加强国家统一、解决藩国割据势力的指导方针。继贾谊之后，晁错屡次向文帝建议削夺诸王的封土。他向景帝上"削藩策"，说："削之亦反，不削亦反。削之，其反亟，祸小；不削之，其反迟，祸大。"① 晁错当时官御史大夫，坚决主张削藩，遂使自己置身于中央政权与藩国势力矛盾的焦点，随时可能招致杀身之祸。吴楚七国起兵就以讨伐晁错为借口，结果晁错被误杀，但他在历史上留下了英名，如班固所评价的，"晁错锐于为国远虑，而不见身害"，"错虽不终，世哀其忠"。② 至武帝时，采用主父偃的建议，实行"推恩令"，即允许诸侯王以"推恩"的名义，将王国的土地分给子弟为列侯，藩国强大难制的局面至此进一步解决，实现了"强干弱枝"，中央集权力量得到了

---

① 《汉书》卷三十五《荆燕吴传》。
② 《汉书》卷四十九《袁盎晁错传》赞。

巩固。贾谊、晁错、主父偃都堪称是为国远虑的忠诚之士,他们的主张深刻地反映了巩固国家统一的时代要求,因而推动中华民族走向强盛。

汉代国家空前统一和民族关系迅速发展的历史趋势,突出地反映在《史记》卓越的史识和构史体系上。司马迁成功地做到"通古今之变",以如椽巨笔记载了自远古至汉武帝时代的历史,展现出我们民族不断走向统一的历史;他又以宏大的气魄,详实记载了全国范围内各民族的历史和社会现状。《史记》成功地体现出西汉盛世蓬勃的创造力,世世代代的人们不仅通过诵习《史记》懂得中华民族如何形成的可靠知识,更从中得到民族精神的宝贵营养,在二千余年岁月中,这部杰作一直发挥着加强民族凝聚力的无比巨大的作用。

历史的道路是曲折的。中华民族的演进经历过国势强盛、统一规模发展、国家得到有效治理的上升时期,也经历过国势衰落、社会动荡、外敌侵凌、民族生存面临危机的时期。在上升时期,全社会呈现活跃的创造力,政治家、思想家的作为和言论表现出高度的智慧,民族精神勃发,其主要特点,是催发、增强有利于社会前进的积极因素;而在民族遭受挫折和劫难时期,民族的创造力、生命力并没有中绝,民族精神的提升是以另一种方式表现出来的,其主要特点,是批判、扫除阻碍社会前进的落后腐朽的东西,重新激活民族的健康力量,在危难之中为国家寻找新的出路。我们可以用国势衰弱的清朝嘉庆、道光年间为实例来作分析。生活在这一时期的杰出思想家龚自珍曾写有著名诗句:"廉锷非关上帝才,百年淬厉电光开。"[①] 原意是说他的思想批判锋芒并非先天而得,而是后天经历实际生活中的严酷磨练而成的。我们恰好借用来概括处于困境中民族精神提升的特点——经过灾难与挫折的磨练淬砺,中华民族重新发扬了自强不息、团结奋斗的光荣传统,勇于与恶势力抗争,因而战胜劫难,衰而复振,使历史翻开新的一页。

---

[①] 《己亥杂诗》,《龚自珍全集》,上海人民出版社,1975年版,第509页。

在清嘉道时期，面对着社会弊病丛集，出现了一批"经世派"人物，包括林则徐、陶澍、贺长龄、包世臣、黄爵滋等，他们或是致力于兴利除害的行政措施，或是针对现实问题提出多项建言，表现了可贵的爱国济民、勇于任事、经世致用的精神，堪称是民族优秀文化传统哺育、造就的有作为的人物。在这一群体中，见识尤为卓越，言论尤为犀利，因而在近代产生最为深远影响者，则数龚自珍及其挚友魏源，他们提出的思想主张，最能体现处于国势衰颓的逆境中，民族精神如何经由磨砺、考验而得到提升。

一为唤起危机意识。嘉道时期，封建专制统治腐朽不堪，社会危机四伏。龚自珍、魏源无所畏惧，满怀爱国的至诚和"以天下为己任"的历史使命感，揭露统治阶级的腐朽，封建专制制度的祸害，社会危机的深重。诚如梁启超所论："龚、魏之时，清政府既渐陵夷衰微矣，举国方沉酣太平，而彼辈若不胜其忧危，恒相与指天画地，规天下大计。"① 龚自珍著《平均篇》，表达对社会危机的敏锐观察。他警告："至极不祥之气，郁于天地之间，郁之久乃必发为兵燹，为疫疠，生民噍类，靡有孑遗，人畜悲痛，鬼神思变置。其始，不过贫富不相齐之为之尔。小不相齐，渐至大不相齐；大不相齐，即至丧天下。"② 他深刻地揭露了专制君主仇视、摧残天下之士的实质。他指斥封建皇帝是"霸天下之氏"，对众人"震荡摧锄"以建立其淫威，"其力强，其志武，其聪明上，其财多，未尝不仇天下之士，去人之廉，以快号令，去人之耻，以崇高其身；一人为刚，万夫为柔，以大便其有力强武"。③ 甚至爆发出"居民上，正颜色，而患不尊严，不如闭宫庭"④ 的有力抗议。魏源也对时局的危险和国家的命运忧心忡忡，认为当时社会最大的危险是统治集团昏聩，人才空虚，对于百孔千疮的社会问题毫无应付的办法。他揭露当时社会已病入膏肓而

---

① 梁启超：《清代学术概论》，《饮冰室合集》专集之三十四，第55页。
② 《平均篇》，《龚自珍全集》，第78页。
③ 《古史钩沉论一》，《龚自珍全集》，第20页。
④ 《乙丙之际塾议第二十五》，《龚自珍全集》，第12页。

统治者依旧奢侈享乐,沉痛地呼吁人们正视衰世到来的现实,警告亡国的危险就在眼前:"稽其籍,陈其器,考其数,诹诸百执事之人,卮何以漏?根何以蠹?高岸何以谷?荃茅何以菀?堂询诸庭,庭询诸户,户询诸国门,国门询诸郊野,郊野询诸四荒,无相复者;及其复之,则已非子、姬之氏矣。"①

二为倡导变革图强。嘉道年间的时代主题,是立志改革,变革旧制度,救治种种社会弊疾,挽救危机,寻找自救自强之路。龚自珍、魏源对这一方向的认识,比同时代人更加深刻,站在更高的高度,因而成为近代改革派的前驱。龚自珍精辟地总结出变革是历史的必然规律:"夏之既夷,豫假夫商所以兴,夏不假六百年矣乎?商之既夷,豫假夫周所以兴,商不假八百年矣乎?无八百年不夷之天下,天下有万亿年不夷之道。然而十年而夷,五十年而夷,则以拘一祖之法,惮千夫之议,听其自陊,以俟踵兴者之改图尔。一祖之法无不敝,千夫之议无不靡,与其赠来者以劲改革,孰若自改革?"② 他又在《上大学士书》中,论述改革方向的不可逆转:"自古及今,法无不改,势无不积,事例无不变迁,风气无不移易。"③ 魏源也根据历代经济制度的演变和现实的需要概括出闪耀时代智慧的警句:"变古愈尽,便民愈甚。"④ 他从各方面阐述古今递变,社会越来越进步,泥古必败,人类应该充满乐观进取的精神向前看,大胆革除陈腐落后、妨害民众、阻碍社会前进的旧制度、旧办法等观点。他极其雄辩地举出大量事实证明:世界上的万事万物,一切都在变,新旧代嬗是历史的必然规律。"三代以上,天皆不同今日之天,地皆不同今日之地,人皆不同今日之人,物皆不同今日之物。"⑤ 针对弥漫于朝野的保守衰颓习气,魏源大力呼吁排除昏庸的官僚、碌碌无为的士大夫的阻力,破除旧习,树立勇敢进取的精神。他说:"度内之事,

---

① 《默觚下·治篇十一》,《魏源集》,中华书局,1976年版,第65页。
② 《乙丙之际箸议第七》,《龚自珍全集》,第5—6页。
③ 《上大学士书》,《龚自珍全集》,第319页。
④ 《默觚下·治篇六》,《魏源集》,第48页。
⑤ 《默觚下·治篇五》,《魏源集》,第47页。

中人可能；度外之功，非豪杰不能。……天下大事，……或利于千万事者，不必利于一二端；故非任事之难，而排庸俗众议之难。……何为'远猷'？事机出耳目之表，利害及百十年之后者是也。"① 这些话揭示出十分深刻的道理，改革的事业要着眼于绝大多数人的利益，要有洞察未来的长远眼光，要勇排众议，一往无前。在鸦片战争以前，龚、魏关注的改革问题尚限于国内的新疆设省、移民西部、限制土地兼并、治理黄河、兴修水利、革除盐法积弊等项，到鸦片战争爆发，面对着英国列强的野蛮武力侵略，魏源的改革思想又向前跨出一大步，呼吁大力了解外国，"师夷长技以制夷"，揭开了近代向西方学习的序幕。

三为锻造新的哲学武器。嘉道之际是历史转折的时代，急迫地需要有新的进步的哲学思想，来启示人们探索摆脱危机、通向未来的道路。龚自珍和魏源所处的历史变局，不仅标志着清朝统治由盛到衰，而且是整个中国历史进程和学术风气的转捩点。在嘉道以前，中国长期处于封建社会阶段，至鸦片战争爆发，则标志着近代半殖民地半封建社会的开始。嘉道时期学风的转变，从哲学意义上，是今古文经学地位划时代的变化。龚自珍和魏源对公羊家哲学的精髓有精到的把握，对时代危机的深刻感受更使他们充满历史使命感和哲学创造精神，他们呼唤时代的风雷，倡导实行社会变革，为国家民族从危机中寻找出路。他们的出色贡献是将原有的"三世说"改造成为"治世—衰世—乱世"的新"三世说"。这在龚自珍《尊隐》《乙丙之际箸议第九》，魏源《默觚》《春秋董子发微序》中都有深刻的论述。魏源还在《海国图志》中提出"地气天时变，则史例亦随世而变"②的重要命题，要求人们改变对西方文化排拒、闭目塞听的愚昧陈腐风气。

总之，由于龚自珍、魏源为代表的民族精英人物的努力，嘉道年间中华民族遭受的危难，恰恰成为探求救亡道路的起点，几千年形成的优良文化传统因受到严酷环境的磨练、淬砺，而放射

---

① 《默觚下·治篇七》，《魏源集》，第52页。
② 魏源：《海国图志》卷五《叙东南洋》。

出特殊的光彩。中华民族自强不息、勇于创造、不畏艰难挫折、英勇抗击侵略的精神，使我们民族能够战胜劫难，衰而复振，重新走向新生。龚自珍和魏源唤起危机意识、倡导变革图强和锻造新的哲学武器的卓越思想，由于紧扣时代的主题，因而揭开了中国近代进步思潮的序幕，从此，御侮图强、实现社会变革的斗争此伏彼起，废除腐朽黑暗的封建专制、向西方学习、实现民主制度的呼声逐步高涨，中国历史翻开了新的一页，而我们的民族精神也从此提升到一个新的高度。

（本文原作为《中华民族精神研究三题》一文之第三部分，刊于《史学理论与史学史学刊》2010年卷）

# 论民族精神的功能

民族精神是一个民族赖以生存和发展的精神支柱,是民族长期形成的优良文化传统的结晶,也是人们为了推进本民族发展而普遍认同并发挥了主导作用的价值标准和行为准则。进入新时期以来,中国人民在推进现代化建设的事业中,更加深刻地认识到发扬和振奋民族精神的迫切性和重大意义。江泽民同志在党的十六大报告中指出:"面对世界范围各种思想文化的互相激荡,必须把弘扬和培育民族精神作为文化建设极为重要的任务。"[①] 一个领导着全世界人口最多的国家、从事实现民族复兴伟大事业的执政党,如此高度地重视总结和弘扬民族精神,其意义是极其深刻的。今天,揭示伟大的民族精神在中华民族漫长征途中所发挥的重要作用,无疑是当前理论建设的一项重要课题。

民族精神对于中华民族的生存延续、国家的兴旺强盛具有极为重要的功能,概括来说有以下三项:精神支柱的功能;凝聚力量的功能;教育激励的功能。限于篇幅,兹结合若干史实简要论述如下。

---

[①] 《江泽民文选》第三卷,人民出版社,2006年版,第559页。

## 一、精神支柱的功能

党的十六大报告提出："要把弘扬与培育民族精神作为社会主义文化建设的重要任务，纳入到社会主义文明建设和国民教育的全过程。""民族精神是一个民族赖以生存和发展的精神支撑。一个民族，没有振奋的精神和高尚的品格，不可能自立于世界民族之林。"中华民族历经几千年文明绵延不绝，中间虽遭种种劫难而能衰而复振，根本的原因，就在于民族精神起到重要的支柱和维系的作用，尤为关键的是团结统一的精神，自强不息的精神，厚德载物、海纳百川的精神。

中国多民族不断实现融合和国家走向统一的趋势，早在夏、商、周三代即已形成，《诗经·小雅·北山》所吟诵的"溥天之下，莫非王土；率土之滨，莫非王臣"，正反映出统一局面是古代中国臣民共有的牢固信念。以后历代国家政权都以统一规模作为当时政治成就的最高目标，而历代有远见的思想家也都以推进统一事业、反映民众的统一要求为己任。共同努力，以求实现国家统一和民族间的和好、融合，便成为中华民族历经几千年岁月，战胜一切劫难和挫折的精神支柱。孔子由于倡导"大一统"说而被尊为封建时代的"圣人"，他所创立的儒家也在两千年封建社会意识形态中占据着主导地位。孔子处于春秋时期周天子地位式微的情势下，他愤慨于当时各国互相攻伐，而倡导统一，力主维护"天下有道，礼乐征伐自天子出"的局面，在其撰修的《春秋》中谴责破坏"统一"目标的"乱臣贼子"。孟子处在战国时期，各诸侯国因为分立而互相攻伐，赋敛苛重，民众痛苦不堪，孟子对此痛心疾首，要求"解民于倒悬"。全部《孟子》，论述的中心问题是如何做到"天下归之"，及阐发孔子所言"国君好仁，天下无敌"的道理，倡导推动中国走向统一。并且他明确预言："不嗜杀人者能一之。"① 这些都深刻地反映了民众的愿望，因而被战国至西汉历史的发展所证实。西汉司马迁生活于汉武帝实现了空前大统一的时代，他撰成《史记》，有力地体现出汉武帝时代统一局面空前发展的时代精神。司马迁摆脱西汉时期俗儒一味讥贬"亡秦"的陋见，在《秦本纪》《秦始皇本纪》中正确评价秦统一中国的贡献，称"秦取天下多暴，然世异变，成功大"，并主张"法后王"，② 即继承和推进秦国统一中国的大业。尤其是，热情歌颂西汉时代"海内一统"的局面，称："汉兴，海内为一，开关梁，弛山泽之禁，是以富商大贾周流天下，交易之物莫不通，得其所欲。"③ 司马迁又整理出，自传说中的颛顼、帝喾、尧、舜，至夏、商、周，这些古帝王都出于一个共同的祖先——黄帝，这恰恰反映出后人对统一的愿望。《史记》"世家"记载的多诸侯国，鲁、晋、卫等是周王室成员所传下，燕、陈、楚等也都是黄帝之后。记载"中国之虞与荆蛮、句吴，兄弟也"④；"越王勾践，其先，禹之苗裔，而夏后帝少康之庶子也"⑤。并在《匈奴列传》中记述"其先祖夏后氏之苗裔也"。通过记载中国境内各民族在血缘上和世系上的密切联系，体现出高度的历史文化认同。

《史记》这部成功巨著记载了中国各民族不断走向更高程度统一的历程，因而成为加强民族凝聚力的宝贵典籍，世世代代对促进民族文化认同起到巨大的作用。司马迁所确立的"大一统"历史观深刻地影响了后代少数民族当权者和历史家，十六国、北朝政权分立时期表现特别显著，因而形成中华民族历史上具有重要意义的特有规律：越是处于分裂时期各民族越是向往统一。"统一"意识在中华民族发展史上发挥了支柱作用，这在延续一二千年持续发展的修史制度及其丰富成果上有生动的体现。《史

---

① 《孟子·梁惠王下》。
② 《史记》卷十五《六国年表》序。
③ 《史记》卷一百二十九《货殖列传》。
④ 《史记》卷三十一《吴太伯世家》。
⑤ 《史记》卷四十一《越王勾践世家》。

记》的"大一统"历史观在深刻内涵和本质意义上反映了中国历史发展的趋向和全民族共同的愿望，因而成为后代史家仿效的榜样，历代朝廷也将纂修前朝史和当朝史作为朝政大事。东汉初，班固撰成《汉书》，承继并发展了司马迁的"大一统"历史观，成为又一影响巨大的名著。东汉朝廷又先后诏令班固（兰台史令）、刘珍（史官谒者仆射）等"著作东观"，纂修当朝史《东观汉纪》，共撰成一百四十三卷。中国古代设馆修史制度即由此发端。从曹魏以后，至南北朝，各朝都置史官，其名称有著作郎、著作佐郎、修史学士等。尤为值得注意的是，当十六国分裂时期，多个少数民族建立的割据政权也几乎都设置史官，如匈奴族刘渊建立的汉，设左国史，羯族石勒建立的后赵设史学祭酒，负责记载本国史。鲜卑拓跋部祖先以游牧为生，未有历史记载，从道武帝建国立号后，即效法中原文化，设置史官，修成编年体国史。随着孝文帝推行汉化政策，又改为纪传体国史，并由史官李彪、崔鸿等修成孝文以下各朝起居注。东、西魏分裂，其史官制度和国史资料为东魏所继承，在此基础上，北齐天保二年（551）置史馆，诏令魏收纂修《魏书》，历四年完成。北齐的史馆，有朝廷按史馆建制任命的堪当修史之任的史官（有著作郎、著作佐郎、修史臣、校书郎等），有专门的修史机构，又命大臣监修，以示朝廷高度重视。中国历史上史馆的正式设立即始于北齐，它一方面是华夏民族重视历史记载的长期传统发展而来，另一方面，其初步形成又是因鲜卑政权实行汉化政策直接导致而来，因而是北朝时代汉族与鲜卑族共同的文化认同结出的珍贵果实，意义十分深远。

　　唐朝建立了比汉朝规模更大、国力更加强盛的朝代，南北民族融合后显示出更加雄伟的创造力，唐初政治家和史学家共同认识到必须为刚刚过去的五个朝代（南朝的梁、陈，北朝的齐、周，隋）正式修成完整的史册，因而直接推动了设馆修史制度的确立。有唐一代，官方修成《梁书》《陈书》《周书》《北齐书》《隋书》和《晋书》六部前朝史，又纂修了数量巨大的当朝史，并规定了全国范围定期向史馆上报有关多种记载的制度。以后历五代、两宋至清各朝史馆基本上均依照唐代制度建立，有的朝代（如宋代）机构更加发达。历代都将修史工作视为朝政大事，因而保证了"二十四史"的完成，成为几千年连续不断的历史记载，在世界各国独一无二，堪称是人类文化史上的奇迹。入主中原的少数民族政权同样高度重视纂修前朝史，元代修成《宋史》《辽史》《金史》，清代前后历时九十年修成《明史》，充分证明"大一统"历史观在多民族统一进程中发挥了极其重要的精神支柱作用。

## 二、凝聚力量的功能

1840年鸦片战争以后，外国列强一再对我国发动野蛮侵略，国内封建统治者昏庸腐败，致使中华民族处于危机四伏之中。在民族生死存亡的关头，正是由于发扬了中华民族团结统一、勇于抗击侵略、自强不息、不断探索救国道路的精神，使全民族的力量得以凝聚，战胜了列强要把中国变成其直接殖民地的图谋，保住了东方大国的地位，给予被压迫人民以巨大鼓舞。

在鸦片战争前后，龚自珍、魏源及时地对清代历康、雍、乾三世实现了全国多民族统一的局面作了总结。龚自珍在《西域置行省议》等文中明确提出"中外一家，与前史迥异"，并强调边疆民族间要建立"安"和"信"的关系。魏源在《圣武记》中，更以新疆人民在国家统一局面下负担减轻的事实，说明国家统一带来的好处，指出，当准噶尔策动反叛时，对新疆人民是"竭泽以渔"，且不时"索子女，掠牲畜"，回民如遇盗匪，只好把财物粮食窖藏起来，到大小和卓木统治时，"兵饷徭役烦兴"，"民脂殆竭"。自从回部归中央朝廷管后，则"蠲苛省敛，二十而取一，回户休息更始焉"。① 如此鲜明的对比，雄辩地证明统一给新疆人民带来了巨大的好处。他又著成爱国主义先驱名著《海国图

---

① 魏源：《圣武记·乾隆戡定回疆记》，中华书局，1984年版，第167—168页。

志》，跨越中西文化严重隔阂的鸿沟，在民族危机的严重关头，得出两项与民族生存利益攸关的重要结论。一是，在英国野蛮侵略面前，中华民族应当同仇敌忾奋起抵抗，并对正义的自卫战争取得最后胜利充满信心。因此他呼吁："天时人事，倚伏相乘。何患攘剔之无期，何患奋武之无会？此凡有血气者所宜愤悱，凡有耳目心知者所宜讲画也。"全民族奋起抵抗，"寐患去而天日昌，虚患去而风雷行"，① 就能争取御侮斗争的最后胜利。二是，要勇于跨越以往视西方国家为"化外之夷"的认识鸿沟，承认它们武器技术的先进，"师夷长技以制夷"，了解外国情形，知彼知己，因而开创了近代"向西方学习"的时代风气。

鸦片战争之后，又经过第二次鸦片战争、中法战争，一系列不平等条约的枷锁套在中国身上，国家主权横遭丧失，中华民族的生存面临更加严重的威胁，列强环伺，企图对我蚕食鲸吞。中日甲午战争失败后形势更加险恶，老大的中国被一向所看不起的"蕞尔小国"日本打得惨败，被迫签订了奇耻大辱的《马关条约》，清朝统治极度腐朽的实质彻底暴露，亡国灭种的危险迫在眉睫。在举国群情激愤、思变思强的情势下，康有为领导的维新派走上政治舞台，发动了戊戌维新运动。这是中华民族处在严重灾难面前的奋起一跃，以前所未有的声势和明确的政治主张，表达出全民族为了挽救危亡而进行共同抗争的决心和意志。康有为领导的"公车上书"，集合了全国十八省有强烈爱国心的知识分子，共同表达救国主张，形成有声势的政治行动，它冲破了清朝统治者二百多年来"不准士人干政"的禁令，是全民族爱国力量对腐朽卖国的专制政府表达的有力抗议。康有为撰写的上书（即《上清帝第二书》）中，对中国即将遭受瓜分的局势做了触目惊心的分析，向光绪帝明确提出救亡图强的四项方针，而其变法的核心主张，是要求立即结束沿袭二千年的皇帝高高在上、三五守旧大臣擅权的封建专制政体，改为实行仿效西方国家和日本的"议郎"会议讨论国家大事的制度，革除长期造成国家落后衰弱

---

① 魏源：《海国图志原叙》。

的等级森严、上下隔绝、民情不通的状态,改变为"合四万万人之心以为心","能者竭力,富者纾财,共赞富强,君民同体,情谊交孚,中国一家,休戚与共"。① 戊戌维新虽然被顽固派残酷地绞杀了,但它作为挽救民族危亡、要求发展资本主义的爱国主义改革运动却在历史上产生了巨大的影响。以维新派为代表的进步力量向腐朽的封建思想体系发起勇猛的攻击,他们认识到国家利益所在,世界进步潮流之所向。康有为所倡导的在民族生存危急关头,要激起举国民众"同雪国耻"的决心,要结束专制政体,以实现"中国一家,休戚与共","合四万万人之心以为心",也正是中华民族的觉醒至此提升到新的阶段的明证。以往由于戊戌维新遭到失败,又因康、梁等人主张维新反对革命,而一味贬低戊戌维新运动的政治意义和思想意义,这是一种违反历史唯物主义原则、片面看问题的不正确态度。

1911年,孙中山领导的辛亥革命爆发,结束了二千年封建帝制,标志着中国从此进入民主共和的时代,这一具有伟大意义的历史性进步,是革命派前仆后继、浴血战斗而取得的,也是在孙中山为首的革命党人号召之下,全国民众包括居住海外的爱国华侨和边疆各民族人心所向,为推翻腐朽的封建专制制度而共同奋斗的结果,是在救亡图强、革故鼎新的民族精神鼓舞下,凝聚了全国各族人民力量而取得的胜利。经过镇压戊戌变法运动,出卖义和团、与侵略者签订屈辱卖国的《辛丑条约》之后,以西太后为首的清朝统治集团反动顽固的面目早已彻底暴露,国内有识之士和人民群众进一步认清其对外放手卖国、对内残民以贼的凶恶、腐朽本质。经过孙中山为首的革命党人不屈不挠举行起义、展开组织活动和舆论宣传,革命之说已经遍倡于国中,必须用革命手段推翻这个溃烂的封建王朝,中国才能不亡,成为人们的普遍意识。因此,当武昌首义成功消息传出,各省纷纷响应。清廷反动统治迅速宣告瓦解。在辛亥革命准备和发动阶段,革命思想

---

① 康有为:《上清帝第二书》,中国史学会编:《戊戌变法》(二),上海人民出版社,1957年版,第133—134页。

家进行的满腔热情的启蒙宣传也起到巨大作用,帮助群众认清中国舍武装推翻封建帝制统治之外别无出路,如《革命军》作者邹容等人义正词严地宣告:"革命者,顺乎天而应乎人者也!"广大华侨和全国各民族在全力支持和积极响应辛亥革命的共同行动中显示出巨大的向心力,更是对中华民族觉醒的有力推进。广大爱国华侨同祖国血肉相连,许多侨胞为革命慷慨解囊,又有许多华侨志士归国参加战斗,精神昂扬悲壮,可歌可泣。孙中山曾高度评价华侨对辛亥革命做出的巨大贡献,说:"此次推翻帝制,各埠华侨捐巨资以为军费,而回国效命决死,以为党军模范者,复踵相接。"又说:"辛亥革命是华侨的产儿!"武昌起义成功后,立即得到各族人民的响应,进一步增强了中华民族的凝聚力。在东北,同盟会员张溶与满族爱国知识分子宝昆等人,于1911年11月17日在沈阳成立"奉天省联合急进会",组织各族人民推翻清朝在东北的统治。在黑龙江各族革命者组织了"新民爱国委员会",响应武昌起义,策划黑龙江省独立。在新疆,1912年1月,伊犁革命党人杨赞绪(时任伊犁新军步兵署协统)和冯特民策划新军举行起义,当地汉、回、维吾尔、哈萨克、蒙古、锡伯等各族人民,积极支持和参加。其他在陕西、绥远、云南等省,也都有少数民族民众响应辛亥革命而举行的斗争。"烈火炼真金",在勇敢抗击侵略、探索救国道路的伟大民族精神的鼓舞下,近代一次次反帝反封建斗争的开展,使早已形成的全国各民族兄弟般相互依靠、相互支持的关系,反复地经受了考验和锤炼,变得更加牢固。

## 三、教育激励的功能[*]

中华民族的伟大精神又具有重要的教育激励的功能,尤其是在民族生死存亡关头、国家遭遇巨大灾难的时候,民族精神对于

---

[*] 本小节内容承屈宁博士和博士生张峰同志提示材料,特此致谢。

全体华夏儿女产生出无可比拟的感召、鼓舞作用,激励千百万民众英勇斗争,在浩劫中新生,在灾难中挺立。抗日时期,万恶的日本强盗对我国进行人类历史上罕见的最野蛮、最凶残的侵略蹂躏,在这场惨绝人寰的巨大灾难面前,中华民族誓死保卫祖国、万众一心共赴国难、宁死不屈的伟大精神鼓舞全国军民展开英勇顽强的抵抗,最终获得了抗战的全面胜利。正如毛泽东所说:"我们中华民族有同自己的敌人血战到底的气概,有在自力更生的基础上光复旧物的决心,有自立于世界民族之林的能力。"① 抗日战争是近代以来中国人民进行的最艰苦的一次反抗帝国主义侵略的斗争,也是第一次取得彻底胜利的斗争,经过浴血战斗,终于获得了民族的独立,并成为中华民族复兴的起点。胡锦涛对抗战时期民族精神的提升和弘扬作了极其精辟的概括:"在那场空前壮阔的伟大斗争中,中华民族进一步弘扬了以爱国主义为核心的伟大民族精神,并表现出许多鲜明的特点,这就是:坚持国家和民族利益至上、誓死不当亡国奴的民族自尊品格,万众一心、共赴国难的民族团结意识,不畏强暴、敢于同敌人血战到底的民族英雄气概,百折不挠、勇于依靠自己的力量战胜侵略者的民族自强信念,开拓创新、善于在危难中开辟发展新路的民族创造精神,坚持正义、自觉为人类和平进步事业贡献力量的民族奉献精神。"② 在伟大的民族精神的教育激励下,举国上下同仇敌忾,以气壮山河之势,与敌人展开殊死的战斗,中国共产党最鲜明地表达出全国人民英勇抗战的决心,并成为团结抗战的核心力量,国民党军队的爱国将士也为抗战做出重大贡献,国民党政府在全国民众爱国精神感召下,也改变了初期消极退让政策,而转为坚决抵抗,全国各民族以及海外侨胞空前广泛动员,真正实现了全民抗战,使我们祖国浴火重生。

中国共产党率先明确提出抗日救亡的主张。"九一八"事变刚发生,中共满洲省委立即发表宣言,号召工农兵劳苦群众开展

---

① 《毛泽东选集》第一卷,人民出版社,1991年版,第161页。
② 胡锦涛:《纪念抗日战争胜利60周年大会上的讲话》,《人民日报》2005年9月3日。

英勇的斗争，罢工、罢课、罢市，反对日本帝国主义占领满洲。1935年8月1日，中共中央和中华苏维埃中央政府发布了《为抗日救国告全体同胞书》，即《八一宣言》，建议各党各派各军在"抗日则生，不抗日则死"的紧急关头，本着"兄弟阋于墙，外御其侮"的原则，停止内战，一致抗日。不久，中国共产党又明确提出愿意与包括国民党在内的一切政党建立"抗日民族统一战线"。第二次国共合作建立以后，中国共产党将原苏区改称边区，将所属第八路军整编为国民革命军第十八集团军，习惯上仍称为"八路军"，迅速开赴前线。并提出八路军的战略任务是：配合国民党正面战场作战，从侧翼阻击进犯山西的日军。同时，伺机深入敌占区，广泛开展抗日游击战争。在抗战初期，日军兵锋迅速推进，国民党正面战场连连失利的时候，装备简陋的八路军却分散为若干的小股力量，大踏步地挺进敌后，开辟了广大的抗日根据地，并通过小规模的游击战不断地给日军以痛击。中国共产党的这一战略逐步奏效，大大削弱和延缓了日军继续进兵的能力和进程。至1938年10月，八路军和新四军已经由以前依托山地作战，逐步向平原地区发展，先后创建了十余个抗日根据地，与日军作战一千六百余次，毙伤和俘虏日军五万四千余人。① 到抗日战争进入相持阶段，中国共产党领导的抗日武装和革命根据地已经成为抗击日寇侵略的主力，真正起到了"中流砥柱"的作用。在整个抗日战争期间，国民政府顶住了日寇的种种政治诱降和汪精卫叛国所带来的巨大压力，号召全国人民共同抗战，甚至提出了"全民总动员"和"精神总动员"的方针和口号，许多将领和士兵顽强抗敌、血洒山河、为国捐躯，为中华民族抗战的最后胜利做出了重要贡献。国共两党是抗日战争的主力，抗日战争的胜利是与国共两党在危难之际达成合作分不开的，同时两党的将士们也在战争中作出了巨大的牺牲，张自忠和左权是他们的优秀代表，他们身上所体现的勇于牺牲的精神成为抗战军民英勇杀敌、

---

① 胡绳主编：《中国共产党的七十年》，中共党史出版社，1991年版，第158页。

坚决抗战到底的楷模。

在抗日烽火连天的岁月,全国各阶层人民广泛动员,为挽救民族危亡和战胜侵略者争先恐后做出贡献,"有钱出钱,有力出力",涌现出无数可歌可泣的动人事例。

"九一八"事变以后,张学良被迫率领东北军退到关内,东北各爱国阶层和不愿入关的原东北军将士组建了各路义勇军。据统计,"九一八"事变以后,东北地区参加武装抗日的人数达五十余万。以东北义勇军为代表的抗日武装力量的活动遍及东北全境,有力地打击了日本侵略者。全国各地大中城市的青年学生,率先站到抗日救亡运动的最前列。"九一八"事变后,上海、北平、南京、天津等地的大中学生,纷纷走上街头,举行集会游行,发表通电,进行抗日宣传,建立抗日团体。1931年9月下旬,全国各地学生代表汇集南京,纷纷前往国民党中央党部和国民政府外交部请愿。10月初,全国各地学生举行反日示威。1935年华北事变后,北平爱国学生发起"一二·九"运动,各大中学校学生六千余人向国民党当局请愿,高喊"打倒汉奸卖国贼!""立即停止内战!"正如毛泽东后来所说:"一二·九"运动的发生,"轰动了全国。它配合着红军的北上抗日行动,促进了国内和平和对日抗战,使抗日运动成为全国的运动,所以,'一二·九'运动是动员全民族抗战的运动。"①

全国各界人士也纷纷组织各种抗日团体。1931年9月21日,"北平各界反日救国大会"通电全国,提出"对日实行不合作主义"。上海、汉口、天津、南昌等城市的工商业者发动了抵制日货的运动,严重打击了日本在华市场。上海八十余个妇女团体两千余人也召开大会,联合组成妇女救国大同盟。她们举办救护训练班,组织妇女救护队,开赴前方参加救护工作。南京妇女界代表发起组织中华国民救国女子军,抱定舍身救国的决心,三天内签名参加者达一千三百多人,分救护队、宣传队、决死队三部

---

① 《毛泽东文集》第二卷,人民出版社,1993年版,第253页。

分，以南京女子法政讲习所为筹备地点进行组织、训练。① 宗教界人士也动员起来，北平法源寺的僧人、中国佛教会等通令全国各省市佛教会动员各寺院僧侣共赴国难，节约用费，犒劳前方将士。伊斯兰教清真教徒，发起组织伊斯兰学友会，并发表宣言，表示抗日。

八年抗战中，中华民族的生死存亡日夜牵动着千百万侨居海外的同胞的心，他们纷纷通过各种形式支持和参加国内抗战。"九一八"事变后，在日本的中国留学生抗议日本侵略，立即相继返回国内。日本陆军士官学校的中国留学生近三百人，全体退学，并发表宣言，表达了"当此国家濒危之时，正吾辈拚弃生命杀敌救亡之日"的炽烈爱国情感。② 自9月19日起两个月内，留学生及其他侨胞先后共七千余人归国。东南亚是华侨最为集中的地区，"九一八"事变后，该地区的华侨不仅进行声援、捐赠资金和物资，而且成立"华侨义勇军""抗日铁血团"和"武装自卫队"等组织直接回国参战。据广东华侨委员会1946年统计，抗战期间，仅仅粤籍侨胞回国参军参战的即有四万余人。③ 1938年10月，东南亚华侨抗日救国的统一领导机关——南洋华侨筹赈祖国难民总会（简称南侨总会）成立，陈嘉庚当选主席。南侨总会下设近千所分会，涉及东南亚各地区各行业。据陈嘉庚回忆，当时人们对该机构的评价是："不特各属筹款机关，可密切联系，而冶于一炉，即全南洋八百万侨胞，亦可精神团结，而化为一体。"④ 在伟大民族精神教育激励下，全国人民和爱国华侨形成了坚强抗击敌人的整体。旅欧、旅美的中国华侨也纷纷成立了各种机构，声援国内抗日。"九一八"事变后，英国名流和中国

---

① 陈觉：《九一八后国难痛史资料》第三卷，东北问题研究会，1932年版，第12页。

② 见《申报》1931年10月22日。

③ 中国抗日战争史学会、中国人民抗日战争纪念馆编：《中国复兴枢纽——抗日战争的八年》，北京出版社，1977年版，第86页。

④ 陈嘉庚：《南侨回忆录》，新加坡怡和轩1946年刊本，第56—57页，转引自中国抗日战争史学会、中国人民抗日战争纪念馆编《中国复兴枢纽——抗日战争的八年》，第86页。

旅英人士成立了中国人民之友社；在法国巴黎，组成了中华民众救亡会筹委会；比利时华侨组成了旅比华侨反日救国总会；旅居美国的华侨团体，还集资购买飞机三十一架，捐赠给国内，用于对日作战。另外，加拿大、巴拿马、秘鲁、委内瑞拉、古巴等国的华侨，也都组织起各种团体，援助国内的抗日救亡运动。

八年抗战中，中华民族承担了最大的民族牺牲，以崇高的奉献精神为世界反法西斯战争的胜利做出了巨大的贡献，并因此而大大提高了中国的国际地位。在全面抗战的前四年，也是日本侵略者气焰最嚣张、攻掠最野蛮的时间里，中华民族独力对日作战。"七七"事变后，日本将其二十四个师团中的二十一个投入到中国战场，超过其陆军总兵力的87%；1938年，更是将其三十四个师团中的三十二个投入中国战场，超过了其陆军总数的94%。① 此时，美国虽然与日本在太平洋地区有矛盾，但也曾打算牺牲中国，换取与日本的妥协；苏联担心日本北进，造成两线作战的局面，而与日本签订了为期五年的苏日中立条约。太平洋战争爆发后，中国的压力才减轻了一些。但整个抗日战争期间，中国人民凭借其自强不息的精神，在中国战场上始终牵制了日本陆军一半以上的兵力，同时也作出了巨大的牺牲。正如罗斯福所说："假如没有中国，假如中国被打坍了，你想一想有多少师团的日本兵可以因此调到其他方面来作战？他们可以马上打下澳洲，打下印度——他们可以毫不费力地把这些地方打下来。他们并且可以一直冲向中东。"② 可以说，美苏的参战，只是加速了中华民族抗日战争胜利的进程；中华民族以坚忍不屈、自强不息的精神长期英勇、顽强地抵抗才是抗日战争取得胜利的根本要素所在。中国人民在抗击日寇和世界反法西斯战争中所做的巨大贡献，使国际社会重新认识了中国的力量和作用。1944年8月，中国代表团参加了首次筹建联合国的四大国会议，并积极参与了联合国章程的制定工作。1945年4月，联合国在旧金山召开制宪会

---

① 见《人民日报》1991年11月2日。
② [美]伊利奥·罗斯福著，李嘉译：《罗斯福见闻秘录》，新群出版社，1947年版，第49页。

议,中国是四个发起国之一,中国共产党派出自己的代表,与国民政府的代表共同出席会议,特别体现了代表全中国人民的意志。中国被确认为联合国安理会的五大常任理事国之一,这就进一步在国际法上确认了中国的大国地位。中国人民浴血奋战而赢得国家和民族的尊严,这也正是近代一百多年来在伟大的民族精神教育激励下,全国人民前仆后继共同奋斗而取得的珍贵果实。

民族精神的教育激励功能不仅在抗日战争时期得到了明证,在与自然灾害作斗争的过程中也得到了生动的体现。2008年5月12日14时28分,汶川发生了里氏8.0级特大地震,其破坏程度之惨重,超过了唐山大地震,在世界历史上也属罕见。震中周围十万平方公里的范围内到处山崩地裂,在一些多山的县还发生了两山崩塌相撞,形成三十五个堰塞悬湖,河床瞬间抬高百米。震区发生山崩和泥石流的地方超过千处,崩塌的土石达数十亿立方米。顿时,数座县城、成百上千个乡镇和村庄变为废墟,或被崩塌的山体、泥石流掩埋。地面波浪起伏像蹦床,被震裂的大山山体轰然塌下,泥石雨和扬尘遮天蔽日,建筑物瞬息之间倒塌变为废墟,公路、桥梁被拧成麻花状,路面断裂沉陷处出现几米的高差,交通中断、通信中断。灾区种种惨象难以尽述,遇难同胞共六万九千二百二十五人,受伤同胞达三十七万余人,失踪一万七千九百三十九人。

面对突然袭来的巨大灾难,中国人民没有被吓倒,而是举国上下紧急动员,坚强团结,表现出空前的强大凝聚力,谱写了气壮山河的英雄篇章。中华民族在抗震救灾中形成的"万众一心,众志成城,不畏艰险,自强不息"的精神,成为伟大民族精神的又一次极大的彰显和提升。

地震刚发生,胡锦涛同志立即指示灾区驻军和武警部队迅速出动抗震救灾。温家宝总理在灾后两小时即飞往灾区亲自指挥,在飞机上即对抗震救灾工作作了部署,当晚抵都江堰市后,国务院抗震救灾指挥部开始正式运转。短短五天之内,调集解放军、武警共十四万大军奔赴灾区,抢救生命,解放军出动的部队计陆、海、空、二炮等二十个兵种,向灾区运送救援人员、物资,抢运伤员,帮助转移灾民。灾难就是命令!一切为了灾区人民!解放军将士、各地区人民、全国各民族同胞,在抗震救灾中涌现出无数可歌可泣的动人事迹。部队官兵不顾余震连续发生的危险和恶劣的气候条件,日夜奋战抢救埋在废墟下的同胞。13日午夜,武警某师参谋长王毅在交通中断、通信中断的情况下,率领战友徒步跋涉九十公里,抠着石缝、蹬着树根,匍匐爬行三公里之后,成为出现在汶川县城的第一支救援队伍。为了探明茂县地区灾情,十五名空降兵勇士,从五千米高空成功实施伞降,他们随身带着小型电台、全球定位系统等,在伞降茂县后的七个昼夜里,十五名勇士冒着多次余震的危险,翻越了四座三千多米高的山峰,徒步二百二十公里,先后在七个乡五十五个村庄解救受灾民众、侦察当地灾情,向上级报告重要灾情三十多批次,为指挥部部署抗震救灾提供了科学的信息依据。

在伟大的中华民族精神激励下,全国十三亿人民团结得像一个巨人。短时间内,全国共接收国内外社会各界抗震救灾捐款六百六十亿元,其中"特殊党费"九十七亿元;捐赠物资共值一百零七亿元。港、澳、台同胞和海外侨胞也都踊跃捐款捐物,在地震发生不到十天之内,香港各界共筹得善款超过十二亿元,是历年来最多的善款;澳门特区政府及社会各界向四川地震灾区捐助了三亿五千万元人民币的善款;台湾同胞、台商向国台办、海协和各地台办捐款金额约人民币七亿五千万元,同时还捐出一大批救灾物资。来自全国各地的大量志愿者争先入川,人数超过一百万。成都等地市民冒雨排队献血,以致造成交通堵塞,工作人员不得不敬告献血者预约登记献血。江苏民营企业家陈光标在得知汶川地震后,立即带领一百二十人和六十台挖掘机等大型工程机械组成的抢险突击队,日夜兼程,在灾后不到三十六个小时的时间,就从沿海的江苏开进到四川山区的地震灾区,几乎与军队同时抵达,成为自发抗灾抵达地震灾区的首支民间队伍,其行动速度令军事专家为之叹服。当年唐山大地震的"地震孤儿"张祥青,如今已成为天津荣程集团的董事长,被称为著名的"钢铁大王",他一次捐出一亿元,并喊出"为灾区孩子们建最好的学校,建震不垮的学校"的心声。还有自发去灾区救灾的唐山十三农民兄弟,不辞劳苦,到达灾区参加救援工作。甚至有以乞讨为生者,在得知四川的灾情后,也捐款表达他们对灾区的爱心。

地震摧毁了灾区人民的家园,却摧毁不了灾区人民临危不惧、舍己救人的精神。四川省德阳市东汽中学教师谭千秋,在地震发生时,用双臂张开着趴在桌子上,紧紧地护住四个学生。结果,学生活了下来,而他却献出了生命。什邡市龙居小学英语教师向倩的遗体在被发现时,已被压断为三截。几乎碎成一团的上半身,张开的双臂下,紧紧搂着三个也已死去的学生。当时,救援人员怎么也无法扳开她的双手,现场的武警官兵为之落泪,纷纷行起了军礼。什邡市师古镇民主中心小学的袁文婷老师,在教学楼剧烈摇晃、即将倒塌的危险情况下,奋勇地一连救出十多名学生,自己却被掉下的一块厚厚水泥板压住。当搜救人员发现她的遗体时,无不感极而泣,因为她的身下还护着她的学生。那些掩埋在废墟中的伤者,更是百折不挠,自强不息,创造了一个又一个生命的奇迹。有不少坚强的受伤者在废墟中以惊人的毅力坚持着,直到灾后一百多小时获救。

抗震救灾中民族精神的教育激励作用,展现了中华民族新的形象。还有一个极具象征意义的场面是:5月19日,全国哀悼日,天安门广场举行隆重的下半旗仪式,下午二时许,人们从四面八方不约而同汇聚到国旗旗杆周围,人数达数万,当国旗徐徐下降时,人们饱含热泪,紧握拳头,一遍一遍地齐声高呼:"中国加油!""中国必胜!"口号声响彻寰宇。数万中国同胞为了表达共同的心声,久久不愿离去,成为具有非凡历史意义的一幕!由于抗震救灾领导有力,举国团结一心,全民参与,媒体透明,取得了广泛的国际赞誉。有西方媒体曾经这样评论中国的汶川救灾:一个总理能在地震发生两小时就飞往灾区的国家,一个能够在灾难发生后很快就调集十万救援队伍的国家,一个民众为了救助伤者而排队献血并造成交通堵塞的国家,一个能在很短时间募集到几十亿资金的国家,永远不会被击倒。在伟大民族精神的激励感召下,世界各地的中国留学生和华侨利用一切机会,以凛然的正气、充分的事实根据和理性的态度,宣传中国政府和人民抗震救灾的壮举和西藏问题的真相,进一步树立了中华民族坚强、正义的形象。此前还有外国媒体因西藏事件而发出孤立中国、抵制北京奥运会的鼓噪,在抗震救灾的巨大胜利面前,这些不和谐的音调也随之销声匿迹。相反,美联社发表的评论说:这种快速的动员,反映了中国领导层已经将灾难救援放在突出的位置,也向世界展示了他们对奥运期间的任何突发事件都会准备充分。

总之,汶川大地震不仅未能难倒中国人民,反而向世界展现了中国的坚韧与顽强,并在抗震救灾斗争中赋予了民族精神以新的内涵。正如胡锦涛总书记在中国共产党成立八十七周年座谈会上所指出的:"万众一心、众志成城,不畏艰险、百折不挠,以人为本、尊重科学的伟大抗震救灾精神,是爱国主义、集体主义、社会主义精神的集中体现和新的发展……是中华民族民族精神在当代中国的集中体现和新的发展。"震后两年中,灾区人民以抗震救灾精神为起点,在各省市政府和全国人民的全力支持下,奋力重建美好家园,取得了巨大的成绩。

回顾中华民族穿过历史的狂风暴雨,战胜无数艰难险阻,而逐步壮大和强盛的历程,我们心情无比激荡,展望未来的发展道路,我们信心百倍、志坚如钢。我们坚信,只要清醒地估计和应对前进道路上的困难,在新的历史条件下大力弘扬中华民族团结统一、自强不息、厚德载物的伟大精神,我们就一定能够在今后和平发展的征途中,谱写出新的壮丽篇章。

(原刊《江海学刊》2010 年第 5 期,现经作者对内容作了补充)

# 中华民族精神在汉代的发展

在中华民族史上,汉朝是一个富有活力、成长迅速的重要时期,我们的民族精神在这一时期获得了重大的发展。研究这个问题,内涵丰富,意义深刻,本文仅从三个较为突出的方面作初步探讨。

## 一、汉代社会呈现的蓬勃创造力

中华民族精神是几千年来鼓舞我们民族在艰难征途中从事伟大创造和英勇抗争的思想动力和精神支柱。党中央文件对于民族精神的内涵作了重要的概括。江泽民在党的十六大报告中,概括中华民族精神是以爱国主义为核心的团结统一精神,热爱和平精神,勤劳勇敢精神,自强不息精神。胡锦涛在纪念中国人民抗日战争及世界反法西斯战争胜利六十周年报告中,进一步概括了中华民族在抗日战争中表现出来的伟大精神是:民族自尊意志,民族英雄气概,民族自强意识,民族团结精神,民族创造力量,民族奉献精神。哲学史家经过探讨也作出自己的概括,有的学者提出《周易大传》中两句名言"天行健,君子以自强不息","地势坤，君子以厚德载物"，即凝结了中华民族的基本精神①；有的学者将民族精神的内涵概括为五项：重德精神，务实精神，自强精神，宽容精神，爱国精神②。我认为，党中央文件的论述与学者所作的概括是相通、相符的，并且深刻地启示我们：中华民族精神既有其核心的内容，又有在不同的历史阶段和不同环境中多样的表现，研究者应当从历史进程中深入探讨民族精神的提升和发展。

在汉代，封建制度处于上升时期，整个社会呈现出蓬勃的创造力，故有的论著称之为"英雄时代"。汉代社会的上升趋势和创造活力，尤其显著地表现在社会经济得到迅速发展和各方面有作为的人物大量涌现。刘邦建国之始，即吸取秦朝因实行暴政迅速灭亡的严重教训，变秦的苛暴政治为宽厚政治，与民休息。西汉初年，社会经济极度凋敝，经历了秦朝十五年的严酷压榨和反秦战争、楚汉战争长达八年的战乱，汉初社会残破不堪，人民大量死伤流亡，"大城名都散亡，户口可得而数者十二三"③。许多农民流徙他乡，不得耕作；有的还为生活所迫，不得不自卖为奴。社会财富极端匮乏，"自天子不能具钧驷，而将相或乘牛车，齐民无藏盖"。投机商人囤积居奇，致使"物踊腾粜，米至石万钱，马一匹则百金"④。面对这种情况，汉高祖及其决策集团及时地采取了恢复生产、轻徭薄赋、安定社会秩序等一系列有力措施。如高祖五年（前202），罢兵并遣送士卒回家。同年又连续下诏奖励农业生产，规定：一、入关灭秦的关东人愿意留在关中为民的，免徭役十二年，回关东的免徭役六年。二、劝说原先因避战乱逃亡山泽的回到原籍，重新成为编籍内的民户，恢复他们的爵位、田地、住宅，以从事农业生产，不准官吏虐待。三、原先因饥饿自卖为奴婢的，恢复庶民的身份。高祖十二年（前195）

---

① 《张岱年文集》第六卷，清华大学出版社，1995年版，第490页。
② 方立天：《民族精神的界定与中华民族精神的内涵》，《哲学研究》1991年第5期。
③ 《史记》卷十八《高祖功臣侯者年表》序。
④ 《史记》卷三十《平准书》。

二月，又连续下两道重要诏令。一是布告天下，朝廷立意要减少赋敛，指出由于郡国向朝廷贡献未有作出规定，所以造成献礼过多，向民众征收赋敛过重。命令诸侯王等每年于十月朝献，并规定数额。一是诏令各郡国荐举贤能之士，要求各郡守、诸侯相国若发现有德行、有才能的士人，立即上报，并负责护送到京师。这两道诏令，体现了汉初轻徭薄赋的方针，并成为重视荐举人才的先导。刘邦实行十五税一，更是汉初轻徭薄赋的重要内容。刘邦卒后，丞相萧何、曹参依然奉行"因民之疾秦法，顺流与之更始"，"治道贵清静而民自定"的方针，当时人用歌谣赞颂萧、曹二人治国："载其清净，民以宁一。"① 吕后秉政时，继续减轻刑罚，还避免了与匈奴大规模战争。因此，吕后当政的十五年中，生产得到发展，社会经济处于上升趋势。史称："孝惠皇帝、高后之时，黎民得离战国之苦，君臣俱欲休息乎无为，故惠帝垂拱，高后女主称制，政不出房户，天下晏然。刑罚罕用，罪人是希。民务稼穑，衣食滋殖。"② 之后，文帝和景帝在位共四十年，继续执行轻徭薄赋、奖励生产、与民休息政策，是西汉社会经济显著上升时期。如，文帝前元二年（前178）十一月，下诏举贤良方正能直言极谏者，指摘施政的弊病；敕官吏务省经费以便民；减少守卫京师的士卒；减少太仆用马，用以补充邮驿的需要。正月，下诏亲耕籍田，并赦免因被论罪充当官府役作为奴者回乡务农。文帝前元十三年（前167）六月，下诏免收天下田租，共免收全国田租十三年。景帝继续实行薄赋劝农的政策。景帝前元元年（前156）五月，下令民半出田租，实行三十而税一，从此成为汉朝定制。文景时期"与民休息"的政策促进了社会经济迅速上升，史籍记载："吏安其官，民乐其业，畜积岁增，户口寖息。"③ 社会秩序长期安定，农业生产持续发展。至汉武帝初期，遂出现西汉社会的盛世，《史记·平准书》载："至今上即位数岁，汉兴七十余年之间，国家无事，非遇水旱之灾，民则人给

---

① 《史记》卷五十三《萧相国世家》、卷五十四《曹相国世家》。
② 《史记》卷九《吕太后本纪》太史公曰。
③ 《汉书》卷二十三《刑法志》。

家足,都鄙廪庾皆满,而府库余货财。京师之钱累巨万,贯朽而不可校。太仓之粟陈陈相因,充溢露积于外,至腐败不可食。众庶街巷有马,阡陌之间成群,而乘字牝者傧而不得聚会。守闾阎者食粱肉,为吏者长子孙,居官者以为姓号。"武帝初年这种物产丰饶、城乡富足的景象,与汉初经济凋敝局面形成强烈的对比。这如同从地底下呼唤出来般的巨大财富,是西汉各族人民所迸发的伟大创造力的生动体现,也是西汉政治家以高度的民族智慧总结历史经验,而采取了正确的治国方针所取得的结果。

  汉朝社会具有蓬勃创造力,还突出地表现在一大批见识远大、才能卓著的人物,他们在人民大众终年辛勤劳动、创造财富的基础上,推动国家走向强盛。汉高祖刘邦本人富有谋略,知人善任,善于采纳部下的谏议。在他周围集中了一大批人物,原本出身贫贱,但经历了楚汉战争的锻炼和创建统一国家的实践,都表现出非凡的才干,如萧何、曹参原为沛县吏、掾;韩信是无业游民;陈平、王陵、陆贾、夏侯婴都出身平民;郦食其是乡里守门者;樊哙、周勃、灌婴各以屠狗、织薄、贩缯为业;娄敬是挽车的戍卒。① 他们都历练成为刘邦周围著名的文臣武将,不仅帮助他战胜了项羽,而且在汉朝开国后为治理国家做出出色的贡献,因而名垂青史。汉武帝时代人才更盛。武帝本人雄材大略,夙兴夜寐,兴造制度,多所设施,开拓边境,变汉初"无为"政治为大有作为的政治。武帝求贤若渴,据《汉书》记载,自建元元年至元封五年(前140—前106),朝廷大规模征召人才即有六次。除了全国性的征召荐举外,武帝对于所遇到的有茂材异等者,也常予奖拔任用。各方面突出人才的涌现和任用,是造成武帝时期鼎盛局面的重要原因之一。在《汉书·公孙弘卜式兒宽传》赞语中,史家以充沛的热情,赞誉武帝时代人才大盛、异人并出的局面:"是时,汉兴六十余载,海内艾安,府库充实,而四夷未宾,制度多阙。上方欲用文武,求之如弗及,始以蒲轮迎枚生,见主父而叹息。群士慕向,异人并出。卜式拔于刍牧,弘

---

① 参见赵翼《廿二史劄记》卷二"汉初布衣将相之局"条。

羊擢于贾竖，卫青奋于奴仆，日䃅出于降虏，斯亦曩时版筑饭牛之朋已。汉之得人，于兹为盛。儒雅则公孙弘、董仲舒、兒宽，笃行则石建、石庆，质直则汲黯、卜式，推贤则韩安国、郑当时，定令则赵禹、张汤，文章则司马迁、相如，滑稽则东方朔、枚皋，应对则严助、朱买臣，历数则唐都、洛下闳，协律则李延年，运筹则桑弘羊，奉使则张骞、苏武，将率则卫青、霍去病，受遗则霍光、金日䃅，其余不可胜纪。是以兴造功业，制度遗文，后世莫及。"汉宣帝时期是西汉盛世的继续，实行武帝末年以来罢兵力农、"思富养民"的政策。宣帝于本始元年至神爵四年（前73—前58），曾七次下诏征召人才。宣帝出身微贱，遭受过许多磨难，因此特别重视吏治的整顿。尤其重视任用刺史、郡守一类地方大员，亲自接见并与之交谈、郑重嘱托，曰："庶民所以安其田里而亡叹息愁恨之心者，政平讼理也。与我共此者，其唯良二千石乎！"[①] 史籍称宣帝时人才之盛仅次于武帝之时。其中宰辅人物以魏相、丙吉最有名，辅佐宣帝励精图治，奖励生产，安定社会秩序，平冤狱、宽租赋，故史家赞曰："孝宣中兴，丙、魏有声。是时黜陟有序，众职修理，公卿多称其位，海内兴于礼让。"[②] 宣帝时还出现了一批著名良吏，如王成、黄霸、朱邑、龚遂、召信臣等，被誉为"所居民富，所去见思"[③]。

　　大有作为的时代产生了众多大有作为的人物。西汉时期由于国家实现更大规模的统一和社会的长期安定，中华民族在先秦时期积蓄的创造力和民族智慧，至此异乎寻常地迸发出来，创造了中国历史上第一个强盛的朝代。汉朝人创造的政治设置、典章制度、思想观念、学术文化奠定了中国二千年中古社会的基本格局；我国今日的辽阔版图，是在汉朝奠定的；作为中华民族主体的汉民族也是在汉朝形成，并且以这一强盛的朝代命名的，当今世界各国也都称我们的语言、文字、学术，为汉语、汉文、汉学。汉代各族人民创造的业绩堪称辉耀千古。

---

[①] 《汉书》卷八十九《循吏传》序。
[②] 《汉书》卷七十四《魏相丙吉传》赞。
[③] 《汉书》卷八十九《循吏传》序。

## 二、"引义慷慨": 政论家的诤诤建言

"引义慷慨"①,是司马迁、班固对汉代贤臣智士议论国家大事的言论风格所作的深刻概括,"引义"即依据国家民族之大义,而慷慨陈言。这也是汉代社会勃发的向上力很有光彩的一种表现。究其原因,一是封建国家在创立、上升、鼎盛时期,有许多重大问题摆在政治人物面前,促使他们做出主张明确、陈述有力的回答;二是封建专制主义尚未形成严密控制,古老的原始民主制之下政事咨于群臣、咨于贤者之风尚有遗存,战国时代诸子勇于立说、提出治国主张的影响犹在,古代大臣以社稷利益为重、敢于犯颜直谏的做法依然具有榜样的力量。在这种情况下,不少政治人物对国家大事确实勇于诤诤建言,即使冒犯君主之威、招致革去官职甚至更大祸难,也在所不顾。汉初的陆贾不避忌刘邦一向讨厌儒生,而及时地向他提出"马上得天下,不能马上治之"的忠言,他应刘邦的要求总结历史经验,在《新语》一书中提出了既采取黄老的"无为"政策,又实行重视儒家仁义、德政的理论,奠定了汉初治国思想的基础,已为此后政论家作出示范。文帝时代的贾谊继之而起,以济世安民、为国谋划的崇高思想境界和洞察社会发展趋势的远见卓识,为解决西汉建国初年的一系列重大问题多所匡建,同样突出地表现出中华民族自强不息的伟大精神。

贾谊最重要的政论是《过秦论》和《治安策》。秦亡汉兴,如何总结秦朝因暴政而灭亡的教训,为巩固刚刚建立的西汉国家提供鉴戒,这是西汉初年政治家、思想家共同关注的课题。《过秦论》对秦亡原因作了深刻的分析。贾谊以一种纵贯分析的眼光概述了秦国由崛起—统一六国—最后灭亡的历史,从而剖析它成

---

① 《史记》卷一百一《袁盎晁错列传》太史公曰,《汉书》卷四十九《爰盎晁错传》赞。

败兴亡之"理"。他相当正确地论述了这个僻居雍州的小国所以迅速强大,主要得力于商鞅推行"内立法度,务耕织,修守战之备"等政策。相当正确地论述了各国间长期战争给人民造成巨大灾难,秦的统一符合人民的愿望:"近古之无王者久矣。周室卑微,五霸既殁,令不行于天下。是以诸侯力政,强侵弱,众暴寡,兵革不休,士民罢敝。今秦南面而王天下,是上有天子也。既元元之民冀得安其性命,莫不虚心而仰上。"又说:"(秦)南面称帝,以养四海,天下之士斐然向风。"他又相当正确地论述了秦的灭亡是实行暴政的结果,"禁文书而酷刑法,先诈力而后仁义,以暴虐为天下始。……故其亡可立而待"。"(陈涉)奋臂于大泽,而天下响应者,其民危也。"可以说,贾谊的分析已经接触到问题的实质,他把国家兴亡和时势变化的原因,归结到政治的得失和人心的向背,这在当时历史条件下不能不说是卓越的见解。他还发问:统一了天下的秦国比起它以前僻处雍州时要强大得多,而拿陈涉的地位、武器等等来说又根本无法与秦以前的对手山东六国相比,然而"成败异变,功业相反",为什么呢?他的结论是:"仁义不施,而攻守之势异也。"① 政治搞坏了,丧失了民心,攻势就会变成守势,兴盛就会转向灭亡。这一切中肯綮的结论,足令后代政治家警醒。

《治安策》直接向汉文帝建言,对当时危害国家统一、阻碍生产发展和民众安居乐业的种种社会弊病表示极度忧虑,为之"痛哭""流涕""长太息"。他尖锐地批评那些向皇帝进言皆曰天下已安已治者,都是故意粉饰太平,"非愚即谀"。他指出实际情况是隐藏着巨大危险,犹如"抱火厝之积薪之下而寝其上,火未及燃,因谓之安,方今之势,何以异此"。贾谊洞察当时构成对统一国家最大的威胁,是诸侯王势力的膨胀,济北王、淮南王先后谋反即为严重信号。他反复论证诸藩国恃其地广兵多、势力强大,必然成为对抗朝廷的力量,异姓王幸被战胜了,同姓王以后将成为严重问题。"其异姓负强而动者,汉已幸胜之矣,又不

---

① 《史记》卷六《秦始皇本纪》。

易其所以然。同姓袭是迹而动,既有征矣,其势尽又复然。"他形容现今同姓王尾大不掉、朝廷无法制服的严重局面是:"一胫之大几如要,一指之大几如股。"手脚肿大,指挥不动。"失今不治,必为锢疾。"同姓相残相杀,"今或亲弟谋为东帝(指淮南王),亲兄之子西乡而击(指济北王)"。目前,朝廷尚能控制诸侯,因诸侯王年幼,设置傅、相,握有权力。以后若皇帝威权减轻,将出现"堕骨肉之属而抗刭之"。尤其必须高度警惕的是同是诸侯王,规律是强者先反。他举出,长沙王不反,不是因他天生最忠诚善良,而是因他势力最小,仅有二万五千户,结果"功少而最完,势疏而最忠"。他又以樊哙、周勃等与韩信相比,也正说明不强者得保其忠臣地位和性命。因此,贾谊明确得出处理诸侯王的结论:"欲天下之治安,莫若众建诸侯而少其力。"皇帝广泛地推恩,把大国分成小国,而达到拱卫朝廷、巩固统一的目的。"力少则易使以义,国小则亡邪心。令海内之势如身之使臂,臂之使指,莫不制从,诸侯之君不敢有异心,辐凑并进而归命天子。"①

除了剖析藩国割据势力对朝廷的威胁和提出坚决削除的办法外,贾谊在《治安策》中还深刻地论述了以下三项:一是匈奴连年侵扰,在北方边境构成严重威胁:"今匈奴嫚娒侵掠,至不敬也,为天下患,至亡已也,而汉岁致金絮采缯以奉之。……斥候望烽燧不得卧,将吏被介胄而睡。"而汉文帝却竟然不专注于制服匈奴、解除边境威胁,而耽于射猎取乐,这是不顾国家安危、颠倒主次的行为:"今不猎猛敌而猎田彘,不搏反寇而搏畜菟,玩细娱而不图大患,非所以为安也。德可远施,威可远加,而直数百里外威令不信,可为流涕者此也。"二是风俗趋于侈靡,富人大贾服饰华丽、锦绣被墙,大量财富被挥霍,习俗背本趋末,生产者日少,靡费者日众,致使贫者忍受饥寒。"夫百人作之不能衣一人,欲天下亡寒,胡可得也?一人耕之,十人聚而食之,欲天下亡饥,不可得也。饥寒切于民之肌肤,欲其亡为奸邪,不

---

① 《汉书》卷四十八《贾谊传》。

可得也。"秦朝因风俗败坏,"遗礼义,弃仁恩",致其败亡。汉朝建国之后,秦的"遗风余俗,犹尚未改",而"若夫经制不定,是犹度江河亡维楫,中流而遇风波,船必覆矣"。三是应当重视教育太子,"太子之善,在于早谕教与选左右";又务必显示帝王的尊严,做到等级分明,"人主之尊譬如堂,群臣如陛,众庶如地"。① 这篇《治安策》,以见识之卓越,洞察现实问题之深刻,态度之诚恳,议论之剀切透彻,充分体现出西汉政论家高度的历史智慧和以国家利益为重的高尚品质。谙熟历史的毛泽东,以其政治家的高超识力,极其赞赏贾谊此作,称它"全文切中当时事理"。时为1958年4月27日,毛泽东写信给他的秘书田家英,建议他仔细研读:

> 如有时间,可一读班固的《贾谊传》。可略去《吊屈》《鹏鸟》二赋不阅。贾谊文章大半亡矣,只存见于《史记》的二赋二文,班书略去其《过秦论》,存二赋一文。《治安策》一文是西汉一代最好的政论,贾谊于南放归来著此,除论太子一节近于迂腐以外,全文切中当时事理,有一种颇好的气氛,值得一看。②

毛泽东誉之为"西汉一代最好的政论",正是对贾谊之卓越见识的最好评价。同样值得仔细体味的是毛泽东所言"有一种颇好的气氛",则是他对当时政治上形成比较开明的气氛的一种判断和赞许。试想,贾谊上书的对象,是专制时代的皇帝,位居九重之尊,贾谊先后官太中大夫、长沙王太傅,职位不高,如果汉文帝时朝廷没有一种鼓励臣下大胆诤谏的开明气氛,贾谊如何能如此剀切陈言?他论诸侯王骄横,则谓天下如害肿胀病,"一胫之大几如要,一指之大几如股";言风俗趋于奢靡,应以移风易俗为急务,则谓"陛下又不自忧,窃为陛下惜之";尤其是言匈奴侵掠边境,而汉朝年年厚币求和,乃"足反居上,首领居下","陛下何忍以帝皇之号为戎人诸侯,势既卑辱,而祸不息,长此安

---

① 《汉书》卷四十八《贾谊传》。
② 张贻玖:《毛泽东读史》,中国友谊出版公司,1991年版,第45页。

穷!"责备文帝不采取果断措施解除此"天下倒悬之势",反而耽于射猎,"玩细娱而不图大患,非所以为安也"。这样几乎不留情面的严词批评,放在日后封建专制主义强化的年代是绝对不可想象的。贾谊之所以不避忌讳、直言谏议,其前提是汉文帝能虚心采纳臣下的批评意见。毛泽东作为一个人口众多的社会主义大国的最高领导人,他经常思考着国家的政治生活怎样才能形成思想活跃、开明、民主的局面,为了国家和人民的利益,人人敢于说话,毫无忌讳地对重大问题提出切中要害的批评,使党和人民的事业避免蒙受大的损失;贾谊的议论使他受到启发,故称赞贾谊的剀切建言"切中当时事理","有一种颇好的气氛",正是站在历史唯物主义高度对古代民主制遗风和汉人高度政治智慧的褒扬。

汉代敢于对现实重大问题诤诤直言的政论家,还有文景之时的晁错,武帝时的主父偃、徐乐、严安等。晁错向文帝上《论贵粟疏》,指出商人剥削兼并、农民破产流亡这一严重社会问题。他说:"(农夫)勤苦如此,尚复被水旱之灾,急政暴赋,赋敛不时,朝令而暮改。当具有者半贾而卖,亡者取倍称之息,于是有卖田宅鬻子孙以偿责者矣。而商贾大者积贮倍息,小者坐列贩卖,操其奇赢,……此商人所以兼并农人,农人所以流亡者也。"为了制止大商贾囤积居奇、侵害农民利益,晁错建议提高谷价,缓和谷贱伤农现象,对于能提供粮食者实行奖励。他主张招募天下民众,凡是能为国家提供粮食的可以赐爵,可以赎罪。这样,"主用足""民赋少""劝农桑"三个目的都能达到。① 他的建言,对于文帝奖励农业生产和官府掌握有充足的粮食,起到明显的推动作用。至景帝时,吴国跋扈,晁错又上"削藩策"。吴楚七国起兵叛乱,以讨伐晁错为借口,结果晁错被误杀,但他在历史上留下了英名。平定七国之乱以后,景帝损黜王国官制及其职位,降低诸侯王权力,规定诸侯王不再治民,从此国家统一得到显著加强。至武帝时,采用主父偃的建议,实行"推恩令",允许诸

---

① 见《汉书》卷二十四上《食货志上》。

侯王将王国的土地分给子弟。这些措施，都是继续实行贾谊、晁错坚决削除割据势力的方针，藩国强大难制的局面至此进一步解决，实现了"强干弱枝"，中央集权力量得到了巩固。

主父偃、徐乐、严安三人向武帝上书的事迹载于《史记·平津侯主父列传》，他们针对武帝连年征伐的政策，再度反思秦亡教训，预见到其中潜伏的危机，警告武帝不要重蹈亡秦的覆辙。主父偃以明显的针对性，论述长期征战是导致秦亡的原因："暴兵露师十有余年，死者不可胜数，终不能逾河而北。……百姓靡敝，孤寡老弱不能相养，道路死者相望，盖天下始畔秦也。"徐乐更深一层分析造成陈涉揭竿而起、天下风从的条件："由民困而主不恤，下怨而上不知，俗已乱而众不修，此三者陈涉之所以为资也。"他总结出"民困""下怨""俗已乱"三条作为封建国家行将崩坏的标志，是对贾谊《过秦论》中强调民心向背观点的进一步发挥。严安上书也论述治理国家的规律是必须及时调整政策，秦朝却反其道而行之，法令严苛，征战连年，造成"丁男被甲，丁女转输，苦不聊生，自经于道树，死者相望"的社会惨状，终因民怨沸腾而最后灭亡。严安以这种历史教训来对比当时的政治情况，强调已经面临严重局面，武帝若不改变治策，后果将不堪设想。他们都直言不讳地批评武帝连年征伐是忘记吸取"近世之失"的教训，并且警告说："今天下锻甲砥剑，桥箭累弦，转输运粮，未见休时，此天下之所共忧也！"意味深长的是，主父三人重新反思秦亡教训的这些尖锐言论，非但没有使武帝反感，反而得到他的激赏。史载：主父偃"上书阙下，朝奏，暮召入见"。"是时，赵人徐乐、齐人严安俱上书言世务……书奏天子，天子召见三人，谓曰：'公等皆安在？何相见之晚也！'"①三人皆拜为郎中，主父偃还一年四迁，严安拜为骑马令（主天子骑马），官阶虽低却是武帝近臣。虽然当时武帝并未立即放弃外事四夷、内兴功利的既定政策，但至征和四年（前89），他终于果断地改正错误，下罪己诏，"深陈既往之悔"，从此罢兵力农，

---

① 均见《史记》卷一百一十二《平津侯主父列传》。

发展农业生产。联系前后史实，可以认为，主父偃三人上书深刻分析潜伏的社会危机和提出的严重警告，当是武帝晚年实行政策转变的重要思想基础。司马光在"资治通鉴"中称武帝有亡秦之过而免亡秦之祸，又称他"知所统守，受忠直之言"①。政论家以国家和民众利益为重而尖锐提出的"忠直之言"，帮助汉武帝晚年改弦更张，挽救危机，也使汉朝延续了近百年的统治。

## 三、推进国家统一和民族关系的发展

由于具备了一些重要的时代条件，我国历史上国家统一不断加强的趋势和民族间的凝聚力，在汉代推进到重要阶段。这些重要的时代条件包括：第一，汉朝在秦亡的基础上重建了统一的国家。它吸取了秦朝骤兴而又骤亡的教训，国家得到有效的治理，经济生产迅速地恢复和发展，减轻民众负担，取消各地关卡，商人自由往来经商贩卖，发展文化教育事业，全国范围内大大加强了经济交流和文化联系，形成了共同的民族心理，因而在国家经济实力和民族间的文化认同上，都达到了空前的水平。中国历史早就形成走向统一的趋势，至此更加巩固。汉族形成了人口众多的坚强民族，并且成为中华民族的主干成分。围绕中原地区，广大的周边地区的少数民族，从东北、北方、西北、西方，到西南、岭南形成有序展开的局面。第二，自汉初以来，异姓王被消灭，同姓王割据势力也被大大削弱，至景帝时又"令诸侯不得治其国"②，诸侯王国只封土而不治民。武帝时，又实行"推恩令""左官律"等措施，于是"不行黜陟而藩国自析"，最后，"诸侯惟得衣食税租，不与政事"③，与一般富室无异，地方割据势力被最终解决，国家统一大大巩固。第三，汉武帝雄材大略，多所设施，在位时间长久，对于巩固国家统一和奠定二千年封建国家的

---

① 《资治通鉴》卷二十二，汉武帝后元二年。
② 《汉书》卷十九上《百官公卿表上》。
③ 《汉书》卷十四《诸侯王表》序。

各项制度发挥了巨大的作用。汉武帝时期曾经长期对边境地区用兵，这些战争大多是属于防御少数民族贵族所挑起的对中原农业地区的袭扰、掠夺，起了维护安全、保障生产的作用；但有的则是对少数民族地区人民的侵犯，造成了破坏。武帝还大规模展开对少数民族地区的交通、开发。从总的后果看，各民族之间的联系加强了，国家统一的局面发展了。汉族的封建经济和封建文化，以各种不同的方式影响着周边各民族，有些民族还显著地走上了封建化的道路。西汉封建经济的繁荣和国家的空前统一，正是各族人民共同进步的结果。

推进国家统一发展的需要必然体现于这一时代的哲学思想的创造。董仲舒构建的春秋公羊学说为巩固汉代国家统一做出了积极的贡献，正好证明了马克思所讲的"一切划时代的体系的真正的内容都是由于产生这些体系的那个时期的需要而形成起来的"①这一至理名言。董仲舒的春秋公羊学说是在先秦原始儒学基础上进行再创造，所著《春秋繁露》一书即为其集中的成果，在当时得到君主的信重、朝臣的尊崇，成为一代显学。其原因何在？首先是提倡"大一统"，强调尊奉天子的地位、维护国家的统一，是《春秋经》的第一要义。董仲舒在"天人三策"中向汉武帝陈言："《春秋》大一统者，天地之常经，古今之通谊。""《春秋》之文，求王道之端，得之于正。"《春秋繁露》中对此作进一步的发挥，说："《春秋》何贵乎元而言之？元者，始也。言本正也。"又说："王者，人之始也。王正则元气和顺。"② 正是大力强调尊奉天子、维护国家统一具有至高无上的意义。其次是，主张"改制""更化"。董仲舒的公羊学又是改制的哲学。他在"天人三策"中说："今汉继秦之后，如朽木粪墙矣，虽欲善治之，亡可奈何。……窃譬之琴瑟不调，甚者必解而更张之，乃可鼓也；为政而不行，甚者必变而更化之，乃可理也。""故《春秋》受命所先制者，改正朔，易服色，所以应天也。"这是以《春秋》之义

---

① 马克思、恩格斯：《德意志意识形态》，《马克思恩格斯全集》第三卷，人民出版社，1960年版，第544页。

② 董仲舒：《春秋繁露·王道》，中华书局，1975年版，第113—114页。

论证汉代必须改制更化。《春秋繁露》中论述的"通三统""张三世"两大命题,则为改制说提供历史的和哲理的依据。"通三统"言夏、商、周三代朝代不同,历法、服色、建都、制度各不相同;"张三世"言春秋二百四十二年间,分为传闻世、所闻世、所见世,阶段特点各异,证明历史是变易、发展的。故《汉书·董仲舒传》云:"(武帝)推明孔氏,抑黜百家,立学校之官,州郡举茂材孝廉,皆自仲舒发之。"实际上,汉武帝时代实行的收相权,行察举,削王国,改兵制,设刺史,统一货币等政治、军事、经济制度上的重要措施,都与春秋公羊学的改制、更化观点相适合。其三是,阐发促进各民族融合的进步的民族观。《春秋公羊传》变易、进化的"三世"历史观中,包含着对民族问题的宝贵的进步观点:从文化上、道德上,而不从种族上来区分"诸夏"与"夷狄",视二者为可变的概念,而非凝固不变,"诸夏"与"夷狄"都可以向更高文化水平前进,民族之间的关系将越来越密切。在汉代,居住在中原地区的汉族已发展到更高水平,具有更加强大的影响力,周边的少数民族明显地表现出对中原地区的向心力,春秋公羊学开明的夷夏观正能对推进民族关系发展发挥重要作用。董仲舒对公羊学的理论作了深刻的阐发,使之更加光彩焕发。吴、楚两国在春秋初年处于落后地位,被视为"夷狄"。至鲁宣公十二年(前597)邲之战,《春秋》却记载曰:"晋荀林父帅师及楚子战于邲,晋师败绩。"鲁哀公十三年(前482)诸侯各国黄池之会,吴被称为"子",作为中原盟主,与晋侯地位等列。随着时代演进到更高阶段,楚、吴两国在文化上、道德上大为提高了,就不再被视为"夷狄"之邦,而与诸夏同列。《春秋繁露·竹林》阐释说:"《春秋》之常辞也,不予夷狄而予中国为礼。至邲之战偏然反之,何也?曰:《春秋》无通辞,从变而移。今晋变而为夷狄,楚变而为君子,故移其辞以从其事。"《春秋繁露·奉本》说:"黄池之会,以两伯之辞,言不以为外,以近内也。"董仲舒阐释的"诸夏"与"夷狄"可以互相转化,"夷狄"在文化上提升了就应当加以表彰的观点,既是对西汉民族关系前进的反映,同时也昭示了中国境内各民族关系越来越密切的美好前景。

　　大文学家司马相如的观点,与董仲舒进步的民族观可以互相发明。司马相如曾被武帝拜为中郎将,出使西南夷,他向巴蜀父老晓谕边境少数民族变革落后习俗,接受中原文化,是大好事情,也是历史前进的必然趋势,并充满热情地传播汉武帝"兼容并包"的民族政策。当时四川有一部分耆老搢绅反对朝廷做法,认为是"割齐民以附夷狄",意思是损害四川各郡利益而给"夷狄"以好处。司马相如批评这种做法,首先即说:"必若所云,则是蜀不变服而巴不化俗也。"让"夷狄"永远是"夷狄",是与巴蜀本身历史相违背的。巴蜀原是"夷狄",处于落后地位,因为接受了中原文化,所以才成为今日搢绅所谓中国。他进而提出武帝作为贤君,采取的是"驰骛乎兼容并包,而勤思乎参天贰地","博恩广施,远抚长驾,使疏逖不闭,阻深闇昧得耀乎光明,以偃甲兵于此,而息诛伐于彼。遐迩一体,中外提福,不亦康乎?"①诚如冯友兰所说,"兼容并包""遐迩一体"是多民族国家的民族政策的根本。司马相如对"夷狄"和"中国"的区分,完全是从文化上讲的,这正是《公羊传》所讲的"《春秋》之义"②。

　　武帝时代的大史学家司马迁,东汉初大思想家王充、大史学家班固也都是中华文化传统中团结统一、民族和好精神的发扬光大者。司马迁讴歌汉代空前统一为经济和交通的发展开创了新局面:"汉兴,海内为一,开关梁,弛山泽之禁,是以富商大贾周流天下,交易之物莫不通,得其所欲。"③赞扬汉武帝开拓版图的功绩:"明天子在上,兼文武,席卷四海。"④王充著《论衡》,班固著《汉书》,都以"宣汉"为著述宗旨,即高度评价西汉国家统一规模和民族关系的发展。王充对边疆落后民族由于接受中原文化而进入文明之境尤为重视,他这样作了对比:"唐虞国界,

---

① 《史记》卷一百一十七《司马相如列传》。
② 冯友兰:《中国哲学史新编》中册,人民出版社,1998年版,第57页。
③ 《史记》卷一百二十九《货殖列传》。
④ 《史记》卷二十《建元已来侯者年表》序。

吴为荒服,越在九夷,䵣衣关头,今皆夏服、襃衣、履舄。巴、蜀、越巂、郁林、日南、辽东、乐浪,周时被发椎髻,今戴皮弁;周时重译,今吟《诗》《书》。"① 王充还用诗一样的语言,歌颂汉代民族融合、四海一家的局面:"古之戎狄,今为中国;古之躶人,今被朝服;古之露首,今冠章甫;古之跣跗,今履高舄。以盘石为沃田,以桀暴为良民,夷坱坷为平均,化不宾为齐民,非太平而何?"② 班固著史要"宣扬汉德",因为他认识到"大汉当可独立一史"。他据实赞誉汉代的功业,如,总论武帝"雄材大略","畴咨海内,举其俊茂,与之立功。兴太学,修郊祀,改正朔,定历数……号令文章,焕焉可述"。③《史记》《论衡》《汉书》这三部杰作,记述了汉代在经济、政治、文化、民族关系等各方面所取得的巨大进步,以丰富而确凿的史实宣扬中华民族团结统一、自强不息、勇于创造的伟大精神,因而在文化史上熠熠生辉。

(原刊《史学集刊》2008年第1期)

---

① 王充:《论衡》第十九卷《恢国篇》。
② 王充:《论衡》第十九卷《宣汉篇》。
③ 《汉书》卷六《武帝纪》赞。

# 《史记》与中华民族凝聚力

在人类文明史上,最足以令全体中国人自豪的是,中华文明是世界上诸古老文明中唯一连续发展、从未中断的文明。中华民族具有高度发达的历史意识,世世代代史家撰成的优秀历史著作,生动地记载了国家不断走向统一、各民族间的团结日益加强的进程。而司马迁在汉武帝时代撰成的不朽巨著《史记》,本身就是中华民族所具有的伟大创造、开拓精神的结晶,他总结和提炼客观历史进程而形成的进步政治观、民族观和文化观,两千年来成为无比宝贵的史学经典和历史教科书,对于增强中华各民族的凝聚力、向心力起到极其巨大的作用。

## 一、"大一统"的政治观

《史记》是一部罕见的通史杰构。司马迁的记载,上起黄帝,下迄汉武,囊括了中华民族有史以来直至史家当世的全部历史。为了容纳如此丰富的内容,司马迁构建了以"本纪""表""书""世家""列传"五体互相配合的完备的著史形式。其中,"本纪"居五体之首,在全书中居于最为显著的地位,因它的作用是纵写各个时期历史的大趋势，各篇"本纪"连贯起来，便构成中国几千年历史的纲领。首篇《五帝本纪》是最值得注意的，它记载黄帝、颛顼、帝喾、尧、舜五个古代帝王的历史，是中国历史的最早阶段，也是中华民族意识的源头。由于年代邈远，史料阙略，司马迁为撰著此篇付出了巨大的努力，他面对自战国时期传下来的各个学派关于上古历史的互相歧异的说法，认真做了甄别抉择，最后撰著成篇，其史料整理、复现历史的过程，当然贯穿了其本人对上古历史的认识。

中国的历史记载应当从何时开始？谁是中华文明的始祖？《五帝本纪》对此作出明确的回答。司马迁作为中国第一部通史的撰著者，他面对着各种复杂、纷歧的记载。对于中国上古史时代的"五帝"，即有两种歧异的说法。一种是以黄帝、颛顼、帝喾、尧、舜为五帝，这是司马迁采《世本》《大戴礼记》而厘定的；另一种则以伏羲、神农、黄帝为三皇，少昊、颛顼、高辛、唐、虞为五帝，此后孔安国《尚书序》、晋皇甫谧《帝王世纪》、孙氏注《世本》则采用后一说法。司马迁的选择是态度十分慎重而又极具远见卓识的，这包括他对先秦文献进行综核、整理，和遍历华夏各地调查古迹、访问故老传说之所得两项。如他在《五帝本纪》篇末"太史公曰"所明白交代的："学者多称五帝，尚矣。然《尚书》独载尧以来；而百家言黄帝，其文不雅驯，荐绅先生难言之。孔子所传《宰予问五帝德》及《帝系姓》，儒者或不传。余尝西至空桐，北过涿鹿，东渐于海，南浮江淮矣，至长老皆各往往称黄帝、尧、舜之处，风教固殊焉，总之不离古文者近是。"① 正因为司马迁对华夏民族的精神和历史前进的趋势有深刻的把握，又具有杰出史学家对历史文献的整理、综合能力，和以亲身在广阔地域范围内之调查访问所得与文献记载相印证的高明的治史方法，所以他所确定的黄帝为华夏民族人文初祖，对于几千年来我们民族的发展便具有非凡的文化认同意义。黄帝是华夏文明最早的代表人物，不仅在《大戴礼记》中《五帝德》《帝

---

① 《史记》卷一《五帝本纪》。

系姓》两篇，和《世本》等文献中明确记载，而且在其他儒家典籍中也能得到印证。清儒林伯桐云："古来制作，自黄帝而定。《礼记·祭法》曰：'黄帝正名百物。'孔《疏》云：'上虽有百物，而未有名。黄帝为物作名，正名其体也。'"并对此加以申论："然则《史记》托始，自有深意。既以黄帝为始，固当援《大戴礼》五帝之论为据，不容任意增损。后来胡五峰（宏）、刘道原（恕）谓五帝当冠以伏羲、神农，而削去颛顼、帝喾，论似近正，然非史公自黄帝始之意矣。"①

在司马迁笔下，黄帝是华夏国家走向统一的奠基人物。《五帝本纪》载："轩辕之时，神农氏世衰。诸侯相侵伐，暴虐百姓，而神农氏弗能征。于是轩辕乃习用干戈，以征不享，诸侯咸来宾从。而蚩尤最为暴，莫能伐。炎帝欲侵陵诸侯，诸侯咸归轩辕。轩辕乃修德振兵，治五气，蓺五种，抚万民，度四方，教熊罴貔貅䝙虎，以与炎帝战于阪泉之野。三战，然后得其志。蚩尤作乱，不用帝命。于是黄帝乃征师诸侯，与蚩尤战于涿鹿之野，遂禽杀蚩尤。而诸侯咸尊轩辕为天子，代神农氏，是为黄帝。天下有不顺者，黄帝从而征之，平者去之，披山通道，未尝宁居。"称扬黄帝行天子之职，对于互相攻伐，侵陵诸侯者加以征讨，使神州范围内实现统一的秩序。黄帝又安抚万民，教民种植五谷，从事农业生产，并辟除险阻，使各地交往便利，促进统一局面。又载黄帝巡行四方，任命百官，创设封禅等制度，推算日月节气。黄帝不但是华夏文明初祖和华夏民族走向统一的奠基者，而且其后继起称帝者都是黄帝的血胤：帝颛顼，是黄帝次子昌意之子；帝喾，是黄帝长子玄嚣之孙，黄帝曾孙；帝尧，是帝喾之子，名放勋；帝舜，是帝喾的八世孙，原为庶人，因出众的德行才能而受帝尧的禅让。颛顼等四帝，不惟是黄帝的后代，而且都继承了黄帝开创的统一天下、安抚万民、创建制度、举用贤材的治国传统。故司马迁自述其《五帝本纪》撰述义旨说："维昔黄

---

① 司马迁撰，[日]泷川资言考证：《史记会注考证》（一），文学古籍刊行社，1955年版，第2页。

帝,法天则地,四圣遵序,各成法度;唐尧逊位,虞舜不台;厥美帝功,万世载之。作《五帝本纪》第一。"① 《五帝本纪》又云:"自黄帝至舜、禹,皆同姓而异其国号,以章明德。故黄帝为有熊,帝颛顼为高阳,帝喾为高辛,帝尧为陶唐,帝舜为有虞。帝禹为夏后而别氏,姓姒氏。契为商,姓子氏。弃为周,姓姬氏。"② 不但自颛顼至禹,都是黄帝的后代,由父祖而传给子孙,而且商的始祖契和周的始祖弃,也是帝尧时任用的大臣。从黄帝至商、周,任帝王者不是祖孙,就是股肱大臣,华夏的天下就是黄帝传下的一个大家族相继承的。

若以记载准确的史实作标准,《五帝本纪》中肯定存在许多传说和附会的成分,因为五帝时代,相当于氏族部落社会,当时在广阔的土地上存在着许多氏族部落和部落联盟,其首领人物,不可能同出于一个祖先,其时的制度、号令、行事,也不可能有后代国家那样整齐和一致。《五帝本纪》中的确掺入了许多传说成分,因而引起前代学者提出关于五帝的世系、年寿等项诸多质疑。然则,尽管如此,从历史观和文化观的角度考察,决不应以此而降低司马迁所撰这一《史记》首篇的价值,因为篇中所言的统一政令、治理国家、安抚万民和血胤相传等,正是从本质上反映出华夏民族自远古以来确实存在并且主导着历史前进方向的统一趋势,反映出人们对统一的愿望。郭沫若说得好:"如五帝三王是一家,都是黄帝的子孙,那便完全是人为。那是在中国统一的前后(即嬴秦前后)为消除各种氏族的畛域起见所生出的大一统的要求。"③ 这就准确地肯定了《五帝本纪》体现的大一统政治观对于推进秦汉时期国家统一发展趋势的重要贡献。还需注意的是,郭沫若的论断是在20世纪30年代作出的。此后,随着研究工作的推进和大量考古发现的证实,以费孝通为代表的学者又提出了"中华民族多元一体"的观念,进一步论证了由于独特的地理环境和民族素质而赋予中国文化强烈的包容性特征。《五帝

---

① 《史记》卷一百三十《太史公自序》。
② 《史记》卷一《五帝本纪》。
③ 《郭沫若全集》历史编1,人民出版社,1982年版,第222—223页。

本纪》中称扬黄帝制止诸侯相攻伐,"抚万民,度四方",称扬帝尧"能明驯德,以亲九族。九族既睦,便章百姓。百姓昭明,合和万国",就是中国文明早期民族(部族)间统一趋势在政治观念上的概括。

《史记》的"大一统"政治观,又突出地体现在对秦和西汉两个朝代推进中国统一历史功绩的高度肯定。秦实现全国统一之后,因实行暴政,穷兵黩武,而导致二世而亡。西汉王朝是在反秦战斗的废墟上建立起来,谴责秦朝暴政、总结秦亡教训,成为汉初的时代主题。但其结果,却出现一种倾向掩盖着另一种倾向,造成一些世俗人士因秦的短祚而根本无视秦朝的功绩。司马迁则对秦朝的功过作辩证的分析。《六国年表》序提纲挈领,中心是论述秦的历史作用。首先指出,秦国的强盛和兼并六国代表了战国时期历史发展的主导方向。秦自文公攘夷狄、穆公修政,国势始强,与齐桓、晋文这些中原霸主相俦列。以后进入战国时期,各国武力攻伐,纷争不已。"秦始小国僻远,诸夏宾之,比于戎翟,至献公之后常雄诸侯。"最后兼并天下,"非必险固便形势利也,盖若天所助焉"。其次,总结自夏禹、商汤、周文王,至秦、汉兴起,都符合崛起于西北而最后获得成功的规律。这段话似乎带有某种神秘色彩,这一层姑且不论,其中主要价值,显然在于把秦与夏、商、周、汉这些对中国历史有重大贡献的朝代相提。这是在前一层评论秦兼并天下"盖若天所助焉"的基础上,进一步提高秦的历史地位。进而,司马迁针对汉代流行的否定秦的历史贡献之偏颇观点,提出中肯的批评:"秦取天下多暴,然世异变,成功大。传曰'法后王',何也?以其近己而俗变相类,议卑而易行也。学者牵于所闻,见秦在帝位日浅,不察其终始,因举而笑之,不敢道,此与以耳食无异。悲夫!"既谴责秦在统一过程中的暴虐行为,又明确肯定秦统一中国是符合形势发展的巨大成功,对于"不察其终始"即不认识历史发展趋势的俗学浅见予以辛辣的讽刺。有的论者曾将"盖若天所助"理解为迷信的说法，① 其实，这里的"天所助"，是指历史发展趋势的推动，相当于今日之谓"必然性"。《史记》又在《秦始皇本纪》之前设置《秦本纪》，这是司马迁的精心安排。《秦本纪》的撰著特点，是以秦逐步奠定统一中国的雄厚基础为主线，预示着中国历史由七雄分立向实现统一的方向发展。《秦本纪》和《秦始皇本纪》，两篇本纪在结构上紧相衔接，透过纷纭复杂的历史事实，揭示出春秋战国以来历史逐步走向统一的趋势，而秦历代国君苦心经营，成为这一历史使命的担当者，特别是秦始皇非凡的作为和周围文臣武将的努力，最终实现天下统一。司马迁在《魏世家》中又称"天方命秦平海内"，而《六国年表》更将秦与其他四个重要朝代并列，司马迁的观点及其记载的大量史实，是对于俗儒动辄称"亡秦"，将之排斥在"正统"之外的偏见的有力廓清。

　　司马迁对西汉实现的空前统一局面，更从多方面大力褒扬。若将《史记》有关汉代的几篇表合起来看，即表达出中央集权制越来越加强、中华民族的统一越来越发展的趋势。《秦楚之际月表》序认为汉高祖"拨乱诛暴，平定海内"，实现西汉统一，是建立了"轶于三代"的空前功业。《汉兴已来诸侯王年表》序概述自汉初至武帝时朝廷一步步战胜封国势力，强干弱枝之势已成，"尊卑明而万事各得其所矣"。《建元已来侯者年表》序则肯定汉武帝解除边境少数民族对内地的威胁，"以中国一统，明天子在上，兼文武，席卷四海，内辑亿万之众"。《货殖列传》《太史公自序》等篇也对西汉实现经济上、政治上空前统一局面表示由衷赞美："汉兴，海内为一，开关梁，弛山泽之禁，是以富商大贾周流天下，交易之物莫不通，得其所欲"；"至明天子……泽流罔极，海外殊俗，重译款塞，请来献见者，不可胜道"。司马迁著史最主要的指导思想是"通古今之变"，他做到"网罗天下放失旧闻"，"原始察终"，撰成一部中华民族不断走向统一的信

---

① 如刘知幾曾谓："论成败者，当以人事为主，必推命而言，其理悖矣。"见《史通》卷十六《杂说上》。

史，这无疑是对增强民族凝聚力的巨大贡献。

## 二、周边民族与中原民族联结一体的民族观

司马迁"大一统"的政治观，又是与其进步的民族观密切相结合的。《史记》作为不朽的通史巨著，对于民族活动极为重视，以大量生动的史实，表达"周边民族与中原民族联结一体"这一重要观念。司马迁认为，周边民族与中原民族出于同源。古代的荆楚是"蛮"，僻处于东南的吴也被视为落后居民，司马迁却说："余读《春秋》古文，乃知中国之虞与荆蛮句吴兄弟也。"[①] 对于楚与中原民族的关系，《楚世家》尤作了详细记载：楚之先祖出自颛顼高阳，高阳为黄帝之孙。高阳之孙为重黎、吴回，兄弟二人相继任帝喾火正。吴回有孙六人，季连最幼，芈姓，即为楚之先祖。"周文王之时，季连之苗裔曰鬻熊。鬻熊子事文王，蚤卒。"有孙曰熊绎。"熊绎当周成王之时，举文、武勤劳之后嗣，而封熊绎于楚蛮，封以子男之田，姓芈氏，居丹阳。"故不但楚之先祖出自黄帝之后，其后代当周文王时，又是辛劳为周王室出力的人物，所以至周武王时，熊绎被封于楚。熊绎之后传至若敖、楚文王、楚武王、楚成王、楚庄王等，均有明确的世系。在《西南夷列传》中又记载：楚庄王苗裔庄蹻，于楚威王时为楚将军，将兵循江上，略巴、黔中以西。"蹻至滇池，方三百里，旁平地，肥饶数千里，以兵威定属楚。欲归报，会秦击夺楚巴、黔中郡，道塞不通，因还，以其众王滇，变服，从其俗，以长之。"至汉武帝时开通西南夷，天子发兵临滇，"滇王始首善，以故弗诛。滇王离难西南夷，举国降，请置吏入朝。于是以为益州郡，赐滇王王印，复长其民。西南夷君长以百数，独夜郎、滇受王印。滇小邑，最宠焉"。司马迁在篇末赞语为之慨叹："楚之先岂有天禄哉？在周为文王师，封楚。及周之衰，地称五千里。秦灭

---

① 《史记》卷三十一《吴太伯世家》。

诸侯,唯楚苗裔尚有滇王。汉诛西南夷,国多灭矣,唯滇复为宠王。"通过追根溯源,大大拉近了偏处西南夷中的小邑滇与楚和中原民族的距离。匈奴是又一典型例子。这一北方游牧民族,惯于骑射劫掠,长期成为中原居民的严重威胁,当时人称之为"人面兽心","禽兽畜之"。如武帝时主父偃谏伐匈奴,称:"匈奴之性,兽聚而鸟散,从之如搏影","夫匈奴难得而制,非一世也。行盗侵驱,所以为业也,天性固然。……禽兽畜之"。① 但司马迁在《匈奴列传》开头,却明确交代:"匈奴,其先祖夏后氏之苗裔也,曰淳维。"② 指出这一北方边境民族与中原民族也是兄弟关系。

　　《史记》十分重视周边民族活动的记载,以具体的史实证明周边民族与中原民族联系的紧密,开创了中国史学重视周边民族历史记载的传统,对于促进全国各民族的统一产生了极其深远的影响。司马迁撰写了《匈奴列传》《南越列传》《东越列传》《朝鲜列传》《西南夷列传》《大宛列传》,如白寿彝先生所说,"把环绕中原的各民族,尽可能地展开一幅极为广阔而又井然有序的图画"③。古代周边民族的活动和社会状况、习俗等,就是依靠《史记》的记载保留下来。《匈奴列传》记载其社会生活和国家制度云:"居于北蛮,随畜牧而转移。其畜之所多则马、牛、羊,其奇畜则橐驼、驴、羸、駃騠、騊駼、驒騱。逐水草迁徙,毋城郭常处耕田之业,然亦各有分地。毋文书,以言语为约束。儿能骑羊,引弓射鸟鼠;少长则射狐兔:用为食。士力能毌弓,尽为甲骑。其俗,宽则随畜,因射猎禽兽为生业,急则人习战攻以侵伐,其天性也。其长兵则弓矢,短兵则刀铤。利则进,不利则退,不羞遁走。苟利所在,不知礼义。自君王以下,咸食畜肉,衣其皮革,被旃裘。壮者食肥美,老者食其余。贵壮健,贱老弱。父死,妻其后母;兄弟死,皆取其妻妻之。其俗有名不讳,而无姓字。""自淳维以至头曼千有余岁,时大时小,别散分离,

---

① 《史记》卷一百一十二《平津侯主父列传》。
② 《史记》卷一百一十《匈奴列传》。
③ 白寿彝主编:《中国通史·导论》,第7页。

尚矣，其世传不可得而次云。然至冒顿而匈奴最强大，尽服从北夷，而南与中国为敌国，其世传国官号乃可得而记云。置左右贤王，左右谷蠡王，左右大将，左右大都尉，左右大当户，左右骨都侯。匈奴谓贤曰'屠耆'，故常以太子为左屠耆王。自如左右贤王以下至当户，大者万骑，小者数千，凡二十四长，立号曰'万骑'。诸大臣皆世官。"西南夷的部族种类繁多，习俗复杂，司马迁本人有过奉使西南夷的经历，有亲身的调查了解，因而能够作出简洁明了的梳理："西南夷君长以什数，夜郎最大；其西靡莫之属以什数，滇最大；自滇以北君长以什数，邛都最大：此皆魋结，耕田，有邑聚。其外西自同师以东，北至楪榆，名为嶲、昆明，皆编发，随畜迁徙，毋常处，毋君长，地方可数千里。自嶲以东北，君长以什数，徙、筰都最大。自筰以东北，君长以什数，冄駹最大。其俗或土著，或移徙，在蜀之西。自冄駹以东北，君长以什数，白马最大，皆氐类也。此皆巴蜀西南外蛮夷也。"① 据此可以明白，西南夷广大地区复杂的部族，可以分为农耕、半农半牧、游牧三大区域，在农耕区域中，又以夜郎、滇、邛都为最大。此外第四类区域为氐类，以白马为最大。这些都为后人提供了古代生活在我们广袤的国土上周边民族社会状况足资凭据的史料。

更为可贵的是，司马迁撰写这些篇章都有明确的指导思想，即大力肯定周边民族与中原政权关系的加强，证明各民族的巨大向心力。《太史公自序》揭示出上述篇章的撰述义旨："汉既平中国，而佗能集杨越以保南藩，纳贡职。作《南越列传》。""燕丹散乱辽间，满收其亡民，厥聚海东，以集真藩，葆塞为外臣。作《朝鲜列传》。""唐蒙使略通夜郎，而邛、筰之君请为内臣受吏。作《西南夷列传》。""汉既通使大夏，而西极远蛮，引领内乡，欲观中国。作《大宛列传》。"司马迁以其进步的观点和确凿的史实证明中华民族的凝聚力不断加强，表达了民族的共同心理，自然对推进国家的统一产生深远的影响。

---

① 《史记》卷一百一十六《西南夷列传》。

兹以《大宛列传》作典型分析。《大宛列传》实为西域地区的民族传，以张骞通使和李广利攻大宛之役两大事件为主线，记载西域各民族的社会生活，以及汉与西域各族关系之密切。张骞第一次通使归来，向武帝报告大宛、大月氏、大夏、康居等国地理远近、生活习俗、国力强弱，如说："大宛在匈奴西南，在汉正西，去汉可万里。其俗土著，耕田，田稻麦。有蒲陶酒。多善马，马汗血，其先天马子也。有城郭屋室。其属邑大小七十余城，众可数十万。其兵弓矛骑射。其北则康居，西则大月氏，西南则大夏，东北则乌孙，东则扞罙、于窴。于窴之西，则水皆西流，注西海；其东水东流，注盐泽。盐泽潜行地下，其南则河源出焉。多玉石，河注中国。而楼兰、姑师邑有城郭，临盐泽。盐泽去长安可五千里。匈奴右方居盐泽以东，至陇西长城，南接羌，鬲汉道焉。乌孙在大宛东北可二千里，行国，随畜，与匈奴同俗。控弦者数万，敢战。故服匈奴，及盛，取其羁属，不肯往朝会焉。"因张骞在大夏时见邛竹杖、蜀布，得知大贾商人买自身毒，而身毒在大夏东南可数千里，估计其国去蜀不远。武帝闻之，而再度发使者，四道并出，欲通西南夷。张骞以校尉从大将军击匈奴，因知水草处立了军功，封为博望侯。汉朝大军击败匈奴主力，南匈奴降汉，北匈奴败走漠北。张骞第二次通使，欲结乌孙，"断匈奴右臂"，又分遣副使通使大宛、康居等国。乌孙派导译送张骞归汉，并遣使者向汉朝报谢，因亲见汉朝人众富厚，乌孙国益重汉。过了年余，张骞所派副使陆续与其国人俱来，于是西北国始通汉，张骞凿空成功，西汉各国与汉通好。以后，武帝因慕求大宛好马，即拜李广利为贰师将军，发兵攻大宛，是为大宛之役。李广利以兵围大宛城，大宛贵人与汉军订盟，大宛出其好马，汉军解围。李广利回师东归时，"诸所过小国闻宛破，皆使其子弟从军入献，见天子，因以为质焉"。大宛新立之王"遣其子入质于汉。汉因使使赂赐以镇抚之"。"汉发使十余辈至宛西诸外国，……而敦煌置酒泉都尉；西至盐水，往往有亭。而仑头有田卒数百人，因置使者护田积粟，以给使外国者。"汉朝经营西域从此始，西域各族与内地建立了密切的关系。

古代民族关系是十分复杂的，一方面，既存在因地理环境的影响和各民族促进政治、经济、文化的根本利益需要，而朝着不断融合、统一方向发展的趋势；另一方面，又存在民族间的矛盾和战争，如汉武帝时期就有多次对周边民族地区的用兵，两者都是客观的存在。司马迁主张民族和好的开明态度还表现在他严肃批评对周边民族地区连年用兵。他对汉武帝时期国家空前统一的局面是高度赞扬的，如说："明天子在上，兼文武，席卷四海。"①"汉兴五世，隆在建元，外攘夷狄，内修法度，封禅，改正朔，易服色。作《今上本纪》。"② 而同时，他又对因连年征伐造成国家财政空虚、民众困苦不堪的局面严肃地提出批评。《平准书》直书无隐，指出因连年征战，造成士卒大批死亡，百姓不堪重负，文景时代"府库余财""太仓之粟陈陈相因"的丰厚积蓄被耗尽了，造成"天下苦其劳，而干戈日滋。行者赍，居者送，中外骚扰而相奉，百姓抚弊以巧法，财赂衰耗而不赡"。③ 因而汉朝出现衰势。《大宛列传》也批评武帝大规模兴兵伐大宛，"乃案言伐宛尤不便者邓光等，赦囚徒材官，益发恶少年及边骑，岁余而出敦煌者六万人，负私从者不与。牛十万，马三万余匹，驴骡橐它以万数。多赍粮，兵弩甚设，天下骚动，传相奉伐宛"。在《匈奴列传》赞语中，不怕触犯忌讳，指出："世俗之言匈奴者，患其徼一时之权，而务谄纳其说，以便偏指，不参彼己；将率席中国广大，气奋，人主因以决策，是以建功不深。"尖锐地批评满朝文臣谄媚成性，一味附和武帝旨意，武将滋生虚骄心，贪图多立战功，因而造成武帝政策的失当。这些议论，都凸现出司马迁的卓越见识和正直史家的崇高责任感。而他称赞汉文帝对匈奴"坚边设候，结和通使，休宁北陲"，一面严守战备，一面结和往来，防其掠夺，又避免连年征伐之苦，由此造成文帝时期天下太平景象，"故百姓无内外之繇，得息肩于田亩，天下殷富"。④ 而

---

① 《史记》卷二十《建元已来侯者年表》。
② 《史记》卷一百三十《太史公自序》。
③ 《史记》卷三十《平准书》。
④ 《史记》卷二十五《律书》。

武帝晚年下轮台之诏,"深陈既往之悔",对长年兴师征伐,造成"重困老弱孤独"引以自责,断然否定桑弘羊请求远戍轮台之议,宣布罢兵兴农。① 汉武帝晚年的政策转变也正证明司马迁的主张确有先见之明,司马迁开明的民族观的宝贵价值就在于有利各民族的共同发展。

## 三、广采兼容的文化观

《史记》对增强中华民族凝聚力的巨大贡献,还在于其广采兼容的文化观,以及为中华民族历史记载的连续性树立了不朽的典范。

《史记》吸收了中国古代各派学术的精华,体现出拥抱全民族文化的广阔胸怀,对此,前代学者有过十分精辟的评论。梁启超推崇司马迁是古代文化思想的集大成者:"其于孔子之学,独得力于《春秋》,而南派(老庄)、北东派(管仲齐派)、北西派(申商韩)之精华,皆能咀嚼而融化之。又世在史官,承胚胎时代种种旧思想,磅礴郁积,以入于一百三十篇之中,虽谓史公为上古学术思想之集大成可也。"② 郑振铎也认为司马迁的伟大贡献在于系统地整理古代学术文化,"他排比、整理古代一切杂乱无章的史料,而使之就范于一个囊括一切前代知识及文化的创作定型之中"③。司马迁对待百家学说的态度,在当时经受了巨大的考验。当时,汉武帝采纳董仲舒的建议,实行"罢黜百家,独尊儒术"的政策。司马迁重视儒家思想,而同时对诸子百家明确采取广采兼容的态度。司马迁对孔子学说和儒家经典的尊重在《史记》全书中多有体现。在《太史公自序》中,他明确提出"继《春秋》",以孔子事业的继承者自任;他详细记载孔子的生平和

---

① 《汉书》卷九十六下《西域传》。
② 梁启超:《论中国学术思想变迁之大势》,《饮冰室合集》文集之七,第52页。
③ 郑振铎:《插图本中国文学史》,人民文学出版社,1957年版,第119页。

著述事业，将只有平民身份的孔子破格立为"世家"，与王侯同列，并在《孔子世家》赞语中称孔子为"至圣"；又设立了《仲尼弟子列传》《孟荀列传》和《儒林列传》，构成最早的儒学史，显示出儒学繁盛的特殊地位；在《史记》各篇中，司马迁随时引用孔子的论述，作为评价历史人物和事件的依据，譬如，仅在《伯夷列传》篇末，就接连引用了"道不同不相为谋"，"富贵如可求，虽执鞭之士，吾亦为之。如不可求，从吾所好"，"岁寒，然后知松柏之后凋"，"君子疾没世而名不称焉"等多处孔子的言论，表达自己的评价和感慨；在史料依据上，面对复杂纷纭、互相歧异的记载应如何考核取舍，他也视儒家经典的可信程度为最高，以此作为取舍的主要标准，称"夫学者载籍极博，犹考信于六艺"。① 司马迁的尊儒，是尊重孔子在文化史上的地位，并不加以神化；他记载孔子及其后学的作为和功绩，是与他们的生平行事和思想影响相一致的。

司马迁不把尊重儒学与其他学派相对立，而是明确地肯定百家之学各有自己的价值。如，在《伍子胥列传》中，他吸收了道家"以柔克刚""以屈求伸"的观点，赞誉伍子胥能"隐忍就功名"，具有高度的政治智慧；在《叔孙通列传》中，对叔孙通"面谀以得亲贵"有所讥讽，却又引用道家的话，肯定他适时应变、为汉朝制定礼制的做法，"（叔孙通）制礼进退，与时变化，卒为汉家儒宗。'大道若诎，道固委蛇'，盖谓是乎！"而《吕太后本纪》《孝文本纪》《萧相国世家》等篇，更从各个侧面高度评价黄老"无为"学说对汉初政治的指导作用。司马迁对法家人物"刻削少恩"一向反感，但他尊重客观的历史事实，在《吴起列传》《商君列传》中大力肯定吴起执行"明法审令"政策和商鞅变法对于实现富国强兵的巨大成效。他如，对于纵横家、滑稽家，也在《苏秦列传》《滑稽列传》等篇中予以适当地肯定。这样，司马迁以广采兼容的文化观为指导，在《史记》中反映了儒学地位的上升，学派的繁盛，又写了儒家以外的思想家老子、韩

---

① 《史记》卷六十一《伯夷列传》。

非、庄周、申不害、邹衍；写了政治人物管仲、晏婴、商鞅、魏冉、李斯、吕不韦、孟尝君、平原君、信陵君、春申君、田单；写了军事家司马穰苴、孙子、吴起、白起、王翦、蒙恬、乐毅、廉颇；写了文学家屈原、司马相如；写了策士苏秦、张仪、陈轸、犀首、甘茂、甘罗、范雎、蔡泽；还有反映其他社会阶层的刺客、医生、游侠、龟策、货殖等的传记。司马迁反对文化专制的政策和"独尊一家、排斥百家"的观点，主张兼采各家，认为"天道恢恢，岂不大哉！"① 主张兼容并包，因为无论儒家六艺或百家学说，"言虽外殊，其合德一也"②，凡是有益于国家社会的，都应该吸收，他所追求的是一个文化丰富多样、五彩纷呈的世界。

司马迁以伟大的创造力和毕生的心血撰著成的《史记》，把中华民族的历史都写进书中，将各家各派的学术思想都囊括其内，把各具智慧和光彩的历史人物都载入史册。司马迁具有重大进步意义的广采兼容的文化观，与其"大一统"的政治观和"四夷"与"华夏"联结一体的民族观，三者紧密交织，相得而益彰。《史记》是在古代国家实现空前统一和全国范围内各民族的融合达到空前规模的汉代著成的，其政治观、民族观和文化观正是时代精神的生动体现。《史记》如此杰出的成就，就为中华民族的文化认同进一步奠定了深厚牢固的基础，在两千年漫长岁月中不断发挥其增强民族凝聚力的巨大作用，其深远影响一直存在到今日。

---

① 《史记》卷一百二十六《滑稽列传》。
② 《史记》卷一百一十七《司马相如列传》。

# 对清代多民族统一局面的及时总结

清朝建立，以及其后康、雍、乾三朝对边境用兵、巩固统一的战争，形成版图辽阔的多民族统一国家，这是自宋元明以来统一趋势的发展。但是历史实践在前，理论认识滞后。之所以如此，是因为国家版图辽阔，以往士人的知识范围主要限于中原地区，对边疆各族的历史沿革、地理位置、风俗习惯、心理状态、各族之间的关系以至清朝政策的施行和效果等项均不了解。龚自珍和魏源属于嘉道年间对边疆问题夙有研究的学者，而且他们在观察历史发展的趋势和倡导"学术经世"上有深刻的见解，因此能够对总结清朝多民族统一的国家特点和维护各民族之间的和睦相处，提出进步的、有理论意义的主张。

## 一、龚自珍论清代实现"中外一家"的历史特点

龚自珍不仅熟悉西北部落源流、历史沿革、山川形势，更重要的是，由于他站到认识清朝实现全国多民族统一的时代高度，因而特别强调加强民族和好，珍惜统一局面。《西域置行省议》《御试安边绥远疏》《上镇守吐鲁番领队大臣宝公书》等文，充分

显示出他着眼于解决社会危机,着眼于安定边疆,着眼于加强边防、巩固国家统一,来解决边疆问题的远见卓识。关于新疆设行省的建议,绝非只给新疆起个"行省"名称,也决不是简单设立一个行政机构,而是具有更深刻的意义。自康熙年间,新疆地区已成为我国统一多民族的一个重要组成部分。可是至嘉庆年间止,这一百多年里,朝廷对新疆的管理却一直采用委派将军、参赞大臣等"镇守"的办法,而缺乏一套系统的行政管理机构。这显然不利于有效地开发、管理新疆,不利于国家统一。龚自珍反复陈述清代边疆形势与前代大不相同,"中外一家,与前史迥异",汉唐时代的"凿空""羁縻"办法已完全不适用了;今天的迫切问题是朝廷如何在新疆建立起健全的行政系统,"疆其土,子其民,以遂将千万年而无尺寸可议弃之地"。① 因此龚自珍第一个明确提出新疆设立行省,对新疆的经济、边防,以至十四个府州、四十个县如何设置,都有具体建议。同时建议迁内地无业游民入疆。这是既解决内地严重的流民问题,又可发展边疆生产、巩固边防的一举三得的重要措施。他认为,乾隆末年以来"不士、不农、不工、不商之人,十将五六",游民问题这样严重,因此必须"大募京师游食非土著之民,及直隶、山东、河南之民,陕西、甘肃之民,令西徙","与其为内地无产之民,孰若为西边有产之民"。② 他特别提出移民要选择"性情强武"之人以适应边疆特点。这显然有利于加强边防。

龚自珍要求建立民族间"安"和"信"的关系。他称颂清朝建立起空前的多民族统一国家,代替历史上民族间战争频繁的混乱破坏局面。《说居庸关》一文记述了他骑马走在南口狭窄的山路上,迎面来了一队骑骆驼的蒙古人,"与余摩臂行,时时橐驼冲余骑颠,余亦挝蒙古帽,堕于橐驼前,蒙古大笑。余乃私叹曰:若蒙古,古者建置居庸关之所以然,非以若耶?余江左士也,使余生赵宋世,目尚不得睹燕、赵,安得与反毳者相挝戏乎

---

① 《御试安边绥远疏》,《龚自珍全集》,上海人民出版社,1975 年版,第 112 页。

② 《西域置行省议》,《龚自珍全集》,第 105—111 页。

万山间？生我圣清中外一家之世，岂不傲古人哉！"① 这些话绝对不是粉饰太平之辞，而是龚自珍对国家统一、民族间和睦相处，发自内心的赞美。他还极其重视通过总结新疆地区复杂的政治历史事件所提供的教训，论证民族间"安"和"信"的重要性。对于乾隆时回部的战争，他正确地谴责波罗泥都、霍集占"助逆背德"。对于乌什事件，他谴责原清朝驻乌什领队大臣素诚"占回之妇女无算，笞杀其男亦无算，夺男女之金银衣服亦无算"的暴虐行为，认为这次事件是平日"扰回"引起的"激变"。对于康、雍、乾三朝长期平定准噶尔部的战争，他既强调这项军事行动是统一祖国、稳定边疆所需要，谴责准噶尔、阿睦尔萨纳等辈的罪恶；同时又指出，长期战争的结果是大量无辜人民的死亡，"千里一赤，睢盱之鬼，浴血之魂，万亿成群"。他恳切要求驻新疆的大臣将领记取这些教训，"敬谨率属"，"不以驼羊视回男，不以禽雀待回女"，"令回人安益安，信益信而已矣"。② 并希望由于吐鲁番的安定而带来整个天山南北路，以至整个西北地区安定和平的局面。

　　龚自珍的上述言论都有利于推进国家的统一和实现边疆的安定。他把深入研究边疆史地与解决现实问题密切结合起来，因而具有政治的远见。他对青海问题的看法同样体现了这一点。道光年间，居住在青海境内的蒙古族与藏族发生纠纷，有人主张清廷出兵支持蒙古族攻打藏族。龚自珍引用历史教训有力地驳斥这种错误主张，他说："古未有外夷（这里指边疆地区少数民族）自相争掠，而中朝代为之用兵者"，况且派军队介入，"克则杀机动，不克则何以收事之局"，不论哪种可能性，都没有好结果。他认为，蒙古族和藏族都信奉佛教，可让青海大喇嘛"以佛法两劝而两罢之，不调一兵，不费一粟，以外夷和外夷，智之魁也"。③

　　龚自珍提出这些建议的态度是很慎重的，他说《西域置行省

---

① 《说居庸关》，《龚自珍全集》，第 136—137 页。
② 《上镇守吐鲁番领队大臣宝公书》，《龚自珍全集》，第 309—312 页。
③ 《与人笺》，《龚自珍全集》，第 342 页。

议》一文"筹之两年而成","其非顺天心,究祖烈,剂大造之力,以统利夫东西南北四海之民,不在此议"。龚自珍于道光九年(1829)朝考时,针对刚刚平息张格尔叛乱这一事件,"胪举时事","直陈无隐",批评清政府为了平叛远从二万里以外的东北调派军队,结果劳师糜饷,骚扰州县,"兵差费至巨万","故曰甚非策也"。因此建议加强伊犁索伦驻军的训练,以防备边疆地区再发生不测事件。① 这些一针见血的见解,却使"阅卷诸公皆大惊,卒以楷法不中程,不列优等"②。这也是腐朽的统治集团杜绝言路、压抑人才的一个例证。但是龚自珍自信自己的看法正确,他预言新疆设行省的建议"五十年中言定验"③。光绪十年(1884),新疆果然设立行省,他的预言得到了证实。

## 二、魏源维护国家统一与民族和好的观点

魏源是龚自珍的挚友,当时龚魏齐名。他们的政治见解、学术志趣契合无间,对于边疆民族问题的观点也非常一致。魏源经过长时间的酝酿准备之后,于1842年8月清朝与侵略者签订丧权辱国的《南京条约》之时,发愤撰成了一部探索清朝盛衰的当代史著作——《圣武记》,他在叙中讲他著述的心情说:"海警沓至,忾然触其中之所积,乃尽发其楗藏,……告成于海夷就款江宁之月。"④ 并因"索观者众,遂作遂刊"。魏源通过具体的历史记载和书中的议论,表明他充分肯定清朝实现"中外一家"的多民族统一局面和维护民族间"安"与"信"的观点。具体而言是:肯定康、雍、乾三朝巩固我国固有疆域的功绩;用历史事实驳斥不利国家统一的论调;重视记载民族之间、中央与地方之间关系加强的史实;谴责制造民族不和与边疆事件的清廷不法官吏

---

① 《御试安边绥远疏》,《龚自珍全集》,第112—114页。
② 吴昌绶:《定庵先生年谱》,见《龚自珍全集》"附录",第618页。
③ 《己亥杂诗》,《龚自珍全集》,第516页。
④ 魏源:《圣武记·叙》,第1页。

和少数民族统治者。19世纪中叶，我国正遭受英、俄等殖民主义、扩张主义国家从南北两面严重的侵略和威胁，因此魏源这种维护国家统一与民族和好的观点，同龚自珍的言论一样，具有进步意义。

首先，魏源肯定康、雍、乾三朝进行的巩固统一的战争的作用。《康熙亲征准噶尔记》载：准噶尔部噶尔丹竭力向外扩张自己的势力，"兼有四卫拉特地，复南摧回部城郭，诸国尽下之，威令至于卫藏，则又思北并喀尔喀"。在噶尔丹军事进攻下，喀尔喀蒙古三部落"数十万众尽弃牲畜帐幕，分路东奔"。噶尔丹的军事扩张造成了严重后果，清朝中央政府当然应该加以制止。因此，康熙帝对噶尔丹进行的战争，是为了遏止国内各少数民族之间的军事争夺，保持国家的统一。《国朝抚绥西藏记》载：策妄阿布坦尔早就蓄意控制西藏地区，利用达赖五世死后继承人问题争议未决的局面，派兵入藏，杀拉藏汗，大肆掳掠，造成西藏秩序大乱。清朝政府派大军护送达赖六世入藏，把策妄的军队赶出去，恢复了西藏的秩序，因此这次战争也是为了维护统一，使西藏免于遭受准噶尔统治的厄运。魏源认为：经过康熙对准噶尔的战争，为明确我国的疆域奠定了基础，到乾隆时又获得巩固。这是完全符合历史事实的。

魏源还能够从人民负担减轻的事实说明国家统一带来的好处，这是更加进步的历史眼光。他说：

> 当准噶尔时，竭泽以渔，喀城岁征粮至四万八百九十八帕特玛，他税称是；叶尔羌岁征匠役户口棉花、红花、缎布、金矿、铜硝、牛羊、猞猁、毡罽、果园、蒲桃之税，折钱十万腾格，他城称是；且不时索子女，掠牲畜。故回民村室皆鳞次栉比，坚墉曲隧，以便窖藏防房劫。及两和卓木归旧部，虽减科则，而兵饷徭役烦兴，供给稍迟，家立破；及出亡，又尽其赍以行，民脂殆竭。自为王人后，蠲苛省敛，二十而取一，回户休息更始焉。①

---

① 魏源：《圣武记·乾隆戡定回疆记》，第167—168页。

从准噶尔"竭泽以渔",大小和卓木"兵饷徭役烦兴","民脂殆竭",到中央政府实行"二十而取一",这些事实雄辩地证明统一给新疆人民带来巨大的好处。

其次,批驳不利国家统一的错误论调。乾隆中,清朝政府对新疆实行开发和有效的管理,"列亭障,置郡县","农桑阡陌徭赋如内地"。这本是大好事情。可是有人却把新疆看成是一个包袱,"取之虽不劳,而守之或太费"。魏源对这种不利国家统一的论调作了批驳:(1)强调要把乾隆以后出现的"中外一家,老死不知兵革"的统一局面,与以前"烽火逼近畿,民寝锋镝"的战乱时期相对比,指出这种人"狃近安,忘昔祸",好了疮疤忘了痛。(2)新疆驻军"不惟未尝縻饷而且节帑",驻军的开支是这些军队驻扎内地时应领之饷,而军队屯田每年向国家交粮十四万三千余石。(3)与"得不偿失"论者相反,魏源充分肯定开发新疆的意义和前途。"西域南北二路,地大物蕃,牛、羊、麦、面、蔬、蕨之贱,浇植贸易之利,……又皆什伯内地。边民服贾牵牛出关,至辄辟污莱,长子孙,百无一反。"① 主张进一步发展屯田、开矿等事业。魏源的这些看法显然也是正确的。

再次,《圣武记》不但记载清代民族间发生的战争,同时也注重记载民族之间联系加强、中央与地方间关系趋向密切的事实。最突出的事例有:喀尔喀蒙古三部因受噶尔丹进攻东奔时,清朝中央政府立即"发归化城独石、张家二口仓储,并赐茶布牲畜十余万以赡之,暂借科尔沁水草地使游牧",使几十万部众得到安顿。② 再者,是乾隆对重归祖国的土尔扈特的安置。土尔扈特本是厄鲁特蒙古四部之一,明末清初因邻部所逼投俄罗斯。康熙间,其首领阿玉奇取道俄罗斯入贡,康熙帝即遣使远道前往答礼。乾隆时,土尔扈特部苦于屡次被俄罗斯征调去与土耳其等打仗,大量死伤,愿回伊犁居住。于是整个部落辗转流离来到伊犁。廷臣中有人不赞成接纳,认为"降人中有舍楞,前曾诓害我

---

① 魏源:《圣武记·乾隆荡平准部记》,第158页。
② 魏源:《圣武记·康熙亲征准噶尔记》,第116页。

副都统唐喀禄,逃俄罗斯,今来归疑有奸计,且我受俄罗斯叛藩,恐启衅"。乾隆回答说,接受土尔扈特"理直有词",不存在什么"启衅"。且土尔扈特既背其上国来,倘复拒于我中国,彼将焉往?为土尔扈特着想,更不能拒绝。于是隆重地接纳,妥善地安置,召其酋长至热河入觐,各封为汗亲王等,赐给大量马匹、茶叶、米、麦等物资。在国外艰难备尝的土尔扈特,回归祖国后得到政府如此款待,对比之下,真感到"喘息如归",真正回到自己家里来了。① 清朝政府采取坚决而又卓有成效的措施安置长期在境外颠沛流离的土尔扈特部,这正是国家实现多民族统一的生动证明。

第四,谴责破坏民族和好、制造边境事件的不法官吏和少数民族统治者。书中详载负责乌什事务的阿奇木伯克"暴戾无亲",办事大臣苏成"素愦愦不治事,又酗酒宣淫","喜麀怒狼,民无所诉",激起维吾尔族人民起义反抗。魏源同情起义人民,强调这一事件是"镇守回疆诸臣之大戒"。对于复杂的事件,魏源能采取有分析的态度。嘉庆中发生张格尔勾结外来势力举行叛乱的事件。而在此以前南疆人民因为不满压迫剥削,存在着强烈的反抗情绪,被张格尔所利用。不同性质的事件纠合在一起,构成复杂情况。书中正确地谴责张格尔勾结安集延、布鲁特势力进行叛乱,"尽戕兵民","搜刮回户殆遍","昏愦滥诛杀";同时同情受虐待的维吾尔族人民,谴责不法官吏、伯克对人民的残害。这也反映出魏源对于边疆民族问题的见识。

上述诸项说明,魏源所著《圣武记》记载边疆民族问题的主要着眼点是维护国家的统一与民族间的和好,而对于新疆地区民族问题特别重视,看法尤有见地。长期以来,沙皇俄国觊觎我国新疆地区,采取种种阴谋手段妄图把新疆从祖国分裂出去。如果让其阴谋得逞,新疆便将由祖国领土变成敌人反对我国的前哨阵地。魏源根据史实用力论证国家统一的好处,驳斥错误论调,主张维护民族间的和好,对于近代历史文化认同和巩固多民族统一

---

① 魏源:《圣武记·乾隆新疆后事记》,第177—181页。

局面，显然是具有极为宝贵的价值。

## 三、何秋涛论土尔扈特回归祖国为"自生民以来未有之盛举"

无独有偶。关于土尔扈特部经历百余年的艰难曲折最终回归祖国的史实，在稍后何秋涛所著《朔方备乘》一书中也有记载。《朔方备乘》成书于咸丰年间，何秋涛对此事的记述充满感叹激动之情，而且他记载的史实比《圣武记》更要详细。据他所载，至乾隆年间，乌巴锡为汗，时土尔扈特已徙七世，离开祖国已有一百七十余年。随乌巴锡居河南岸者，达四十六万余户，居北岸者数亦相当，至此已不堪俄罗斯奴役之苦。"当是时，俄罗斯察罕屡征土尔扈特兵，与邻国战，败绩，土尔扈特部众死者七八万人。察罕思雪其耻，复征兵于土尔扈特，诸部落人人忧惧，乌巴锡计无所出。"时有从伊犁逃来之舍楞（楞）言，旧居伊犁等地空虚无人，可据其地。乃决计全族迁徙归国。沿途历经万般艰难，人口死亡数目浩巨：

> （乌巴锡）携四十余万部众东走，沿途劫掠，攻破俄罗斯城池四处，察罕汗闻之，使其济纳拉喇领兵数万追袭。乌巴锡人众已逾坑格勒图喇西南，已入中国地界，济纳拉喇乃引兵还。乌巴锡既入中国，乃由巴尔噶什淖尔西进，其间经过之戈壁五日行，虽有水泉，寸草不生，牲畜倒毙无算。行至青可斯察汉，哈萨克汗布赍及阿布勒必斯、阿布勒班毕特与之战，又有台吉额勒里纳拉里要劫之，相持二十余日，向沙喇伯勒西进。至沙喇伯勒南界，布鲁特闻之，人各喜跃相庆，聚集十余万骑，星飞云拥。乌巴锡避入沙喇伯勒北界，两千余里戈壁无滴水寸草，时际三月，天气温暖，人皆取马牛之血而饮，瘟疫大作，死者三十万人，牲畜十存三四，经十余日，狼狈逃出。而布鲁特久候于戈壁之外，或前或后，或聚或散，日夜追杀抢夺，被劫之男妇子女牲畜什物数倍于

哈萨克。直至他木哈地,与内地卡伦相近,布鲁特始敛兵退。乌巴锡至他木哈,所属男妇大小犹有二十七八万口。①

土尔扈特部以最艰辛的代价换来终于到达内地卡伦。对于整个部族辗转迁徙而来的土尔扈特人,伊犁将军立即派领队大臣纳旺等前往讯问,乌巴锡乃以"决定投诚"相告。何秋涛在记载上述曲折复杂的事件中,始终把土尔扈特部身处异乡、心向祖国作为贯穿事件前后的主要线索,揭示出"土尔扈特虽受役属而心不甘,恒归向中国",阿玉奇夫妇、亲戚及部众"皆戴圣祖厚恩",恳请使者向清朝皇帝转奏"我与满洲衣冠相同,今居俄罗斯,与俄罗斯教不同"的真情和心愿,阿玉奇之妹及亲属"感念天恩,求使者代奏。是阿玉奇全家归从中国"。在记述中强调这些意愿和动力实有本质的意义,表明饱经颠沛流离苦难的土尔扈特部对祖国的巨大向心力,说明何秋涛对这一复杂历史事件具有深刻的洞察力。

何秋涛记载的又一特点,是突出乾隆帝果断坚决处理接纳土尔扈特所具有的政治家风度和清朝政府安排之周到,说明多民族统一国家的发展至此已臻于成熟。何秋涛明确记载:乾隆帝获得伊犁将军伊勒图急报,知土尔扈特将至后,立即命舒赫德前往视事,"遵旨收抚安戢,所至如归"。廷议中,乾隆帝驳倒怀疑土尔扈特所来持有何种动机的说法,作出果断决策。有人提出,"舍棱同来,情属叵测"。乾隆帝立即明确答复:"彼既背弃俄罗斯,岂敢复与我为难?是其归顺之事十有八九,诡计之伏十之一耳。至舍棱既偕众来,若声言前罪,受众降而独拒舍棱,则穷无所归,必寇掠边鄙。且恐舍棱不来,同行之众也疑惧不前。傥俟其至,执舍棱罪之,尤非所以昭威信、示怀徕也。乃决计宥其已往,悉加恩锡。"廷议中又有人提出,不宜受俄罗斯叛臣,"虞启边衅"。乾隆帝亦立即予以辩驳澄清:"上曰:'舍棱即我之叛臣归俄罗斯者,何尝不一再索取,而俄罗斯讫未与我也!今既来

---

① 何秋涛:《朔方备乘》卷三十八《土尔扈特归附始末》,光绪七年(1881)刻本。

归,即以此语折俄罗斯,彼亦将无辞以对。'因令理藩院以此意传檄示知俄罗斯。"① 于是乾隆帝立即安排在热河接见乌巴锡等土尔扈特部所有头人。

何秋涛又详载,清政府对回归的土尔扈特部作了周到的照顾、妥善的安置:"于是为之口给以食,人授以衣,分地安居,使就米谷而资。耕牧则以属之伊犁将军舒赫德,出我牧群孳息驱往;供馈则以属之张家口都统常青,发帑运茶;市羊及裘则以属之陕甘总督吴达善;而嘉峪关外董视经理,则以属之西安巡抚文绶维。时诸臣以次驰牍入告:于伊犁塔尔巴哈台之察哈尔厄鲁特,凡市得马牛羊九万五千五百,其自达哩刚爱商都达布逊牧群运往者又十有四万,而哈密辟展所市之三万不与焉;拨官茶二万余封,出屯庚米麦四万一千余石,而初至伊犁赈赡之茶米不与焉;甘肃边内外暨回部诸城购羊裘五万一千余袭,布六万一千余匹,棉五万九千余斤,毡庐四百余具,而给库储之毡棉衣布不与焉。计费帑银二十万两,而赏贷路赀及宴次赍予不与焉。……筹画无不悉,赒惠无少靳,而土尔扈特诸部之人乃得以休养生聚,共安熙皞之风也。"最后何秋涛对此事件始末加以评论道:

> 土尔扈特自顺治年间间道入贡,至是凡一百二十余年,竟全部内附。圣祖之远道遣使,初非欲招而致之也。然深仁厚泽,固结人心,宜阿玉奇汗之子孙世世感念不忘!高宗克绳祖武,措置咸宜,百万之众,指麾立定。即此一事,不已足征两朝大圣人先天弗远,后天奉若之至德欤? 自生民以来未有之盛举也!②

这段话如果去掉其中神化康熙帝、乾隆帝之类的封建性意味,那么,剩下的赞颂土尔扈特在一百多年后回归祖国的意义,和康熙帝、乾隆帝处置土尔扈特部族之得当,则是切中肯綮的。魏源的《圣武记》和何秋涛的《朔方备乘》都记载了这一意义重大的事件,而何秋涛记述更加详细具体,他所表达的"自生民以来未有

---

① 何秋涛:《朔方备乘》卷三十八《土尔扈特归附始末》。
② 何秋涛:《朔方备乘》卷三十八《土尔扈特归附始末》。

之盛举",也更加深刻感人。土尔扈特之回归祖国,是清代历史以至整部民族关系史的重大事件,其中所蕴涵的多方面的深刻意义,至今仍是清史研究者极感兴趣的研究课题,有的外国史学家也由衷地赞扬这是人类史上最为激动人心的事件。何秋涛和魏源对于土尔扈特部回归祖国的记载和论述,很典型地反映出民族文化认同对于国家统一发展的有力推动作用。

## 四、驳斥"严夷夏之大防"的迂见

龚自珍和魏源是嘉道年间今文公羊学的健将。公羊学说的大统一观、变易观,关于以文明程度而不是以种族、血缘区分诸夏和夷狄的观点,在这两位杰出思想家身上有突出的体现。他们反对拘守"华夷之辨"的迂腐见解歧视边疆少数民族,在民族融合、民族平等合作问题上,他们明显地向前看,希望各民族间的统一和交流能够发展,以求得国家的富强。龚自珍写有《五经大义终始答问七》篇,精彩地发扬公羊学说大统一的精义,驳斥俗儒代代相传的关于民族问题的狭隘见解。其论云:

> 问:太平大一统,何谓也?答:宋、明山林偏僻士,多言夷、夏之防,比附《春秋》,不知《春秋》者也。《春秋》至所见世,吴、楚进矣。伐我不言鄙,我无外矣。《诗》曰:"无此疆尔界,陈常于时夏。"圣无外,天亦无外者也。①

这是对宋代以来俗儒、陋儒喋喋不休宣扬"严夷夏之大防"说的有力廓清,大力弘扬了公羊学"太平世,天下远近小大若一"的大一统进步思想。儒家创始人孔子对"夷狄"的基本态度是比较开明的,与一些持狭隘民族观念的人大不相同。公羊学家吸收并发展了孔子思想中这种合理的部分,因而提出了"诸夏"与"夷狄"不以血缘、种族关系区分,而以文明程度区分,以及

---

① 《五经大义终始答问七》,《龚自珍全集》,第48页。

到了太平世天下达到了大一统，完全消除了民族间的矛盾和界限，天下远近小大若一的进步观点。此后在历史上，越是在国力强盛的时代，如西汉初和唐朝，对于少数民族文化越能采取勇于吸收的开明态度；相反，越是国力衰弱，就越是连篇累牍地宣扬"严夷夏之防"，对少数民族严厉防范和排斥。许多人囿于旧见，仍然将宋、明人的陈词滥调视为天经地义，龚自珍却直斥之为"宋、明山林偏僻士"的迂见。当嘉道时期，中国的历史进程即将面临巨大的转折，不但需要妥善处理国内华夏族与少数民族的关系，而且需要正确地对待西方文明的东进。龚自珍在这里发挥了公羊学的精华，严厉驳斥俗儒把"华夷之辨"视为孔子学说本义这种荒谬、落后意识，提倡民族关系上"太平世无内外"的大一统观点，是具有时代意义的。

（原刊《西南师范大学学报》2006年第4期）

# 民族危机刺激下近代历史文化认同面临的紧迫课题

以1840年鸦片战争发生为起点,中国历史进入了近代时期。鸦片战争爆发,西方殖民者用武力打开中国的大门,使中华民族面临亘古未有的历史变局。民族生存危机越来越迫在眉睫。中国文化的进程也发生了巨大的转折,以往的传统文化,基本上是在中国自身的条件下演进的（汉唐两朝大规模地吸收外来文化,是在特殊的社会条件下出现的）,至鸦片战争后,中西文化互相接触,发生激烈碰撞和互相交流,中国人的民族观、国家观以至在社会根本发展道路的选择上都逐步发生根本的变化,其深刻和激烈的程度,超过了以往两千年。

由于封建统治腐败不堪,社会矛盾尖锐,及外国列强步步侵略欺凌,决定中国贯穿整个近代时期始终必须解决两大任务:进行反对封建主义和反对帝国主义的斗争,争取民族的独立;改变经济落后状况,学习西方先进国家,发展工业、发展资本主义,推进近代化进程。从近代史开端时期起,民族存亡的危机就激发先进的中国人探索救国道路,解决一系列面临的紧迫课题,民族文化认同逐步升华,推动多民族统一国家渡过重重难关,战胜艰难险阻,最终获得新生。近代民族文化认同的逐步发展,是同人民大众反帝反封建斗争的高涨，同民主启蒙思想潮流和推进社会近代化的进程相合拍的。

## 一、御侮图强和认识世界文明真实格局的双重任务

当中国在近代被迫卷入世界潮流之时，这个历史悠久，以往曾经强盛、辉煌的民族，如今却处于积贫积弱、备受欺侮的地位。中国所遇到的西方文明，既具有先进性，同时又咄咄逼人，富于侵略性，一再对中国侵凌、掠夺，企图变中国为其殖民地。中国为了免除亡国灭种的惨祸，就必须奋起反抗侵略，实现中华民族的独立。

鸦片战争时期，林则徐、龚自珍、魏源以及姚莹都是出色的代表人物。林则徐是抵抗派领袖、民族英雄。他受任钦差大臣、两广总督，主持广东防务，严禁鸦片走私贸易。他不仅坚决抗击侵略，维护民族尊严和国家的安全，部署严密、措施得力，而且见识远大，是中国最早认识外国事务重要性的人物。他把抵御外侮建立在尽可能掌握列强虚实的基础上，自到广东后，"日日使人刺探西事，翻译西书，又购其新闻纸"①。他所组织翻译的有《澳门新闻纸》，从1839年春开始翻译，并多次及时将从外国报纸获得的重要消息转送给广东巡抚怡良等参阅，了解英国方面的行动。林则徐"并于新闻纸中抄译夷信六封进呈"道光帝阅览，在折中报告"现值防夷吃紧之际，必须时常探防夷情，知其虚实，始可以定控驭之方"②。尤为著名的是《四洲志》，系译自1836年伦敦出版的慕瑞著《世界地理大全》，该书介绍亚、非、欧、美各洲主要国家的历史地理。林则徐及时了解外国情形，有效地帮助他在禁止鸦片走私贸易和抗击武装侵略中制定出正确的方针。当迫使英国鸦片贩子交出鸦片二万余箱和虎门销烟之后，

---

① 《道光洋艘征抚记》，《魏源集》，第174页。
② 《林则徐集·奏稿》，中华书局，1965年版，第765页。

林则徐宣布恢复中英贸易，体现出将严厉打击鸦片走私和保护正常贸易严格区分开来的正确决策。他从外国新闻纸获知了英国侵略军海军编队来华，准备北犯定海、天津的消息，向道光帝先后"奏请敕下筹防"①，共计五次。总之，林则徐在列强野蛮侵略面前坚决抵抗，忠于国家，正气凛然，同时为了御侮的需要，积极探求外国知识，了解陌生的殖民者对手的特性和行动，寻求御敌之方，又高度重视西方先进的洋枪洋炮，多方购求，加强海防。因此，林则徐被历史学家称誉为"满清时代开眼看世界的第一人"，"是中国封建文化优良部分的代表者，又是满清时代维新运动的重要先驱者"②。龚自珍和魏源都是林则徐的挚友，以进步的政治倾向和突出的改革经世精神为共同的友谊基础。龚自珍和魏源是近代史开端时期杰出的思想家，也都是抵抗派人物。龚、魏对内唤起民族危机意识，批判封建专制主义的黑暗，倡导改革，对外坚决主张抗击侵略。龚自珍在林则徐受任钦差大臣南下之际，曾写信表达忧心国事、愿多方筹划的心情，主张坚决禁烟，主张加强兵力守卫海口，建议整修火器，批判投降派种种错误议论，希望林则徐坚定意志，毫不动摇，认为假如"游移万一，此千载之一时，事机一跌，不敢言之矣！"③魏源曾参加定海抗战，《南京条约》签订后，他发愤总结反侵略战争的经验教训，提出"师夷长技以制夷"的口号，他所撰著的《海国图志》一书，就是受到林则徐的嘱托，并在《四洲志》的基础上完成的。姚莹同样是著名的抵抗派，他任台湾道，曾会同台湾总兵达洪阿率军抗击侵台英军，获得胜利。《南京条约》签订后，姚莹被投降派耆英等诬为"冒功欺罔"，贬官四川。姚莹又长期究心于探求外国史地和现状知识。他对中国当权者和官吏因昧于外事招致战争失败无比痛心，认为侵略者的得逞"正由中国书生狃于不勤远略，海外事势夷情，平日置之不讲，故一旦海舶猝来，惊若鬼神，畏

---

① 林则徐：《致沈鼎甫函》，见中国史学会编《鸦片战争》（二），上海人民出版社，1957年版，第570页。
② 范文澜：《中国近代史》（上册），人民出版社，1955年版，第21、16页。
③ 《送钦差大臣侯官林公序》，《龚自珍全集》，第170页。

如雷霆，以偾败至此耳"。因此，他历数年撰著《康輶纪行》，"于海外诸洋有名大国，与夫天主教、回教、佛教一一考其事实，作为图说"，其目的就在于"欲吾中国童叟，皆习见习闻，知彼虚实，然后徐筹制夷之策，是诚喋血饮恨而为此书，冀雪中国之耻，重边海之防，免胥沦于鬼域"。① 姚莹为之"喋血饮恨"者，就是要鼓舞国人的志气，提高民族的觉悟，冀雪中国之耻！

在近代史开端时期，为了抵御外侮，在认识西方列强武装侵略的严重威胁的同时，还迫切需要认识世界文明的真实格局，摒弃视西方国家为"化外之夷"的谬见。鸦片战争以前，中国人的世界观念因中华文明长期相对独立发展，并以其先进性辐射东方各国而极其普遍和牢固地形成这样的心态："毫不犹豫地坚信中国的中心性。"在地理格局上则认为天圆地方，中国居中央。与此相应的政治观念，以中国自居"天朝上国"，凌驾于四夷之上。长期的闭关锁国和傲慢拒外的政策，使中国人对真实的世界暗昧无知，"人为地隔绝于世并因此竭力以天朝尽善尽美的幻想自欺"。② 乾隆皇帝对外一向持维护天朝尊严的虚骄心，曾赋诗云："间年外域有人来，宁可求全关不开"，吐露出对外睥睨防范的心态。此时，欧洲资本主义正在迅速发展并全力向东方扩张殖民地，中国朝野人士却有如酣然昏睡毫无知觉。刊行于乾隆四年（1739）的官修《明史》，在《外国传》中能够明白列举的欧洲国家只有四个，即佛郎机（指葡萄牙，但有时又兼指西班牙）、吕宋（指西班牙，其时占菲律宾）、和兰（荷兰）、意大利。号称"通儒"的纪昀，在其总纂修的《四库全书总目提要》中，称传教士艾儒略所撰《职方外纪》，载天下分为五大洲，"前冠以万国全图，后附以《四海总说》。所述多奇异不可究诘，似不免多所夸饰。然天下之大，何所不有，录而存之，亦足以广异闻也"。③ 对世界局势闭目塞听、愚昧无知，是清朝在鸦片战争中惨败的一

---

① 姚莹：《复光律原书》，《东溟文后集》卷八，同治六年（1867）安福县署刻本。
② 《马克思恩格斯论中国》，人民出版社，1993年版，第62页。
③ 《四库全书总目》卷七十一《史部·地理类四》，中华书局，1965年版。

个重要原因。痛深创巨的教训,使开眼看世界,研究、介绍外国史地知识成为急务。魏源以"钩稽贯串,刨榛辟莽,前驱先路"自任,纂成《海国图志》,广搜当时一切所能得到的史料,而且以"西洋人谭西洋"①为主,有当时刚刚传入中国的西方传教士著作《万国地理全图集》(郭实腊)、《地球图说》(伟理哲)、《地理备考》(玛吉士)、《外国史略》(马礼逊)等。魏源对于中外著作不是只作简单的汇辑,而是按照自己的指导思想编纂成以论、志、图、表互相配合的完整著述体系。如他所言,当时出版的西人著述,"或详于岛岸土产之繁,埠市货船之数,天时寒暑之节。而各国沿革之始末、建置之永促,能以各国史书志富媪山川纵横九万里、上下数千年者,惜乎未之闻焉"②。魏源则以其独具的慧眼和匠心,将各种史料熔铸在一个内容涉及各国地理位置、历史沿革、政治制度、军事状况、物产风俗、行政区划的体系之中,因而成为当时最详备的世界史地参考文献,推动近代中国人逐步认识世界、学习西方。与魏源纂成《海国图志》大约同时,徐继畲纂成《瀛寰志略》一书,共十卷。这部书提供了具有近代意义的外国史地知识,同样成为近代中国认识外部世界的广阔和先进性的起点。此后,论述世界真实图景的作者更多,如冯桂芬说:"今则地球九万里,莫非舟车所至,人力所到",而中国所处的"神州"只不过是"东南一州也"。更有一批人物先后走出国门,亲身到达欧洲、日本等地,他们更进一步报道世界的真实情景,这就是自从有了轮船、军舰,各国的距离大大缩短了。只有明了世界的地理状况和外交趋势,近代中国人的历史文化认同,才能建立在客观、真实的基础上,才能适应世界形势,符合时代潮流。

---

① 魏源:《海国图志·原叙》。
② 魏源:《海国图志·后叙》。

## 二、阐发历史变革思想和"改从西法"的主张

至19世纪70至80年代,沿海地区出现了一批近代工业,中国产生了新的社会力量,反映在思想领域,是一批先进人物根据对世界潮流的观察和对国内社会现实的分析,纷纷阐发历史变革的思想和提出要求变法的主张,标志着历史文化认同向前发展,增加了具有深刻时代意义的重要内容。王韬于1867年至1870年应传教士理雅各之邀到英国帮助翻译中国典籍,并两度游历法国。此次游欧,目睹资本主义国家日新月异的进步,激起他希冀祖国振作和富强的炽烈感情,于1871年奋力撰成《法国志略》,其目的即在以法国的历史和现状唤醒国人,以求中国能自立于世界。他在序言中表达了深刻的寓意:"方今泰西诸国,智术日开,穷理尽性,务以富强其国,而我民人固陋自安,曾不知天壤间有瑰伟绝特之事,则人何以自奋?!国何以自立哉?!"① 黄遵宪于1877年起,先后担任驻日使馆参赞、驻美国旧金山总领事、驻英使馆参赞、驻新加坡总领事,达十四年之久,不仅亲身经历了日本明治维新"改从西法"的变革,而且亲身观察了美、英等国的资本主义制度。他于1887年撰成的《日本国志》,是一部及时记载日本发生了历史巨变的明治维新史,是他向国人打开的一扇介绍西方资本主义世界潮流的窗口,又是一部以忧天热血写成的期待中华民族奋起自强自立的政论,如他的诗句所表达的:"湖海归来气未除,忧天热血几时摅?千秋鉴借《吾妻镜》,四壁图悬人境庐。改制世方尊白统,罪言吾窃比《黄书》。频年风雨鸡鸣夕,洒泪挑灯自卷舒。"② 他在书中详细地记载了日本"革旧取新"、"改从西法",在政治、经济、文化、教育各方面取得的迅速进步,及时地警示国人:日本因国土狭小、资源贫乏,必然要

---

① 王韬:《重订法国志略·序言》,清光绪十六年(1890)长洲王氏淞隐庐铅印本。
② 黄遵宪:《人境庐诗草》卷五《日本国志书成志感》。

走对外军事扩张的道路,成为中国的巨大威胁:"(日本)壤地虽曰褊小,其经营筹画卒能自立,亦有足多矣!然而日本论者方且以英之三岛为比。其亟亟力图自强,虽曰自守,亦颇有以小生巨、遂霸天下之志。试展五部洲舆图而观之,吾诚恐其鼎举而脰绝,地小而不足回旋也!"① 未及八年,这一预见就完全被中日甲午战争所证实。正如梁启超在 1905 年所说:"当吾国二十年以前,群未知日本之可畏,先生此书,则已言日本维新之效成则且霸,而首先受其冲者为吾中国。及后而先生之言尽验,以是人尤服其先见。"② 黄遵宪从多方面论述了欧美资本主义国家的进步和强盛,同时又反复告诫:这种进步和强盛对于弱小落后的东方国家来说,则又意味着侵略。他说:"轮船电线争骛纷起,机巧夺天工,人智欺鬼神,凡西人兵威宗教,几几乎弥纶地球而无所不至。……余观亚细亚诸国,印度覆矣,土耳其仆矣,安南、缅甸又倾踣矣!"③ 它们丧失独立地位的悲惨命运正是中国的前车之鉴。他还总结出西方列强为达到侵略目的而使用的手段是极为狡猾的:"虽使车四出,槃敦雍容,而今日玉帛,明日兵戎,包藏祸心,均不可测。"④ 弱小国家对此必须保持高度警惕。黄遵宪深沉地向国人呼吁:必须抛弃"用夏变夷"的陈腐观念,采取"互相师法"的学习态度,才能通过效法西方国家富强之道,使国家民族自强兴旺。"弓矢不可敌大炮,桨橹不可敌轮船",任何人也不能否认。可是不明时势的国内守旧派,死抱着"用夏变夷"的旧教条,视西方为"异类",以学习西法为"可耻",结果造成中国依旧落后,"不能与之争雄",一再受其欺侮侵逼。相反地,"泰西诸国以互相师法而臻于日盛",日本也因大力学习西方而"骎骎乎有富强之势"。⑤ "今万国工艺,以互相师法,日新月异,

---

① 黄遵宪:《日本国志》卷十《地理志一》。
② 黄遵宪:《日本国志》卷二十一《兵志一》。
③ 黄遵宪:《日本国志》卷十《地理志一》。
④ 梁启超:《嘉应黄先生墓志铭》,《饮冰室合集》文集之四十四(上),第 6 页。
⑤ 黄遵宪:《日本国志》卷三十二《学术志一》。

变而愈上。"① 为求中国之富强，必须立即抛弃"用夏变夷"的旧见，转而"效之法之"，经历不懈努力就能"收效无穷"，赶上西方，进而达到"远驾其上"的目的。

## 三、戊戌维新：中华民族在危急形势下奋起一搏

1894—1895 年中日甲午战争爆发，中国战败，日本胁迫中国签订丧权辱国的《马关条约》，规定中国赔款二万万两白银，割让台湾、澎湖列岛、辽东半岛给日本。从此，帝国主义对中国的侵略更为加紧，各自割据势力范围，抢夺铁路修筑权、矿山开采权，企图瓜分中国。中国有志之士，目睹国家艰危，无不义愤填膺，奔走呼号。康有为发动"公车上书"，要求拒和、迁都、变法，开变法运动之先河。此后，以康有为、梁启超为代表的维新派以变法救亡为号召，在各地建学堂、开报馆、设学会、译书籍，举办各种实业，以求中国之进步。在全国范围内维新思想激荡的推动下，光绪皇帝和他的师傅翁同龢也倾向于变法，起用康有为、梁启超、谭嗣同等维新人士。1898 年 6 月 11 日，光绪帝毅然下"明定国是"诏，宣布变法决心，并斥责守旧大臣："托于老成忧国，以为旧章必应墨守，新法必当摈除，众喙哓哓，空言无补，试问今日时局如此，国势如此，若仍以不练之兵，有限之饷，士无实学，工无良师，强弱相形，贫富悬绝，岂真能制梃以挞坚甲利兵乎？"② 光绪帝在维新派的辅翼下，屡颁谕旨，实行新政。戊戌维新运动是老大衰弱的中华民族在屡遭列强侵凌的危急局势下奋起一搏。它宣告有识之士已经断定维持封建制度的中国已无法在世界生存，中国必定要废除封建君主专制政体、颁布宪法、发展资本主义，才能救亡图强；在文化思想上则必须勇于革新，荡涤旧物，废除为害国家的八股科举制度，建立新的教育

---

① 黄遵宪：《日本国志》卷四十《工艺志》。
② 《清通鉴》第十九册，光绪二十四年，山西人民出版社，2000 年版，第 8433 页。

制度，学习西方进步学说。这是戊戌前后广大爱国知识分子和民众救亡图强的共同要求，标志着民族文化认同至此达到了新的高度。"公车上书"之役，康有为联合各省会试举人共一千三百多人，集会于松筠庵，联名上书光绪皇帝，群情激昂，相继发表演说，痛陈割地弃民的严重后果，必须变法才能御侮图强。1896年创办于上海的《时务报》是维新派的喉舌，以宣传维新变法、救亡图强为宗旨，主笔梁启超撰写《变法通议》在报上连载，他对危亡形势的沉痛分析，对变法紧迫性的激情呼吁，引起全国民众的强烈反应，"举国如饮狂泉"。数月之间，风靡海内，销至万余份，"为中国有报以来所未有"。在1895—1898年，有一个原先闭塞落后的省份，由于锐意改革而在短时间内取得了显著的成效，这就是巡抚陈宝箴主持的湖南省，他在谭嗣同、黄遵宪、江标等维新派人士的帮助下，在地方实行新政，设矿务局，创设电报，开小轮船，修筑湘粤铁路，立保卫局、南学会、湘报馆，创办时务学堂，使湖南风气大开，成为全国最有生气的省份。时务学堂聘梁启超为中文总教习，师生醉心民权学说，日夕讲论，培养出蔡锷、林圭、秦力山、李炳寰、唐才质等日后献身国家的出色人才。以上史实，从各省举人集会群情激昂上书皇帝要求变法图强，从全国广大民众争相阅读倡导从根本上进行改革，主张要"大变""速变""全变"的《时务派》，视为救国的良策，从地方上锐意推行新政，由闭塞落后到首开全国新风气，都证明废除封建专制制度，从根本上实行改革，赶上世界潮流，是人心所向。"百日维新"虽然被以西太后为首的顽固派残酷扼杀了，维新志士献出了宝贵的生命，但是，顽固派的凶悍手段恰恰证明他们是阻挡时代车轮前进的绊脚石，虽然一时得逞，却已充分地暴露出其与全国广大民众的要求相敌对的反动本质，注定要遭到彻底的失败。戊戌变法之后迅速掀起的民主启蒙、批判专制的思想潮流，正是宣告历史必然按照自己选择的方向，奔涌向前。

## 四、为废除专制、创建"全民族的共和国"奋斗

至20世纪前半期,民族文化认同提升的势头更加迅猛。刚刚进入20世纪,启蒙运动便如春潮般澎湃。由于西方近代国家、民族学说的不断传入,而中国早已卷进世界潮流之中,中国封建制度的衰弱落后,与西方资本主义国家的先进对比极其强烈,因而中国的志士仁人们更加猛烈地抨击封建制度的黑暗腐朽,呼吁废除专制,走世界各国共同的民主宪政道路,同时要开民智、新民德、鼓民力。全国各地,从沿海的上海、江苏、浙江,到远在内地的河南、四川、云南,新的报纸、刊物如雨后春笋般产生,教育、青年、妇女各界也纷纷创立自己的报刊,彼此呼应,形成不可阻挡的声势。

新思想的代言人还运用新学理提出了近代国家学说,指出必须将一家一姓的朝廷与近代国民共有的国家严格相区分,论述对于压迫、残害民众的专制朝廷必须推翻,国民必须自强,发挥合群的力量行使管理国家的权利。孙中山于1905年创立的同盟会,更成为领导民主革命的核心组织,同盟会制定的"驱逐鞑虏,恢复中华,建立民国,平均地权"的十六字纲领,成为全国民众瞩目的奋斗目标。20世纪初,革命派人物策划了一系列的武装起义,同时慷慨陈词,号召建立民族国家,努力为实现民族的独立富强而奋斗。1903年,孙中山在《江苏》杂志第六期发表《支那保全分割合论》,针对列强瓜分中国甚嚣尘上的种种言论,深刻有力地论证中国各民族的统一有着悠久而牢固的基础,在帝国主义野蛮的侵略威胁面前,中华民族凝聚力更大为加强:"支那国土统一已数千年矣,中间虽有离析分崩之变,然为时不久复合为一。近世五六百年,十八省土地,几如金瓯之固,从无分裂之虞。以其幅员之广,人口之多,只闽、粤两省言语与中原有别,其余各地虽乡音稍异,大致相若,而文字俗尚则举国同风。往昔无外人交涉之时,则各省人民犹有

畛域之见；今则此风渐灭，同情关切之感、国人兄弟之亲以日加深。是支那民族有统一之形，无分割之势。……若要合列国分割此风俗齐一、性质相同之种族，是无异毁破人之家室，离散人之母子，不独有伤天和，实大拂乎支那人之性；吾知支那人虽柔弱不武亦必以死抗之矣。何也？支那人民，为虏朝用命，虽亦有之，然自卫其乡族，自保其身家，则必有出万死而不辞者矣。"又以义和团事件中无数民众抗外侮、保家园表现出来的勇敢无畏、视死如归的精神，作为有力证据，断言帝国主义瓜分中国的阴谋必将惨败："观于义和团民，以惑于莫须有之分割，致激成排外之心而出狂妄之举，已有视死如归以求幸中者矣。然彼等特愚蒙之质，不知铳炮之利用，而只持白刃以交锋。设使肯弃粗呆之器械，而易以精锐之快枪，则联军之功，恐未能就效如是之速也。然义和团，尚仅直隶一隅之民也；若其举国一心，则又岂义和团之可比哉！自保身家之谋，则支那人同仇敌忾之气，当有不让于杜国人民也；然四万万之众，又非二十万人之可比也。"最后充满信心宣布，中国的前途必将是民族自立，再造新的国家："欲筹东亚治安之策以何而可？曰：惟有听之支那国民，因其势顺其情而自立之，再造一新支那而已。"① 这一时期，其他革命派人物也相继发表文章，论述民族要生存，必须有国民意识发达作为基础，联合本民族力量，建立强大的民族国家，以自立于世界，这就是时代要求的民族主义。如1903年2月，《浙江潮》第一期发表《民族主义论》（署名余一）一文说："有国之民存，无国之民亡；有国民之国存，无国民之国亡。国也者，视其国民之数之多寡，国民之力之强弱为比例。而凡可以为国民之资格者，则必其思想同，风俗同，语言文字同，患难同。其同也，根之于历史，胎之于风俗，因之于地理，必有一种特别的固结不可解之精神。"② 又如，《江苏》杂志发表《政体进化论》（署名竞庵）一文，从地

---

① 张枬、王忍之编：《辛亥革命前十年间时论选集》第一卷，生活·读书·新知三联书店，1960年版，第601—602页。

② 张枬、王忍之编：《辛亥革命前十年间时论选集》第一卷，第487页。

理、历史和民族团结力三项，分析中国的前途必定是建立变专制为民主、完全无缺之"民族共和国"："幸哉吾国！吾国实有由专制而变为民主之大希望者也。如吾前所举民主政体成立之四因，吾国实有其三焉：（一）十八省得天然之地势，远胜美之十三州，以地理论可独立而为民主也；（二）专制之毒受之独久，反动力当独强，以物理论可独立而为民主也；（三）同胞四亿万，同文同风同利害，群策群力何事不成，以民族论尤可独立而为民主也。要之，具此三因，旧染之污必去之净尽，而新国既立人皆平等，更无人敢出而独揽大权，二十世纪中，必现出一完全无缺之民族的共和国耳。"作者最后满怀信心鼓舞全国民众："建民族之国家，立共和之宪章，凡我同胞，其矢斯志。"① 当日革命志士所言"民族主义"，就是面临帝国主义侵略和瓜分的危险，号召中华民族猛醒，加强全民族的向心力、凝聚力，万众一心抗击侵略，以建立一个新生的中华民族的共和国家。革命派所号召之"民族国家"，决不是以狭隘民族利益为宗旨，排拒外国，更不是以"民族主义"为旗号，行对外扩张侵略之实。一言以蔽之，革命派的"民族主义"，是发扬中华民族团结统一的优良传统，挫败帝国主义瓜分阴谋，赶上世界潮流，建立一个全民族的共和国。因而这一主张体现历史与时代的使命，具有重要的进步意义。

　　孙中山为首的革命党人在全国各地先后举行起义，虽然都遭清朝军队残酷镇压，但是清廷极端虚弱、走投无路的本质已彻底暴露。至1911年10月10日，武昌起义爆发，各省纷纷响应，清朝宣告覆亡。自从鸦片战争以来中国人民探求救国道路，历尽艰辛进行御侮图强斗争终于获得了结束两千年封建帝制的胜利，这也是民族历史文化认同在近代取得的重要成果。武昌首义成功，全国各族纷纷响应，各族人民以及海外华侨在辛亥革命中共同认定以推翻清朝为目标，在斗争中互相支持，极大地增强了中华民族的凝聚力。虽然因袁世凯篡夺了革命胜利果

---

① 张枬、王忍之编：《辛亥革命前十年间时论选集》第一卷，第545—547页。

实,使辛亥革命归于失败,但是民主共和国的观念从此深入人心,以后中国共产党人即自认为是孙中山民主革命事业的继承者,百折不挠地为创建新中国而奋斗。

(原刊《人文杂志》2006年第3期)

# 晚清历史文化认同的新格局

19世纪70年代至20世纪初年,近代历史文化认同明显地向前发展,并且具有深刻的时代内涵。这就是早期维新派强烈倡导的历史变革观和维新派志士掀起的近代思想启蒙潮流。历史文化认同新格局的出现,乃是由于时代剧变的推动。19世纪70至80年代以后的中国,一方面,因为西方列强加剧其军事侵略、经济掠夺,连续强迫清廷签订《北京条约》《天津条约》《烟台条约》《马关条约》,使中国更加陷入半殖民地的深渊,民族危机日益深重;另一方面,由于中国沿海地区逐步出现一批近代工业,它们代表新的社会生产力,造成中国开始有了要求社会向近代化推进的新的阶级力量。与此同时,中国进一步卷入世界潮流之中,西方新的思想文化传入的势头加剧。在上述背景下,19世纪70至80年代产生了一批早期维新派人物,包括王韬、郑观应、薛福成、马建成、何启等人,纷纷介绍"西政""西法",要求中国实行变革。戊戌维新运动前后,以康有为、梁启超为代表的维新派人物面对中国即将被瓜分豆剖的危险,奔走呼号,要求中国实行资本主义的政治变法运动,并在思想文化领域激烈批判封建专制,倡导民权学说,呼吁从思想观念到社会生活实行大力改造,形成了中国历史上破天荒的近代启蒙思想潮流。

## 一、早期维新派的历史变革观*

早期维新派继承了龚自珍、魏源倡导变革、向西方学习的思想路线,并且在新的条件下加以发展,他们吸收西方资本主义的理论观点,在近代首次提出了带有资本主义色彩的维新变法主张,其主要思想基础,就是历史变革观。王韬在《变法(中)》一文中,开宗明义的一段话就是:"易曰:穷则变,变则通。知天下事未有久而不变者也。上古之天下一变而为中古。中古之天下一变而为三代。自祖龙崛起,兼并宇内,废封建而为郡县,……三代之天下至此而又一变。……自明季利玛窦入中国,……至今日……几于六合为一国,四海为一家;秦、汉以来之天下,至此而又一变。"① 在这里,王韬把历史的演进划分为五个阶段,大体上说,"上古"相当于蒙昧或洪荒时代;"中古"相当于野蛮时代;"三代"为华夏文明确立的时代;秦废封建而为郡县,至明,是华夏文明在自身范围内演进的时期;明末以来,是东西文明碰撞,中国逐步被卷入世界潮流的时期。王韬所言,虽是直感式的,但在当时却很难能可贵。王韬的这段论述很有代表性,郑观应的《公法》、陈炽的《盛世危言序》、薛福成的《变法》、陈虬的《治平通议卷首序》中都表述出相似的观点。薛福成认为东西方关系的巨大变局,固然是客观时势所造成,但面对列强加紧侵略,尤须发挥人的主观努力,寻求自强之策以抵御外敌:"居今之世,事之在天者,宜有术以处之,然后不为气数所穷;事之在人者,必有术以挽之,然后不为邻敌所侮。"② 因此,"自强之道,半系气运主之,是在中外上下,勠力同心,破除积习,发愤

---

\* 本小节内容承刘兰肖博士提示材料,特此致谢。
① 王韬:《弢园文录外编》,中华书局,1959年版,第13页。
② 丁凤麟、王欣之编:《薛福成选集》,上海人民出版社,1987年版,第22—23页。

有为"①。

基于对御侮图强迫切性的认识,早期维新派明确要求仿效西方,发展工业、商业、对外贸易,推进中国的近代化。王韬认为"今日天下大势……有若春秋时之列国",俄、英、法、普犹如战国时之秦、齐、楚、赵四大国,土耳其、意大利如战国之韩、燕,前四者是军事强国,而中国则是弱国,是受欺压的。由此他强调,如果中国"至此时而不一变,安能埒于欧洲诸大国,而与之比权量力也哉!"近代生产技术和近代自然科学使西方成为"富强之纲领,制作之枢纽",所以"至今日而欲办天下事,必自欧洲始","师其长而成一变之道"。当今形势,"既创开辟以来未有之局,亦当为开辟以来未有之事",那就是"仿效西法"。②马建忠著《富民说》论证民富为国强之根基。他考察西方各国,甚至连英属殖民地印度都能以"通商致富",而中国自海禁以来由于对外贸易萎缩而"户庳形支绌,闾阎鲜盖藏"。因此他认为,"求富之源,一以通商为准"。不过他主要是从流通领域来说明富源,而且他所谓的"商"主要是指对外贸易。因此提出:"欲中国之富,莫若使出口货多,进口货少。"③同时,他提出只有人民富且强,才有国家的富强的"富民"主张。相比之下,郑观应对于资本主义社会经济结构和经济运行规律有深刻得多的观察,因此十分重视仿效西方,实行生产领域的改革。他对封建时代的重本抑末思想彻底否定。他指出,这种观念早已过时,"越今之时,国以商为本",不能再"袭崇本抑末之旧说"。④他大力主张以西方为榜样,振兴商务,使中国走上资本主义道路。为此,他在《易言》《盛世危言》中用多半篇幅系统而具体地设计出中国的资本主义经济改革蓝图,他的改革主张与马建忠相比,也远远超出了单纯对外贸易的范围,而更多地着眼于商品生产和国内市场的

---

① 丁凤麟、王欣之编:《薛福成选集》,第88页。
② 王韬:《弢园文录外编》,第114—115、14、13、133页。
③ 中国史学会主编:《戊戌变法》(一),上海人民出版社,1957年版,第163—164页。
④ 夏东元编:《郑观应集》,上海人民出版社,1982年版,第593页。

建立。他认为,第一,为提高生产领域的竞争力,就必须"工以翼商",大力实行机器大生产,提高劳动生产率。第二,为降低商品在流通领域的费用,就必须兴办"铁路、轮船、电报、邮政"等近代交通运输和通讯事业。第三,为了解决商品流通和生产中资金短缺问题,加速资本周转,就必须改革货币制度,创设银行。第四,为确保经济正常运作,保护工商业者利益,就必须组织"商会"。此外,他还提出:为了从根本上学习西方科学技术、生产工艺和先进的管理方式,必须大力发展教育,培养工商业人才;为了保护民族工商业的利益,必须取消外国在华经济特权,保护关税。

发展资本主义与中国封建专制制度必然存在根本性矛盾。中法战争后,早期维新派对洋务运动大为失望,他们越来越清楚地意识到,要发展资本主义经济,就不得不改革束缚其发展的政治制度。早期维新派的政治变革一般循着从大胆批判封建专制和吏治,到具体介绍西方民主制度,再到明确提出君主立宪的要求和实行君主立宪的方案这样一种路径逐步深化。"从君民关系、官民关系和国家强弱的角度来批评君主专制,王韬是近代史上第一人。"[①]他认为君主专制有三弊:其一是导致君民隔阂,"堂廉高深,舆情隔阂,民之视君如仰天然,九阍之远,谁得而叩之!虽疾痛惨怛,不得而知也;虽哀号呼吁,不得而闻也"。其二弊是造成官民对立。由于"天高听远","尊无二上",因此各级官吏之间等级森严,"惟知耗民财,殚民力,敲膏吸髓","不知立官以卫民,徒知剥民以奉官"。[②]其三弊是君主专制造成中国与"君民一心,无论政治大小,悉经议院妥酌,然后举行"[③]的泰西各国强弱异势。王韬将政治体制与国家的强弱联系起来,认为专制是国家贫弱的一大原因,意义深远,是近代民主思想之晨曦。他不仅对封建专制的批判入情入理,而且对西方的政治制度的介绍用心用力。他把泰西各国的政治制度划分为三种:君主之国,民

---

① 熊月之:《中国近代民主思想史》,上海人民出版社,1986年版,第154页。
② 王韬:《弢园文录外编》,第23—24页。
③ 王韬:《弢园文录外编》,第68页。

主之国，君民共主之国。这种类分法为同时代大多数人采纳和接受。王韬在比较了三种政治制度的利弊优绌之后指出，"君主于上""民主于下"的英国式政治最"美"。① 不过，王韬只是摆事实，讲道理，说明封建专制之弊，褒扬西方政治之美，至于中国的政治改革方向，他还没有明确地指出来。甲午战争前，最早激烈地要求在中国实行议院制的是郑观应。他认为在中国设议院有三利：一是中国如"果能设立议院"，则"民志合，民气强"，那么西方列强就不敢"群逞披猖，肆其非分之请"，"陵侮"我中国，中国才能张国威，御外侮。二是设立议院是中华振兴富强的必由之路。三是要彻底革除中国封建专制造成的"畏葸、琐屑、敷衍、颟顸"的积弊，"非设议院不为功"。② 可见，他把实行议院制视为头等重要的大事。同时，郑观应指出，要实行议院制，还必须要有与之相适应的一系列内政改革作保证。他对内政改革的设计很周备，其要点是：（1）发展教育，兴办学校，培养人才。他认为"育人才优先于设议院"，"议院不可行哉？惟必须行于广开学校人才辈出之后，而非可即日图功也"。（2）创办报纸，实行舆论监督。他指出，要使"民隐悉通，民情悉达"，"则莫如广设日报矣"。（3）改革吏治，"裁汰冗员"，官吏和议员实行选举，而"选举之政操自民间"。③ 此外，他还提出以刑法、盐务、漕务、治河以及赈济救灾等方面的内政改革措施与议院相辅而行。不过，郑观应急切要求实行议院制，主要是为了解决"上下相隔"的问题，终极目的是为了达到"上下一心，君民一体"，以富强御外侮。他不反对君权，而是认为议院可与君权并存。

总之，从19世纪70至80年代以后，由于中国出现了新的阶级力量，而同时，西方新文化、新学理的输入也比以前更加直接和通畅，这就为寻找救国真理的人们提供了新的丰富的思想资料。洋务运动的南辕北辙则使人们进一步认识到清政府封建专制制度的不可救药。早期维新派论述的变革观和社会改革主张，是

---

① 王韬：《弢园文录外编》，第22—24页。
② 夏东元编：《郑观应集》，第315页。
③ 夏东元编：《郑观应集》，第316、345、354页。

新经济和新政治的曙光,承上启下,便是早期维新派思想主张的作用和意义所在。其重要意义在于反映出时代变动的节拍,推进了中国人寻求救国真理的艰辛探索,为后来的变革提供了思想材料。洋务运动的破产,揭开了维新变法的序幕,到了新的历史时期,原先带有草创和探索特色的早期维新派的变革主张终于汇成巨大的时代思潮。

## 二、康有为维新变法理论纲领与近代文化认同的提升

19世纪90年代中期,中日战争爆发,其结果举国震惊。老大的中国被一向所瞧不起的"蕞尔小国"日本打得惨败,被迫签订了丧权辱国的《马关条约》,割让辽东、台湾、澎湖,赔款白银二万万两,中国更加陷入了半殖民地的灾难深渊。清朝统治极度腐朽的实质彻底暴露,亡国灭种的危险迫在眉睫。至此,酝酿多年的维新思潮正式登上政治舞台。以康有为为主要领袖的维新派,发动了一场维新变法运动。以往在相当长时间内,曾因过分地指责康有为、梁启超等人主张维新改良,结果证明这条道路在中国行不通,而贬低戊戌维新运动的价值。我们重新审视历史,却应得出很不相同的看法,戊戌维新运动在中国历史上具有极其重大的意义,它是资产阶级性质的有一定群众基础的爱国政治运动,同时也是"中国知识分子的一次思想解放"[1]。康有为等维新派人物大力宣传历史必变的思想,与封建顽固派"祖宗之法不可变"的陈腐历史观相对立,产生了动员民众特别是爱国知识分子的巨大力量。戊戌维新与十三年后爆发的辛亥革命一样是惊天动地的伟大事件,证明这个历史悠久的民族蕴藏着活跃的生机和巨大的潜力,预示着中华民族虽然灾难深重却必然要走向新生,它

---

[1] 范文澜:《戊戌变法的历史意义》,《范文澜历史论文选集》,中国社会科学出版社,1979年版,第192页。

们在 19 世纪末和 20 世纪初分别成为全中国民众共同瞩望的熊熊火炬，意味着民族历史文化认同在近代得到具有深远意义的提升。

康有为成为维新运动的发动者和近代向西方寻找真理的出色代表人物，既是时势所推动，又是本人满怀爱国义愤、艰苦摸索救国道路的必然结果。由于他生活在广东沿海，故较早接触西方文化，跟内地明显不同，并且留心时事。1879 年，游历香港，亲睹"西人宫室之瑰丽，道路之整洁，巡捕之严密"，使他认识到西人治国有法度，不得以古旧之"夷狄"视之。同时因民族自尊心受到强烈刺激，更加激起了解西方、学习西方的愿望，于是大购西书，大讲西学。1882 年路过上海时，大量购买、阅读江南制造总局译印的西书。同时他很关心明治维新以后日本的情况，搜集了不少日本书籍，从而得知日本新政之日新月异。这一时期他通过广泛阅读西书译本和报纸，认真研究西方国家强盛的原因。1888 年，因赴乡试，到北京，鉴于中法战争以来民族危机更加深重，第一次上书光绪帝，指出日本"伺吉林于东，英启藏卫而窥川滇于西，俄筑铁路于北而迫盛京，法煽乱民于南而取滇粤"，建议变成法、通下情、慎左右三事，以图中国富强，较系统地提出改良中国政治的主张。此后在广州两次与廖平晤面，接受廖平的影响，确立了今文经学观点。1890 年至 1893 年，在广州长兴里万木草堂聚徒讲学，培养维新力量。在弟子陈千秋、梁启超等人协助下，先著成《新学伪经考》，大力抨击古文经学，从根本上动摇正统观念。后以孔子"改制"作为变法的依据，推演公羊三世说，认识到只有变法，才能使中国富强，由据乱世，经过升平世，最后达到太平世的"大同"境地。从此奠定了他领导变法维新政治运动的理论基础。1895 年初，赴北京参加会试。时值中国在甲午战争中失败，旅顺已失，朝廷震动，他得知清政府向日本求和，割让辽东、台湾，并赔偿白银二万万两的消息，异常悲愤，联合在北京会试的举人一千三百多人上书，要求拒签和约，迁都抗战，变法图强，史称"公车上书"。会试榜发，中进士，授工部主事，不就。继又上书光绪帝，阐述中国必须尽快变法的道理和步骤，提出自强雪耻四策，即富国、养民、教士、练兵，深受光绪帝嘉许。8月，发起在北京组织强学会，编印《中外纪闻》。不久又设上海强学分会，推动各地设立学会、报馆，鼓吹变法维新。1897年11月，德国强占胶州湾，他又赶赴北京，为四邻交逼、瓜分豆剖的危险局面痛切陈言。1898年（戊戌年）1月28日，光绪帝命王大臣传他至总理衙门，由李鸿章、翁同龢、荣禄等询问变法事宜。他批驳了荣禄"祖宗之法不可变"的顽固思想和李鸿章维持现状的保守思想，并阐述变法具体措施。随即又应诏上书，统筹全局，请誓群臣以定国是，开制度局以议新制，设法律等局以行新政，将所著《俄大彼得变法考》《日本明治变政考》等送光绪帝披览；在北京发起成立"保国会"，以"保国、保种、保教"为宗旨。在翁同龢、徐致靖等倾向变法的开明官僚支持下，促成百日维新，受光绪帝召见于颐和园仁寿殿。康有为连续直接向光绪帝上奏折，对政治、经济、军事、文教诸方面都提出改革建议，与梁启超、谭嗣同、杨深秀全力策划推行新政。戊戌运动遂成为中国近代探索救国道路和走向近代化的一座重要里程碑。

康有为用以指导维新变法的理论纲领，是发挥、改造传统的公羊"三世说"，并与西方建立民主共和国家的思想相结合，创立了由"据乱世（封建专制）—升平世（君主立宪）—太平世（民主共和）"的历史进化理论。公羊学本来是一种古老的学说，它在戊戌维新时期被大力推演，成为变法维新的理论武器，并在社会上产生极大的震动。这种情况在时过境迁之后，特别是过了一个世纪之后的今天看来，似乎是难以理解，有的人则简单地归结于康有为的善于附会。诚然，康有为本人的学风常常喜欢附会之说，但这远非主要的原因。公羊学说在晚清形成新的高潮，不仅有哲学演变上的原因，而且是由于社会的、政治的与文化的历史发展多重深刻力量互相推动而必然地形成的。康有为早年时立下志向，冀图创立一种适应"世变大"，而不"拘常守旧"的"异教"，即代表先进的、感觉敏锐的中国人在哲学上的探求，以摆脱两千年来所遵奉的"恪守祖训"、尊古求恒的古文经学哲学观点的束缚。中国历史行进到 19 世纪最后十年,已紧迫地面临着重大的抉择,要求出现质的飞跃。中国民族资本主义工业已有初步的发展,要求中国走上近代化道路,发展资本主义;外交上列强环伺,企图对我蚕食鲸吞,甲午战争以后形势更加险恶,国家被瓜分的惨祸就在眼前,中国要避免亡国灭种的危险,就必须结束清朝的专制统治,改革腐朽的政治,跟上世界潮流,建立民主政治。中国社会要求有变革的哲学思想,要求有掀起政治上改革运动的理论武器,而中国的封建统治势力又那么强大,旧的传统观念又是那么根深蒂固,进步力量为了进行斗争,必须找到既对正统地位别树一帜又具有儒家经典合法地位的思想学说,以减轻非圣无法的压力。公羊学恰恰是这样一种可以利用的思想武器。戊戌维新派利用和改造它作为宣传变法的理论,实具有最深刻的时代必然性。

公羊学说的变易性、政治性和可比附性,在康有为手里得到最大程度的发挥。然而,"每一时代的理论思维,都是一种历史的产物,它在不同的时代具有完全不同的形式,同时具有完全不同的内容"①。康有为以阐释公羊学的微言大义为途径,把他所了解到并且是中国社会所迫切需要的西方资产阶级民主思想容纳进去,把公羊三世说"据乱世—升平世—太平世",改造、发展成为由封建专制进为君主立宪,再进为民主共和的新学说,成为维新时期向封建专制政体和顽固势力进攻的思想武器。戊戌前后几年中,康有为撰写有如下学术论著:《春秋董氏学》(1896)、《礼运注》(1897)、《中庸注》(1901)、《论语注》、《孟子微》、《大同书》(后三种均撰著于 1901—1902)。这些论著的共同特点,是以阐释公羊三世说的形式,论述变法的必要,论述中国结束封建专制、实行君主立宪的资产阶级政治的必要。书中阐释资产阶级维新变法的新思想,每每是用儒家经典的语言讲述的,穿上了古色古香的外衣,有必要联系康有为这一时期在政治文献中

---

① 恩格斯:《自然辩证法》,《马克思恩格斯选集》第四卷,人民出版社,1995 年版,第 284 页。

直接表述的主张，才能加深对其实质内容的理解。康有为在《上清帝第二书》即"公车上书"（1895年2月）中说：今日"非变通旧法，无以为治"，"若徘徊迟疑，苟且度日，因循守旧，坐失良机，则诸夷环伺，间不容发，迟之期月，事变必来。……稍有因循，即怀、愍蒙尘，徽、钦见虏矣。近者土耳其为回教大国，不变旧法，遂为六大国割地废君而柄其政。日本一小岛夷耳，能变旧法，乃敢灭我琉球，侵我大国。前车之辙，可以为鉴。"至戊戌年之初，又在《上清帝第六书》（1898年1月）中大声疾呼："夫物新则壮，旧则老；新则鲜，旧则腐；新则活，旧则板；新则通，旧则滞，物之理也。""且法者所以守祖宗之地也，今祖宗之地既不守，何有于祖宗之法乎？"康有为阐释儒家经典的论著，就是以特殊的方式宣传这种强烈要求维新变法的理论。这套公羊新学说，比起旧的传统思想具有重大进步意义，在戊戌前后风靡天下，因而是近代历史文化认同的重要理论成果。

## 三、谭嗣同、黄遵宪、严复批判封建专制和倡导进化学说的贡献

谭嗣同和黄遵宪都是维新活动家、爱国志士。谭嗣同激烈地批判封建专制制度和旧的纲常伦理。他在所著《仁学》中指出，要实现平等，关键在"冲决网罗"。"网罗重重，与虚空而无极。初当冲决利禄之网罗，次冲决俗学若考据、若词章之网罗，次冲决全球群学之网罗，次冲决君主之网罗，次冲决伦常之网罗，次冲决天之网罗，终将冲决佛法之网罗。然其能冲决，亦自无网罗；真无网罗，乃可言冲决。"谭嗣同认为，封建社会的纲常、名教，是暴君"所恃以虐四万万之众"的工具；"独夫民贼，固甚乐三纲之名，一切刑律制度皆依次为率，取便已故也"。一针见血地指出了专制政治与封建伦理的关系。他说："故常以为二千年来之政，秦政也，皆大盗也；二千年来之学，荀学也，皆乡

愿也。惟大盗利用乡愿，惟乡愿工媚大盗。"① 所谓的"仁义道德"不过是专制统治者手里的工具。因此，他呼吁"冲决君主之网罗"，"冲决伦常之网罗"。梁启超评价其"冲决网罗"的思想与"英奈端（即英国科学家牛顿）'打破偶像'之论"一样有"启近代科学"的作用。②《仁学》的强烈批判精神使以后的资产阶级革命派受到深深的激励。黄遵宪于 1879 年在驻日使馆参赞任上开始撰著《日本国志》，冀图以日本明治维新"改从西法""革故取新"的巨大成效，作为中国的千秋史鉴，同时介绍欧美各国资产阶级政治、经济制度，打开国人观察世界近代化潮流的窗口。对于当时中国人最具警醒作用的是，书中明白宣告日本君主专制制度已经注定要完结，召开国会为期不远了。首篇《国统志》是全书总纲，开宗明义讲，全地球共有百数十个国家，政体分为三类："一人专政"的君主制，"庶人议政"的民主制，"上下分为事权"的"君民共主制"。黄遵宪以赞扬的态度记述：在推翻德川幕府过程中，国皇为了争取民心，下诏全国宣誓"万机决于公论"。幕府倒台后，政治形势继续发展，以至于"近日民心渐染西法，竟有倡民权自由之说者"，先前国皇的誓言"适足授民以议政之柄而不可夺。数年以来，叩阍求说促开国会者，纷然竞起，又有甚于前日尊王之说"。因此，"时会所迫"，"二千余岁君主之国，自今以往，或变而为共和，或变而为民主"，已是必然的历史趋势。黄遵宪明确赞成废除君主专制，是同他认为中国必须改变帝制的看法相联系的。《己亥杂诗》也记述了当时这种思想，诗云："滔滔海水日趋东，万法从新要大同。后二十年言定验，手书心史井函中。"诗后自注："在日本时，与子峨星使（何如璋）言：中国必变从西法。其变法也，或如日本之自强，或如埃及之被逼，或如印度之受辖，或如波兰之瓜分，则吾不敢知，要之必变。将此藏之石函，三十年后，其言必验。"③ 黄遵宪希望中国走日本式的道路，废除帝制以求自强，这是他爱国民主

---

① 《谭嗣同全集》，中华书局，1981 年版，第 290、349、92 页。
② 梁启超：《清代学术概论》，《饮冰室合集》专集之三十四，第 67 页。
③ 黄遵宪：《人境庐诗草》卷九《己亥杂诗》。

思想的突出表现。黄遵宪在《日本国志》中尖锐地抨击封建专制的罪恶。他说:"盖自封建以后,尊卑之分,上下悬绝,其列于平民者,不得与藩士通婚嫁,不得骑马,不得衣丝,不得佩刀剑。而苛赋重敛,公七民三,富商豪农,别有借派。间或罹罪,并无颁行一定之律,畸重畸轻,唯刑吏之意,小民任其鱼肉,含冤茹苦,无可控诉。或越分而上请,奏疏未上,刀锯旋加,瞻仰君门,如天如神,穷高极远。盖积威所劫,上之于下,压制极矣!"① 这段话概述日本封建专制在政治上、经济上对小民的压迫剥削,实际上也表达了他对中国封建压迫的抗议。

严复也是维新派人士,他曾在英国学习海军,不但深研自然科学,而且广泛研修哲学、政治学理论。甲午战争失败后,他发愤撰著了一批重要论文,又将刚刚出版的英国学者赫胥黎所著《天演论》一书译述为中文,目的是使国人认识西方资本主义获得迅速发展和中国积贫积弱的根源,认识中国的落后和当前的危险处境,由此寻找中国富强之路。1895年,严复在《原强》等文章中即介绍了西方进化论学说。《原强》一文劈头就提出:"今之扼腕奋矜讲西学、谭洋务者,亦知近五十年来西人所孜孜勤求,近之可以保身治生,远之可以经国利民之一大事乎?"就是说,比起当时盛行的西学、洋务知识来,还有一项理论学说更加重要,它可以指导个人正确行动,指导国家走向富强。然后他用最简洁的话概述达尔文"天演论"的基本观点:"物竞者,物争自存也,天择者,存其宜种也。……是故每有太古最繁之种,风气渐革,越数百年数千年消磨歇绝,至于靡有孑遗。……动植如此,民人亦然。"② 严复强调说,正是这一激励人类不断适应于外部环境,求得自强进步的学说,造成了欧美各国社会观念实现了一次质的飞跃,国家政治也获得巨大进步,"一新耳目,更革心思","学术政教,一时斐变"。严复锐意以翻译西方学术著作进行"启蒙",破除因长期封建专制统治造成的闭塞和愚昧,"但令

---

① 黄遵宪:《日本国志》卷三《国统志三》。
② 中国史学会主编:《戊戌变法》(三),中国近代史资料丛刊,上海人民出版社,1957年版,第41—42页。

在野之人，与夫后生英俊，洞悉中西实情者日多一日，则炎黄种类未必遂至沦胥"①。他把希望寄托于不当权的知识分子和平民，特别寄托于青年人，深刻地说明他满怀救国激情。吴汝纶评论《天演论》亦说："其言皆于时局痛下针砭；无空发之议"②，"使读者怵焉知变"③。为了找出中国积贫积弱的根源，严复打开人们的眼界，从宏观上进行中西思想观念、价值取向的比较，认为：中国"好古忽今"，西方"力今胜古"，"中国最重三纲，而西人首明平等。中国亲亲，而西人尚贤，中国以孝治天下，而西人以公治天下；中国尊主，而西人隆民。中国贵一道而同风，而西人喜党居而州处。中国多忌讳，而西人众讥评"。并进而总结西方各国强盛的根源，"于学术则黜伪而存真；于刑政则屈私以为公"。④ 而中国旧学的致命弱点，在于"无用""无实"⑤，"不实验于事物，而师心自用，抑笃信其古人之说者"⑥。他还猛烈抨击封建君主是"最能欺夺者"，是从民众手里窃去权柄的大盗贼！"秦以降……皆以奴虏待吾民！"⑦ 这些论述，的确揭示了资本主义与封建主义在制度上、文化上的先进与落后的巨大差异和对立，洋溢着"尊民叛君，尊今叛古"⑧ 的激进精神，帮助当时忧心时局的人们更加认识专制制度和封建文化的祸害，并且为人们打开了认识西方进步思想文化的广阔视野，奋起变革图强，从而有力地把民族救亡事业向前推进。《天演论》出版后，严复所阐释的物竞天择、优胜劣败、适者生存的观念在国内迅速产生了巨大的教育作用，使国人惊醒过来，认识到处在列强虎视眈眈、面临亡国灭种危险的严重情势下，只有发愤图强，学习西方，实行变革，中国才能生存。进化论哲学的传播，为立志改革、争取祖

---

① 《严复集》，中华书局，1986年版，第525页。
② 吴汝纶：《桐城吴先生全书·尺牍一》，光绪三十年（1904）王恩绂等刻本。
③ 吴汝纶：《〈天演论〉序》，商务印书馆，1981年版。
④ 中国史学会主编：《戊戌变法》（三），第72—73页。
⑤ 中国史学会主编：《戊戌变法》（三），第64页。
⑥ 严复：《〈穆勒名学〉部甲按语》，商务印书馆，1981年版，第36页。
⑦ 中国史学会主编：《戊戌变法》（三），第79、58页。
⑧ 蔡元培：《五十年来中国之哲学》，见申报馆编《最近之五十年》。

国富强的人们提供了新的观察历史和民族命运的思想武器。如革命派机关报《民报》即评论说:"物竞天择之理,厘然当于人心,而中国民气为之一变。"①

## 四、梁启超思想启蒙工作所代表的时代潮流

梁启超是戊戌维新运动的领袖人物。1896年,年值二十四岁、血气方刚的梁启超当了中国近代影响巨大的《时务报》主笔,他撰写了大量文章,以犀利感人的文笔宣传维新变法,宣传新的世界观。随着《时务报》畅销大江南北,时人以"康梁"并称。他以《变法通议》为总题,连续发表《论不变法之害》《论变法不知本之害》等文,尖锐地向国人指出:在当前各国激烈竞争、弱肉强食的时代,若再保持闭塞落后,不思进取,处境的危险有如"一羊处群虎之间,抱火厝于积薪之下而寝其上"。他向顽固派发出警告,变革的潮流无法阻挡,不变革终将逃脱不了被推翻的命运:"变者天下之公理也。……变亦变,不变亦变。变而变者,变之权操诸己,可以保国,可以保种,可以保教。不变而变者,变之权让诸人,束缚之,驰骤之,呜呼!则非吾之所敢言矣!"②

由于政变发生,西太后为首的顽固派残酷扼杀变法运动的行径使梁启超深受教训,其本人被通缉、逃亡海外的遭遇激起他对专制黑暗统治的仇恨。在日本,明治维新后的新气象使他耳目一新,眼界大开,他深切感受到,"近世泰西各国之文明,日进月迈,观已往数千年,殆如别辟一新天地"。他认为促成这一历史巨变的最根本的因素,是新思想传播的力量,"思想自由,言论自由,出版自由,此三大自由者,实惟一切文明之母,而近世世

---

① 《述侯官严氏最近政见》,《民报》(二号)。
② 梁启超:《变法通议》,《饮冰室合集》文集之一,第8页。

界种种现象，皆其子孙也"。① 反观中国，他认为，要改变国家的落后和社会空气的恶浊，输入新思想乃是首要的关键。为此，他认定办报纸继续从事宣传是最紧迫的事情，于是先后创办了《清议报》（旬刊）、《新民丛报》（半月刊）等。从1898年底至1905年，梁启超为思想启蒙工作做出了巨大的贡献，大力批判封建专制的罪恶，输入西方民权思想和其他进步社会学说，这一时期，从呼吁维新变法、救亡图强，批判专制统治的祸害，到提倡"史学革命""诗界革命""小说界革命"，梁启超前期在上述广阔的领域撰写了大量文章，宣传一整套在当时是先进的新颖的资产阶级意识形态，宣传的对象是当时正在涌现的近代学生和近代知识界。民权思想、进化论、西方经济学说、"新史学"等新鲜知识，一下子涌进原先只读封建经典，只知八股、考据的人们的头脑中，打开他们的眼界，把他们引进到一个丰富多彩的新世界。不只是传播新知识，更重要的是大量新鲜的理论、观点、价值标准，被越来越多的人所掌握，由此燃起救国和革命的热情，青年人更可经由此初步的启蒙，走向更广阔的思想解放的境界。这就是思想启蒙的力量、启蒙的意义。梁启超成为20世纪初知识界人士心目中最有影响的人物。

梁启超从事启蒙宣传工作范围广泛，从社会教育作用和对人们观察历史的启示作用相结合而言，意义最为深刻的是他对封建专制的激烈批判，以及把"新民"提高到"中国今日第一要务"的高度来论述，呼吁造就有责任感和创造力的现代国民。发表于1901年的《中国积弱溯源论》一文，集中地、尖锐地对封建专制制度的祸害展开批判。梁氏认为，造成中国衰弱的根源之一，是"不知国家与国民之关系"。本来国家的主人，是一国之民，中国历史上却完全颠倒过来，认为君主至高无上。"盖我国民所以沉埋于十八层地狱，而至今不获天日者，皆由此等邪说，成为义理，播毒种于人心也。数千年之民贼，既攘国家为己之产业，絷

---

① 梁启超：《清议报一百册祝辞并论报馆之责任及本馆之经历》，《饮冰室合集》文集之六，第49页。

国民为己之奴隶，曾无所于怍，反得援大义以文饰之，以助其毒焰，遂使一国之民，不得不转而自居于奴隶，性奴隶之性而行奴隶之行。""有国者仅一家之人，其余则皆奴隶也。"至清朝所施行的一套制度、法术，已使专制统治的巨网达到高度强化的程度。此乃积累了"几百千万枭雄阴鸷、敏练桀黠之民贼"，经过他们煞费苦心的算计谋划，而至集大成的程度，对于民族祸害更加酷烈，已使国家濒于灭亡的危险境地，务必使人们对此有共同认识而摧陷廓清之。梁启超于1902年撰成的著名的《新民说》，就是从思想文化层面探索救国道路得出的答案。文中所体现的鲜明的革除旧弊、进化向上的历史观，给了当时知识界以深刻的启迪和巨大的激励。这篇长文，着重从（1）论国民在现代社会中应具有的道德；（2）论国民在现代社会中应具有的主人翁精神和民主平等思想；（3）论国民在现代社会中应具有的政治能力三个方面，论述如何造就能对抗列强侵略、与国际社会竞争、使我中华跻身于强国之列的现代国民的问题。他论述"公德"的核心是"利群"，个人的行为，必须确立以有利于国家民族的利益为最大目的。因此梁氏强调培养"国家思想"，并作了如下界定：国家民族利益高于个人的一切利益，"必人人焉知吾一身之上，更有大而要者存，每发一虑，出一言，治一事，必常注意于其所谓一身以上者"；国家高于一家一姓之朝廷，若朝廷的作为符合国民之愿望，能代表国家的利益，则视朝廷为国家的代表，爱朝廷同于爱国家，否则，则"朝廷为国家之蟊贼"；面对外族外国之侵入，必须万众一心捍卫国家主权，"宁使全国之人流血粉身靡有孑遗，而必不肯以丝毫之权利让于他族"；当今处在世界各国激烈竞争时代，消灭国界、实现人类博爱的时代尚未到来，因此当今爱自己的国家，便是"博爱之极点"。① 在当时，梁启超在政治上力主走立宪道路。《新民说》的全部论述，再次表明梁启超作为思想家的深刻性和作为政治家的软弱性这一巨大矛盾。故对《新民说》的价值，需要分别从政治层面和文化层面分析。政治

---

① 梁启超：《新民说》，《饮冰室合集》专集之四，第16—18页。

上，梁启超显然没有抓住时代的中心课题，而孙中山为首的革命派才代表了时代的主流。然则从思想文化层面看，梁氏论述建设现代化国家所需要的国民道德、民主意识和政治能力，是从封建的中国走向现代化的中国所必须具备的基础，因此是20世纪初年很有意义的思想启蒙工作。自《新民说》出，提高中华民族基本素质的重大任务从此受到中国思想界的普遍关注，"改造国民性"的问题从此成为思想领域讨论的重点，它的影响是巨大的。当时，有的革命派人物即从梁氏《新民说》等论著中得到启发，意识到在高倡革命的同时，还应弥补忽视对民众进行思想启蒙之不足，因而在文章中吸收梁氏的论点。邹容《革命军》即是显著的例子。《革命军》中专门写了第三章"革命之教育"和第五章"革命必先去奴隶之根性"，其中有的内容即系吸收了梁氏的观点而写成。根据以上分析，我们显然可以得出如下结论：梁启超也是当时处于上升时期的中国民族资产阶级代表人物，他自觉地担负起向民众灌输新的道德观、政治观、价值观的任务，所以才被郭沫若称为资产阶级革命时代有力的代言人，在他新兴气锐的言论面前，旧思想完全失掉它的精彩。

（原刊《河北学刊》2006年第4期）

# 辛亥革命的思想动员与中华民族凝聚力的增强

## 一、革命派舆论动员具有的威力

辛亥革命的准备和爆发,结束两千年封建帝制的统治,创建中华民国,是中国历史发展的又一重要里程碑,是鸦片战争以来中国人经历千辛万苦探索救国道路而取得的令人瞩目的巨大成就,也是增强中华民族凝聚力、推进多民族统一国家发展的伟大事件。推翻腐朽的满清皇朝的胜利,是以孙中山为首的革命党人不怕流血牺牲、前仆后继、屡次发动武装起义而取得的,也是革命派在舆论上动员民众,革命之声遍倡于国中,腐朽的封建专制政权遭到国人彻底唾弃的必然结局。

以孙中山为代表的以武装斗争推翻清朝统治的革命路线,在19世纪末已经出现。至20世纪初,特别是1903年以后,国内革命思想迅速高涨,成为代表中国社会前进的时代主潮。戊戌变法的失败证明改良主义行不通,但在相当时间内,改良派还有很大影响。为什么一定要革命,一定要推翻清朝统治才能救中国,这些与民族生死存亡攸关的大道理,必须通过宣传,通过与改良派论战,才能深入人心。革命派的宣传家邹容、陈天华、章炳麟自觉地担当了这一时代责任,他们及时撰写了出色的政论,有力地揭露帝国主义企图灭亡中国的阴谋,揭露清朝对内残害人民、对外屈辱投降的本质,动员人民用革命的手段推翻清朝,实现民主共和国的理想,对提高全国民众觉悟、推动革命潮流产生了巨大的成效。

邹容于 1903 年春撰成《革命军》一书,他以火热的激情庄严宣告,当前要摆脱腐败黑暗的封建专制统治,要挽救民族的危亡,唯一的出路就是革命,对此别无选择,绝对不能犹豫徘徊:"我中国今日不可不革命。我中国今日欲脱满洲人之羁缚,不可不革命。我中国欲独立,不可不革命。我中国欲与世界列强并雄,不可不革命。我中国欲长存于二十世纪新世界上,不可不革命。""革命革命! 得之则生,不得则死。毋退步,毋中立,毋徘徊,此其时也! 此其时也!"邹容从社会前进的普遍规律的实质,论述革命的必然性、正义性:"革命者,天演之公例也。革命者,世界之公理也。革命者,争存争亡过渡时代之要义也。革命者,顺乎天而应乎人者也。革命者,去腐败而存良善者也。革命者,由野蛮而进文明者也。革命者,除奴隶而为主人者也。"[①] 他以充沛的热情,磅礴的气势,宣告革命是摧毁腐朽的封建势力、彻底改造社会、为民众造福的唯一手段,指明时代前进的方向,具有巨大的感召力量。《革命军》的问世,等于在政治上宣布清朝专制统治的死刑,从深刻总结历史经验中得到革命必然爆发的结论,为危机深重的中国指明了通向光明的前途,短时间内,它成为革命志士的必读书,出版不久全国各地竞相翻印,其销行数量占清末书刊的第一位[②]。鲁迅曾中肯地评价《革命军》的巨大动

---

[①] 以上均见邹容《革命军》第一章"绪论",载中国史学会主编《辛亥革命》(一),中国近代史资料丛刊,上海人民出版社,1957 年版,第 333 页。

[②] 为了躲避清政府的封禁,革命派巧妙地变换书名,在国内外不断重版,如陈楚楠等在新加坡更名为《图存篇》,香港中国日报社改名为《革命先锋》,上海重印时易名为《救世真言》,冯自由在日本将之与章炳麟的《驳康有为论革命书》合刊,题名为《章邹合刻》,此外,还有作为烈士遗著题为《铁券》的。参见章开沅、林增平主编《辛亥革命史》上册,第四章第二节,人民出版社,1980 年版。

员教育作用："倘说影响，则别的千言万语，大概都抵不过浅近直截的'革命军马前卒邹容'所做的《革命军》。"① 陈天华于同年撰有《猛回头》《警世钟》，他以炽烈深沉的感情，叙述了大量确凿的史实，又运用通俗的唱本形式，生动形象地讲出不以革命手段推翻清朝，中国就要亡国灭种的道理，为群众所乐于接受，发表后传遍城乡，震撼全国，学生读之"如同着迷"，士兵读之"都奉为至宝"，民间用作歌本，到处歌唱。《猛回头》以铁的事实，揭露清廷残酷榨取民脂民膏的腐败实质，斥责清廷对外妥协投降，屈辱苟全，"件件依了洋人"，造成列强合伙瓜分，中国面临灭亡的危险局面，因而具有巨大的动员力量。陈天华还撰有《中国革命史论》，从阐明历史发展规律的高度，说明革命是推动社会前进的伟大动力："革命者，救人救世之圣药。终古无革命，则终古成长夜矣。"清政府对陈天华宣传革命十分害怕，宣布《猛回头》是"逆书"。可是反动派越禁止，要阅读"逆书"的人越多，外省纷纷辗转向上海购买，以至重刊十余次之多。章炳麟作为辛亥革命时期著名的宣传家，于1903年所撰写的《驳康有为论革命书》同样是革命阵营发出的雷霆之声。针对康有为"革命之惨，流血成河，死人如麻，而其事卒不可就"的谬论，章炳麟引证西欧、日本历史说，不但革命要流血，立宪也要流血，上书奏请是得不来的，"使前日无此血战，则后之立宪也不能成"。进而指出，革命能开发民智，造就人才。美国发起独立战争时，事先并不知道有华盛顿；中国革命起来了，也能造就自己的杰出人物。章炳麟代表革命派彻底否定满洲皇朝的统治，直斥光绪帝为"载湉小丑"，它在千百年封建专制统治下所形成皇权统治绝对神圣的观念中，简直如晴天霹雳，尤其在知识界和市民中产生了强烈反响。这封信一刊布，"上海人人争购"，而清廷达官贵人和一些保皇派人物则惊得目瞪口呆。

---

① 《鲁迅全集》第一卷《坟·杂忆》，人民出版社，1981年版，第221页。

## 二、"革命之思潮澎湃而不可御"

随着清廷坚持专制统治的顽固反动面目日益暴露,革命党人在各地接连发动武装起义,促成了全国范围革命高潮的到来。同盟会首先于1906年在江西萍乡和湖南浏阳、醴陵发动农民、矿工起义,于1907年到1908年,在广东、广西、云南接连发动六次起义,1911年4月发动了震动全国的广州起义,由黄兴率领的革命党人百余人攻破了两广总督衙门,与大队清军展开巷战。连续举行的武装起义打击了清朝的统治,革命党人以满腔热血为革命奋不顾身的崇高精神,振奋了全国人民的反抗意志,激起更多的人民投入反清斗争。特别是广州黄花岗之役,虽然最终因敌我势力悬殊而告失败,但其重大意义正如孙中山所评价的:"然是役也,碧血横飞,浩气四塞,草木因之含悲,风云因而变色,全国久蛰之心,乃大兴奋,怨愤所积,如怒涛排壑,不可遏抑,不半载而武昌大革命以成,则斯役之价值,直可惊天地、泣鬼神,与武昌革命之役并侪。"① 与此同时,数量众多的进步刊物在各省相继出版,全国范围内革命思想的传播日益广泛,动员愈加深入,如《新湖南》《新广东》《浙江潮》《江苏》《河南》《云南》《湖北学生界》《童子世界》《中国女报》《中国新世界杂志》《教育界》等等,纷纷刊载文章,揭露清廷的专横、残暴、卖国,宣传革命思想,声势越来越壮,不断冲击清廷早已动摇的统治基础。《新湖南》刊载杨笃生撰写的长文,高扬国家为全体国民所有的民主旗帜,怒斥二千年专制统治下奉为天经地义的"君臣之义大于天地"的封建纲常,是"便利盗贼之利器","此乃横行于青天白日之下,魑魅魍魉(魎)之学说"。文章义正词严,揭露经过八国联军攻陷北京,签订《辛丑条约》,赔款九万万两白银

---

① 《〈黄花岗烈士事略〉序》,《孙中山全集》第六卷,中华书局,1985年版,第50页。

的大灾难后,西太后、荣禄之流穷奢极欲、残民以逞的本性非但毫不收敛,反而变本加厉:"青衣蓬首走出水窦国门以外,豆粥难求,可以惩矣,及至西安则酣歌恒舞,连日逮暮。岑春暄以梨园一部,得优擢矣,卖官鬻爵需索进奉之事,迭见于阙下,刘坤一、张之洞之贡使,至以宫门费多少相比较,天下传为笑柄。回跸入河南,百姓走徙,如遭大寇,闾里为墟,知县办差,至被太监勒索而缢死,百姓老幼妇女,走避不及,悬缢林中者相望也。日进燕窝粥一顿,给宫监三百金乃得达,故李莲英、荣禄入京以后,富过于旧,此何从而得之哉,以那拉氏为之城社也。"国家大片领土连遭割让,无数同胞惨遭侵略者杀戮,西太后之流置若罔闻,反而更加放手卖国:"呜呼!台湾之割于日本也,我国民之死于掠杀死于复溺者,数万人;金州、旅顺、大连湾之入于俄,我国民之死于搜杀,死于苦役,死于劫夺者数万人;广州湾之入于法,我国民之死于搜杀,死于炸弹者数千人;新安之入于英,我国民之死于格斗者数千人;东三省之构衅于俄,我国民之挤死于黑龙江,蹴踏于可萨克马足,焚搜村落,灰烬于烟焰者数万人。此其为同胞之伤痛何如哉!顾彼那拉氏,则日日乐观此戏以为下酒物也。"① 如此祸国殃民的反动专制政权,早已天怒人怨,法理难容,必遭彻底覆灭的下场。

清廷面临革命形势的日益发展,为了抵制革命,遂采用欺骗手法,于1906年宣布"预备立宪",企图借此达到"皇位永固"的目的。1908年,清廷颁布《钦定宪法大纲》,规定预备立宪时间为九年,暴露出其毫无诚意。1911年5月,清廷成立新内阁,内阁大臣十三人,满族贵族占了九人,而其中皇族又占五人,这一"皇族内阁"更加证明了其"预备立宪"纯属骗局。接着,清廷宣布"铁路干线国有",将粤汉、川汉两条铁路干线的利权出卖给帝国主义势力,遂激起了四川爆发"保路风潮",引发武装起义。清廷的反动统治已像一所朽烂的破房子一样摇摇欲坠,只

---

① 湖南之湖南人(杨笃生):《新湖南》第四篇,见张枬、王忍之编《辛亥革命前十年间时论选集》第一卷,第635—636页。

等人民奋起一击，便将彻底垮台。

1910年《民报》第二十五、二十六期（2月出版）发表《论革命之趋势》的长文，成为代表革命党人宣告革命迅将爆发、清廷必定覆亡的信号。文章首先概括革命的酝酿、发动已历十年，发展趋势不可遏止："盖自庚子以来，革命之说，日炽于神州，有志者仓皇奔走，于外为鼓吹，于内为秘密之组织，所惟日孜孜者，革命之进行而已。……前者仆，后者继，虽其间若断若续，起不同时，事不果成，然而民情大可见，革命之势进而不止，亦大可见也。"继而剖析清廷"预备立宪"以来政治上、经济上、法律上、外交上大量无可辩驳的事实，揭露其欺骗的伎俩。清廷企图将暴虐手段用法律形式固定下来，以此抵制革命。但这完全是徒劳的，因为假立宪增加了人民痛苦，无异推进革命。"欲验革命之趋势，验诸民生之疾苦，而可知也。"种种事实证明："立宪之声愈哑，而平民之疾苦愈甚。……怨毒之所积，其爆烈之力至强，当之者靡不糜碎。"清廷内治之专横愈酷，造成人民之生命财产受其残害愈甚。清廷竟将"就地正法"写进刑律之中，戕贼人民的生命，用心毒辣，骇人听闻。遂致连续发生地方官吏凶悍杀人的惨剧："如广东惠州府知府陈兆棠，莅任一月，所杀逾千人；水师提督李准，尝于猪头山一日戮四百人，其所杀者，率被以强盗之名，所谓就地正法者也。"钦、廉发生民变，地方官吏纵兵大肆焚掠，人口密集的那添诸乡镇，"指为匪巢，以炮队毁之，庐舍一空，老弱妇稚死于炮弹之下者，尸相属也"。"血肉飞空，地为之赤……此即预备立宪时代之事实也！"清廷虽然公布了废除刑讯的文告，但只是一纸空文，各省刑讯逼供的惨酷刑罚令人发指："以迩所闻，各省之用刑讯，非惟无减于前，且日加甚。如浙江审讯大通学堂教员，严刑逼供，受刑者膝骨排裂，周身露肌淹血十余处。武昌狱囚谋越狱未遂，事觉，被榜掠，楚毒备至，洎处决时，奄奄一息，身无完肤，如新剥皮之鸡。四川讯囚，以香火鳞烧其体，名曰大八团花，更烙铁炙之。广东讯囚，先加榜掠，至血肉狼藉，乃附胶于纸，遍贴伤处，使跪伏日中曝之令干，血肉与纸胶既凝结为一，复提讯之，凡有弗承，辄力剥其纸，肌肉脓血随以俱脱，呼声彻天，名曰剥竹皮。凡此种种，皆废除刑讯之后，所丛出之新法也；皆预备立宪之时，所以惠其民者也。"苛捐杂税盛行，纷如乱丝，剥削无度："一岁所入，供民贼之欲者十之六七，中饱者十之三四，以之利民者十不得一焉。民之脂膏，逝如流水，肉尽骨见，而虏之狂噬死咋，犹无已时，以致四海困穷，所在变起。"清廷以"量中华之物力，结与国之欢心"为外交方针，接连割让大片领土，国家主权丧失殆尽，亡国危险就在眼前："自虏廷以媚外为外交之主义，遂不惜举中国之土地人民，以赠与于各国。瓜分属国不已，进而瓜分海军港，更进而设定势力范围于各省。外侮之烈，势如山崩地坼。中国之人懔懔然有陆沉之惧。"作者的结论是，人民必将投入革命，革命党人迅速发动，责无旁贷："然而自预备立宪以来，由内治所及于人民之疾苦，与由外交所及于人民之疾苦，乃如水之益深，如火之益烈。""夫惟知疾苦之可以免，则于目前之疾苦愈踟蹰而不能安。而其激进也，以后有所迫，前有所期，乃孟晋而不能已，其进步之骤，决非前此之比也。……而负革命之责任者，其于人民之疾苦，立则见其参于前，在舆则见其倚于衡，当被发缨冠而往救之。"并预言革命必然行将到来："怨毒之气入于人者深，革命之思潮遂澎湃而不可御。"① 此文发表不到八个月，果然爆发武昌起义。同年3月出版的《民心》杂志，也发表文章揭露清廷假立宪的虚伪骗局，表明民众对清廷已经绝望，和平之路走不通，只有革命才能救国。文章严正指出，清朝假立宪，无异于专制。立宪国民有三大自由：请愿自由，言论出版自由，集会结社自由，而清朝反是。所谓司法独立，地方自治，都是徒有空言的骗局。各国立宪无不由国民换来的。现今政府根本对立宪无诚意，对人民继续恫吓，视国事为儿戏，所谓内阁成员，满洲贵族竟占去大多数，皆是顽固派或弱智者："度支部则泽公也，民政部则肃邸也，陆军则涛贝勒也，海军则洵贝

---

① 精卫：《论革命之趋势》，见张枬、王忍之编《辛亥革命前十年间时论选集》第三卷，三联书店，1977年版，第524—544页。

勒也,法部则廷杰也,农工商部则溥颋也,其他振贝子、朗贝子、伦贝子,遍布朝中。果其才位相称,亦复何怪,其实则一般亲贵,非顽固即童呆也。在政府之意岂不以才略非所论,而亲亲为本而已。然而国事儿戏,如大局何!"作者同样得出结论:和平立宪走不通,应该抛弃对清廷的幻想,寻找革命的道路,先造新政府。①

## 三、创建民国与中华民族凝聚力的增强

武昌首义,各省响应,腐朽反动的清皇朝覆灭。中华民国宣告成立,二千年的封建帝制终于被推翻,这是中国各族人民共同奋斗取得的胜利。由于中国反动的封建势力过于强大和帝国主义的支持,革命胜利果实被袁世凯所篡夺,尽管如此,结束封建专制统治和创建民主共和国,无疑是中国历史的伟大事件。正如林伯渠在1956年纪念孙中山诞辰九十周年大会上的讲话所说:辛亥革命胜利和创建民主共和国以后,"就是民主主义成了正统。过去专制主义是正统,神圣不可侵犯,侵犯了就要杀头。现在民主主义成了正统,同样取得了神圣不可侵犯的地位,侵犯了这个神圣固然未必就要杀头,但为人民所抛弃是没有疑问的"②。这个历史的巨大进步是无数革命者的鲜血换来的,也是全中国包括台湾在内各省人民,国内各族和海外华侨共同奋斗夺取得来的。

台湾人民与祖国大陆人民在辛亥革命中休戚相关,这一点从抗日保台民族英雄丘逢甲的经历得到生动的说明。台湾自古是中国不可分割的神圣领土,台湾人民和祖国大陆人民世世代代血肉相连。丘逢甲祖籍广东蕉岭,到曾祖父一代同其他一批客家人迁到台湾拓殖谋生,丘逢甲本人于1864年12月出生于台湾淡水厅铜锣湾庄。他从小受到父亲和其他有学问的父辈良好的教育,对

---

① 铎人:《对于宪政之民心与立宪之不可得和平》,见张枬、王忍之编《辛亥革命前十年间时论选集》第三卷,第811—815页。
② 《人民日报》1956年11月12日。

于祖国的历史文化有深刻的领悟和丰富的知识,又树立了热爱中华民族、忠贞报国、不畏强暴、勤奋进取的精神。丘逢甲少年时代便才华出众,十四岁赴台湾府童子试时,年纪最轻而又交卷最早,受到时任福建巡抚兼学台的丁日昌的注意,又特命他加作《全台利弊论》,丁日昌极为赏识,擢拔丘逢甲为院试全台第一名,誉为"东宁才子"。丘逢甲二十岁时,受友人鼓励,三日内作成《台湾竹枝词》百首(现存四十首),歌咏台湾的历史文化、世情民俗、风光景物,熔叙事、抒情、议论于一炉,脍炙人口,被誉为叙事纯实、论史精确、内容清新的"佳构"。《竹枝词》中的诗句,有反映台湾人与祖国大陆同胞密切的渊源关系的,有叙述台湾地形山势与祖国大陆一脉相连的,有表现台湾与大陆节日风俗、服饰时尚息息相关的,有讴歌民族英雄郑成功驱逐荷兰殖民者、开辟台岛草莱的历史功绩的,特别是有力地肯定了康熙帝统一台湾、巩固海防的伟业:"自设屏藩瘴海滨,荒陬从此沐皇恩。将军不死降王去,无复田横五百人。"这组《台湾竹枝词》受到清朝台湾兵备道唐景崧的激赏,特地派人请丘逢甲到官邸叙话,高度评价逢甲的才华志向,当即收为门生,结下深厚情谊,从此,年刚二十岁的丘逢甲更誉满全台。《竹枝词》的出色成就不仅展示出丘逢甲本人的识见文才,其更加深刻的意义尤在于有力地证明一百多年前台湾人民对自己祖国和伟大中华民族高度的历史文化认同。丘逢甲于 1888 年在福州应乡试中举,翌年初到北京赴会试,顺利考中进士。1895 年清廷签订屈辱的《马关条约》,割让台湾,消息传来,全台民众义愤填膺,同仇敌忾。丘逢甲领导台湾义民反对腐败的清政府将台湾割让给日本,成立名为"台湾民主国"的抗日政府,年号"永清",并致电清朝政府,表示"台湾士民,义不臣倭,愿为岛国,永戴圣清",声明台湾永远属于中国。推举巡抚唐景崧为总统,丘逢甲任副总统兼抗日义军统领,于 6 月中旬率义军在新竹附近与日军血战二十余昼夜,终因弹尽饷绝失败,回归大陆故籍。这一时期,丘逢甲写下了大量诗篇,如《春愁》一诗:"春愁难遣强看山,往事惊心泪欲潸;四百万人同一哭,去年今日割台湾。"黄遵宪也写有长诗

《台湾行》，歌云："城头逢逢雷大鼓，苍天苍天泪如雨，倭人竟割台湾去。当初版图入天府，天威远及日出处。我高我曾我祖父，艾杀蓬蒿来此土。……亡秦者谁三户楚，何况闽粤百万户。成败利钝非所睹，人人效死誓死拒，万众一心谁敢侮！"两位杰出爱国诗人的诗句表达了全国人民抗御日寇、收复台湾、统一祖国的共同意志。回粤以后，丘逢甲尤致力于兴办教育事业，以培养学生爱国报国思想、输入西学、提高民众文化水平为目标，造就一代新人，将来"建树捍卫国家民族之勋业"。他从1897年起，先后主讲韩山书院、潮阳东山书院、澄海景韩书院。其后，丘逢甲经过苦心从香港、新加坡友人及海外华侨募集到一些款项后，在汕头创办"岭东同文学堂"，经过几年努力，成绩显著，培养出一批有志青年，有的投身到民主革命行列。又在家乡蕉岭先后创办"初级师范传习所"和县立中学堂。到1906年，他被广东总教育会推举为会长。随着清朝统治集团腐朽昏聩本质的日益暴露，丘逢甲因时局发展的刺激和进步青年对他的影响，于1906年已明确表示对清室已经绝望。据丘琮《岵怀录》记载，丘逢甲于1906年去嘉应务本学堂视事，该校吴监督和黄监学询问时事前途，丘逢甲回答说："人心已去清室，康有为等无能为矣！"并断言："清室不出十载必亡，但非革命军攻陷北京，而为各省独立使之自倒！"1911年，黄花岗起义失败，丘逢甲适在广州，他尽力营救革命党人。武昌起义成功后，他于12月作为广东代表之一赴南京出席各省组建临时中央政府会议，并在此前于上海谒见孙中山，号召在沪粤籍商人捐款支持孙中山革命事业。1912年初，孙中山就任大总统，中华民国成立，丘逢甲在南京欢欣鼓舞，写诗讴歌民主革命的胜利，《谒明孝陵》一首云："郁郁钟山紫气腾，中华民族从此兴。江山一统都新定，大纛鸣笳谒孝陵。"并被推荐为临时参议院参议员。丘逢甲的奋斗经历，充分证明台湾同胞与大陆人民在推翻封建帝制事业上手足情深，命运与共。

广大爱国华侨是辛亥革命强有力的支持者。孙中山曾高度评价华侨对辛亥革命作出的巨大贡献，说："此次推翻帝制，各埠华侨捐巨资以为军费,而回国效命决死,以为党军模范者,复踵相接。"辛亥革命从根本上说是中国社会内部激烈矛盾的产物,是全国人民唾弃腐朽卖国的清政府而把它推翻的;同时,辛亥革命的胜利又同广大华侨倾尽全力奉献直接相关。广大爱国华侨同祖国血肉相连,许多侨胞为了挽救祖国危亡和希望祖国富强,为革命慷慨解囊,又有许多华侨志士归国参加战斗,精神昂扬悲壮,可歌可泣,故孙中山又曾说,"辛亥革命是华侨的产儿"。

孙中山于 1894 年 11 月在檀香山创立中国第一个民主革命团体兴中会时,首批成员二十多人都是华侨。后来在香港、日本、越南等地发展会员至三百多人,其中华侨约占 80%。1905 年孙中山领导成立同盟会,在国内不能进行公开活动,在国外华侨中却轰轰烈烈地开展工作,尤以华侨最多的南洋进展更为迅速,仅南洋英荷殖民地就有同盟会的分会和通讯处共一百多个,在欧洲、美洲也设有支部。1895 年到 1911 年十六年间,孙中山直接间接发动了十多次武装起义,他的策划工作,除了把会党和新军当作主要的联络对象外,也把华侨当作骨干力量。最早发动的广州起义、惠州起义就都有华侨参加,其后黄岗起义、惠州七女湖起义,分别是由新加坡华侨许雪秋、邓子瑜指挥,并以华侨为主要骨干。1911 年黄花岗之役,是孙中山、黄兴、赵声等在槟榔屿策划的,得到华侨人力、财力、物力的巨大支持。许多华侨志士回国参加这次起义,仅从新加坡、槟榔屿等地回来的即约有五百人。越南华侨以打石工人石锦泉为首,组织了敢死队回国。缅甸和荷属东印度等地的华侨也有回来参加的。吉隆坡华侨李晚扛举起义大旗,在队伍前头勇猛冲锋,最终牺牲。新加坡华侨李文楷,在巷战中打死了很多敌人,自己身上中了几枪,血不住地流着,还奋勇杀敌,一直到战死。武昌起义枪声一响,华侨也纷纷回国参加各地起义的武装斗争,组成北伐队、炸弹队、总统宪兵队等。例如当武汉军情紧急的时候,一批归国华侨工人组成敢死队,由上海赶往武汉去参加黄兴指挥的部队。

华侨在经济上支持革命事业的功绩更加突出。历次起义的枪支、弹药购买费,起义士兵的伙食费,平时革命组织活动费,创办报刊等宣传费,孙中山、黄兴等革命领袖奔走各地的旅费和生活费,等等,绝大部分是华侨供应的。孙中山回忆他领导起义的历史也说:"其慷慨助饷,多为华侨。"武昌起义一开始,华侨为革命捐款更加踊跃。广东、福建、云南、上海等地在光复中都得到华侨捐款支援。据当时广东省财政司收支总册报告,从1911年11月9日到1912年5月底这半年中,华侨支持广东光复和革命政权的捐款和借款就共达一百七十五万余元。孙中山在南京担任临时大总统的时候,财政非常困难,也得到华侨捐款援助。西贡华侨李卓锋对防城、河口、镇南关等处的起义,一个人就捐了军费几万元,以致个人的经济非常困难,但是为了救济防城、河口、镇南关起义失败后退入海防的战士,他还向银行借款二万元。这些华侨正如孙中山所说:"不图丝粟之利,不慕尺寸之位","一团热诚,只为救国"。①

以上历史事实证明:广大华侨心向祖国,满腔热诚支持祖国的民主革命事业,为争取祖国独立、富强的光明前途,作出了巨大贡献,这是中华民族强大凝聚力的生动体现。以后,华侨在抗日战争中又再一次发扬这种崇高的爱国精神,谱写出感人的篇章。

武昌起义成功之后,迅速得到边疆各民族人民的响应。在东北,同盟会员张榕与满族爱国知识分子宝昆等人,于1911年11月17日在沈阳成立"奉天省联合急进会",组织各族人民推翻清朝在东北的统治的斗争。11月下旬,便以庄河、复州为据点举行起义。在黑龙江各族革命者组织了"新民爱国委员会",响应武昌起义,策划黑龙江省独立。在绥远,于1911年11月由曹福章带领巡防队中蒙古族骑兵举行起义,在大青山、武川和萨拉齐厅(今土默特右旗)等地与清军激战。12月,各族起义群众一度攻占丰镇,焚烧了衙署,并成立分军政府。1912年1月,山西革命军在蒙、汉、回各族人民的支持下击溃清军,占领了包头,建立

---

① 本节中华侨积极参加辛亥革命的内容,均据洪丝丝《华侨对辛亥革命的巨大贡献》,载《辛亥革命与华侨》,人民出版社,1982年版。

革命政权。在攻占包头战斗中，回族人民表现得特别勇敢。在陕西，革命党人于12月20日举行起义。西安新军下级军官回族马玉贵积极参加和领导了陕西光复战役。光复后马玉贵被革命群众推为"总理粮饷兼管军务都督"。他和他所率领的回、汉各族士兵在乾州（今陕西乾县）战役中，给清朝的奴才甘军马安良部队严重打击。西安革命党人推翻清朝在陕西的统治后，回族革命者即以鸡毛传帖，促使宁夏（今银川市）会党响应，宁夏帮会首领刘华堂当即与各帮会首领及会友回族马四虎等聚议联合陕西会党，响应武昌起义。在新疆，革命党人刘先俊等于1911年12月发动哥老会会员和当地少数民族群众在迪化（今乌鲁木齐）举行武装起义。1912年1月，伊犁革命党人杨赞绪（时任伊犁新军步兵署协统）和冯特民策划新军举行起义，当地汉、回、维吾尔、哈萨克、蒙古、锡伯等各族人民，积极支持和参加。在革命进程中，回族人民奋起，哥老会回族首领马得元和韩玉书率领一百多名回族敢死队参加。回族马凌霄还被革命党人指定为联络回族人民的代表。冯特民率领义军团攻打惠远城时，维吾尔、哈萨克、回、汉各族人民群众，战斗激烈，士气极振。维吾尔族阿奇木伯克、巨商玉山巴依、牙合甫巴依在起义前也都表示赞助革命，并愿出资财，为革命效力。伊犁起义后，许多爱国的维吾尔族商民为起义军支援皮靴、马鞍以及其他用品。在云南，革命党人于1911年1月27日在腾冲举行起义，由于各族人民踊跃参加义军，起义队伍迅速发展到数万人，至11月中旬，起义军已控制了腾冲、保山、龙陵、临沧等大片地区。腾冲起义虽然最终失败，但在西南地区引起了很大震动，给予反动封建势力以沉重的打击。大理白族和各族人民也响应武昌起义，成立云南省"迤西自治总机关部"，宣布反正，悬旗庆贺武昌起义的胜利。在昆明读书的十几名各族学生回乡宣传革命，并发动群众冲进清朝设在当地的衙门，烧毁刑具，打开牢门放出无辜受害的各族群众。①

---

① 本小节内容均据林家有《辛亥革命与少数民族》一书第三章第二节"各族人民积极响应武昌起义参加反清斗争"，河南人民出版社，1981年版。

"烈火炼真金",包括辛亥革命在内的近代一次次反帝反封建斗争的开展,使早已形成的全中国各民族兄弟般相互依靠、相互支持的关系,反复地经受了考验和锤炼,变得更加牢固和紧密,从而推动历史的前进,推动多民族统一国家的发展。

(原刊《中国近代文化研究》第一辑,2007年)

# 陈垣与抗战时期爱国主义史学

## 一、爱国主义精神空前高涨的抗战史坛

伟大的抗日战争,诚为"战争史上的奇观,中华民族的壮举,惊天动地的伟业",同时也形成了全国人民和进步学者爱国精神的空前高涨。我国自五四新文化运动以来产生了一批成就卓越的马克思主义史学家和进步史学家,他们经历了八年浴血抗战这场决定民族生死存亡的斗争,经历了严酷的考验。他们怀抱着炽烈的爱国热情和崇高的民族责任感,自觉地从当前神圣的抗战事业出发撰写史著,直接地鼓舞了抗战军民在残酷的环境中坚持斗争,同时也推进中国史学的发展进入新的阶段。

马克思主义史学家的出色代表是郭沫若和范文澜等人。"七七"抗战爆发,郭沫若结束在日本十年的流亡生活,躲过日本宪兵、特务的严密监视,怀着报国抗敌的激情,回到了祖国。他先后在武汉、重庆从事国民党统治区的抗战文化组织领导工作。这一时期,他的著述是同抗战事业直接联系的。他在不到一年半时

间内，创作了六部历史剧：《棠棣之花》《屈原》《虎符》《高渐离》《孔雀胆》《南冠草》，成为刺向凶恶的侵略者和本国腐败的统治者的利剑，鼓舞抗战军民斗争的呐喊，引起了大众的强烈共鸣。1943年3月，他又发表著名的史论《甲申三百年祭》，对鼓励抗日军民夺取最后胜利起到巨大作用。1944年11月，毛泽东写信给郭沫若，高度评价他在抗战时期所从事的史剧创作和史学研究："你的史论、史剧有大益于中国人民，只嫌其少，不嫌其多，精神决不会白费的，希望继续努力。"① 民族救亡斗争的潮流，推动了范文澜毅然走出学术考证的圈子，投身到火热斗争之中，实现了由国学到唯物史观的巨大飞跃，并成为解放区马克思主义史学家的杰出代表。抗战爆发之前，范文澜因参加地下革命工作，受到国民党政府的监禁、迫害，离开北平到河南开封。抗战爆发，他在党组织领导下，创办抗战训练班，推进河南省的救亡运动，以后又随新四军在信阳一带开辟游击区，被誉为"文武双全的民族英雄"②。1940年初，他由中原游击区到达延安，不久，因根据地干部教育工作的迫切需要，著成《中国通史简编》，成为第一部以马克思主义为指导的、贯通上下的通史著作。尽管当时延安的研究条件差，资料缺乏，著作时间只有一年多，但由于范文澜自觉地并较好地运用人类社会发展共同性与中国历史的特殊性结合的指导思想，加上他学识丰富，勤奋认真，因而著成后给人耳目一新之感，产生了巨大影响。1941年在延安出版后，各解放区多有翻印，受到干部、群众的欢迎。在国民党统治区虽遭特务的禁止，但随后在上海也印出来了。从1943年至1945年，范文澜又著成《中国近代史》（上册）。戴逸曾经结合自己的切身体会，评价这两部著作的划时代意义："范老的这两部书……是时代精神的体现，它集中了当时革命者的许多智慧，第一次系统地说出了革命者对中国历史的全部看法。"③ 确实，郭沫若、范文

---

① 《毛泽东书信集》，人民出版社，1983年版，第241—242页。
② 铁夫：《范文澜先生》，《中国青年》第1卷第10期，1939年10月。
③ 戴逸：《时代需要这样的历史学家——在纪念范文澜诞辰100周年学术座谈会上的发言》，《近代史研究》1994年第1期。

澜，以及翦伯赞、吕振羽、侯外庐在抗战时期完成的史著，把马克思主义史学大大向前推进了。

值得注意的是，当时一些正直的进步学者，虽然尚未接受马克思主义理论的指导，但是出于民族主义和对侵略者的无比仇恨，同样表现出高昂的爱国精神，并把自己的学术工作与抗战大业密切联系起来。陈垣、陈寅恪、顾颉刚即为这些爱国史学家的代表。

八年抗战，陈垣处于危城北平之中，不怕日本特务迫害，处处表现出凛然的正气。由于他是著名学者、大学校长，日寇当局和特务们常常别有用心地找麻烦，或直接威胁，陈垣总是及时地识破他们的险恶用心，他不顾生命危险，一再拒绝敌人请他到汉奸政府任职，或到所谓的学术团体当"会长"。平时"杜门谢客，不见生人"，不管敌人派什么身份的人来，陈垣都毫不客气地将他顶回去。而作为教育家和史学家，他主要的斗争手段是慷慨激昂地宣传民族气节和爱国精神。陈垣在课堂上向学生讲《日知录》和《鲒埼亭集》，以顾炎武的经世思想和全祖望的民族气节教育激励学生。在著述上，他将爱国思想熔炼在阐发历史上人民的正义斗争和表彰历史人物坚持民族大义的著作中，先后著成《明季滇黔佛教考》等五部史著，堪称为陈垣抗战史学系列。陈垣是这样一位在残酷环境中坚持同日寇斗争的爱国者，是一位经受了生死考验的战士，所以他不能忍受任何人对崇高的爱国精神加以歪曲贬低，不管出于什么地位显赫的"大人物"之口。在抗战胜利后北平举行的一个元旦团拜会上，"国防部长"陈诚以接收大员的身份讲话，称抗战时期北平这地方没有一点民族意识。陈垣也出席了，他听了十分气愤，便站起来反驳他，说："陈部长，你过去来过这里没有？我们在日本人统治下进行斗争，你知道吗？可惜你来得太迟了！"[①] 这话铿锵豪迈，表达出八年抗战的艰苦和自尊的感情。民族解放斗争的考验，磨炼了他的意志，并

---

① 柴德赓：《陈垣先生的学识》，《励耘书屋问学记》，三联书店，1982年版，第53页。

为他的学术工作注入了新生命,他的学术思想产生了意义巨大的飞跃。1943年末,陈垣写信给友人,申明自己对史学的新见解:

> 至于史学,此间风气亦变。从前专重考证,服膺嘉定钱氏;事变后,颇趋重实用,推遵昆山顾氏;近又进一步,颇提倡有意义之史学。故前两年讲《日知录》,今年讲《鲒埼亭集》,亦欲以正人心,端士习,不徒为精密之考证而已。此盖时势为之,若药不瞑眩,厥疾弗瘳也。未知南中风气如何?素患难,行乎患难,愿同人共勉之。①

这份珍贵文献说明:正当抗战处于最困难阶段之际,陈垣不但没有彷徨动摇,反而更加坚定,他极其鲜明地将著史与民族解放战争密切联系,"提倡有意义之史学",让史学直接服务于抗战事业。

"七七"事变后,陈寅恪的父亲、晚清维新派人士陈三立"忧愤不食五日死",陈寅恪自己也不事日寇,含恨携家逃离北平。他颠沛流离到大西南,在西南联大任教,与抗战军民共命运。陈垣著成《明季滇黔佛教考》之后,将稿本辗转寄到昆明,并请陈寅恪作序。陈寅恪写了一篇含义深刻的序,高度评价了陈援庵先生高度的爱国思想和历史见识,同时表明他与援庵先生志节相同、肝胆相照。序言说:"明末永历之世,滇黔实当日之畿辅,而神州正朔之所在也。故值艰危扰攘之际,以边徼一隅之地,犹略能萃集禹域文化之精英者,盖由于此。及明社既屋,其地之学人端士,相率遁逃于禅,以全其志节,今日追述当时政治之变迁,以考其人之出处本末,虽曰宗教史,未尝不可作政治史读也。……忆丁丑之秋,寅恪别先生于燕京,及抵长沙,而金陵瓦解,乃南驰苍梧瘴海,转徙于滇地洱海之区,亦将三岁矣。此三岁中,天下之变无穷,先生讲学著书于东北风尘之际,寅恪入

---

① 《陈垣史学论著选》第三部分"书信",上海人民出版社,1981年版,第624页。

城乞食于西南天地之间,南北相望,幸俱未树新义,以负如来。"①中肯地指出《明季滇黔佛教考》的意义,同时借此以昭告世人,在民族危亡的时刻,他本人和陈垣一样,一致斥责可耻的投降行为,以保持民族气节自励。此后陈寅恪受聘拟赴英讲学,途遇战事发生滞留香港岛上,生活困难,日本人以巨资请他办所谓"东方文化学院",被他力拒。八年抗战的艰苦岁月,陈寅恪始终同人民大众共患难,并且在贫病交加的情况下,先后著成《唐代政治史述论稿》《隋唐制度渊源略论稿》,处处表现出爱国者的凛然正气。另一位爱国学者、著名史家顾颉刚,早在"九一八"事变以后,痛感民族危亡,国土沦丧,于1934年发起组织"禹贡学会",创办《禹贡》半月刊。创刊不久,研究重点即由对古代地理的考察转向边疆地理的探索,目的是通过明辨疆域,昭告国人和世界,神州版图,不容强邻侵吞。为了反抗日寇侵略,他在北平还编辑通俗读物,以鼓词等形式宣传抗日主张,唤起民众奋起抗战。"七七"事变后,他被日本特务列在黑名单上,遂被迫离开北平,先征得主张抗日的绥远省主席傅作义将军同意,将通俗读物编刊社迁到归绥。以后,他到西北兰州、临洮、西宁等地调查教育情况,并宣传抗日,受到西北抗日青年的拥护。甘肃学生抗日团体办老百姓编刊社,推他为社长,出版《老百姓》旬刊,作通俗的抗战宣传。顾颉刚又在兰州伊斯兰学会作《如何可使中华民族团结起来》的演讲,在《抗敌》旬刊上发表《西北回民应有的觉悟及其责任》等文章,宣传加强民族团结,共同抗击日寇。1938年秋,顾颉刚到云南任教,除授课外,为《益世报》编《边疆》周刊。他在《发刊词》及《中华民族是一个》等文章中,进一步宣传民族意识,加强民族团结以御外侮,各地报纸转载者甚多,影响很好。②其后,顾颉刚到四川,创立通俗教育馆,办《文史》杂志,继续以通俗的形式宣传历史

---

① 陈寅恪:《明季滇黔佛教考序》,《金明馆丛稿二编》,上海古籍出版社,1980年版,第240—241页。
② 参见王煦华《顾颉刚先生在西北》《顾颉刚先生在云南》两文,《史学史研究》1993年第1期、1994年第2期。

知识，鼓舞共同抗击日寇。从绥远、甘肃、青海，又辗转到云南、四川，八年之中，他颠沛迁徙，而宣传抗战的意志始终如一，历久弥坚。

我们中华民族历史悠久漫长，经受过无数艰难险阻、患难创伤，却能生生不息、衰而复振，不断发展壮大，几千年岁月的磨炼，使我们民族具有强大的生命力、凝聚力和复兴的能力。中华民族拥有几千年长期连续的文化传统和历史记载，形成强烈的民族独立精神和自尊意识，有同自己的敌人血战到底的英雄气概。我们的爱国主义深深植根于对骨肉同胞、历史传统和大好河山的热爱，有着最深厚的根源。历代的正直知识分子同人民大众共命运、同休戚，"以天下为己任"，怀抱着强烈的责任感和崇高的理想，为增进人民的幸福、国家的富强、民族的独立而竭尽全力，直至献出生命。抗战时期，以郭沫若、陈垣等人为代表的进步史学家的爱国行动和他们所撰写的呼吁救亡的史著，正是我们民族勇于抗击侵略和"以天下为己任"的传统的发扬光大，而且是鸦片战争以来爱国主义史学的新发展，具有深层的文化意义，至今仍是我们进行爱国主义教育的好教材。

## 二、《明季滇黔佛教考》：激扬民族正气的名作

陈垣在抗战时期自觉地把爱国主义作为学术的鲜明主题，这一治学历程具有典型的意义。五四时期以后，我国一批学者经过五四运动反封建的洗礼，致力于运用新的方法研求和阐发古代文化中的真实内容和意义。陈垣即是在史学领域发扬乾嘉考证方法，并与西方史学方法相结合，取得了重要成果。抗战爆发，民族处于生死关头的严酷现实使他深受刺激，全国军民奋勇杀敌的爱国精神使他极受鼓舞，因而推动他的治学旨趣上升到更高的层次，他自觉地把保存和发扬民族文化中具有伟大生命力的精华，视为"抗战根本措施之一"。反映他实现由"考史"而跨越到"提倡有意义之史学"之飞跃的标志，便是他于1938年至1940

年发愤写成的《明季滇黔佛教考》一书。陈垣本人对这部书极为重视，撰成后即辗转寄往西南的友人阅读，征求意见，又在家书中讲他完成这一有意义工作的激动心情。信中说道：

> 本文（即《明季滇黔佛教考》）之着眼处，不在佛教本身，而在佛教与士大夫遗民之关系，及佛教与地方开辟、文化发展之关系。若专就佛教言佛教，则不好佛者无读此文之必要。惟不专言佛教，故凡读史者皆不可不一读此文也。三十年来所著书，以此书为得左右逢源之乐。

另一封家书中又说：

> 顾亭林言著书如铸钱。此书尚是采铜于山，非用旧钱充铸者也。①

撰著此书，使史学家陈垣体会到生平未有的"左右逢源之乐"，就在于它紧扣抗战时代的脉搏，激扬民族正气，把著史与抗击日寇的伟大斗争紧密联系起来。

陈垣一向对宗教史深有造诣，以前著有《元也里可温考》《回回教入中国史略》《释氏疑年录》等。1938年，他发现并利用了《嘉兴藏》本大量明清之际僧人语录。处在举国抗战环境中，陈垣阅读这些佛教史料，发现明末清初滇黔二省佛教大盛，许多明末士大夫遗民出家为僧，乃是一种政治现象，即遗民以"逃禅"作为抗清的手段，是他们表达忠于故国思想感情和民族气节的行动。他写这部书的主旨，是自觉地"表彰明末遗民之爱国精神、民族气节"②，用来鼓舞当前坚持抗日战争的人们。这部著作的成就，我们可以从以下三方面深入研究。

（一）对于遗民的思想和行动的政治意义，作了深刻的阐释，大力表彰他们的爱国思想、民族气节。

本书卷五论述"遗民之逃禅"，是全书的重点。所记明末滇

---

① 《陈垣史学论著选》第三部分"书信"，第629页。
② 陈垣：《明季滇黔佛教考》重印后记，中华书局，1962年版，第320页。

黔地区士大夫遗民出家为僧的二十几个人物，分属于三个类型，钱邦芑、陈起相和皮熊，就是他们的代表。而按社会地位和声望影响说，钱邦芑尤为关键人物。书中着力写他心怀故国、拒不仕清，任凭百般威逼，始终毫不屈服。钱氏在前明曾任四川巡按，原籍江苏。壬辰年（1652），桂王任他为贵州巡抚。孙可望入黔，钱氏避居余庆县一处偏僻村庄——蒲村，"终日啸歌，或聚邑人讲学，播北水西，有千里负笈者"。邦芑的志节名望，使许多不甘心受清廷统治的人汇集在他周围，清廷当局对此更加忌恨，孙可望一再威逼他出仕，邦芑遂削发为僧，表示绝不降清的意志，号"大错和尚"。陈垣在书中引录了钱氏《祝发记》一文，借此记写削发不是消极避世，而是面对刀剑和死亡威胁的斗争。其时，在邦芑下决心祝发之前，孙可望曾逼召封官十三次，甚至"封刀行诛"，恐吓他不应召将被杀害。面对长达数年的严重威胁，邦芑"义命自安，不为所重"。邦芑削发为僧，正处于斗争达到焦点的时刻，一方面，孙可望威胁更加凶恶；另一方面，邦芑身边正聚集一群意气相投的朋友。那天是邦芑的生日，好友胡凫庵等人前来蒲村祝寿，在外地的朋友则来信祝贺，称赞他的气节。邦芑庄重地向朋友们表示要以此自励，决不给诸位朋友丢脸。次日，当地县令邹秉浩带着孙可望的命令，逼邦芑立刻上路，"恐吓万端"。此时邦芑出家决心已定，故在清廷官吏面前"谈笑自若"。当晚便正式当了和尚，并说一偈："一杖横担日月行，山奔海立向前程，任他霹雳眉边过，谈笑依然不转睛。"表示抗清志节不改，矢志不渝。邦芑削发为僧的果断行为立即引起连锁反应，平时仰慕其志节者，三天之内共有十一人"争先披剃"，一起出家。因此以钱邦芑为开头的这次集体逃禅，无异演成了抗议清廷的一次小型示威行动。

　　孙可望得知邦芑以出家向清廷示不屈服，感到又气又愧，仍让下属修书劝邦芑回心转意。邦芑以诗作答，表示自己志向，也对孙可望投降行为加以讽刺。诗云："破衲蒲团伴此身，相逢谁不识孤臣。也知官爵多荣显，只恐田横笑杀人。"孙可望更加恼恨，命令将邦芑逮捕论死。在被解向贵阳路上，必死无疑的时刻，邦芑口中占诗，表达视死如归的心迹。其中一首云："才说求生便害仁，一声长啸出红尘。精忠大节千秋在，桎梏原来是幻身。"表现邦芑决心以死报国的高尚品格。陈垣在书中这样重点记述钱邦芑的"逃禅"事迹，实际上是表达自己仇视日寇、热爱祖国的情怀。当时他日日处在日寇威胁之下，对于出处、生死当然想得很多且深，他认为死必须有价值，为国家民族去死，是值得的。而能勇敢地面对死亡的人，则必须靠长期培养起的高尚品质。所以陈垣评论说："求仁得仁，非养之有素者不为。"他还认为，明季遗民的这种高尚志节被后代志士们所继承发扬，因此最后才能推翻清朝的腐败统治，并且，这种精神与抗击日寇的民族正气也正一脉相承，这正是陈垣表彰钱邦芑等人物的现实战斗意义之所在。对此，作者有一段很精彩的概括："明末遗民多逃禅，示不仕决心也。永历之时，滇黔实为畿辅，各省人文荟萃，滇黔不得而私。兹篇所举，特遗民之关系滇黔人者耳，非尽滇黔人也，若推而求之滇黔以外，所得更不止此。"陈垣是把滇黔两省遗民看作全国抗清活动的中心和时代精神的缩影来论述的。这是理解全书论列的众多人物和活动的一把钥匙。

陈起相和皮熊是遗民逃禅抗清另外两类人物的代表。起相是西南文人之佼佼者，曾著有《平水集》百余卷（一说数百卷），后散失殆尽。起相在变乱后出家为僧，先遍走吴楚诸山，以后到贵州南平水里掌台山，故号"掌山老人"，隐居三十余年。陈垣据所见到的诗文，高度评价其民族气节。书中举出他有一首《传衣寺看杜鹃花有感》云："杜鹃花发杜鹃啼，不问心知并帝西。空忆怨魂迷望帝，何期旅色动滇鸡。湘江水冷痕留在，阆苑仙归月欲低。深院疏帘容客到，花光缺处补山齐。"认为此诗深刻地表达出起相的亡国之痛："词楚凄咽，零泪欲滴，孤臣之心可知矣。"皮熊则代表遗民逃禅后志存匡复并且有所行动的一类人物，他们志在复国，心中仍然点燃着恢复江山的希望之火，因此更加可贵。据《小腆纪年补遗》及《存信编》记载：皮熊原以功被封为定蕃伯，清兵攻黔，皮熊战败，后在水西可渡河祝发。既永历帝被执，有常金印、安坤等谋反正，皮熊乃秘密使蜀人陈进才让其通行，召集部曲。事泄远走，被吴三桂所执。时年八十余，誓死不屈服。"诸降将往省之，熊称引古今忠义，追叙国家败亡之故，词意慷慨，积十三日不食死。"陈垣还引全祖望《鲒埼亭集》退翁第二碑所记东南遗民逃禅的隐志，全氏认为："易姓之交，遗民多隐于浮屠，其不肯以浮屠自待宜也。"陈垣极称许皮熊这些人物内心蕴蓄的志向与此正同："既已出家，仍不忘复国。"陈垣从湮灭已久的史料中钩稽爬梳，发掘出明末滇黔抗清志士的事迹，栩栩如生地再现他们不忘故国的高尚精神。他所精心构撰的这一章，尤堪称是一篇爱国者传，是民族正气的赞歌。

（二）由于著者掌握了遗民逃禅以抗清这一规律，故能将分散而隐晦的资料，处处互相印证，而获得新解，使长期被掩盖的当日志节之士的真实历史得以恢复面目。

卷五所记曾高捷即是典型的例证。他原是崇祯进士，在吏部任员外郎。《云南通志》《滇南诗略》的记载，均只言其"抗节不屈"，而讳言他出家。陈垣钩稽出曾高捷为僧数十年的重要史实。他将《鸡山志》、大错和尚《片云居记》、《野竹后录》等书所载史料，细加考辨。据《鸡山志》之"寺院门"载，曾高捷晚年祝发，隐居于白云寺。又载，还源禅师隐居于白云居内二十年。而此志"人物门"又载，还源禅师俗名为曾高捷。陈垣根据这些零星记载相印证，乃重新阐发出曾高捷因抗清而逃禅二十年的史实。陈垣评论说："使无'还源俗姓曾，名高捷'一条，则又乌知还源为高捷也！"又说："考遗民出家之难，在不能沟通其僧俗名号……陈起相之为无尽，曾高捷之为还源，则《黔诗纪略》《滇南诗略》均不之知。不独不知其僧名，如曾高捷、杨永言等，且并不知其为僧也。又有知其僧名，不知其俗名，则直以为僧而已，恶知其为遗民哉！发微阐幽，是在吾党。"陈垣是把发掘遗民逃禅的真相，提高到今日关心抗日救亡的爱国史学家的责任之高度来看待的。这是因为：遗民之出家为僧，与本来就为僧，实有根本之不同。遗民而为僧，即是一种抗清的行动，只有苦心寻绎，考出他们原来的俗名、生平来，他们的斗争事迹才能重见天日，永传人间！由于陈垣掌握了这一规律，使他在史料上处处相互印证，发幽而烛照，在思想内容上，尤做了能直接服务于抗战大业、激扬民族正气的有价值的工作，所以他才感到大得"左右逢源之乐"。

（三）这部著作标志着陈垣学术思想的升华，充满爱国感情的议论与严密考证相结合，形成了学术著作与现实社会的脉搏紧密相扣的新文风。

陈垣治学原以服膺钱大昕，继承和发扬乾嘉严密考据学风而著名。抗战时期的现实需要，使他上升到新的境界，"提倡有意义之史学"，即要自觉地在学术研究中体现鼓舞人们抗战意志的时代要求。时代的推动，使他跨出了考证学的局限，不再满足于广征史实、究其原委，而要做到把考辨的深厚功夫与精彩的议论分析结合起来。书中鲜明地以表彰爱国主义、坚守民族气节，为评价人物、论定是非的最高标准。书中对王弘祚的评述即是有说服力的例证。王弘祚，云南人，原为明户部郎中督饷大同，明亡后仕清，官至兵部尚书，晚年退仕后，曾表示发心学佛。他曾致书僧人见月，示忏悔之意，内云："忽忽三十余年，都向忙里虚度。……去冬抵金陵暂憩，距灵鹫峰头咫尺，尚未得沐慧海之清澜，饫醍醐之精液，何缘艰一至是耶！先致慕悰，嗣图斋沐身心，顶礼法座，俾三十年大寐，一朝顿悟。"根据这封信，陈垣发表精辟的议论，剖析王弘祚极力想掩饰自己仕清行为的心迹，严肃地指出他并不值得同情，相反地应该受到谴责："综其一生，无灾无难，蹑足公卿，有何可悔？假令大同一役，戢影云冈，访刘孝标之遗踪，效文祖尧之高蹈，未必即为饿莩。乃不此之察，唯阿苟容，既返江南，闻文祖尧、杨永言之风，岂不自惭形秽！"并且进而论定王弘祚丧失民族气节，不仅是一人之耻，而且辱及家乡云南全省："迨乾隆传贰臣以辱降虏，云南竟得弘祚一人，全滇为之失色。君子悲其一念之差以至于此也，悔何及矣！"① 这是处在国难当头，告诫人们必须对于坚守民族气节作出正确的抉择，丝毫不能动摇，否则将成为历史的罪人。

为了强调爱国精神，作者还运用了对比手法，对不同人物的处事为人明确作出褒贬。卷三对比了明季两位著名的诗僧木陈和担当。木陈多年在东南活动，担当是云南名僧，二人均善诗，交情也厚。木陈主持东南坛坫，而对担当极为延誉，故担当作诗表达对木陈知己之恩。而陈垣所重的是二人的政治态度，以此评定担当的思想境界远在木陈之上，他说："然木陈趋附新朝，逢迎少帝，与担当之高卧苍山，挥毫自在者，冷热殊途矣。"② 书中还一再高屋建瓴地论及一些富有时代意义的问题，如：明末清初西南宗教盛行与社会政治有何关系？身处乱世，应该怎样对待个人的生死、出处？作者论述宗教与时代的关系，深刻地指出许多士大夫由于亡国的痛苦而向宗教寻找精神寄托的心理，他说："人当得意之时，不觉宗教之可贵也，唯当艰难困苦颠沛流离之际，则每思超现境而适乐土，乐土不易得，宗教家乃予以心灵上之安慰，此即乐土也。故凡百事业，丧乱则萧条，而宗教则丧乱皈依者愈众，宗教者人生忧患之伴侣也。"③ 卷五中再次强调只要保持民族气节，那么生死可以随其自然，都是有价值的。他说："胡一青、皮熊不知僧名，幻阇黎、眼石不知俗名，然皆能勘破生死，故可以生，可以死，顺其自然焉。"④

总起来说，《明季滇黔佛教考》做到把明末遗民逃禅的抗清行动视为当时士大夫爱国精神的缩影，透过宗教现象而发现其背后的政治意义，作了深刻的阐释；又能钩稽贯串，发前人未发之覆，对别人从未利用过的且是片段分散的材料加以整理分析，发现其中的内在联系和价值；同时做到自觉体现时代精神，大量正

---

① 陈垣：《明季滇黔佛教考》卷三"士大夫之禅悦及出家第十"，第139—140页。
② 陈垣：《明季滇黔佛教考》卷三"僧徒之外学第八"，第103页。
③ 陈垣：《明季滇黔佛教考》卷六"乱世与宗教信仰第十七"，第285页。
④ 陈垣：《明季滇黔佛教考》卷五"遗民之逃禅第十四"，第236页。

面发表富有思想性和政治意义的议论。因此本书确是抗战时期激扬爱国主义,标志着陈垣学术思想产生质的飞跃的名著。除了陈寅恪远在云南为此书作序,高度评价其价值之外,当时另一位著名学者沈兼士为此书的题诗,同样说明此书对于爱国人士所产生的鼓舞作用,其诗云:"吾党陈夫子,书城隐此身。不知老将至,希古意弥真。傲骨撑天地,奇文泣鬼神。一编庄诵罢,风雨感情亲。"①

## 三、陈垣抗战史学系列——近代爱国主义史学的出色篇章

陈垣于1938年至1940年著成《明季滇黔佛教考》,把著史与抗战大业联系起来,自此一发而不可收。以《佛教考》为起点,继之有《清初僧诤记》(1941)、《南宋初河北新道教考》(1941)、《中国佛教史籍概论》(1942)、《通鉴胡注表微》(1945)。这些著作共同体现出鲜明的爱国思想和把史学与社会实际结合的特点,我认为,可以视为陈垣"抗战史学"系列著作。1950年初,陈垣在给友人信中,特别回顾了他这一时期极其艰苦又极有意义的著述,说:"北京沦陷后,北方士气萎靡,乃讲全谢山之学以振之。谢山排斥敌人,激发故国思想。所有《辑覆》《佛考》《诤记》《道考》《表微》,皆此时作品,以为报国之道止此矣。所著已刊者数十万言,言道、言僧、言史、言考据,皆托词,其实斥汉奸、斥日寇、责当局耳。"②(按,《辑覆》指1937年著成的《旧五代史辑本发覆》,著作时间稍早一些,本文未予论及。)他本人明确概括的体现"报国之道","斥汉奸、斥日寇、责当局",正是这五部著作的共同宗旨。

《清初僧诤记》发展了《佛教考》中表彰民族气节、斥责投

---

① 诗作于1940年5月21日。手稿为刘乃和所藏。见《历史文献研究》(北京新六辑)扉页影印件,北京师范大学出版社,1995年版。
② 刘乃和等著:《陈垣年谱配图长编》,辽海出版社,2000年版,第546页。

降行为的宗旨,是为了指斥汉奸卖国求荣而写。书中对清初佛门中木陈忞应清帝召至京,"归来与诸当道酬酢,气焰煊赫",取悦新朝,以耻为荣的行为,加以鞭挞。又记述遗民僧对气节不振的僧人的批评,如石谿和尚斥熊开元。又记述遗民僧之诤遗民,如僧人澹归,在吴梅村酒宴上缄诗掷入,诗云:"十郡名贤请自思,座中若个是男儿。""故陵麦饭谁浇奠,赢得空堂酒满卮。"酒宴上众名士启视,一座失色。陈垣在1962年所写的《后记》,特别点明此书宣传爱国主义的现实政治意义:"1941年,日军既占据平津,汉奸们得意洋洋,有结队渡海朝拜,归以为荣,夸耀于乡党邻里者。时余阅诸家语录,有感而为是编,非专为木陈诸僧发也。"

《南宋初河北新道教考》一书,则重现了《佛教考》中强调志士仁人的爱国心是恢复国土之所依赖的主题。这部书是利用大量道教金石碑刻,研究金灭北宋后,北方人民的活动。当时,河北民众中有些人为反抗金人统治,先后创立全真、大道、太一三教,以团结训练,自谋生活。三教与以前道教不同,故称之为新道教。陈垣在《重印后记》(1957)中说:"卢沟桥变起,河北各地相继沦陷,作者亦备受迫害,有感于宋金及宋元时事,觉此所谓道家者类皆抗节不仕之遗民,岂可以其为道教而忽之也。因发愤为著此书,阐明其隐……诸人之所以值得表扬者,不仅消极方面有不甘事敌之操,其积极方面复有济人利物之行,固与明季遗民之逃禅者异曲同工也。"《道教考》对光复国土的信念表达得更为强烈,《卷首识语》说:"呜呼,自永嘉以来,河北沦于左衽者屡矣,然卒能用夏变夷,远而必复,中国疆土乃愈拓愈广,人民愈生而愈众,何哉?此固先民千百年来之心力艰苦培植而成,非幸致也。"作者又在《全真篇·官府之犹疑》一节说:"金人现据河北,中国民情不服,乱言伏诛之事,史不绝书。"既是写历史,又是在敌伪迫害、极端困难的条件下,表达出对华北人民决心同日寇抗战到底的信念。

在《南宋初河北新道教考》发表次年,陈垣又完成《中国佛教史籍概论》一书。书中随处借论述史事鼓舞人们抗战到底,我们可以读到如下的议论:"自晋室渡江后,南北分立者二百六十余年,中原士大夫之留北者,始终以中国为未灭。""永嘉之乱,中原沦陷,凉土与中朝隔绝,张轨父子崎岖僻壤,世笃忠贞,虽困苦艰难,数十年间,犹奉中原正朔,此最难能而可贵者也。"陈垣当时在辅仁大学的讲堂上,常常因讲历史而引发出对学生们进行爱国主义教育的激昂议论,《中国佛教史籍概论》便是对学生讲课的讲稿,由此我们更可以看见陈垣这位爱国史家当日的铮铮铁骨。

《通鉴胡注表微》是为了表彰胡三省的民族气节而作。由于陈垣处于日寇统治、异族压迫的环境,对于《通鉴》胡注中所寄托的亡国之痛,感受最深,因此慨叹于胡三省事迹长期不传。他撰写此书,即要把长期被掩盖的胡三省的爱国思想发掘出来,成为对抗战事业有所裨益的一份思想资料。正如陈垣在重印说明中所说:"我写《胡注表微》的时候,正当敌人统治着北京;人民在极端黑暗中过活,汉奸更依阿苟容,助纣为虐。同人同学屡次遭受迫害,我自己更是时时受到威胁,精神异常痛苦。阅读胡注,体会了他当日的心情,慨叹彼此的遭遇,忍不住流泪,甚至痛哭。"因此决心将胡三省的生平、处境,以及他为什么作胡注和用什么方法来表达他自己的意志等,充分向读者揭示出来。故此书大大发展了《明季滇黔佛教考》的旨趣,有更多阐发爱国主义思想的议论,成为作者在缜密考辨的基础上深刻地发表议论、评价史实意义之成熟风格的成功之作,也是洋溢着爱国主义炽烈情感的优秀史篇。《出处篇》讲:"出处之于人大矣。逼于饥寒,怵于威力,炫于荣利,皆足以失其所守也。故身之注《通鉴》,于出处之节,三致意焉。"《生死篇》讲:"人生须有意义,死须有价值,平世犹不甚觉之,乱世不可不措意也。""生死之宜,固可由修养而得。"深刻地从各个方面论述坚守民族气节的重要性和平时加强自身修养的意义。陈垣还针对1945年的政治形势,写了《民心篇》,意味深长地指出:"民心者人民心理之向背也。人民心理之向背,大抵以政治之善恶为依归,⋯⋯恩泽不下于民,而责人民之不爱国,不可得也。夫国必有可爱之道,而后能令人爱之。天下有轻去其国，而甘心托庇于他政权之下者矣。《硕鼠》之诗人曰'逝将去汝，适彼乐土'。何为出此言乎？其故可深长思也。"此书完成时抗战已经胜利，篡夺人民抗战果实的国民党政府更加暴露其反动、腐败的本质，越来越多的人民大众拥护中国共产党的无私廉洁。陈垣的议论，已预示着国民党垮台的结局，同时，也表明他的爱国主义已向前发展，对于代表人民利益和中国光明前途的中国共产党发自内心地表示拥护。

陈垣抗战史学系列著作同中国人民八年对日寇浴血战斗紧密联系，同抗战时期全国人民高涨的爱国热情融为一体。中国史学家历来有关心国家民族兴亡、"以天下为己任"的优良传统，到了近代中国反对帝国主义侵略、争取民族解放的历史条件下，更发展成为救亡图强的爱国主义史学思潮。从魏源开始，著《海国图志》，倡导抗击侵略，"师夷长技以制夷"。此后有王韬的《法国志略》，介绍西方议会制度之先进，又有黄遵宪著《日本国志》，及时总结日本明治维新的经验，呼吁中国走学习西方、发展资本主义的道路。20世纪初，更有梁启超倡导"史界革命"，批判君史，提倡民史，要求新史学成为激发国民爱国心的源泉。以后，有邹容、陈天华，运用历史知识，作为宣传革命的有力工具。五四以后，李大钊、郭沫若等人宣传唯物史观，运用马克思主义学说写出新型历史著作，帮助中国人民探求实现中国革命的正确道路。而陈垣则从爱国、正直、求实的治学道路出发，处在全民族抗战的时代条件下，实现了学术思想的升华，怀着无比悲壮激昂的感情，撰写成抗战史学系列著作，成为自鸦片战争以来，近现代爱国主义史学的出色篇章。此后，陈垣的爱国思想随着时代而发展，拥护中国共产党的正确主张，同全国人民一起迎来了解放，并迅速地接受马列主义、毛泽东思想的指导。今天我们处在新的历史条件下，缅怀陈垣先生等先辈的业绩，使我们深受教育、激励，备感肩上任务艰巨，务必更加发愤努力，让学术研究在加强爱国主义教育中发挥出更大的作用。

(原刊《炎黄文化研究丛书》第六辑，1997年)

# 附　录

# 谈史学与中国文化传统

演讲时间：2002年11月15日晚7时
地点：北师大新二教室

同学们好！今天我讲的题目是《谈史学与中国文化传统》。我准备前面先讲一个半小时，然后请同学们提出问题来讨论。研究生院举办《哲学社会科学与人文精神》系列讲座，一个重要的意图是让理科的研究生和博士生多了解人文社会科学，我认为这是具有卓识的措施。我们的理科硕士生、博士生，将来要成为高、精、尖的科技人才，成为自然科学家，但你首先是一个中国人，应具有中国人强烈的爱国心，具有中国人的文化情怀。梁启超的儿子梁思成在美国留学，学的是建筑学。梁启超给儿子写信，一再嘱咐他要读《论语》《孟子》，读《左传》《史记》，读李、杜的诗，苏、辛的词。在与外界的交往中，你要人家尊重你，首先要尊重自己。不久前报上宣传湖南的优秀干部郑培民的事迹。他的儿子在湘潭大学念研究生，学管理专业，两年前，作为湖南大学生代表之一，要到台湾的大学交流、访问。郑培民是个好干部，也是一位好父亲，亲自为儿子收拾箱子，并嘱咐他：你要给台湾的大学生介绍我们湖南。湖南是"三乡一地"，鱼米之乡，有色金属之乡，非金属矿物之乡；"一地"是旅游胜地，张家界和凤凰古镇的美丽风光每年都吸引许多国内外游客。湖南人会种田,"湖广熟,天下足"。湖南人会读书,"惟楚有材,于斯为盛"。湖南人会打仗,"无湘不成军"。湖南人有探索精神,屈原《离骚》的诗句:"路漫漫其修远兮,吾将上下而求索。"湖南人有先苦后乐的精神,范仲淹《岳阳楼记》的名句:"先天下之忧而忧,后天下之乐而乐。"湖南人有献身精神,谭嗣同的诗句:"我自横刀向天笑,去留肝胆两昆仑。"湖南人有革命精神,毛主席的诗句:"为有牺牲多壮志,敢教日月换新天。"——他儿子在向台湾大学生讲话时,照他父亲的这些话讲了,一再博得全场热烈鼓掌,会后大学生们围着他要把他引用的诗句一一记下来。因为这位来自湖南的研究生尊重自己的家乡文化,而湖南文化是中华文化的组成部分,所以他获得了台湾大学生的尊重。

杨振宁博士是诺贝尔奖得主,他曾一再讲到保持和发挥中国人的特质,包括中国人的思维方式,对于他获得的科学成就十分重要。江泽民同志在党的十六大报告中讲:"面对世界范围各种文化的相互激荡,必须把弘扬和培育民族精神作为文化建设极为重要的任务,纳入国民教育全过程,纳入精神文明建设全过程,使全体人民始终保持昂扬向上的精神状态。"这段话,是对当前世界范围内各种文化互相影响、激荡,这一新的时代特点和我们所应采取的做法,所作的极其深刻的理论概括。当今世界,各种学说、主张、观点、思潮名目繁多,五光十色,一国要对别一国输出自己的观点,跨文化之间文化传播的手段、方式,比以前要多样和便捷得无法相比,一篇文章上了互联网,马上在世界各地便可以读到,传播之迅速,在以前是无法想象的。当各种观点、主张如潮水一样袭来的时候,你就必须拿出自己的眼光去鉴别,要用自己的价值观去进行衡量,才能决定去取,不然就会无所适从,随波逐流,盲目地跟着别人跑。一个民族如果没有精神支柱,就不可能自立于世界民族之林。过去如此,今天更是如此。因此,总结和发扬中华民族的优良文化传统,是同实现现代化大业密切相关的。把中国史学的成就与文化传统联系起来作双向考察很有好处,一方面,有利于发掘和阐释历代史学名著的思想内涵和文化价值；另一方面，能够深化我们对优良文化传统的认识。这样做，既是学术创新的需要，同时对于增强民族自信心，在推进现代化大业中弘扬伟大的民族精神，也具有积极的意义。

下面我讲四个问题。

## 一、历史记载连续不断与文化传承力

中国文化具有持久而顽强的传承力。以文字来说，从甲骨文、钟鼎文，到其后的篆字、隶字，到繁体楷字、简体楷字，其造字原则、结构特点和字义，均一脉相承，构成了完整、连续的发展过程。以语言来说，古今语言虽然变化很大，但语法结构的基本特点却经历了几千年而仍然承续下来，字音的变化也都有脉络可寻。语言和文字是中国文化具有强大传承力的外在手段和形式，而反映在文学尤其是史学中学术传统的连续性，更是证明中国文化的精神内容具有强大的生命力。

史学领域中所显示的中国文化的传承力更值得我们自豪。首先是中国史学高度发达，历史记载世代连续、绵延不断，举世无匹。从司马迁《史记》所记五帝史迹、夏商周史事，到《明史》《清史稿》，几千年间历史的发展演变，接连不断，令人赞叹。历史记载的长期连续性，即是我们民族巨大凝聚力和生命力的明证。世界文明古国中，希腊、埃及文明后来中断，中国与之截然不同，不但历史记载长期连续，而且历史一门一向备受重视。司马迁著《史记》，带着神圣的责任感、使命感，要继承孔子著《春秋》的事业。著书过程中发生了李陵事件，李陵率军与匈奴作战，兵败投降，消息刚传来时真假难辨，大家议论纷纷。司马迁原先与李陵熟悉，印象不错，见汉武帝又气又急，有心劝慰一下，就说李陵可能是用计，不是真降。这下子触犯了汉武帝的虎威，下令将司马迁处以宫刑。司马迁认为遭了如此奇耻大辱，感到再无面目去见父母的坟墓，本想以一死来表达愤懑。但又想到著史是父亲司马谈的遗愿，于是忍辱发奋，誓必完成两代人的事业,藏之名山,传之后人。所以《史记》是司马迁用生命写成的。他在《报任安书》中讲自己生命后期已是痛苦万端,精神恍惚,"肠一日而九回,居则忽忽若有所亡,出则不知所之往",支持他顽强地活下去的就是要完成著史的崇高事业。郭沫若题司马迁故里陕西韩城太史公祠的诗句说:"怜才遭斧钺,吐气化长虹。"《史记》就是司马迁用生命化成的横亘天地、光耀千古的美丽长虹!

唐代的杜佑,当过朝廷理财大臣,当过独揽地方军政大权的节度使,最后当到宰相,他地位这么高,但仍以三十六年的精力著成《通典》,这是我国第一部典志体通史,共二百卷。北宋司马光很受宋英宗、神宗的器重,最后也居于宰相高位,他著成《资治通鉴》,二百九十四卷,用了十九年时间,最后在上神宗《进书表》中说,十九年中他"研精极虑,穷竭所有,日力不足,继之以夜","臣今骸骨癯瘁,目视昏近,齿牙无几,神识衰耗,目前所为,旋踵遗忘,臣之精力,尽在此书"。《通鉴》起自战国,迄于五代,将一千三百六十二年史事贯为一书,是一部编年体通史巨著,与纪传体通史《史记》前后辉映,并称"两司马"。《通鉴》内容丰富详实,同时在历史编纂上有极高的成就,标志着传统史学的纂修技术已达到相当完善的水平,并提供了集体撰修与主编负责相结合的很好范例。司马光挑选的三位助手,刘攽、刘恕、范祖禹,三人都是"一时之选"的优秀史家,各自发挥专长,而司马光则是总揽全局,周密组织安排,最后删改润色的杰出主编。著名史学家翦伯赞曾根据司马光的一页手稿,广泛联系其他史料,写了一篇论司马光如何全力以赴认真负责当好主编的文章,因为这页手稿上写的是东晋永昌元年(322)的史事大纲,司马光做主编工作是一开始就抓各朝各年的提纲,亲自确定全书的骨架,提纲挈领,使助手们有所遵循,据此搜集史料,这样由"丛目"—"长编"—删改定稿,使撰史工作臻于完美。司马光还著成《通鉴目录》和《考异》各三十卷。《目录》是按年表形式撰成的大事记,等于《通鉴》的节本。《考异》则对互相歧异的史料进行考订,并说明取舍的理由。这种严肃认真的态度至今仍值得我们学习，我们今天撰写论文，能准确规范地将史料的出处注清楚就不错了，还做不到像司马光那样分别对不同记载一一说明取舍的原由。宋元之际大学者胡三省精通《通鉴》，为全书作了注解，并称赞说："温公作《通鉴》，不特记治乱之迹而已，至于礼乐、历数、天文、地理，尤致其详。读《通鉴》者如饮河之鼠，各充其量而已。"见于书中第二百一十二卷，开元元年（713）的注文。说《通鉴》包含有极丰富的知识，如一条壮阔的江河，后来的研究者与之相比，不过如同饮河之鼠，各充其量而已，可见他对《通鉴》推崇的程度。这样一部杰出的史学名著，就是司马光投入他全部精力和生命而得来的。北宋还有一位史学家孙甫，年辈高于司马光，也是被司马光敬重的学者。孙甫因为不满意《旧唐书》对唐朝历史的记载和评论，自己用十七年心血撰成《唐史记》，七十五卷。他以肃然起敬的态度对待著史工作，平时将书稿锁在箱子里，每次必先把手洗干净才敢恭敬地开箱取出。他交代家人说："万一遇到水火兵灾，其他财物都可丢掉，这个箱子万万不可丢！"无论家居或外出，只要有点空余时间，就拿出来推敲修改。有一次，因为他被派火速到宣州处理公务，匆忙离家，书稿未随身带走。他走后，不想城里发生大火灾，火势延烧过来，他的侄子赶紧抱着箱子，躲到湖中小岛上。孙甫在宣州闻讯赶回家，入门便问："《唐史》在乎？"侄子回答说："在。"孙甫马上露出笑容，其余不再问什么。司马光的文集中写有《书孙之翰〈唐史记〉后》，高度评价孙甫这种郑重执着的精神，欧阳修、司马光、苏轼都称赞孙甫这部书。

南宋灭亡时，苏州有位学者郑思肖，著有《心史》七卷，记载宋亡时他所亲见的一些史事，题为《心史》，就是表达他爱国心的史书。他将之装在密封的铁柜里，沉到井底，等待后代有人发现它。到崇祯十一年（1638），明朝快要亡国的前几年，被人浚井时发现，因为《心史》寄托了南宋遗臣的故国之情，有这番动人的经历，并且处在明朝灭亡这种类似的历史场景中被发现，所以很能激起怀念故国的前明知识分子的感情。因此虽然《心史》卷数不多，但很有名。明清之际有一位史学家谈迁，是浙江海盐的一位老秀才，经过多年艰辛地搜集史料和撰写，到五十多岁时写成了《国榷》，是编年体明史，四百多万字。不幸在一个晚上被小偷偷走了。次日他发现后，痛不欲生，但一转念，自己一生心血岂能这样轻易丧失，于是发愤重写，又经过十几年的惨淡经营，终于将《国榷》重新完成，为古代史家苦心孤诣完成名山事业增添了一段佳话。

到清代，龚自珍在《古史钩沉论》中进一步说："灭人之国，必先去其史"，则更认为史学直接关系到天下兴亡、民族存灭了。中华民族这种强烈的历史感，其实质意义即是重视民族自身的由来、发展，并且自觉地将它传续下去。历代相继用纪传体修成的"二十四史"，是自有文字记载以来前后相接的历史巨著，共三千二百多卷，是世界各国历史著作中所仅有的。其他编年体、纪事本末体史著也是各能贯穿古今而成系统。所以黑格尔高度赞誉说："中国'历史作家'的层出不穷，继续不断，实在是任何民族所比不上的。"他又说："中国人具有准确的国史……中国凡是有所设施，都预备给历史上登载个仔细明白。"① 这是这位博学的德国哲学家对中华民族历史意识高度发达和历史记载连续不断这一特点作出的恰当的概括。

"二十四史"中，《隋书》以前大多是私人修撰，《隋书》以后，大多是政府设馆监修。官修史书和私人撰史都为保持中国历史记载的长期连续作出了巨大的贡献，如车之两轮，鸟之双翼，相辅而相成。它们是中国史学的两股奔流不息的支流，共同汇成浑浩流转、波澜壮阔的史学长河。我国历史记载的长期连续，体现出古代儒家经典所概括的"生生不已""天行健，君子以自强不息"，奋发进取、不屈不挠的精神，保证我们民族虽然历经劫难，却能衰而复兴，蹶而复振！值得注意的是，当历代鼎革之际，继起的皇朝都十分重视修纂前朝历史，入主中原的少数民族建立的政权也不例外，以此作为朝政大事。北魏鲜卑族政权在加深汉化的同时，仿效东汉、西晋设置史官，魏收即在此基础上撰

---

① 黑格尔：《历史哲学》，王造时译，上海书店，2006年版，第149页。

成《魏书》，北齐初年完成，成为"二十四史"之一部。元朝至正三年（1343），即诏令纂修宋、辽、金三史。清朝入关第二年（1645），即下诏修明史。由于实际未进行，至康熙十八年（1679）正式设馆纂修，至乾隆四年（1739）最后定稿，历时长达六十年。北魏、元、清等朝如此重视修撰前朝历史，表现出少数民族建立的政权对于中原先进文化的认同感，当然也增强了全民族的凝聚力和生命力。

## 二、丰富多彩的史学成就与民族文化的创造力

纵观中国文化演进的趋势，每个时代的文化学术，都在继承前代成就的基础上勇于创新，获得具有新的内涵和风格的丰硕成果，显示出民族文化的巨大创造力。先秦诸子、两汉经学、魏晋玄学、隋唐佛学、宋明理学、清初实学、乾嘉朴学，无不阶段分明，如群峰竞秀，各放异彩。中国史学同样蕴积深厚，历代备受学者和一般士大夫的重视，因而在各个时期都能取得独特性成就，在史学长河中一再出现巨大的波峰。

先秦、两汉时期，《左传》《史记》《汉书》这三部史学名著的先后产生，即堪称为民族伟大创造力在文化上的缩影。《左传》记载史事丰富详实，展开了春秋时期政治、军事和社会生活的生动图画。全书以年为经，以事为纬，记载详略得法，前后连贯，尤其做到了相当深刻地反映社会矛盾，并开创了记载完整人物形象的先例。《左传》又擅长写战争场面，写人物的语言、活动，文辞优美生动，因而被刘知幾赞誉为："若斯才也，殆将工侔造化，思涉鬼神，著述罕闻，古今卓绝。"（《史通·杂说上》）《史记》这部巨著的宏伟规模，则与西汉皇朝处于鼎盛局面相适应。司马迁以"究天人之际，通古今之变，成一家之言"，"网罗天下放失旧闻，王迹所兴，原始察终，见盛观衰"（分别见司马迁《报任安书》及《史记·太史公自序》）为著述宗旨。从纵的方面贯通古今，自远古一直写到汉武帝时代，总结了以往的全

部历史，叙述其变化；尤其重视历史时势的"变"和推动社会前进的改革措施。在横的方面记载了政治、经济、军事、典章制度、学术文化、人物活动、天文地理、河渠工程、医药卜筮，以至民族关系、中外关系等，一句话，把当时中国人社会生活各个方面，都置于历史考察的范围之内。这样做，根据当时客观条件许可的范围，最大限度描绘了社会史的丰富内容，这不但在中国，乃至在世界文化史上都有重大意义。在历史编纂上，司马迁把过去粗具规模，或尚属草创阶段的史书形式，加以综合、改造，创造出本纪、表、书、世家、列传五种体裁形式互相配合的成熟的著史体例，容量广阔，规模宏大，足以表现一个时代的全史。《史记》在文学上也有高度的成就，当之无愧地是世界文化史上的瑰宝，远传东西方各国。仅是取材于《史记》改编而成的多种剧目，几百年间上演不衰，令观众赞叹不已，这也从一个侧面证明《史记》的雄奇创造力和久远生命力。在《史记》成书以后约一百七八十年，东汉明、章时期产生了纪传体史书又一杰作《汉书》。《汉书》上起高祖，下迄王莽，断汉朝历史自为一书，在当时，具有驳倒俗儒尊古卑今意识的进步意义。班固不满意"以汉代继百王之末"，要独立修成一部汉史，以成功的史学实践回答了时代的需要。班固的创造性还表现在解决了司马迁以后历史编纂的难题。《史记》产生之后，后人相继补作，自褚少孙至班彪，先后有十余人之众。然则这些续作绝大多数流传不下来，证明若只限于修修补补，史学便无法前进。班固以过人的见识和创造才能实现了重大突破，撰成纪传体断代史的巨著，从此为历史编纂开了一条新路，以后自《三国志》《后汉书》至《明史》一直沿用，说明断代为史与中国封建皇朝更迭的周期性特点相适应，所以章学诚推崇《汉书》为历史编纂上"不祧之宗"（《文史通义·书教下》）。

唐代史学，既有编纂正史的显著成就，又有针对监修制度的弊病而发的史学理论名著。这两方面，都是中华民族创造力在唐代历史条件下的特殊表现。唐代确立了官修前代正史的惯例。贞观三年（629），诏令狐德棻、李百药、姚思廉、魏徵等分别修周、北齐、梁、陈、隋书，房玄龄为总监。贞观十八年（644），命房玄龄主修《晋书》。再加上李延寿所撰《南史》《北史》，成于唐初的纪传体"正史"共有八部，占了"二十四史"的三分之一。但朝廷设局监修又带来互相掣肘、互相推诿、压抑史家独立见解的弊病。于是有刘知幾总结史法的得失，提倡敢于抒发个人见解的"独得"之学。他著成我国古代史学批评的第一部名著《史通》，痛切地批评朝廷官僚对修史的干预："十羊九牧，其令难行；一国三公，适从何在？"（《史通·忤时》）确能打中监修制度的要害，表现出高明的史识和非凡的勇气。故梁启超高度评价《史通》"开了后来许多法门"（《中国历史研究法补编》）。至北宋司马光，在当时封建经济文化进一步发展的基础上，带领得力助手刘恕、刘攽、范祖禹，用十九年之力修成编年体通史巨著《资治通鉴》。它起自战国，终于五代，将一千三百六十二年间史事贯为一书，不仅记述了错综复杂的历史事件，还记述了历史人物，记述了典章制度，记述了各种议论，内容极其丰富。它标志着中国史学的撰修技术已达到相当完善的水平，并提供了集体撰修与主编负责相结合的很好的范例，在今天仍有借鉴意义。宋代撰成的大型编年体史书还有《续资治通鉴长编》（李焘）、《建炎以来系年要录》（李心传），又有《通鉴纲目》（朱熹）等一批与《通鉴》相关的著作，因而形成史学长河中独特的景观。

## 三、著史旨趣与"以天下为己任"的高尚情怀

中国文化的又一优良传统是，历代志士仁人对国家民族怀抱高度的责任感，以救世安民为己任。孔子"博施于民而能济众""修己以安百姓"，北宋范仲淹"先天下之忧而忧，后天下之乐而乐"，清初顾炎武"天下兴亡，匹夫有责"，近代林则徐"苟利国家生死以，岂因祸福避趋之"，这些名句集中体现了这种传统。历代优秀史家撰成的成功史著，也正是由于把这种"以天下为己任"的崇高精神灌注到史书之中，崇善黜恶、激浊扬清，从而世

代产生了广泛深远的教育作用。

孔子著《春秋》，是第一次有意识地把"史义"灌输到"史事""史文"之中，通过褒贬书法表达他的社会理想，希望实现诸侯各国共同尊奉周王室、社会有序发展的所谓"天下有道"时代。因此，中国史家关心国家民族命运的根本观念来自孔子。《史记》全书突出地体现出西汉的时代精神，司马迁记述并赞扬"汉兴，海内一统"，扫秦繁苛，发展生产等历史功绩。同时，他又出于对国家民族强烈的责任心，尖锐地批评汉武帝连年征伐的政策。又在《货殖列传》中批评汉武帝"与民争利"，主张放任发展，让人们自由获得财富。《史记》久远生命力的秘密，就在于作者从关心民众生活和国家前途出发，形成了不同于官方思想的独立思想体系。

唐宋时期著名史学家杜佑、司马光都继承了由孔子、司马迁开创的史家关心国家命运的传统。安史之乱后，国势显赫的唐皇朝一下子陷于衰微破败，形势的变化刺激人们寻找改革的办法，救治社会弊病。杜佑《通典》的撰著即适应这一时代需要，"实取群言，征诸人事，将施有政"，寻找"匡拯之方"（《通典》自序），让史书直接为现实政治变革服务。司马光著《资治通鉴》，书名即突出地显示出他撰史是为"资"封建国家之"治"，以历史上治乱兴衰的教训，作为当政者的历史教科书，故"专取关国家盛衰，系生民休戚，善可为法，恶可为戒者"（《进书表》）。尽管司马光在政治上态度比较保守，但是他著史态度严肃认真，所提供"资治"的东西是可靠的史实，这是《通鉴》成为继《史记》之后最优秀的通史巨著的根本原因。

明清之际著名学者顾炎武、黄宗羲分别撰成著名的史论《日知录》和《明夷待访录》，实是代表当时有识之士总结明朝灭亡教训，对封建专制制度的残酷、腐朽进行严厉的抨击。《日知录》虽有不少条目谈考据，但其重点是讲"治道"。书中有力地批评理学空谈严重毒害知识分子，"以明心见性之空言，代修己治人之实学"，最后造成"神州荡覆，宗社丘墟"（《日知录》卷七"夫子之言性与天道"条）的惨剧。黄宗羲尖锐地揭露、批判封建政体的腐朽和罪恶，爆发出"为天下之大害者，君而已矣"（《明夷待访录·原君》）的呐喊。书中这些战斗性内容具有早期启蒙的意义，直到近代，还起了鼓舞青年人献身革新事业的作用。

鸦片战争以后，中华民族的命运面临严峻的考验。资本主义列强对我肆意侵略欺侮，妄图瓜分中国。传统文化至此遭遇到最严重的挑战。伴随列强的大炮而来的西方资本主义文化，它比中国原有封建时代文化高出整整一个历史时代。中国文化何去何从，也面临抉择。探索近代救亡图强的道路，就包括着坚决反抗外来侵略、反对投降，以及在文化上学习西方，同时发扬本民族文化精华这两个方面。中国近代史学形成了爱国主义传统，对民族自救自强的事业作出重大贡献。鸦片战争刚刚结束，魏源即呕心沥血，著成《海国图志》，响亮地提出"师夷长技以制夷"的口号，成为近代中国向西方学习的起点。此书在当时也是整个东方最详尽的世界史地文献，它远传日本，间接地导致演出明治维新的活剧。至19世纪七八十年代，黄遵宪著成《日本国志》，及时地向国内介绍日本学习西方、走上资本主义道路的经验，并且成为中国人观察世界潮流的窗口，对于戊戌运动产生了直接的影响。

## 四、"实事求是"与朴素理性精神

以儒学为主体的传统文化具有朴素理性精神的特点，它在孔子学说中已经提出了一些基本命题，而在后代得到发展和丰富。孔子重人事轻鬼神，重视安邦治国，不渲染神秘主义，故《论语》中说："子不语怪、力、乱、神。"（《论语·述而》）孔子所修《春秋》也只记灾异现象而不宣扬迷信。后代严肃的学者即发挥孔子这些观点，去抵制神学迷信的浊流。孔子又提倡研究客观事物，重视根据，重视文献，反对主观臆断和固执己见，故《论语》中说："多闻阙疑，慎言其余"，"毋意，毋必，毋固，毋我"。(见《论语》之《为政》《子罕》)这些观点也被后代学者所发展,因而汉代著作中便总结出"考而后信""实事求是"一类治学处事的原则。后代许多有识有为之士重参验,重调查,提倡广参互证、无征不信,反对虚妄蒙蔽,都是循由这一认识方向向前推进。

中国史学在演进过程中,对于形成民族文化的朴素理性主义传统,作出了重要的贡献。在两汉之际,意识形态领域经受了一场严重的考验。在西汉后期,阴阳灾异之说已经盛行。至王莽代汉过程中,更有意利用图谶妖言欺惑民众。于是两汉之际荒诞妖妄之说四处传播,神学迷信浊流大肆泛滥。汉光武登帝位之后,竟"宣布图谶于天下",故东汉初年,图谶成为决定国家大事的重要依据。如果不抵制妖妄邪说,任其传播荒谬的文化观、历史观,搅乱人们的头脑,那将是民族文化思想可悲的倒退。班固在东汉初年撰成《汉书》,发扬了先秦儒学中的积极面——朴素理性精神,与神学迷信浊流相对抗。《汉书》记载西汉的建立、兴盛和灭亡,以丰富的史实,从多方面证明政治得失、人心向背是决定历史进程的基本因素。《汉书·郊祀志》继承司马迁的进步观点,批评最高统治者迷信鬼神,沉溺于方士邪说。《艺文志》中不载宣扬迷信的纬书。班固还在记载灾异家的合传的末尾,称他们惯于讲些模棱两可的话,难免有说中的时候,辛辣地加以讽刺。有了《史记》《汉书》这两部巨著,就为人们认识中国历史的真实进程提供了可信的依据,在文化史上共同起到廓清迷信的作用。

刘知幾、司马光都对用审慎态度审查史料、考证史料作出重要贡献。乾嘉朴学,则堪称为在特殊历史条件下,对民族文化朴素理性主义传统的发扬。朴学家们成功地采取的实事求是、无征不信、广参互证、追根求源的方法,确在一定程度上具有近代科学价值。在这一时期,同以考史著名的学者,风格上却各有特色。钱大昕以严密考证闻名;王鸣盛则善于考史,也善于论史;赵翼又独具一格,所著《廿二史劄记》运用归纳比较的方法,善于从分散的材料中发现其联系,往往提出了比较重大的问题,反映出一个时期历史的特点。在当时，清廷文网甚密，学者治史极受限制，但在这样的环境中，在考史领域仍有钱、王、赵这样具有朴素理性主义精神、风格各异而又成就卓著的人物，这也是民族文化具有不可压抑的生命力的又一确证。

关于史学与中国文化传统，今天就讲到这里。下面欢迎大家提出问题。

**问**：西方学者狄尔泰说："历史是一种体验"，您如何评论？再有克罗齐说："一切历史都是当代史"，对此又应如何评论？克罗齐还说，历史是一门艺术，那么有没有客观的历史？

**答**：西方学者讲"历史是一种体验"，是有一定道理，因为任何研究者研究历史，都要加进自己的理解，都要受到他的历史观、历史见识的影响。傅斯年曾强调"史料即史学"，又说，有一分材料出一分货，有十分材料出十分货，没有材料就不出货。似乎光有材料摆出来就可完成研究历史的任务。其实，这是不可能的。因为史料固然十分重要，不能离开史料说话，否则就是凭空臆说，但是材料需要考证，其真假需要研究者去鉴别，史料之间的关系需要研究者去解释，这就需要体验、阐释，要加进去研究者主观的东西。傅斯年本人研究上古史问题，写《周东封与殷遗民》等论文，就强烈地贯彻了自己对史料的解释。何兹全教授是傅斯年的学生，何先生评论老师的上述观点，说他也对，也不对，老师讲得有不对的，也应如实说出来，因为"吾爱吾师，吾更爱真理"。但是狄尔泰只是说"历史是一种体验"，却是不全面的，只强调研究者如何理解和解释这一面，却不提必须以确凿、丰富的史料为依据，不提要靠历史观进步和方法的科学，就不恰当。必须把二者结合起来，才是全面的。

"一切历史都是当代史"，是克罗齐的著名观点。他提出了一个很有启发性的问题。因为每一代人研究历史，都要加进所处时代对历史事件或人物的理解，有时还要加进由于他的时代所面临的问题而对历史的某一方面予以突出的解释，如我们处在改革开放时代，对于历史上的改革运动和改革家更加重视，突出地进行评价，因而写出来的论著就与以往时代有所不同，有自己时代的特点。但任何时代所作的解释，都离不开历史的原型，只能是突出某一方面以往关注不够的东西，或发现了历史本身具有但以往没有认识到的意义，如果离开这些前提而任意作解释，那就失去科学性了。因此不能因为每一代人研究历史都要打上自己时代的印记，就认为每一代人所写的历史著作都是他的当代史，一代一代的历史著作都与原有的历史相互脱节、大相径庭。

客观的历史是存在的。李大钊在《史学要论》中说过，我们研究历史，像"二十四史"这些史料都很重要，但它们无论怎样重要，只能说是历史的记录，是研究历史必要的材料，不能说它们就是历史。在许多死的记录、典籍、档案之外，亦俨然有个活的历史在。研究者的任务，就是利用史料，去寻找真实的历史。又如陈寅恪先生所说，我们所能得到的史料是很不完全的，研究工作就是只能根据留下来的断垣残瓦，去推想原先存在的历史的大厦。每一代学者，都会受到史料上，或方法上，或观点上的局限，未能做到完全复原客观的真实历史，但积许多时代学者的努力，就会逐步地接近于客观存在的历史。

**问**：陈教授，您刚才讲到，在鸦片战争以后，中国原有的文化比起所遇到的西方文化要落后整整一个历史时代，但有的学者提出，文化不应以时代先后来区分，而应该以地区或民族的不同特点来区分，对此应如何理解？

**答**：关于"文化"的定义，据统计，有一百六十种以上，见仁见智，各有道理。不同的理解，尽可以展开讨论，不必强求一致。我认为，不同的文化，既有因民族或国家之间各具特点而形成不同类型的文化，即横向的差异，也有因发展、进步所处的阶段不同，而形成纵向的差异。我认为，在鸦片战争以后，当中西文化接触之始，中国原有的文化与刚刚传入的西方文化之间先进与落后的差别相差整整一个历史阶段，因为中国原有的文化是封建时代的文化，而西方文化则是近代的资本主义时代的文化。如果联系到历史学领域中的具体情况来说明，可以有更好的理解。批判专制制度的黑暗、腐朽，高扬民主、平等的思想和法制观念，是西方近代文化的主旋律，也是17世纪后期至18世纪西方史学的最强音；运用批判地审查史料的观点和实证史学的方法，因而导致科学史学的兴起；进化论思想、探求历史的因果关系、重视对经济生产领域的考察、重视下层民众的状况和要求，这些都是指导西方18世纪史学发展的新理论、新观念、新方法，并且从1776年至1857年，英、德、法等国已先后产生了像吉本《罗马帝国衰亡史》、米涅《法国革命史》、兰克《教皇史》、柏克尔《英国文明史》等获得世界声誉的史学名著。而在中国，进化史观尚处于《周易》《韩非子》提供的一些思想资料，王夫之的若干简朴的论述和今文公羊学"三世说"那种较为原始朴素的形式的阶段，虽然中国在19世纪后半期产生了像《海国图志》《日本国志》这样的史学名著，但我们对世界的了解尚刚刚开始，远未达到系统和深刻，历史编纂方面虽有某些创新，但尚是局部性的，而总体上则基本沿用原有的体裁。所以，中国史学的近代化，在鸦片战争以后仍处于酝酿、积累阶段，到20世纪初后，产生了梁启超的《新史学》和夏曾佑的《中国古代史》，才在比较完整的意义上宣告史学近代化阶段的到来。历史学领域与西方的差异大致如此，其他像哲学、文学和科学领域的情况也基本类似。我们今天总结和阐释中国文化的优良传统，当然集中地只讲精华的一面，而中国封建时代的文化还有大量糟粕，如专制主义，三纲五常，等级观念，特权思想，裙带关系，烦琐礼节，门户之见，漠视民众，尊古保守，盲从、附会、迷信、空谈性理，轻视经济生产和商业活动，轻视科学技术，等等，都是在近代化过程中必须予以正视和彻底摒弃的落后、有害的东西。从19世纪后期以来，黄遵宪、严复、梁启超、鲁迅、李大钊等卓越思想家就一再对旧文化的落后面展开尖锐的批判。中国封建制度持续了两千年，封建的观念根深蒂固。彻底肃清封建余毒，在今天仍是思想文化领域的重要任务。

**问**：20世纪史学分为"疑古、信古、释古"三派，您作为历史学家，请问自己认为是属于哪一派？

**答**：如果一定要对号入座，那我大概可归入"释古"派。不过我对中国史学发展前景的看法，刚才讲最后一个问题时因为时间关系没有讲到，在这里可以作些补充。

我认为未来中国史学的发展，必须充分发挥我们的两大强项。第一，是严密考证的方法。历史研究必须依据充分而确凿的史料，这样学术工作才能建立在扎实可信的基础之上。中国历来有重视文献搜集、整理、考订的传统。孔子著《春秋》，就重视文献的搜集和考订，故《春秋》所记三十六次日食，绝大多数经近代天文学家用科学方法验证是可靠的。《春秋》鲁庄公七年载："夏四月辛卯，夜半星殒如雨。"经用科学推验，是公元前687年3月16日发生的天琴星座流星雨纪事。《春秋》鲁文公十四年载："秋七月，有星孛入于北斗。"这是最早的关于哈雷彗星的记录。以后中国历代正史，有相当完整的关于日食、彗星、太阳黑子等的天文学资料，李约瑟博士写《中国科学技术史》，对此充分重视，高度评价。所以孔子讲的"毋意，毋必，毋固，毋我"，反对凭空臆度，反对绝对化，反对固执己见，反对先入为主、主观地看问题，是他老先生做学问和观察事物的经验总结，也是我们治学最好的格言。这话讲得很简括、精练，如果充分展开来，加上好多实例，由这些基本观点起码可以发挥成很有价值的论文。季羡林先生最近刚庆祝九十寿辰，有不少知名学者参加，季先生在会上说，把东方的综合方法与西方的分析方法二者相结合，就是21世纪人文社会科学的方向。孔子重文献、重考订的传统被后代史学家所继承、发展，司马迁的名言是："夫学者载籍极博，犹考信于六艺。"他撰写《史记》时，面对着上古史各种矛盾歧异的史料，经过认真考辨，参核遍游全国各地亲自考察所得和采访故老传说，确定以儒家经典中的记载比较可信，"六艺"就是指儒家六经。这种考而后信的精神对后代学者影响很深远，清代乾嘉年间从事上古史事考证的崔述，用一生的精力写成的著作就题名为《考信录》，明确地继承司马迁的精神。《史记·殷本纪》中有殷代世系和殷先公先王世系，自1899年发现甲骨文史料后，王国维据以进行研究，结果证明司马迁所记殷代世系，基本上完全可以从甲骨文中得到证实，只有极个别的属于误记。这是学术史上重要的发现,它证明了《史记》的史料在总体上正确可靠,证明西汉武帝时代的司马迁,记载离他一千几百年的殷代先公先王世系,是有正确的上古时期王室珍藏的典册为依据的。这在今天对于从事夏王朝史迹探索的考古学家、史学家是一个很大的鼓舞。既然《史记·殷本纪》所载可靠,那么前一篇《夏本纪》所载夏朝世系和史事,也应当是信史!近几年来考古工作者在郑州、偃师都发现据判断应是夏代早期的文化遗址、都城等,但是迄今未见某一出土文物确凿写上是"夏"代的文字,故夏朝尚不是最终被证实,但《史记》上既有这样系统的记载,所以鼓舞着考古学者继续进行探索。司马迁以后,王充的"疾虚妄",班固表彰"实录"精神,刘知幾敢于"疑古"、辨经,倡导直笔,反对曲笔,司马光写《通鉴考异》,顾炎武著《日知录》,还有其他宋代学者的考证成绩等等,都发扬了孔子以来重视文献考订、"多闻阙疑"的传统。到清代乾隆年间,由于特殊的社会条件和学术,严密考证之风达到极盛,在整理文献和考史上取得很大成绩,形成了一整套颇具科学精神的熟练的方法。20世纪中,王国维、陈垣、陈寅恪,以及胡适、顾颉刚、傅斯年等学者,结合西方近代史学方法,将乾嘉考证学的长处大大发扬,取得了一系列的成就。其中,王国维总结的"二重证据法",陈垣老校长把校勘学科学化和在宗教史方面的开拓性工作,陈寅恪先生治中古"民族文化之史"都最具代表性。这一套实事求是、无征不信、广搜史料、参稽互证、追根求源的方法,是中国学者所擅长的,只要遵循这一套治学路数,中等才智以上的人认真努力,便能做出一番成绩。我们访问过北大田余庆教授,他说过,"中国学者因长期形成的传统,对处理史料有一套成熟的方法"。我想补充一句,中国学者在这方面是"独得妙旨"。这是我们在今天要大力发扬的。

中国史学又一个强项,是自李大钊以来,八十余年间形成的创造性运用唯物史观所积累的经验。我们讲运用马克思主义,第一,它决不是教条式的马克思主义。教条主义一来危害革命,二来危害学术,是我们坚决反对的。第二,我们要对马克思主义创造性地运用。八十余年来,李大钊、郭沫若、范文澜、翦伯赞、吕振羽、侯外庐,以及许多作出贡献的学者,在将唯物史观普遍原理与中国历史实际相结合,创造性地加以运用上做了许多工作,积累了丰富的经验。20世纪50年代末以后,虽然一度教条主义盛行,但主要原因在于"左"的路线的干扰。通过反思,批判教条主义,拨乱反正,我们对如何正确运用唯物史观体会更加深刻。唯物史观的基本原理并没有过时。它以经济基础—上层建筑—意识形态这一大的结构模式,以及更具体的社会因素之间的相互联系来研究历史,并要总结其内在的有规律性的东西。这些都具有真理性的价值。我们要大力吸取和借鉴西方新学理,用它来丰富和发展唯物史观。对外国的学说,我们要有鉴别能力,有所选择,学习那些确属优秀的,对我们有用的东西,而不能照搬照抄,跟在别人后面亦步亦趋。今天的中国,对外开放,学习外国的条件已十分具备,但只有发扬我们自身确实具有的优势,才能对研究中国历史提出真知灼见,发展我们的历史科学,也才能做到与外国同行平等对话。

**问**:不久前上海有位学者在北图开讲座,提出"学随术移"的观点,您有何评论?西方有学者认为"历史是属于未来的学问",您怎么看?学术的发展是否只是受到时代的影响?

**答**:你讲的是朱维铮教授。朱教授的著作我读过一些,但没有全部读到,他讲的"学随术移"的文章我未读过,故无法评论。朱教授对近代学术史研究是有成绩的。

西方学者讲的"历史是属于未来的学问",这首先使我们想到中国史学的老祖宗司马迁,他有句名言:"述往事,思来者。"就是说,他写《史记》,通过"原始察终,见盛观衰","稽其成败兴坏之理",要为将来提供借鉴。两千年前的史学家有这种思想,无疑是很进步的、很光辉的,这也是我讲中华民族是历史意识发达的民族的又一明证。当代史学家中,我的老师白寿彝先生曾在多次场合下论述:研究过去的历史,是为了更好地认识历史发展的前途,总结出有价值的东西,帮助推动历史前进,所以要发挥历史学的社会功能。故此一论题,对于改变一些人所认识的

"历史是研究过去的陈迹",或只要搜集好史料、排比好史实就达到治史的目的一类旧见,认识历史学实则与当前社会动向息息相关,在这方面是有重大的意义。但是,单纯讲"历史是属于未来的学问"却很不全面、正确的表述,应是:通过如实地研究以往,实事求是地总结出有益的经验、教训及规律性的东西,帮助我们认识未来,避免重犯以往的错误。这同前面那位同学讲的克罗齐言"历史是一门艺术"的命题也有类似之处。说"历史应是一门艺术",中国20世纪三四十年代史学家张荫麟也曾讲过,其含义,颇有些深层次的东西。因他认为,历史的进程不管看来多么复杂纷纭,若研究清楚,构成其演进的因素及变化的途径,是有次序的展开,有其符合逻辑性的系统。这种"有序的展开"和"逻辑性"也可视为一种"美"。再者,他要求历史书写应写得时代特征突出,把真正是有决定意义的事件、人物、制度讲清楚,再现生动的历史场景。语言要生动而优美。这些都有道理,有精到之处。但只讲"历史是一门艺术"也并不恰当,它必须以忠实于历史事实为前提,与其他"艺术"迥然不同。我前天给学生上课讲到,诸如这一类命题,将以往为人们所不注重的某一方面突出强调出来,虽不全面,但却给人深刻的启发。这就叫"片面的深刻",与平庸之论、重复几百次的老话、空话相比要有价值得多。

  学术的发展,与时代条件关系至大,我前面讲中国不同时期的史学,无不各有其时代的特点。但同时,学科的发展又有其相对独立性,所以恩格斯说过,经济处于较落后状况的国家也能够演奏"哲学的第一提琴"。每一时代的思想家、研究者,都必须利用前人在本学科积累的思想资料,以之为出发的基地,并根据时代所提出的要求,吸收时代的智慧,加上本人的独特的创造。我们研究任何一位学者或学派,或时代思潮,都应从这三个方面着手去分析。

  问:中国封建时代的官修史书,一定掩盖了许多史实,对于它们的可信程度,您看应如何估价?再一个问题:对于国民政府时期的历史,最近时期以来的看法有些什么改变?

**答**：封建时代官修史书一定有许多回护不实的地方。封建朝廷设立史馆，诏令史臣修史，由宰相或重臣监修，撰写本朝史（主要是储存或撰写历史资料，提供半成品的"实录"，或高品级的"国史"），或者纂修前朝史，当然首先要贯彻皇朝的褒贬评价标准，所以史官决不可能如司马迁那样自由表达思想。达官贵臣，他们要光耀门楣，对其本来无功的祖辈、父辈，也要立传颂扬。为一些权势人物写的传，也往往会溢美隐恶。再者，旧史有许多取材于家乘、门生弟子记载，以及一些野史笔记，也每有虚美、失实以至完全错谬之处。但从总体上看，以往的"正史"，虚夸失实的是其中的局部，而其余部分则是有根据的记载，因为中国自先秦起就有史官秉笔直书的传统，故梁启超说，哪怕你奸臣炙手可热，他偏要捋胡须！又说，历代的史官都要坚持直笔，差不多的史官也不敢肆意曲笔。梁氏的话，即可作为总体评价。我最近因国家即将启动大型清史纂修工程的触发，写了有关"中国古代设馆修史功过得失略论"的三篇文章，将陆续发表，有兴趣的朋友可以参考。

对民国史的研究，新时期以来确有进展，更趋于客观的评价。一是对20世纪30年代（抗战爆发前）社会经济状况，研究者指出，这一时期工农业生产取得了一定程度的发展。再如对国民党军队在抗日战争中的地位和作用的评价问题，以往史学界研究不够。自80年代来，看法也有较大改变，加强研究的力度，在继续强调中国共产党领导的人民军队"中流砥柱"作用的同时，肯定了国民党"正面战场"在抗战中的地位和作用，关于国民党将领的个案研究和国民党正面战场的重要战役，如淞沪会战、台儿庄战役、入缅远征军等的研究都取得了进展。我不是这方面的专家，只能据我所了解的作简略的回答。

**问**：国家组织的夏、商、周三代断代工程取得的成果，您看应如何评价？与此密切相关的是顾颉刚"古史辨派"所做的工作，今天要如何看待？

**答**：我认为，夏、商、周三代断代工程取得的成绩是有积极意义的，因为这一工程组织了一批各有研究专长的学者共同协作攻关，并且借助了多学科交叉研究和采用C14探测方法这些科学手段，故其成果推进了我们对上古史年代的认识。

与此相关的是对顾颉刚先生为首的"古史辨派"的评价。顾先生五四运动时期大胆疑古辨伪，针对中国千百年来儒生"嗜古"成癖，把"盘古氏，开天地"当作"信史"一代代流传的旧观念，提出要揭穿杜撰的伪古史体系，进行古史辨伪工作，这对重建科学的古史体系工作有开创之功。又因旧的古史体系与封建道统说是互为表里的，故其大胆疑古的工作在当时又具有反封建的进步意义。他提出的"层累地造成的古史说"，以及稍后提出的推翻非信史的四条标志：打破"民族出于一元的观念"；打破"地域向来一统的观念"……都是有学术价值的。由他所创立的"古史辨派"，对于先秦、秦汉史料做了许多考证辨伪工作，特别是，他将《尚书》中的《尧典》《皋陶谟》《禹贡》三篇的写定时间限定在春秋战国时期，如徐旭生先生指出的，更是重要的贡献。但"古史辨派"的缺陷，是疑古过头，以致把重要古代典籍《左传》《周礼》，也怀疑是刘歆伪造。所以杨向奎先生批评说是"玉石俱焚"。但顾氏后期，已由破坏伪古史转到建设真古史的道路上来，晚年也认为《周礼》一书成于战国，而且作了《尚书》中不少篇的校、释、译、论的工作。所以"古史辨派"在学术史上有功也有过，其功绩是主要的。顾先生的学术工作不限于古史辨伪，他对民俗学研究、历史地理学都有开创之功，抗战期间他宣传抗日，同时，他一向奖掖、扶植青年学者，如研究历史地理学的谭其骧、史念海先生，童书业先生，以及白寿彝先生，都得到他的提携。钱穆先生，本在苏州教中学，却很快能到北京教大学，且发表成名之作《刘向歆父子年谱》，都与顾氏的真诚帮助有直接关系，成为学术史上的佳话。顾在学术上坚持平等讨论问题，也是很突出的。

问：《史记》在古代史学上地位很高，可是我读第一篇《五帝本纪》，把尧、舜等等都写成由黄帝这一共同祖先传下来，这是根本不可能的。另外，司马迁写尧、舜的事迹，我看是充满个人英雄主义。

答：司马迁经过整理史料，在《史记》中叙述，自传说中的颛顼、帝喾、尧、舜，至夏、商、周，这些古帝王都出于一个共同的祖先——黄帝。从社会史角度看，如此整齐的古帝先王系统无疑是后人排比加工而成的。但它恰恰反映出，由商、周，再经过春秋到战国，华夏境内各民族走向统一的趋势更加强、更明显了，民众厌恶分裂和战争，希望实现统一。所以郭沫若有很精到的话：如五帝三王是一家，都是黄帝的子孙，那便完全是人为。那是在中国统一前后（即嬴秦前后）为清除各种氏族的畛域起见而生出的大一统要求。见于他所著《中国古代社会研究》一书。故《五帝本纪》上将尧、舜都说是黄帝的子孙，是战国、秦汉以后中国走向统一的观念在远古历史上的投影。至于把历史运动的作用归于个别英雄人物，这种观念，越在古代越是突出。能认识群众在历史上的作用，是近代以来才逐渐被历史学家注意到的。假如在司马迁时代即能以唯物史观的正确观点来看待问题，那倒是奇怪的了。

问：文科专业的学生应该更加具备管理和治理国事的能力。党的十六大刚刚选出的领导人中，却几乎都是工科专业出身，请问这是什么原因？

答：文科专业出身的，担任省、部级领导的人还是有不少的。新选出的中央领导人中大多数出身于理工科专业，我想这是新时期以来，以经济建设为中心，故理工科专业的人才更能发挥其作用，业绩更明显，所以受到重视。但现代化大业和中国"入世"，已充分开辟了各种人才均衡发展的广阔天地，所以只要干得好，出类拔萃，包括在座的文科专业出身的青年朋友，将来也一定有希望被提拔到中央领导的岗位。

问：我是来自民办大学本科二年级的学生，我的问题可能很不专业。我想问，中国古代史学发达，有那么多优秀的史学著作，就是因为历史学家怀有深厚的兴趣写成的，是吗？

答：中国古代史学发达，优秀史著不断出现，前后交相辉映，乃是由于史学家怀着深沉的使命感，把著史视为名山事业，付出心血撰成的。然而这只是一个层面的原因。还有更深层的原因是，中国古代以农立国，我们的祖先是农耕民族。农业生产十分需要积累经验，观测天象，总结节气的规律，以指导耕作播种等，古代叫"观象授时"。因为种五谷或其他作物不能误了农时，若误了农时，不但减产，甚至会毫无收成。世世代代重视历史经验的积累，就形成先民浓厚的重视历史的意识。同时，中国古代又是宗法制社会，血缘关系极其长久而牢固地保持着，宗族关系历久而不变地占据着重要的地位，一个大宗族或家族，年辈最老的族长便拥有绝对的权威，这也就形成华夏民族重视祖宗崇拜、重视孝道的传统，自然地也起到强化历史意识的作用，故直至清代和民国时期，广大地区的许多姓氏都重视修本宗族的族谱，这也成为历史资料的一种。总之，华夏民族自古历史意识发达是更为深层的原因。

好，今天的讲演和回答问题就到这里。谢谢大家！

# 孙中山的公仆形象在历史上应大书特书

孙中山为领导民主革命和创建民国，建立了丰功伟绩，是举世公认的伟人，同时他又一扫旧官场的习气，对所提倡的民主学说身体力行，处处关心民众，为国忘私，甘当公仆，成为著名的"平民总统"。孙中山的公仆形象，在历史上是值得大书特书的。

孙中山在担任临时大总统的短短三个月内，颁布了三十多项开创民主政治和发展实业的法令和措施，规定官员之间和官民之间一律平等，宣布"官厅为办事之机关，职员乃人民之公仆"，通令各地废除"大人""老爷"等称呼和跪拜之礼，命令各省焚烧刑具、废除刑讯体罚，解放各种所谓"贱民"，保证他们享有一般国民的各种权利，严禁蓄奴、贩卖人口、缠足、赌博、嫖娼等。他多次在演说和文章中灌输"官员即国民公仆"的意识："中国人民久处于专制之下，奴性已深，牢不可破……今则主权属于国民之全体，是四万万人民即今之皇帝也。国中百官，上而总统，下而巡差，皆人民之公仆也。"[①] 他被称为"平民总统"，就是因为举止态度处处自然表现出"公仆意识"，一切举措都是公而无私。他与平民在一起，毫无架子，华侨仍可直呼其名——

---

[①] 《孙中山全集》第六卷，中华书局，1985年版，第211页。

孙文,而大总统不以为忤,仍然亲切地招待他们。华侨们偶有争议时,在大庭广众之下,可以放大炮,而他处之泰然,让他们尽情地讲出心中的话。1912年3月初,同盟会在南京召开大会,孙中山准备到会讲话。因他是便装步行去的,被门前警卫拦住,说:"今天孙大总统来这里,别人不许进去。"孙中山说:"孙大总统不也是一个普通人吗?他不过是众百姓的公仆。"说完他把名片拿出来,那个士兵不知所措,他点头笑着进去了。他任大总统期间,每天接见大批来访者,有地方军政官员,也有平民。一天,有一位年过八旬的老人,向传达室苦苦要求要见孙大总统。传达员问他:"你有什么事要见大总统?"他说:"没有什么事,我只想看看民主气象。"这位老人姓萧,是盐商,专程从扬州到南京瞻仰孙大总统的丰采。孙中山听了护卫队长的报告后,说:"好,你请他进来,我很愿意接见他。"老人被扶进总统府,孙中山含笑起立,正准备向他行握手礼,老人却掷杖跪下,向大总统行叩拜之礼。孙中山急忙扶起老人,请他坐下,亲切地对他说:"总统在职一天,就是国民公仆,是为全国人民服务的。"老人问:"若是总统离职后呢?"孙中山回答说:"总统离职后,又回到人民队伍里去,和老百姓一样。"谈完话,孙中山送他到办公室门口,并令护卫队长派人用车送他回到旅馆去。这位老人高兴地说:"今天我总算见到民主了。"孙中山这种真诚无私、表里如一的公仆作风,受到民众由衷的尊敬和拥戴,临时政府中黄兴以下的官员也都对他称赞不已。

　　孙中山甘为国民公仆的伟大人格,还表现在他不计较个人的荣辱权位。南京临时政府存在八十一天后,孙中山被迫让位给袁世凯。以往评论这段史实,主要是批评孙中山"软弱""妥协"。实际上客观情势极为复杂,对此应有更加深入、确切的分析。固然,在这个问题上反映出孙中山对严酷的政治斗争过于善良和天真,但更重要的,是当时客观情势已形成对袁世凯妥协的不可逆转的潮流。武昌起义的枪声打响时,孙中山正在国外为革命筹款。湖北军政府成立后,袁世凯指挥清军在战场上猛攻革命军,他凭借着反革命实力和奸计,一面借南方势力逼清朝皇帝退位,一面以武力要挟南方革命派交出政权。立宪派以及革命阵营中的一些人支持袁世凯，认为袁最有能力控制局面，帝国主义方面的势力也支持袁世凯掌握政权。因此在南北议和中，早已达成对袁"虚位以待"的协议，只要他反正，就让他当大总统。孙中山对袁世凯的"狡猾善变"早有认识，曾斥责他是"巨奸大憝"。他宣誓就任临时大总统后，倾全力为肇造民国的"国基"日夜操劳、辛苦奔走，并部署六路进军北伐，自任北伐军总指挥，但终因缺乏军力、财力和兵饷而不能进行。在这种无法改变的情势下，他以民国前途为重、个人进退不必计较的胸怀处理问题，制定《临时约法》，希图以此迫使袁世凯遵守共和政制，利用其实力结束帝制，避免流血。最后，袁世凯虚假表示承认共和为最良国体，永不使君主政体行于中国，清帝溥仪宣告退位。以此为前提，孙中山同意接受南北协议，宣布辞职。第一天得到通知，第二天他就宣布辞去临时大总统职务，不恋栈、不贪权、不食言，表现出光明磊落的高尚品质。他当大总统是为缔造民国，不当大总统，也为增进国民幸福而竭尽全力。他要求袁世凯任命他为全国铁路督办，1912年9月接受任命后，立即到直隶、山东、河南、江苏进行调查，次年又到日本考察铁路状况，并积极进行借款活动，为造福民众而片刻不停地奔忙。

　　孙中山一生清廉，"不蓄私产"。他两任大总统、两任大元帅，却从不为亲属谋取特权，堪称革命者的模范。他当大总统，住的是简陋的小楼，穿的是粗陋的呢大衣（现保存在翠亨村故居），吃的也很简单。有一次，他与南北议和代表伍廷芳、唐绍仪谈话至夜间，留二人用膳，只有普通饭菜，别无佳肴。生活奢华的唐绍仪乍见此粗劣菜食，竟没法下筷，只好假称"我今日食斋"而当陪坐。1908年，孙中山在新加坡从事革命活动时，光复会人物陶成章曾要求孙中山为他筹款五万元，回原籍浙江发动起义。孙中山告诉他近时南洋经济恐慌，断难办到。陶成章借机攻击，在华侨中散布说，孙某借口为革命募款，钱都拿到家里，他家已发大财了。华侨对此很关注，得知孙中山的哥哥孙眉农场土地被收回、产业破败，举家迁到九龙乡下，借钱经营小农场，自己种菜、养猪、养鸡，此外别无所有。调查人员公布了真实情况，南洋广大华侨对孙中山更加信赖和敬仰。1912年，广东各界向孙中山发来百余封电报，要求孙眉任广东都督。孙眉曾倾尽全部家财支援革命，到九龙后仍积极参加革命活动，在民国政府中任职完全合乎情理，但孙中山却复电广东各界予以婉拒。

　　孙中山廉洁奉公的高尚品德，在今天特别值得我们学习和提倡。是当人民公仆，还是以权谋私，是对执政党的最大考验。人民群众对贪污、腐败行为早已深恶痛绝。我们的领导干部要认真学习和发扬孙中山的"公仆"品德，把"为人民服务"落实到行动中去，及时揭露和清除腐败分子。只有这样，我们的事业才能兴旺，才能在即将到来的21世纪中加快实现建设现代化的伟大理想！

（原刊《群言》1997年第3期）

# 永记卢沟桥的炮声

"七七"是中国人民世世代代不会忘记的日子。六十年前的这一天,我华北军民面对凶残野蛮的日本侵略军,在卢沟桥进行了英勇的自卫抗战,从此掀开了八年抗战这一历史上重要的篇章。

日本帝国主义怀着灭亡中国、称霸亚洲的狼子野心,在20世纪30年代初发动了侵华战争。日本侵略军首先制造"九一八"事变,强占我国东三省,建立伪满洲国;继而侵占热河,扶植傀儡政权。日本侵略者为全面发动侵华战争,于1937年7月7日制造卢沟桥事变,炮轰宛平城和卢沟桥。中国驻军第二十九军官兵,满怀爱国义愤,奋起反击。7月8日,中共中央发布《中国共产党为日军进军卢沟桥通电》,指出:"平津危急!华北危急!中华民族危急!只有全民族实行抗战,才是我们的出路!"同日,蒋介石命令第二十九路军军长宋哲元就地抵抗,国民党政府并调兵北上增援。全国各族人民用各种形式支援第二十九路军抗战,迅速掀起抗日救亡的新高潮。26日,日本侵略军向南苑一带发动猛烈进攻,第二十九路军奋起抵抗,副军长佟麟阁和一三二师师长赵登禹在激战中殉国。29、30日,北平、天津相继沦陷,八年抗战从此开始。

抗战的历史同今天的现实密切相关。纪念"七七",我们永远不能忘记,是中国人民高举爱国主义的神圣旗帜,经过八年的浴血奋战,才最终取得了反侵略战争的伟大胜利。当时的中国,是长期遭受帝国主义欺凌和掠夺的半殖民地半封建的弱国,而日本则是号称世界"五强"之一、侵略好战成性的帝国主义国家,早有灭亡中国的准备,拥有精锐的军队。中国军民不顾军事上处于劣势的地位,万众一心,挽救危亡,发扬了我们民族敢于同敌人血战到底的气概,以血肉之躯筑成抗敌的长城。全国各族人民实行广泛的动员,"宁作战死鬼,不当亡国奴",有钱出钱,有力出力,到处出现"母亲叫儿打东洋,妻子送郎上战场"的动人情景。各种抗日团体遍布全国,包括实业界、教育界、文化界等各界人士都争先恐后为抗战出力,海外华侨也慷慨捐钱、捐物,支援抗战。中国军队在正面战场上抗击、重创日寇,在中国共产党领导下,又深入广大敌后地区,武装民众,展开游击战、运动战,造成了陷敌于灭顶之灾的汪洋大海。中国军民终于由弱变强,经过战略防御—战略相持—战略反攻三个阶段,最后在国际反法西斯力量的配合下,迫使日本宣布无条件投降。八年抗战中,国共两党实现了第二次合作,组成抗日统一战线,发挥了巨大的威力。中国人民在战争中承担了最大的民族牺牲,为国际反法西斯战争的胜利作出了自己的重大贡献。自1840年英国侵略中国以来,中国人民在一百多年中前仆后继展开反侵略斗争,终于打赢了这场战争,取得了近代史上第一次反侵略的伟大胜利。抗日战争的胜利,堪称是"战争史上的奇观,中华民族的壮举,惊天动地的伟业"(毛泽东《论持久战》)。中国人民崇高的爱国精神和英雄气概,无数抗日将士英勇悲壮的业绩,将永远彪炳史册!在艰苦卓绝的战争中,全国各民族的大团结和凝聚力大大增强,从而为中华民族的振兴创造了条件。

纪念"七七",我们同样永远不能忘记,日本侵略者在战争中对中国人民犯下了人类历史上最野蛮、最骇人听闻的滔天罪行,进一步揭露和清算日本军国主义的罪恶,是今天一项现实的严肃的战斗任务。从"九一八"到"七七",到日寇投降,在长达十五年的侵华战争中，日本侵略军侵占、蹂躏我半壁河山，对中国人民实行灭绝人性的屠杀。日寇在东北、华北、华东、华中、华南等地区，制造了大大小小无数惨案。成千上万的无辜人民惨死在侵略者的屠刀之下，"万人坑"到处可见。震惊中外的南京大屠杀，是日本侵略军凶残本性的一次大暴露。1937年12月13日日军侵占南京。在日军司令松井石根和师团长谷寿夫的指挥下，对中国军民进行了长达四十多天的大规模屠杀，杀害无辜市民和放下武器的士兵三十万人以上。据中国审判战犯军事法庭查证的集体屠杀并焚尸灭迹者，共二十八案，被害人数达十九万多人。日军还普遍地分散进行屠杀，尸体经慈善机关掩埋者达十五万余具。日寇采取的手段极其残忍，除枪杀外，还有砍头、剖腹、活埋、火烧、水溺、肢解等，其惨无人道、灭绝人性达到登峰造极的地步！日寇在中国的土地上组建规模庞大的细菌部队，生产细菌武器，用活人进行细菌试验，以细菌战及化学战屠杀中国人民。日本侵略军对中国人民的残酷屠杀暴行，在人类文明史上留下最黑暗、最丑恶的一页。中国妇女遭受日寇的蹂躏更为凄惨。日本侵略军强奸、凌辱中国妇女数量之多，无法数计；其情状之惨，非笔墨所能言述。日寇对我抗日根据地连续进行大规模扫荡，实行惨绝人寰的"三光政策"，制造大片"无人区"。日寇的飞机对我国城乡狂轰滥炸，长城内外，大江南北，城镇乡村一片火海，无辜人民血肉横飞，庐舍变成废墟，田园变成焦土，工厂、学校、医院、名胜古迹夷为平地。日寇所到之处，疯狂掠夺我国的财富和各种物产，到处掠夺劳工，驱使到各地矿山、工厂为侵略者服苦役，实行以中国人生命换取矿产资源的"人肉开采"政策……日寇的种种暴行和迫害，使中国人民在八年抗战中伤亡二千一百多万，其中死亡达一千余万，直接间接财产损失达六千亿美元。

日本侵略军对中国人民犯下了人类历史上最骇人听闻的滔天罪行。批评日本侵略的罪恶，决不许日本军国主义复活，成为世界各国有良知的人们的共识。战后日本广大人民和正直人士，决心以史为鉴，"世代友好，永不再战"。中日友好关系向前发展，这是历史的主流。但是，又确实存在逆流。战后的日本，军国主义阴魂不散，军国主义分子也没有绝迹，受军国主义影响很深的也不乏其人。他们企图篡改历史，美化日本军国主义，为侵略战争翻案，为此明目张胆地发表谈话、发表文章，成立右翼组织，出版书籍，拍摄影片，制造舆论，赞扬野蛮的武士道精神，为战争罪犯开脱罪责。时至今日，其代表人物，包括某些内阁成员和议员，还公开出面，否认侵略，美化战争。1985年，发生了日本文部省官员篡改历史教科书事件，把"侵略"说成"进入"的丑闻。1990年，又发生日本国会议员前运输大臣石原慎太郎胡说"南京大屠杀是中国人制造出来的谎言"的严重事件。还有人公然宣称，日本侵略中国和亚洲各国是"解放"亚洲战争。这些跳梁小丑胆敢冒天下之大不韪，公开出来作丑恶表演，其目的就是为日本军国主义招魂，企图有朝一日再次把日本推上军国主义的老路。拿震惊中外的"南京大屠杀"来说，铁证如山，岂容抵赖！当事件刚刚发生，1937年12月18日和1939年1月9日《纽约时报》，1937年12月27日日本《东京日日新闻》，就都刊登有报道。1938年，英国《曼彻斯特卫报》驻华记者田伯烈撰著《外人目睹之日军暴行》，以十万字的文字和三十多帧照片，提供了日军大屠杀的铁证。日本森山康平著《南京大屠杀和三光政策》一书，大量记载有南京大屠杀参加者、目击者的证词，现特摘引其中的几段。

南京下关码头大屠杀的见证人、日本陆军摄影记者河野公辉写道："在长江漂流着五十到一百人抱成团的尸体，南京城外的池塘变成鲜红的血海……死尸到处堆积如山，其中很多是睁着眼睛还没有死的，日本兵正用刺刀挨着个捅。下关尤其厉害，简直成了一片血海。"

日军大屠杀参加者、日军第十军第一一四师团重机枪部队一等兵田所耕造的证词，证明日军是"遵照命令执行屠杀的"："我在城里扫荡过残敌，把俘虏绑到树上，军官们一边教导怎样枪杀和刺杀的方法，一边把他们弄死。军官和下士官把蹲在挖好的坑前的俘虏的脑袋砍下来……这样的屠杀在城内外一连干了十天光景,当然是按命令干的。"这份证词还说:"那时我在下关,用从铁丝网上拆下的铁丝,把抓住的人每十个捆在一起,堆成井字形的垛,然后加上油烧,这叫做'捆草袋子'……因为是命令,就什么也不想了。"

《东京日日新闻》那篇报道则讲疯狂的日本兵进行杀人比赛:"最先攻入南京的谷寿夫指挥下的日军第六师团,有两个准尉,一个叫富刚,一个叫田野,两人约定作砍杀百人的比赛。从南京下关一直杀到夫子庙,一个杀105个,一个杀106个,这106个就是冠军了,赌一瓶白兰地酒。两人同作狂笑。"

近年还不断发现新材料,为南京大屠杀提供新的铁证。1991年在美国发现了当时留在南京的马吉牧师避开日军耳目摄制的日军暴行纪录片(长达半个多小时),金陵女子文理学院代理校长魏特琳的日记,鼓楼医院医生威尔逊的日记,和担任南京国际和平区副总干事费吴生的日记和书信,都记载了他们亲见的日军烧、杀、淫、掠的罪行。当时另一位留在南京的金陵大学历史系教授贝德士所保存的、由中立外国人士组织的"国际委员会"的一批文献,也已由历史学家章开沅教授据此撰成《南京大屠杀的历史见证》一书出版,进一步提供了实录南京大屠杀的"同时代的第一手资料"。日本侵略军如疯狂的野兽般进行南京大屠杀的罪行,证据确凿,石原之流难道抵赖得了吗?!

德国法西斯同日本一样犯下滔天罪行,而战后德国政府官员一再公开承认,并郑重地向欧洲各国人民道歉,勃兰特还亲往华沙犹太人纪念碑忏悔。对比之下,日本某些政要人物却一再美化侵略,这就更值得我们深思和警惕。日本侵略势力一旦死灰复燃,必定重演二次大战的历史,进攻中国和东亚各国。事实证明:日本军国主义这一反动思想体系,是同狂妄地视日本理应成为"亚洲主宰"的反动历史观,把邻国的主权、利益、资源作为日本"利益线""生命线"的国家生存观,以及反动的武士道精神结合一体的。亚洲各国人民必须继续对此进行有力的批判、揭露,直至将它彻底肃清。

中国人民在抗日战争中爱国主义精神的空前发扬成为中华民

族振兴的起点,这一事实在当前具有深刻的教育意义。今天我们祖国比六十年前是强大得多了,我们应该更高地举起爱国主义的神圣旗帜,把祖国建设得更加繁荣富强,并且推进祖国统一的大业,这样,任何侵略者的阴谋都将无法得逞。中国的更加强大,将成为保卫亚洲和世界和平的强有力因素,造福于人类的未来。

(原刊《群言》1997年第7期)

# 河西考察记

少年时代每看到地理课本上"祁连山的风光"照片时，便久久凝视，引起许多遐想：这连绵不断的山脉，山顶上终年不化的积雪，风光多么独特；古代有多少出征的将士，通商的队伍，往来于西域与内地的僧人，络绎不绝从山下经过，这沉默千年的雪峰，你见证了多少历史的场面……随着年龄和见识的增长，更多地了解到河西地区在历史画卷中扮演的重要角色，它所拥有的令人惊叹的丰富文化积淀，今天在开发大西北伟大事业中又如何起到举足轻重的作用。到河西走廊旅行考察，便成为我蕴藏已久的一桩心愿。

承蒙兰州大学敦煌学研究所郑炳林所长的盛情邀请，我的这一愿望终于在今年金秋时节得以实现。一同被邀请的有陕西师范大学朱士光教授，他是历史地理学专家，熟知西北地理，二十年前到过河西沿线考察，我们行前，他即为这次考察的路线、日程拟定出计划。9月12日，我们在兰州大学校本部和新校区分别做了学术讲演之后，次日即驱车出发。郑所长委派热情干练的魏迎春女士负责全程事务。同行还有敦煌所博士生吴炯炯，还有来自美国的访问学者邝蓝岚（美籍华裔），和性格沉稳的司机净师傅。此行一共六个人，朱教授称此为"最佳组合"。

## 一、武威文物·民勤治沙

　　武威是我们考察的首站，只见市区高楼林立，一派繁华景象。我们先参观著名的武威文庙，其位置在武威市区东南，始建于明代正统年间，以后历明、清至民国曾多次重修扩建，分东西两组建筑，号称"陇右学宫之冠"，为全国重点文物保护单位，其规模之宏大，气势之雄壮，保存之完好，放在内地也屈指可数。西面建筑以大成殿为主体，前有泮池、状元桥，后有尊经阁。东面建筑以文昌宫为主体，前有棂星门，左右有名宦、乡贤祠。大成殿是文庙正殿，建筑宏伟，周围有高台基回绕，呈现出庄严、肃穆、文雅之风韵。庙内苍松古柏掩映，碑石林立。这里不仅游客众多，每年当地高考之前，应试学生也纷纷前来敬拜孔子，在状元桥旁的树上结一根红布条，写上自己的名字，以求保佑金榜题名。

　　文庙对面，是"西夏博物馆"，大厅中间陈列着著名的西夏碑。此碑即"重修护国寺感应塔碑"，是西夏王朝第四个国王崇宗李乾顺在天祐民安五年（1094）所立，距今已有近千年，为全国重点保护文物。此碑早先存于凉州，人们因不识西夏文，不知名称、内容和价值。清代武威籍学者张澍喜爱金石之学，在贵州玉屏县任官期间因病回家，与友人同游大云寺，发掘出这通长期藏匿的西夏碑。碑高二点五米，宽九十公分，厚三十公分，正面用西夏文镌刻，背面用汉文镌刻，现用巨大的玻璃罩罩起来保护。碑文四周有饰纹。据讲解员介绍，碑文内容是讲述护国寺塔的初建、显灵、重修的经过。西夏碑的发现对西夏文字研究有重大意义，西夏文曾长期不为人所识，此碑正背面西夏文与汉文相对照，为识读西夏文提供了直接的依据，故有人称之为"西夏文与汉文对照的珍本词典"。透过巨大的玻璃罩，碑文的笔画清晰可认。大厅周围陈列着许多西夏文物。

　　离开博物馆，我们又参观了雷台汉墓。只见广场前面高高耸立着"马踏飞燕"的巨型雕塑。这件古代杰出的工艺品又名铜奔马，1969年在此出土，墓主人是东汉时期镇守张掖的军事长官张某。奔马原件身高三十四点五公分，身长四十五公分，矫健俊美，昂首嘶鸣，三足腾空，飞驰向前，一足踏飞燕着地，逼真而传神。其大胆的构思，浪漫的手法，给人以惊心动魄之感。巨型雕塑造型优美，栩栩如生。后面是由战马、战车和勇士组成的汉代军队出阵图的雕塑群，均按原物六倍的比例放大复制，气势非凡。这批文物出土时引起了轰动，现今"马踏飞燕"已成为武威市的象征，又是中国旅游文化的标志。我们随讲解员进到汉墓中参观，只见墓室规模不小，构造坚固，并晓得汉墓的发现带有偶然性。汉墓建成后，历经许多朝代不为人知。至明代，因觉得此处风水好，便建起了雷台道观。至当年，因响应"深挖洞"、实行备战的号召，从旁边挖进地下，才发现了这座汉墓和大批珍贵文物。

　　在武威看到的著名文物古迹，使我们深深赞叹河西文化积淀的深厚，如同打开一幅历史的长卷，展现出汉代杰出的工艺技术和汉代人奋发向上、豪迈进取的精神，展现出西夏时期民族间的交流，展现出明代儒学在西部地区的巨大影响。走出汉墓，日已西斜，时间已近五点，但我们的日程上还有一个考察地点，要到民勤县去看治沙现场，去感受当代民勤人民与恶化的生态环境斗争的精神。一问路程，武威距民勤八十九公里，好在离当地日落还有两个小时，赶到民勤离天黑还有一段时间，又一问路况很好，当即决定继续开车前进。车到民勤县城，只见街道笔直，纵横交错，街旁种有不少树木，大家都称赞县城略具规模，朱教授指着一片新建的房子说："还建有新的商店和住宅楼嘛！"这时已有六点多钟，机关已经下班，费了一番周折，终于联系到林业局主任工程师路林平，他当即答应带我们去看。路同志坐着林业局护林用的写有"公安"二字的小车在前面引路，我们的汽车掉过车头，沿着原路跟随其后。在路旁见到一座大标语牌，上写"三十万人同唱一首歌，绝不让民勤成为第二个罗布泊"。

　　大约开了七八公里之后，向右拐弯进入一条小路，路旁是一座小村庄，村道两旁长着又高又密的几排杨树，足有几里路长，树叶在风中沙沙作响，树下还见到许多湿土和几处小沟渠，在走过大片沙地之后见到眼前这座绿色的村庄，大家的精神不禁为之一振。再往前走，又见到摆在路边有大堆大堆的洋葱，个头比常见的大，装在稀疏的网状织袋里，整齐地堆放着，等待运走。还见到地边有一座类似瞭望塔的砖砌建筑。汽车沿着沙土路又向前开了几公里，老路让我们下车，只见周围是无边的空旷沙地，但已到处长着一簇簇绿草和低矮的灌木，老路用手指着四周，说："这里叫龙王庙，这一大片已经成活的沙柳、沙米、拐枣，就是民勤人民四年来治沙取得的成绩。"他告诉我们，民勤全县荒漠化面积达 94.5%，其中流沙面积占一千二百万亩。这一大片地方，包括毗邻的内蒙古境内的一部分，在汉代是一片内陆海，大约有四千平方公里。后来水面缩小，到明代还有二千平方公里之大。直到 1972 年之前，还存在一个大湖，石羊河的流量还不小。但以后因上游修建水库，层层截水，加上过度开垦，破坏植被和人口增加，大量用水，以及气候变化各种原因，致使荒漠化程度日益加剧，石羊河除春末夏初能见到水流之外，其余时间断流，县境北部腾格里和巴丹吉林东西两大沙漠大有会合之势，这是对民勤县生态环境的严重威胁。我们见到的路旁标语碑上写的"绝不让民勤成为第二个罗布泊"，就是温家宝总理讲的，这也是民勤人民的共同决心。治沙工作十分艰巨，我们是按全县各乡划分任务包种、包活，有的乡村要走一百多里地才能来到，带着帐篷、干粮参加治沙大战。第一步是划成大方格子，四周用草压沙，防止风一刮成为流沙，然后种上沙柳、沙米、拐枣等耐旱植物，从远处拉来水一坑一坑浇上，保证成活。经过四年努力，初步治沙成功面积已有九万亩。这几年老天帮助，雨量都能达到本地年平均值或略多一些，因此获得初步的成绩。盼望以后三四年老天还能继续帮忙，那么这一大片治沙工程就取得胜利，我们下一步治沙的重点放在县境北边。

路工程师不愧为治沙专家，对本地生态环境变迁充分掌握，对治沙的步骤、经验的总结简洁、明了。在暮色苍茫中，听着路同志的介绍，眼望着一簇一簇的绿色植物向无边的沙地伸延，想着民勤人民几年来奋战的情景，我们心中自然升起一种豪壮之情。我们以沙地中充满生命力的绿色和落日余辉为背景，与路工程师合影留念。朱教授更拿起相机，连连拍下民勤人民种下的各种沙地植物的珍贵照片。路同志又告诉我们：刚才经过的村庄路边的树木和庄稼地，是这个村的老支书生前二十多年带领全村农民与沙争地、年复一年辛勤劳动得来的。他去世后，全村人为了纪念他，便在村边建了一个纪念塔，就是刚才见到的那座砖塔。路边堆放的大批洋葱，是这个村的主要收入，近年来每年向北欧国家出口。朱教授也用兴奋的语调说，前几年听说民勤县城可能搬迁，心里一直系念，今天看到县城刚刚建成不少新房，又看到这里的治沙现场，说明民勤人民对治沙工作的信念毫不动摇。我在心中默念着：这大片的长着绿色植物的沙地，这路边高高的杨树林，以及等待外运的丰收的洋葱，不都是为"人民群众创造历史"这个朴素的真理进一步提供有力的证据吗？

汽车在夜色中疾驶，这时已经是晚上八点钟，返回武威还有一个多小时的路程，但我们却毫无疲累之感，仍然沉浸在民勤人民治沙的壮举带来的兴奋之中。

## 二、山丹军马场·张掖中秋月

14日一早离开武威，直奔山丹军马场，这是我们考察的又一个重要目的地，在兰州出发之前，郑教授一再叮嘱说："一定要到山丹，到了那里才对河西在历史上的重要性有更深的体会！"汽车先行驶了一段高速公路，再转到一条偏西南方向的土路上。我们的目标是军马场的一分场，这里处在河西走廊中南山（祁连山）与北山距离较远的地段，透过车窗向外望去，四周地势开阔平坦，远处的祁连山高峻雄伟，向西透迤绵延。"祁连山的雪顶！"同行的小邝眼神好，首先报告她的发现，大家看过去，果然看见峰顶上有两处闪现出银白色的光。车越西行，山顶上的雪峰越明显，正是典型的"祁连山风光"。从车窗向四周望去，广袤的草地一直伸向视线的尽头。初秋时节，大块大块草地上的牧草已经收割，捆成草捆排成纵行躺在地上，等待主人将它们运走、贮藏。由于祁连山雪水的灌溉，这里地下水充足，草地中时而能见到小水沟和下雨后的积水。这些草捆的高度均一米有余，不禁使人想见当牧草生长茂盛时随风起伏的情景，同伴中有人脱口念出古老的名句："天苍苍，野茫茫，风吹草低见牛羊。"草地上，散落着几处羊群，还有成群的奶牛和马匹，显得自由自在，闲逸舒适。这些羊和奶牛都比平时看到的肥壮得多，马匹更是高大壮硕，毛色发亮。再远处，有大片大片盛开的油菜花，黄灿灿的颜色点缀在广阔平坦的草地上，分外好看。河西走廊竟然也生产油菜籽，而且开花是在秋季，这对我是新鲜的知识，因为我原先以为生产油菜籽只限于江南、中原，花开时节只在春天。整个军马场拥有肥美的草原百万多亩，是我国历代最大的良马基地，据称是世界上历史最悠久、亚洲规模最大、世界第二大马场。山丹马以体形匀称，雄健剽悍，适应性强驰名天下，曾向全国各地输送良马十几万匹。

眼见这广阔无边、蕴藏着充沛活力和生机的草地，不禁使我们的思绪跨越久远的年代，回到二千年前的西汉时代，再一次体味那重要的历史场面。在西汉，河西地区是汉朝与匈奴游牧民族激烈争夺的历史舞台，也是汉朝为了保卫中原先进农耕文化对惯于骑射劫掠的游牧民族进行反击的前哨阵地。秦汉以前，月氏、乌孙在河西一带活动。后来月氏强大，赶走乌孙，由于月氏势力强盛，匈奴头曼单于曾把太子冒顿送至月氏作为人质。后来冒顿逃归，杀父自立，打败月氏，迫使月氏向西远徙。自此匈奴遂占有河西走廊，分由右贤王部下的休屠王、浑邪王管辖。秦末汉初，匈奴控制的范围东起东北，西至新疆，号称拥有"控弦之士三十余万"。匈奴贵族觊觎中原农业地区的财富，时时利用其剽悍的骑兵进行劫掠袭扰。特别是匈奴占有河西以后，势力更强，直接威胁着汉王朝的腹心地带——关陇地区。西汉初年，因国力不强，只能采取屈辱的和亲办法，给匈奴贵族送去大量的绢帛财物,借以求得边境的安宁。但事实上这样仍不能满足匈奴贵族的贪欲,匈奴仍然连年袭扰汉境。直到武帝时,凭借着汉初几十年休养生息而国力大大增强,遂展开对匈奴的自卫反击战争。河西地区即为反击作战的前线。武帝元狩二年(前121)春,派骠骑将军霍去病统率万骑出陇西,从青海的东北部进入河西,转战六日,过焉支山千有余里,俘获浑邪王的王子和休屠王的祭天金人。同年夏,霍去病与公孙敖再次出击河西,霍军出北地,"涉钧耆,济居延"(两地在今内蒙古西部与甘肃省西北部相毗邻的地区),再由北向南攻到祁连山,再次取得大胜。从此河西归汉,汉武帝先后设置武威、酒泉、张掖、敦煌四郡。武帝开拓边境,从内地移民到河西,将河西置于中原王朝有效的控制之下,这是历史上的重大事件。汉朝控制了这片广大的宜牧宜农地区,就能拥有大量的畜产,同时进行屯田,发展农业生产,在物质财富上大大充实国力,而在战略上尤有重大意义,汉朝在河西走廊北面修建长城边塞,设立烽燧系统,由武威经居延,再经玉门关,达于盐泽,河西成为汉朝经营西北的管钥和交通西域的通道。汉朝经略河西,还有一个重要目的,"断匈奴之右臂",断绝北方游牧民族与祁连山南边羌人之间的联合。当年,祁连山峰顶冰雪更多,每年夏季冰雪融化,大量的雪水流向山下,形成许多河流、湖泊,河西走廊广大地区水草肥美,牛羊马群遍地,是一个富庶之区。由于千百年来沧桑变化,古今生态环境已迥为不同,我们恰恰可以从今天山丹军马场草场之好,牛马羊之肥壮,推想汉代时河西地区之富饶。失去这块肥沃之区,使匈奴受到沉重的打击,因而痛心地叹息:"失我祁连山,使我六畜不蕃息;失我焉支山,使我嫁妇无颜色。"汉朝有效地控制河西,经营发展农、牧生产,才从根本上解除匈奴对中原地区的威胁,使国家出现强盛局面。

从一分场开车向前走一段路,我们意外地发现了一处游览景点——西大河水库。南面的祁连山宛然如在眼前,峭拔的山峰相连,山峰上的雪冠高耸雄伟,在秋日的照射下银光闪闪。湖水清澈碧蓝,水库周围绿草如茵,左边是一片平缓的长长的山坡,有几匹马和骆驼正在恬然自得地漫步吃草，共同构成一幅天然美景。同伴中有人激动地说："这简直像新疆天池的景色！"我们的"业余摄影师"们兴奋雀跃，从远近多个不同的角度拍下这雪峰下的美景。

中午在路边一家餐厅吃饭，老板是位热情的三十多岁的青年，他告诉我们："山丹军马场最繁盛时牧养军马达一万多匹。现在军马需要量大大减少，马场改由中牧公司领导。不过马场领导级别高，同张掖市领导是平级。"话音中带着几分自豪。又说："现在这里的路不好，修建新马路的计划已经批准了，马上要开工，明年你们再来就走新路了。"老板说，他原籍是上海，但按他的口音和体格，则像是地地道道的河西人，大约是父辈早年落户于此。餐厅旁边是一所中学，今天中秋节放假，校园很安静。朱教授说，当年电影《牧羊人》用这里的校舍拍过外景，于是他兴致勃勃地进去拍了几张照片作为纪念。朱教授谙熟地理，又懂得这么多掌故，简直是个"河西通"。

净师傅打听好继续前进的路线，要沿旧公路向西南，从扁都口下国道227线，再到张掖。因旧公路年久失修，路面坑洼不平，最后下国道一段，坡度很陡，拐弯又多，路面凹陷得厉害，开车确实有些危险，幸亏司机胆大心细，终于安全通过，上了国道，大家才长出了一口气。汽车一进入张掖市区，我们立即感到它所具有的独特魅力。张掖虽然地处西北，但很有现代气息，市容美观，街市繁华而不过分喧闹，使人不由得产生"宜居"的好感。特别是绿树成行，枝叶扶疏，走在街上你会感到空气是格外清新。张掖周围是祁连山雪水灌溉形成的大片绿洲，张掖城即是绿洲中一颗璀璨的明珠。我们所居住的宾馆服务周到，今天是中秋节，餐桌上免费赠送月饼，质量甚好，每个房间里也送有月饼。

吃完晚饭，我们便到市中心的广场去赏月。华灯初上，凉风习习，天空万里无云，中秋的圆月在这里显得格外的皎洁，尽情地向大地倾泻银辉。我们都为这美丽景色所陶醉，来自美国的小邝不禁脱口而出："中国的月亮比美国的圆！"许多市民也都纷纷来到月下广场漫步，有的扶着老人，有的携着孩子，有的拍照留念，天上的圆月，广场上明亮的灯光，愉悦的人群，交织成一幅和谐欢乐的图画。

## 三、大佛寺·魏晋壁画墓·嘉峪关

15日一早，我们参观了张掖大佛寺。佛教在河西传播时间很早，魏晋时期张掖建有迦叶如来寺，后毁于战乱。西夏时，僧思能（系西夏王室，为国师）在其故址掘得古涅槃像，遂以西夏王朝之财力及本人募集所得，就故址重建大寺，特意塑造了涅槃佛像，也即著名的大佛寺卧佛。明永乐九年（1411）对大佛寺扩建，"广长皆有五百公尺"。至明宣德二年（1427）又重建卧佛殿，遂留下今存于世的室内最大卧佛。大佛寺又一珍贵之处，是完整地藏有明永乐至正统年间雕成、由朝廷颁赐的佛教经典《大明三藏圣教北藏》，共一千六百二十一卷，六百三十六函，因而被列为全国文物重点保护单位。张掖市文物局吴正科科长对张掖地方史很有研究，热心地为我们详细讲解。他说，西夏建造的卧佛堪称是建筑技术与塑像技术的完美结合。其建造步骤是，先用方木套成骨架，上中下三层，首尾共十一间。然后在骨架外围钉上木板木条，作为内胎；后在内胎上用草泥塑成外肤，再用毛（棉）泥打面，使之平滑光洁。待塑像干透后，进行金装彩绘。这样建造的体态庞大的卧佛，既可大量节约工时，又能在腹内空间大量填充宝物，而且较为坚固，一千多年基本完好。

参观了大佛寺后，吴科长又领我们到黑水国（又称黑水城）遗址参观。遗址在张掖西北十五公里的公路旁，2001年被批准为全国重点文物保护单位，故城周围布满沙丘，现已无人居住，只见到稀疏长着几棵胡杨。黑水国因黑河而得名，后来又因黑河断流而废弃。按《天下郡国利病书》引杜佑《通典》所载，此地为张掖古城。《甘州地志》则记载说，此地在唐称巩肇驿，元为西城驿，明代称为小沙河驿，当地人呼之为"老甘州"或"黑水国"。《抚新纪程》又记载说:"隋朝韩世龙守黑水国驻此。"但还有一种说法是,相传西汉以前匈奴移居这里,划疆为小月氏国国都,因当地人称匈奴为"黑匈",故称为"黑水国"。此说是否可靠,有待作进一步的考证。遗址四面城墙用夯土筑成,基址完好,东西和南北距离均有二百余米,东西略宽,东墙门外有瓮城,四角有角楼,城外有多处汉墓。这里在西夏时是十二监军司之一的黑山威福司的治所,但现今已处在一片荒漠之中。看完遗址,我们感叹再三,慨叹历史的沧桑巨变,慨叹一千多年来当地生态环境恶化的严酷。

离开张掖,因日程太紧,我们遗憾地不能到酒泉市和航天城参观。汽车沿着宽阔平坦的公路疾驰,放眼望去,公路两旁栽种的柳树高大而茂密,形成两道绿荫覆盖的林带,似乎无有尽头地向前伸延。朱教授评论说:"这好像是关中风光。"这高大茂密的柳林在我们心中引起了不小的感动和震撼,它与中午以前我们在黑水国故址周围见到的连片的沙丘形成强烈的对比,它毫无疑问是近代以来河西人民顽强地与荒漠化作斗争,为保卫家园、建设家园筑成的绿色屏障。

汽车继续前行,便到了坐落在酒泉市北面的魏晋壁画墓艺术陈列馆。这陈列馆的院落便成为绿洲与荒漠的分界,从张掖一路而来,都是绿树葱葱,再由陈列馆管理处向北望去,则是看不到边的荒漠。据介绍,酒泉与嘉峪关交界处的魏晋墓多达二千余座。已发掘清理的有十八座,从这些距今约一千七百多年的魏晋古墓中发现了砖壁画七百多幅,这些壁画多一砖一画,或数块砖组成一组连环画,被称为反映古代西部民俗生活的"地下画廊"。我们参观了开放的第六号墓,墓穴距地面约有十米深,墓室的前、中、后室都有保存相当完好的壁画,壁画内容丰富,包括反映社会等级、生产、生活、商贸交通、歌舞的诸多题材。我们尤其感兴趣的是其中两幅,画的是桑树,树上挂着很大的蚕茧。这是珍贵的史料,证明当时河西地区气候温和湿润,因此才适宜种桑养蚕。陈列馆大门两旁刻着一对楹联:"魏晋越千年艺术珍藏光后世,祁连高万仞红装素裹映蓝天。"对这一"地下画廊"的价值作了很恰当的评价。

离开魏晋壁画墓陈列馆，日已西斜，我们的"领队"小魏对行程作了周密的计划，要在下午六点左右登上嘉峪关城楼。她说，日落时分登上嘉峪关，更有雄壮、苍凉的感觉，以夕照和晚霞为背景照相更能衬托出大漠雄关的效果。汽车开到关下，雄伟的城楼屹立在眼前。嘉峪关周围的景色使我们有些感到意外。以往的印象，这座长城西端的关隘，地处大漠边缘，当是终日处于漫天荒沙之中，可是到了一看，情形并非如此。这里空气很好，路上和城楼上都不见黄沙堆积，关前有大片绿地，树木成荫，还有花丛、草坪，感到好像走到北京卧佛寺附近一般，其环境之优雅，与内地一些一流的旅游景点相比并不逊色。

时间已近傍晚，我们快步走到关下，登上城楼。这里自古扼东西交通要冲，是丝绸之路必经之道，也是明代万里长城西端起点，是历代长城诸多雄关隘口中保存最为完整的一座古关要隘，为全国重点文物保护单位，1986年又被联合国教科文组织评为世界文化遗产保护地。嘉峪关关城始建于明洪武五年（1372），历时一百六十八年建成，其建筑十分坚固，形势天成，攻防兼备，被称为"天下第一雄关"。关城城楼分东、中、西三重，环扣紧抱，巍峨雄伟，气势壮观。关城两翼，坚固的长城爬山越岭，蜿蜒透迤。我们前后盘桓，抚摸关墙垛口，追思历史往事。抬头西望，在夕照中，果然见到西天升起了晚霞，几位"业余摄影师"抓住这难得的机会，纷纷举起相机，拍下这珍贵的镜头。管理人员耐心等着我们这批最后从关楼下来的游客，还主动给我们讲古关的历史变迁和古代商旅过客进出关接受检查的情形。这一天是八月十六，我们从关门走下来时，面前蓦然出现一幅绝妙的图画：向东的笔直大路正上方，在大路两旁轮廓挺拔秀美的树林中间，挂着一轮又大又圆的明月，冉冉升起，令人叹为观止！大家忍不住向这河西的圆月欢呼，都说："我们选择了最好的时间，昨天在张掖见到生平所见到的最亮的圆月，今天又在嘉峪关见到生平所见到的最大的圆月！"

## 四、敦煌·玉门关·阳关

　　处于河西走廊最西面的敦煌、玉门关、阳关，是我们此行考察的最后目的地。16日一早，我们从嘉峪关出发，汽车在高速公路上疾驶，中午我们来到了心仪已久的敦煌莫高窟。这是古代中西方交流结成的奇葩，是享誉世界的佛教雕塑和绘画艺术的宝库。莫高窟位于敦煌市南二十五公里的鸣沙山东麓，创建于十六国时代前秦时期，迄今保存北凉、北魏、西魏、北周、隋、唐、五代、宋、西夏至元代的佛教雕塑洞窟七百余个，彩色雕塑二千四百余身，壁画四万五千平方米。这里又是敦煌学的发祥地，从1900年，在藏经洞先后发现西晋至宋代各类文书及绘画作品五万余件，这些文书除一部分现藏于北京国家图书馆及国内一些学术机构外，其余大部分藏于法国、美国、俄罗斯等国家的博物馆或图书馆之中。敦煌文书除丰富的佛教经典外，还包括大量珍贵的古代典籍文献，自20世纪初以来，引起海内外学者据以进行古代宗教、中西交通、古代制度及历史事件、历史文献、历史地理、民族学、语言学和艺术史、书法史等诸多领域的研究，形成了一门百余年来的"显学"——敦煌学。莫高窟是第一批全国重点文物保护单位，1987年被联合国教科文组织列入世界文化遗产名录。敦煌研究院领导对我们十分关照，派讲解员带领我们参观了四个有极高价值的洞窟。其中，第四十五号窟是覆斗型顶洞窟，始建于盛唐，后经中唐、五代重建。此窟西壁龛内保存了一铺完整的盛唐彩塑，包括坐佛、阿难、迦叶、南北菩萨、天王各一身，有如真人大小，栩栩如生，代表了盛唐彩塑的最高成就。第五十七号窟形制相似，最引人注目的是北壁中央有一幅《说法图》，极其传神地画出菩萨头戴金冠，面庞秀丽、细眉、直鼻、小嘴，皮肤白皙，身材颀长，娴雅文静的形象，故此窟被称为"美人窟"。印象最深的是第一五八号窟，建于吐蕃时代，是莫高窟仅有的两个涅槃窟之一。一尊长达十五点八米的涅槃大佛卧在石窟中，造型优美，神态安详，是中唐时期彩塑的杰作。而卧佛背后的大幅壁画，用夸张手法描绘众生举哀场面，更加衬托出佛陀涅槃的超凡脱俗。还有第二八五号窟，建于西魏，以窟顶四披所绘精美绝伦的象征天地宇宙的壁画著名，在这里，中国古代诸神雷公、雨师、三皇、女娲等，与高举莲花的佛教护法诸神同时出现，构成奇妙而独特的神话世界。这些洞窟中的内容虽然以往在书籍、展览中见到过，但亲临参观，仍然为佛教艺术内容的丰富多彩，想象力的瑰丽超拔，造型的成熟完美而再三叹绝。是古代艺术家和工匠们的高超才华与奉献精神，才为我们留下这举世闻名的中外文化交流的艺术宝库。

　　离开莫高窟，我们来到紧相毗邻的著名景点鸣沙山月牙泉。入口处有一座高大的牌坊，上有北师大启功先生所题"鸣沙山月牙泉"六个大字，俊逸潇洒，秀美有骨，极具神韵，在斜阳下分外醒目。对这处奇特的景观，唐代李吉甫所撰的《元和郡县图志》卷四十中即有简洁生动的描述："其山积沙为之，峰峦危峭，逾于山石，四面皆为沙垅，背有如刀刃，人登之即鸣，随足颓落，经宿风吹，辄复如旧。有一泉水，名曰沙井，绵历古今，沙填不满，水极甘美。"讲解员小陈告诉我们："前辈从实际观察中总结出这样的诗句：沙卷石飞风怒吼，五色神沙往上走。鸣沙山的沙子是由红、黄、绿、白、黑五种沙粒堆积而成。白天不管有多少游人登上山顶，将沙子滑下来，夜晚经风一吹，滑下来的沙子就会自动返还山顶。史书上所载，'经宿风吹，辄复如旧'，指的就是这一奇特的自然现象。还有特异之处，天气晴朗时，游人从山顶下滑，沙子遇到震动会发出响声，有时几乎像打雷，或像飞机从空中飞过。据我们的声测记录，最高可达82.5分贝。"月牙泉就是古时所称"沙井"，形状酷似一弯新月，水质甘冽，澄清如镜。四周被流沙环抱，流沙与泉水之间仅数十米，虽遇强风而泉不被流沙所掩盖，地处戈壁边缘而泉水不浊不涸，以"亘古沙不填泉，泉不涸竭"闻名中外，确为天下奇观。据讲解员介绍，1975年以前月牙泉最深九至十米，平均水深七点五米。现在最深两米，平均水深一点三米。现在的水位深度是去年冬天到今年实施的"月牙泉水位应急治理工程"而有的水位。去年的水位最深处仅有一点三米，平均水深零点九米。因为月牙泉是个渗透泉，主要水源来自于敦煌境内的党河，1975年在党河上游修建了党河水库后，党河长年断流没有办法自然补给，再加上耕地面积增加，人口增加，过量开采地下水，所以造成月牙泉地下水位下降。"月牙泉水位应急治理工程"是指在月牙泉上游八百米处修建了一个蓄水池，通过地下土层往上渗水，同时在下游建一个截流池，保持水区水流不至于流失太快。这种"上蓄下截"的治理措施，目前已见成效。陪同我们参观的敦煌市政府秘书小杨指着湖岸上一条明显的水线说，这条水线是当年水位达到的高度，现今已经降低了好几尺。

这时天色已经暗下来，几位青年人充满豪情，要趁着夜色登山，在山坡上欣赏"月出东山"的景色，朱教授也精神抖擞地同他们一起攀登。我因膝盖有毛病不能爬山，只好在山下与小净师傅一同赏月。约九时许，主力部队从山上下来，个个十分兴奋，说他们爬到了半山，还照了不少照片。回到敦煌城，我们一同去逛著名的"沙洲夜市"，只见灯光明亮，人群熙熙攘攘，还有不少外国游客。街道两边摆着各色工艺品、服装，还有河西地区的各种特产、药材等，琳琅满目，尤以敦煌佛教艺术为题材的雕塑、图片、画册最具特色，我被摊上精美的小圆镜吸引住了，上面画着飞天、反弹琵琶等好看的图案，便买下几个作为纪念。夜市上还有河西风味的小吃，我在这喝到了河西特有的"杏皮茶"和质量绝佳的酸奶，还第一次品尝了烤羊肉串的美味。

9月17日我们到玉门关故址和阳关故址，这是河西地区的西端，也是我们此行考察的最后两个目的地。玉门关在敦煌西北约八十公里，汉武帝置，因西域输入玉石取道于此而得名。故址在现公路北面约五百米处，称小方盘城。关城呈方形，城墙是夯土版筑而成，高约十米，占地约六百多平方米，北、西两面有门。出北门外约百米左右，即为疏勒河，河床宽度约为五百米，在古代河流量较大，但现在却成为一条干河。在汉代，玉门关和南面的阳关是通往西域各地的交通门户，出玉门关的是北道，出阳关的是南道。汉武帝设河西四郡之后，便修筑了酒泉到玉门、敦煌到盐泽间的边塞墙。在现今公路的北旁，正对玉门关之处，有一段至今仍保存较好的汉代边塞城，是由芦苇夹沙石筑成。芦苇和沙石每层厚度约为二十到三十公分，虽经二千年的风雨侵蚀剥落，这段边塞墙还有三米多高，底部也有三米多宽，顶部最宽处一米左右。筑墙的芦苇系就地取材，产于附近的沼泽之中，这又证明了汉代玉门关周围多湿地，有充足的水源。

阳关城址在玉门关南边，相距约七十公里，阳关以在玉门关南面而得名，两处遗址与敦煌城呈三足鼎立之势。阳关遗址坐落在一处高土台上，这里被人称为"古董滩"，意思是随处可以找到古董文物。出乎意料的是，车行到此，在周围一片荒野中，我们见到了一处颇具规模的"阳关博物馆"，整体建筑体现仿汉风格。它是由敦煌书画院投资兴建，馆长纪永元以再现古代丝绸之路的繁荣为己任，筹建期间，他和当地文化部门领导曾多次到北京、江苏、陕西等地向专家咨询，征求设计方案，2003年8月正式开馆，成为甘肃最大的民营博物馆。馆前迎面矗立着张骞巨型的铜雕像，威武刚毅，气势雄伟，形态逼真。张骞是通使西域的杰出人物，由于他的两次远交，开通了丝绸之路。大门两侧的一排大柱上，有六组浮雕，表现开发河西、丝路畅通和文化交流的内容。馆内陈列分成"两关汉塞"和"丝绸之路"两大部分，通过图片、模型和文物复制品，分别展现玉门关和阳关两关长城的设置与修建、沿革变迁、历史地位，以及丝绸之路的形成、开发过程、对社会发展的作用等内容。为了增加游客参观的历史感，馆内还设了阳关都尉府、仿阳关古城，后面广场上建有仿古兵营，设点将台、跑马场、射靶处、军帐，逢节假日游人多时可以组织骑马射箭，演习登云梯等，体验古战场情景。广场旁边便是汉代烽火台遗址，烽火台下边还有当年点烽火用的积薪芦苇遗留。望着这饱经历史沧桑的烽火台，古代将士劳苦征战的情景不禁浮现眼前。由于交通西域、扼守阳关的成功，这里成为丝绸之路畅通的"南道"，多少东方丝绸和各种货物，伴着骆驼商队的铃声，从阳关向西，经过塔里木河南面，再越过葱岭，向中亚各国以及欧洲源源运去。阳关和玉门关，它们正是古代汉唐盛世成功经营边疆和历史上与西域和更远的西方国家经济文化交流的见证。

在阳关北面不远的地方，我们有一次不平常的河西边陲"农家乐"的体验。汽车开过大片的荒漠之后，突然把我们带到一处绿洲，只见树木郁茂，葡萄园向远处伸展，水渠蜿蜒，随即在公路两旁出现了房舍整齐的村庄，农舍门口停着一辆辆小汽车，这时我们的精神一下子振作起来，兴奋地欣赏着眼前欣欣向荣的景象。昨天，市政府杨秘书对我们说，这里乡村的农民种植棉花、葡萄，收入很高，许多农户都买了小汽车，这番话在这里果然得到了证实。一问地名，叫"寿昌乡"，其来历已有二千年，西汉时在此设置了寿昌县。有一家宽敞的农户，门口挂着"农家乐"的牌子，我们正好停下来在这里吃午饭。看来这家老板善于经营，门口的停车场面积不小，足可以停七八辆汽车，顶上高挂着遮阳网，可以想见节日城里人开车到这里来休闲度假的盛况。走进院落，我们立即置身于一片绿色天地。高高的茂密的葡萄搭成穹形长廊，下面摆着五六个圆桌。坐下抬头一看，大串大串半透明的葡萄悬挂在头顶，有如珍珠、翡翠一般，使人感到仿佛置身于童话世界。景色这样美好，空气这样清新，不用吃饭，光是坐在这葡萄架下就是一种享受。旁边还有同样的另一道穹形的葡萄架长廊，也摆着一排圆桌。卫生条件也不错，还有自来水管供你洗手，当然洗手用的水是用大桶回收的，这里是荒漠边缘，水很珍贵。主人先免费端来两大串葡萄让我们品尝，葡萄脆甜无核，颗大汁多，绝对是上品，然后很快地用大圆盘端上河西风味的炖鸡块摊面卷子等菜肴，不但量大，味道也好。这个村庄有一个独特的景观是，村边盖有几排专供晾制葡萄干的"风房"，约有数十间之多，足见葡萄产量很大。朱教授在1986年来过这里考察，他说当年并没有这些"风房"，这正是本地经济发展的见证。

浇灌寿昌乡葡萄园的水源来自本地著名的南湖水库，这里蓝天碧水，波光潋滟，水库周围长着杨树、芦苇和碧草，与湖水相映照，在空旷的沙漠上，构成一道美丽的风景。水库边上立一巨石，上刻"渥洼池"三个大字，这是新立的，用的是汉代的地名。《汉书·武帝纪》记载，元鼎四年（前113），"秋，马生渥洼水中。作《宝鼎》《天马之歌》"。当时，有个叫暴利长的南阳人，因获罪遭刑，被遣送到敦煌地区从事屯田。他见平常在渥洼池附近奔跑的野马中有状貌奇异者，便设计用勒绊套住，谎报是从池中获得的"天马"上献，以讨好汉武帝，这个故事见于颜师古的注文中。现在渥洼池边上竖立有一座"天马"的塑像，体态矫捷，仰天长啸，似要腾空上天，很是生动。

## 五、"文化素质"话题与"敦煌学"展望

"你觉得我们这里人的文化素质怎样？"

在鸣沙山月牙泉景点，讲解员小陈作了名胜介绍之后这样问我。这个问题既表明听取客人意见的虚心态度，同时也表现出河西人的一种自信，因而引起了我的诸多联想。今日河西经济的发展，城市的繁荣，物产的丰富，确实大大超过了我的想象，短短几天的考察，使我们深深感受到河西人具有无比勤劳的精神和非凡的创造力，社会前进的步伐不可阻挡，今后在实行国家西部大开发的伟大战略中，河西地区将进一步发挥其关键作用。经济建设的发展使我们大开眼界，精神文明的进步也同样可圈可点。从张掖到敦煌，我们经过的几个城市，都明显地感到市容整洁，街道宽敞整齐，绿树婆娑，说明这些城市管理得好，市民爱护自己的家园，就连处于沙漠边缘的民勤县城，也长着成片的树木，在嘉峪关市所见到的酒钢公司成排的宿舍楼，不但设计美观，周围环境也堪称佳良。再从文物保护来说也是值得称赞的，莫高窟洞窟前面，多年培育的树木已成为绿色走廊，与图片中所见早年的莫高窟前一片光秃秃的景象形成鲜明对比。又如，魏晋壁画墓陈列部虽然规模不大，但整个院落在绿树掩映下显得十分清静，难怪几位博士生当时就说："这里真是读书的好地方！"给我们留下深刻印象的还有博物馆和景点讲解员都训练有素，讲解有水平，

语言简洁、清晰，对参观者有吸引力，他们对所讲的内容能够融会贯通，对我们提出的问题能给以解答，他们平时喜欢学习，重视知识的积累。几处文化遗址的讲解员都讲到，他们所在单位在冬季时，都常请专家讲课，对提高业务水平很有帮助。在鸣沙山，讲解员小陈就讲到，鸣沙山的坡度有七十余度，白天游客登山"沙随足落，经宿复初"这一奇特景观，是李政道博士来后用物理学知识给予了科学解释。因为敦煌多西北风，月牙泉北面刚好有山挡住进风，从山门口到月牙泉的这条路成了天然的风口，风到月牙泉后做离心上旋运动沿山坡向上方吹，因此在泉区有天然形成的旋涡。西山那边刚好也有一个豁口，和东北方向的豁口相互扣握相互环抱。她还引用了李政道博士的诗句："旋风卷成鸣沙山，夕阳遥映月牙泉。"更增加了讲解的情趣。阳关博物馆的吴丰萍曾由单位派到兰州大学敦煌学研究所进修，她由阳关在历史上的重要性讲到对本职工作意义的理解，说：正是由于汉代和唐代有阳关和玉门关，从一南一北，保证了丝绸之路的畅通，才实现了敦煌中西方文化交流的发达，在莫高窟结出了硕果。我们在这里工作，复原和讲解这段历史，就体会到了一种责任和自豪感。听她用平静的语调讲出对阳关在历史上重要地位的认识和对本人工作意义的理解，我们不禁为之点头赞许。在"沙洲夜市"，还有一家专卖敦煌学图书和其他学术著作的书店，叫"石室书社"，同行的两位敦煌所的同志大约只用半个小时就为本所选购了两大包书。一打听，这家书社已经经营多年，在内地也颇有影响，这也使我们感到意外。

兰州大学敦煌学研究所目前有研究人员十三人，人员并不算多，但近年来其发展势头甚好，颇受各界瞩目。他们办所思路之一，是与敦煌研究院联合办所，这样，就将两个单位各具培养人才的优势和资料占有、使用的优势二者很好结合起来。近年来，科研成果和承担课题两项都数量可观，被评为教育部重点人文社会科学研究基地和国家重点培养学科，在2007年和2008年，又先后获得全国百篇优秀博士论文奖和提名奖，并且与美国耶鲁大学定期互派访问学者和研究生。研究所把资料建设作为一项工作重点，除在国内大量采购外，还到日本购买。在将佛教艺术介绍到社会方面也做了很有成效的工作。据兰州大学社科处霍处长向我们介绍，近年来兰州大学确定的办学指导思想是"做西部文章，办一流大学"，学校对发展敦煌学研究大力支持，目标是建立国际性敦煌学研究中心，已经决定在校内建立"敦煌国际大厦"。我们很有信心地预期，未来的兰州市，除了拥有《黄河母亲》雕塑和《读者》杂志作为自己的城市名片外，还将增加一张新的城市名片——敦煌学研究。

作于 2008 年 10 月
（原刊《中国人文田野》第三辑，2009 年）

## 2011 年版后记

本书收集的论文二十四篇，围绕的是中国历史编纂学研究和民族精神研究两个中心，这是近年来笔者尤为关注的两个学术领域。我对历史编纂学研究的兴趣，始于白寿彝先生的耳提面命和学术引导。先生很早就明确提出"中国历史编纂学"这一研究对象，早在 20 世纪 60 年代初，他提出的建设史学史学科的设想，其中四个主要组成部分之一就是"历史编纂"，不仅前后撰写有多篇很有分量的论文，而且以此贯穿于其《中国史学史教本初稿》一书的撰著中。先生于 20 世纪 80 年代中，就曾向我提出"对中国历史编纂学进行系统研究"的任务，但我因感到兹事体大，须作长时间的充分准备，故而迟迟未能付诸行动。每当想到先生当年这番嘱咐，便感到对自己是极大的鞭策。这些年，我和一些同行越来越深刻地体会到：历史编纂是史家的历史思想、知识水平、史料拥有和再现客观历史能力的载体，是历史知识传播的依托，而拿中国史学与西方史学作比较，历史编纂学又应是中国史学最为优长和最具特色之所在。从当前的学术工作言，它又是重要的学术增长点，因此我们应当以此作为重要的研究课题，认真地进行开拓和总结，以期得出一系列具有创新价值的成果。民族精神是几千年来中华民族战胜无数劫难、不断发展壮大的精神支柱，是中华文化优良传统的结晶，也是人们为了推进本民族发展而普遍认同并发挥了主导作用的价值观和行为准则，在今天实现现代化的伟大事业中，弘扬和培育民族精神更有重大意义。笔者于1999年出版的《史学与民族精神》一书，即有意将民族精神的发展与总结中国史学的成就结合起来考察，近年来对此陆续又有一些新的思考，并对汉代和近代历史文化认同的推进，从若干方面作了阐发。本人深知，关于这两个领域自己所作的探索是很初步的，结集于此出版，即旨在作为警策高悬，促使自己今后不断努力。

本书的出版得到国家图书馆出版社的大力支持。该社长期以来以传承文化、发展学术为己任，出版了大量精品、佳作，赢得社会各界和广大读者的赞誉。贾贵荣副总编和张爱芳副编审作为责任编辑，以高度负责的精神，为本书的编校做了大量工作。本书选入的文章大多先行在有关刊物上发表，各位编辑同志均为此付出了辛勤的劳动。博士生张峰同志为本书选入文章的收集、多篇文稿的录入、查对引文、校正错讹，以及规范、补充全书注释等项，付出了极大的心力，对工作十分认真、负责。张雷、屈宁两位博士和在读博士生田园、赵海旺、刘永祥同志也都对作者提供了热心的帮助。谨此向各位尊敬的朋友和热心的同学致以衷心的谢忱！

书中收入的文章均经作者对文字作了校订，有的篇目对内容略作补充或删改。本书存在的错误、不足敬请读者予以批评指正。

陈其泰谨识

2010年国庆节，于北师大寓居

# 跋　语

读书治学之路崎岖曲折
却又充满欣喜格外充实
大学里种下梦想
研究生阶段幸遇名师指导
从此走进学术殿堂
深深庆幸自己赶上这伟大时代
沐浴着学术发展的大好春光
刻苦自励辛勤耕耘
三十几个寒暑
三百万字篇章
抒写我对祖国优良文化传统的挚爱
对新世纪学术灿烂前景的渴望

　　上面这段话，表达了我编完《史学萃编》全书后的真切感受。直至此刻，我的心中仍然洋溢着殷切的感激之情，因为这九种著作的相继撰成和全书汇集出版，论其根源都应得力于时代之赐！这也正如我在最近完成的《历史学新视野——展现民族文化非凡创造力》一书后记中所言："置身于这个伟大的时代，我才有真情、有毅力为深入发掘和理性对待祖国优秀传统文化而接连写出这些论著，并且充满乐观和深情地展望我们民族的未来。"

北京师范大学历史学院对本书的汇集出版给予了宝贵的大力支持。华夏出版社对全书出版予以热心帮助，责任编辑杜晓宇、董秀娟、王敏三位同志为编校工作付出很大心力。为这九本书稿做查核引文、校正错字、规范注释的工作甚为复杂繁重，幸赖各位教授、博士热心为我帮忙，细致工作，付出很大心力，他们是：晁天义、张峰、刘永祥、屈宁、焦杰、李玉君、张雷、施建雄、宋学勤、谢辉元。谨在此向以上单位和朋友郑重表示衷心的谢忱！夫人郭芳多年以来除尽力服务于其本职工作和照顾家庭之外，又为帮助我电脑录入、校对文稿等项付出辛勤的劳动，也在此向她深切致谢！

书中不当之处，诚恳地期望专家、读者惠予指正！

陈其泰<br>2017 年 8 月 12 日